康乐哲学文存

JIANG JIANGLI JINXING DAODI

将讲理进行到底

翟振明◎著

中山大学出版社
·广州·

版权所有　翻印必究

图书在版编目（CIP）数据

将讲理进行到底/翟振明著. —广州：中山大学出版社，2020.9
（康乐哲学文存）
ISBN 978-7-306-06922-1

Ⅰ.①将…　Ⅱ.①翟…　Ⅲ.①哲学—文集　Ⅳ.①B-53

中国版本图书馆 CIP 数据核字（2020）第 145724 号

出 版 人：王天琪
策划编辑：嵇春霞
责任编辑：周明恩
封面设计：曾　斌
责任校对：叶　枫
责任技编：何雅涛
出版发行：中山大学出版社
电　　话：编辑部 020-84110771，84110283，84111997，84110771
　　　　　发行部 020-84111998，84111981，84111160
地　　址：广州市新港西路 135 号
邮　　编：510275　传　　真：020-84036565
网　　址：http://www.zsup.com.cn　E-mail：zdcbs@mail.sysu.edu.cn
印 刷 者：佛山家联印刷有限公司
规　　格：787mm×1092mm　1/16　23 印张　389 千字
版次印次：2020 年 9 月第 1 版　2020 年 9 月第 1 次印刷
定　　价：82.00 元

如发现本书因印装质量影响阅读，请与出版社发行部联系调换

康乐哲学文存

主　编　张　伟

编　委（按姓氏笔画排序）

　　　　马天俊　方向红　冯达文　朱　刚　吴重庆

　　　　陈少明　陈立胜　周春健　赵希顺　徐长福

　　　　黄　敏　龚　隽　鞠实儿

康乐哲学文存

总　序

中山大学哲学系创办于1924年,是中山大学创建之初最早培植的学系之一。1952年逢全国高校院系调整而撤销建制,1960年复办至今。先后由黄希声、冯友兰、傅斯年、朱谦之、杨荣国、刘嵘、李锦全、胡景钊、林铭钧、章海山、黎红雷、鞠实儿、张伟等担任系主任。

早期的中山大学哲学系名家云集,奠立了极为深厚的学术根基。其中,冯友兰先生的中国哲学研究、吴康先生的西方哲学研究、朱谦之先生的比较哲学研究、李达先生与何思敬先生的马克思主义哲学研究、陈荣捷先生的朱子学研究、马采先生的美学研究等,均在学界产生了重要影响,也奠定了中山大学哲学系在全国的领先地位。

日月其迈,逝者如斯。迄于今岁,中山大学哲学系复办恰满一甲子。60年来,哲学系同仁勠力同心、继往开来,各项事业蓬勃发展,取得了长足进步。目前,我系是教育部确定的全国哲学研究与人才培养基地之一,具有一级学科博士学位授予权,拥有国家重点学科2个、全国高校人文社会科学重点研究基地2个。2002年教育部实行学科评估以来,稳居全国高校前列。2017年,中山大学哲学学科成功入选国家"双一流"建设名单,我系迎来了跨越式发展的重要机遇。

近年来,中山大学哲学学科的人才队伍不断壮大,且越来越呈现出年轻化、国际化的特色。哲学系各位同仁研精覃思、深造自得,在各自的研究领域均取得了丰硕的成果，不少著述产生了国际性影响，中山大学哲学系已逐渐发展成为全国哲学研究的重镇之一。

为庆祝中山大学哲学系复办60周年，我系隆重推出"康乐哲学文存"系列图书。本系列共计八种，主要收录正在或曾在中山大学哲学系执教的、60岁以上学者的自选文集。这些学者皆造诣深厚，在学界产生了较大影响，也为哲学系的发展做出了重要贡献。

位于珠江之畔的中山大学，树木扶疏，环境优雅。南北朝著名山水诗人谢灵运（世称谢康乐）曾居于此，校园因称"康乐园"。本系列定名为"康乐哲学文存"，亦藉以表达对各位学者的敬意，并冀望永续康乐哲缘。

"康乐哲学文存"的出版，得到中山大学出版社、华夏出版社和生活·读书·新知三联书店的鼎力支持，在此谨致以诚挚谢意！

中山大学哲学系
2020年6月20日

自　序

哲学是讲理的事业，是将讲理进行到底的事业。这本文集，就是我20多年来在哲学诸领域试图将讲理进行到底的尝试。

在道德与政治哲学领域，我坚持的只有一条，就是不伤害原则，即消极自由原则。衡量社会进步的标准，就是在维持社会基本稳定的情况下，个人保留了越大的自由越好。简言之，个人的自由空间越多，社会越进步。

虚拟现实哲学，是我涉及的另一个领域。我现在的人机互联实验室，在二十几年前就完成了设计。现在我总结出虚拟现实的两条抽象哲学原理，那就是：个体界面原理——人的外感官受到刺激后得到的对世界时空结构及其中内容的把握，只与刺激发生界面的物理生理事件及随后的信号处理过程直接相关，而与刺激界面之外的任何东西不相关。群体协变原理——只要我们按照对物理时空结构和因果关系的正确理解来编程协调不同外感官的刺激源，我们将获得每个人都共处在同一个物理空间中相互交往的沉浸式体验，这种人工生成的体验在原则上与自然体验不可分别。

学术批判部分，就是坚持学术求真讲理的精神，对求真以外而又冠以学术之名的伪学术行为，予以无情的揭露和批判。

形而上学的探究，是以追根问底的精神，交互超越主义的态度，追求一与多的同一。对西方分析哲学既吸收其合理成分，又舍弃其自然主义倾向。一以贯之，以康德式的先天综合判断为宗旨，力争作出有实质意义的哲学判断。

是为序。

翟振明

2020年7月8日于康乐园

目　录

第一部分　道德与政治哲学

社会变革涉及的价值底线 …………………………………… 3
价值理性的恢复 ……………………………………………… 11
为何全球伦理不是普遍伦理 ………………………………… 22
现代的苏格拉底何处寻觅 …………………………………… 31
论克隆人的尊严问题 ………………………………………… 39
技术与伦理：人兽混合胚胎要得吗？ ……………………… 62
安乐死、自杀与有尊严地死 ………………………………… 70
自由概念与道德相对主义 …………………………………… 80

第二部分　虚拟现实与人工智能

虚拟实在与自然实在的本体论对等性 ……………………… 95
实在论的最后崩溃
　　——从虚拟实在谈起 …………………………………… 110
赛博空间及赛博文化的现在与未来
　　——虚拟实在的颠覆性 ………………………………… 135
关于虚拟世界扩展的伦理问题
　　——翟振明教授访谈 …………………………………… 145
物联网与虚拟世界之整合前景及其基本问题 ……………… 152
虚拟现实比人工智能更具颠覆性 …………………………… 162
"强人工智能"将如何改变世界
　　——人工智能的技术飞跃与应用伦理前瞻 ………… 167

第三部分　学术批判

直面罗蒂：交互超越主义与新实用主义的交锋 …………… 185
学术自主还是学术自杀？ ………………………………… 191
从学术打假到学术打靶 …………………………………… 197
迷失在"诉诸后果"谬误中的中国哲学学术 …………… 203
为何"工具教育"与大学精神相违背 …………………… 216
"索卡尔诈文事件"的启示：把学术意识形态化是旁门左道 …… 223
"诉诸传统"何以毁坏学术传统
　　——兼评刘小枫、秋风等的学术伦理 ……………… 227

第四部分　形而上学

论构成的主体性与意动的主体性 ………………………… 247
哲学分析示例：语言的与现象学的 ……………………… 256
意义是如何超越经验的 …………………………………… 266
康德伦理学如何可以接纳对功利的考量 ………………… 277
哲学的内在精神 …………………………………………… 288
论艺术的价值结构 ………………………………………… 311
视觉中心与外在对象的自返同一性 ……………………… 324
现代性与前卫艺术：中国的文艺何以复兴？ …………… 334
心智哲学中的整一性投射谬误与物理主义困境 ………… 342

第一部分

道德与政治哲学

社会变革涉及的价值底线

讨论社会变革,"政治"与"社会"似乎是两个最基本的概念。社会变革涉及的是制度与运作程序方面的大变动,这大致包括四个方面:社会结构、政治结构、政治对社会的控制方式、社会对政治的制约方式。这里要讨论的社会变革,指的是某种在当时社会生活中占主导地位的政治力量发起的,把以上四个方面中的至少一个方面从一个状态改变到另一个状态的操作。而主要由自下而上的民众力量促成的社会变迁,由于其整体操作性成分不大,不在本文讨论的社会变革的范围。

一、可控性与"风险"

由于变革是一种人为的操作,可控性就成为变革发动者的关注中心:他们总是希望变革的过程有最大的可控性,这样才能运筹帷幄、稳操胜券。当然,变革者必定认为期望中的变革后的社会状况比变革前的社会状况更可取,不然他们就没有理由实行变革了。于是,我们似乎可以对社会变革的合理性问题进行如下的理论简化。

如果变革过程是完全不可控的,那么,只有在社会状况被视为最坏的情况下,变革才可以被接受。这时,因为事情似乎不可能变得更糟,任何变化都只能被当作向好一些的状况移动,对过程的控制虽然是所希望的,但却不是绝对必要的。如果过程完全不可控,变革向好坏两个方向移动的概率看似相等,发动变革的理由就不存在。一般来说,如果变革过程基本不可控,那么发动变革的理由就很少。

如果变革过程是完全可控的,那么,只要当前的社会状态没被视为达到了可能达到的最佳状态,变革的实施就有必要。这时,因为变革的方向可以被准确地操纵,而社会现实又存在改善的余地,变革就意味着社会向变革发动者所期望的最佳状态接近。

在完全可控与完全不可控之间,是不同程度可控性的一个连续统。问题的关键在于，在实施变革之前，没有可靠的方法可用来测量变革的可控程度处于这两个极端之间的什么位置。这样，我们就可以引入变革的"风险"概念，并在两个层次上理解这个概念。我们首先按某种方法对变革可控程度进行估计，这个估计是对变革风险程度进行直接衡量的尝试，得到的结果是对可控程度在连续统中的定位。过程越可控，风险度越小，这是在第一层次理解的风险。但是，由于不存在对变革风险进行估计的可靠方法，我们又有了第二层次的风险，那就是我们在第一层次所做的"风险度"估计很可能根本靠不住。比如说，原来以为基本可控的过程有可能实际操作起来是基本不可控。这里涉及的是第一层次理解的风险度的可信度问题，而这种可信度就更没有可行的测试方法了。不过，至少从理论上讲，如果我们能把以上两个层次的风险降低到某种程度，我们似乎就有充分的理由实行社会变革了。

但是，本文的目的是表明，虽然以上勾勒的"风险"概念可以为研究社会变革过程提供一个理论框架，但是如果把这个框架当作理解社会变革的最基本的框架，把"风险"问题当作社会变革的中心问题，是误入歧途的，有时甚至是危险的，因为这种思路只把社会变革当作一个纯粹的工程项目，而把其中涉及的最为重要的问题——价值底线问题——置之不顾、完全忽略。

二、目标与过程

设想有这样一个社会变革计划，其过程几乎完全可控，变革后其他社会生活指标一样，但自杀率可以减半。这样，社会变革的发动是否具有充足的理由呢？按照以上的"风险"理论，这里的风险几乎为零，似乎没有任何其他理由阻止我们实行变革。

但是让我们进一步设想，在变革前，社会上有三分之二的人相信自杀是最好的死亡方式，且他们都是非暴力主义者。他们采用某种人工的自杀器械实施自杀，如果没有这种器械供他们使用，他们将放弃自杀，选择自然死亡。这里，变革的过程之所以几乎完全可控，是因为政府设计了一种改革方案，这种方案能顺利使自杀及这种自杀器械的制造和流通成为非法。并且，政府掌握了近乎完善的社会工程技术，根据计算，变革过程中要把当时总人口的五分之一投入监狱，终身监禁。这种处置是一次性的，往后无须重复，一劳永逸。

第一部分　道德与政治哲学

加上以上的背景条件，虽然变革的风险几乎为零，我们是否应该发动这场变革呢？问题的答案已不是一目了然的了。

这个假想的例子，揭示了两个社会变革必然涉及的价值底线问题：一个是衡量社会生活质量的价值评判的最终根据问题，另一个是变革过程中受影响的国民成员的权利问题。这两个问题是根本性的，但又超出了从社会工程观点出发的"风险"评估程序一般可以达到的视野。

史学家往往只用成功或失败来评判以往的社会变革。所谓成功，就是变革的发动者在变革结束时达到了预先宣布的目标。所谓失败，就是变革发动者的目标没有在变革结束时实现。很显然，这样的成败评判绕过了根本性的问题，即价值底线问题。评判人为发动的以人的生活方式为主题的任何事件，如果绕过价值底线问题，都是危险的，因为对过去的评判，往往意味着对未来的引导。对未来引导的失误，可能会带来毁灭性的结果。

值得提醒的是，以成败论历史，却是最为大多数人接受的模式。本文开头建构的"风险"理论的框架，如果初看起来似乎给理解社会变革的根本问题提供了一个可行的工具，就是因为它符合人们习惯性的实证思维定式。而这种思维定式，恰好是我们应该破除的。那么，上面假想例子中突现出来的两个价值底线问题，到底要如何看待呢？

仅仅以"风险"的角度看待社会变革，就是把变革发动者意欲达到的社会状态当作社会本身应该达到的状态，就是将当权者的意志和被当权者认同的某种价值准则凌驾于所有社会成员的意志之上，进而一意孤行只问如何将未经社会成员接受的生活方式强加于他们。以上的例子中之所以乍一看似乎变革的理由充足，就是因为"自杀率越低越好"这个价值判断被当作具有普遍有效性的准则，而对多数社会成员的价值观念和生活方式则加以否定。我们可把所有价值判断分为两类：一类是有普遍理性根据的，另一类是没有普遍理性根据的。但不管是哪一类，如果在没被价值判断的主体接受的情况下，就强迫他们接受由这类价值原则主宰的生活方式，就是把他们仅仅当作他人意志的工具或他律的奴仆。说俗了，就是不把他们当人看。当然，有一种简单的方法可以消除这种麻烦，那就是将这些持不同价值观的社会成员中的顽固分子从社会中排除出去，剥夺他们的"生存权"，作为社会变革过程中付出的"代价"。这样的话，在上面的假想例子中，就是把人口的百分之二十投入监狱。显然，这里涉及的价值底线问题更加严重，那就是：谁给我们道义上的权利，迫使一部分人为实现另一部分人的意志而牺牲?

由于变革的发动者是当时占统治地位的政治力量,变革的直接起因往往是整个社会面临失控的危险,而变革似乎是维持或重新获得控制的最有效的选择。这样,在变革者的意识中,改善社会生活的各种指标往往会或明或暗地被当作取得变革后社会的更高可控性的手段。这种情形下,在变革发动者那里,行为动机就是本末倒置的。

一定程度的社会控制必不可少,但被一种外在力量控制绝对不是任何人生活的内在要求。正如阿兰·葛沃夫所论证的那样,所有行动主体,都必然要求有按自己的意志采取行动的自由,必然排斥与自己的意志相冲突的外来意志。利他主义者,也必然要先把利他当作自己的意志,才能在行为上做出利他的事。我们之所以能够接受某种程度的外在控制,是因为我们意识到,如果我们不出让一部分个人自由,各分散个体间的意志冲突就会使我们失去更多的自由。因而,从价值的终极载体——个体的人作为价值评估的出发点,首先不是一种文化的偏好或一种传统的习惯,而是逻辑的必然。由此看来,社会控制属于一种"不可避免的恶",而不是生活本身内在诉求的外在化。

这样,衡量社会文明程度的一个至关重要的标准,就是在能够维持基本的社会稳定的条件下,每个社会成员在多大程度上能够按照自己的意志去自由地安排管理自己的生活、创造和保持与他人的和谐关系。也就是说,我们所向往的最佳社会状态,是用最少的社会控制取得基本的(而不是最多的)社会稳定,让每个社会成员保留最多的自由。

人们会问,这样一个标准与生产力标准的关系如何?自由重要,还是生产力重要?对于生活在绝对贫困状态的人,自由有什么实质性意义?这一类问题,看似雄辩,其实是由概念混乱引出的伪问题。这里所说的自由,指的是不用外部力量去阻碍人们追求自己想要的东西,只要这种追求不危及社会的基本稳定,不危及他人进行类似的追求。这样,生活在绝对贫困状态中的人们就会自觉地去发展生产力、消除贫困,在需要合作的时候,他们就会进行合作。这时,政府介入的唯一理由,就是为这种合作制造机会、创造条件。只有当各个体间或各团体间出现不可调和的冲突时,或有人想强迫他人就范时,政治制度中的强制因素才应该发挥作用。因而,我们这里所说的自由,就是伯林所说的"消极自由"。在这样的"消极自由"中发展生产力的问题,一般情况下是被包含在内的。

但从逻辑上讲，还有另外一种可能，那就是自由的人们并不想去发展生产力。于是，在这种情况下，以上所说的文明标准不就包含不了生产力标准了吗？这里，有两种可能的背景情况：第一种是生产力发展到相当高的程度，人们只需维持当时的生产力水平就可以了，因而人们除按现有的生产力进行生产活动外，把精力放在非生产性的事情上，进行诸如艺术创造、哲学玄思等精神活动。第二种是人们由于被某种信念所支使而选择了物质贫困的生活方式，比如，他们认为物质上的贫困是精神解脱的必要条件，而精神上的解脱则是世俗生活的目标，所以他们心甘情愿在物质贫困中生活。现在的问题是，在这两种背景条件下，国家政治力量是否有理由强制人们发展生产力呢？我们的答案是否定的，因为生产力的发展只是服务于人们生活的手段，如果人们的生活在某种条件下没有这样的需要，这个手段就失去了其为之服务的目的。可见，生产力标准是在特定条件下的操作性标准，而不是衡量文明进程的最后价值标准。

三、不可化约的道义问题

有人说，真遗憾，社会科学很难做实验，这影响了社会科学的进步。我说，真幸运，社会科学家没有到处做实验，使我们没被夺走最基本的尊严。试想，假如我们没被告知，就被某个社会实验家纳入他的实验轨道去企图证实他的某种社会理论，我们作为人的尊严还剩几许？

从纯理念上讲，除非所有被影响到的人完全自愿而使实验成为他们的自我超越行为，否则社会实验在道义上是不允许的。这里涉及两个方面的基本价值问题。其一是不存在一个凌驾于所有个体利益之上的某种超越价值，使得个体利益的牺牲获得更高的意义。其二是实验的结果按本性就是未知的，在人类社会做实验，就等于拿社会现今及未来成员的命运当赌注，即拿我们所能确定的价值的最后源头当赌注。

由此看来，我们不能把社会变革当作一种社会实验看待。如果某些政治强人为某种社会政治理想在我们中间进行大规模的强制性的社会实验，无论这种实验的结果显得多么辉煌，实验者如何被后人称道赞颂，在道义上，这种强制性的实验行为都是对人类尊严的极大侵犯。

俄国小说家陀思妥耶夫斯基在他的小说《卡拉马佐夫兄弟》中，讲了一个寓言性的故事。我们在这里按照他的思路稍加发挥，以使此处讨论的道义与利益的关系问题更具戏剧化。

人类的某个首领惹怒了一个威力无比的恶魔，这个恶魔拿整个人类作为报复的对象。恶魔向人类给出了这样的一个两难选择：或者人类选出一个五岁的无辜的小女孩交给他，然后他在全人类面前用一天的时间以最残酷下流的手段糟蹋践踏肢解这个无辜的女童，这样他就让人类照常生活下去；不然的话，他就让整个人类在未来二百年遭尽劫数、受尽苦难。这里的两难，就在于两种情况都是我们不希望发生的，但其中一种必定要发生，而哪一种会实际上发生，完全取决于我们自己的选择。

如果我们选择了第一种情形，五岁女童就为与她毫无关系的肇事者受尽侮辱并送命，并且她是被我们肇事者亲手送到恶魔的手上的。做出这样的抉择，显然是非正义的，但作为整体的人类却免于受难。如果我们选择了第二种情形，人类的整体利益受到了巨大的损害，但我们做出的选择则是自己忍辱负重，没有让无辜者遭受额外的冤屈。很明显，这里的两难，是道义与功利之间的两难，是极少数人的应有权益与绝大多数人的利益之间的两难。在这样的两难情形下，我们到底会做出怎么样的选择，取决于功利考虑与道义考虑何种力量占上风。从这里我们可以看出，道义上的要求根本不能被化约为整体利益的要求，有时两者之间还可以产生直接的冲突。如果有人相信多数人的利益相对于少数人的利益有无条件的道义上的优先性，这不是出于概念混乱，就是良知泯灭。

西方政治哲学中的社会契约理论是否可被接受，在这里没有深究的必要。但是，在任何社会制度下，毫无疑问，政府制定的法规、政策方针，都与国民及其组织达成了一种契约关系，因为这里的基本句法是："如果你如此如此或不如此如此行为，政府就会这样这样对待你。"政府是立法与执法的机构，也是政策的制定与贯彻机构，通过制度化的行为对国民成员做出一系列的允诺。以此种允诺为条件，国民的行为接受政府的约束，同时正当地期待政府的允诺如期兑现。然而，重大的社会变革都涉及法律与基本政策的更新，并且这种更新是突破正常程序的。因而，制度性的变革往往意味着政府单方面宣布原先有关的允诺无效，而新的允诺开始。这样，无论对将来变革的结果有何种乐观的估计，如果没有一个被他们普遍接受的补救措施，国民成员并没有义务承受变革给他们带来的负面影响。举例来说，在制度变革以前，某些国民成员按制度的要求长期从事某种职业。而变革以后，这种职业被取消了，新的制度要求原来从事这种职业的人与其他社会成员竞争其他职业的岗位。可以假设，这种职业的取消从社会运行的角度看是合理的，或许代表了巨大的社会进步。但是，原来从事这种职业的人却受到了不公平的处置。他们在原来的岗位上工作，或者根本自己没有选择，或者是在旧制度提供的机会面前做的局部选择，他们学会的技能只适合于在这种岗位上发挥作用。现在，同一个政治力量却抛弃了他们，要他们在毫无技能准备的情况下与其他有技能的人竞争，他们在原则上是没有义务接受这种困境的。这就相当于要求长期练游泳的运动员与长期练长跑的运动员站在同一起跑线上参加赛跑，而他们能否正常生活下去，基本取决于他们能否在比赛中领先。显然，这样的竞赛没有公平可言。因而，这里我们看到的道义上的缺陷，与变革以后社会是否进步是不相关的。

以上的讨论表明，当我们为人类社会的未来做出决策时，道义上的问题绝不能还原成前后两个时间点的两个社会状况的优劣对比，因为改造社会的工程与改造自然的工程不同，这里直接受影响的是人本身，这些人是与生活在未来的人具有同等人格尊严的价值承载者。在这里，任何作为人的人，其自足的内在价值是不能用他人生活的改善作为筹码进行折算的，正像我不能以我自己快乐增加的量大于你快乐减少的量来证明我的行为的正当性一样。如果我们只有本文开篇中讨论的"风险"概念而忽略这些最基本的价值底线问题，我们就有可能走入歧途。

需要指出的是，尽管我们这里的道义概念可以从柏拉图、亚里士多德、康德、伯林、罗尔斯、诺齐克等哲学家那里得到理论的支持，但我们在原则上并不需要选择哪一个学派的理论作为根据。我们只需诉诸人类共通的直觉，这个直觉就是：强迫一部分人为另一部分人做出牺牲，是一种不可化约的不义。这一直觉的自明性如此强烈，任何理论如果与其发生冲突，就不可能是一个正确的理论。

四、魔鬼与天使

至此，本文的第二、三部分对第一部分勾勒的"风险"理论的基本导向进行了讨伐，社会变革似乎必然要处处触及价值底线。那么，我们是否必须放弃所有的社会变革呢？当然不是。相反，在历史进程中，变革经常是必不可少的，既然如此，"风险"的考虑也是必要的。这里似乎涉及人们熟知的伦理主义和历史主义之对立的问题，但这种所谓的对立有时只是表面的。所谓历史主义的立场，也就是客观主义的描述立场，这种立场一般说来与道义问题无直接的逻辑关系。如果某种历史主义试图以历史必然性概念来拒斥一切道义的评判，那么，持这种历史主义信念的人必然会拒绝把人为操作的变革与社会的常规变化做理论上的区别，于是，在他们看来，历史人物的道义责任是不存在的。这样的历史主义理论如何站不住脚，在这里不是讨论的要点。但是，在这里，我们的出发点，就是先肯定人为的社会运作具有极大的伦理意义，而这种肯定，是我们对社会政治事件的所有评判性话语的前提预设。

既然我们没有理由放弃这种前提预设，我们就不会对社会变革过程中涉及的道义问题视而不见。问题在于，历史的运动毕竟还要受道义之外的因素制约。因而，在这些必不可少的变革过程中，道义原则都要或多或少地被违背，因为道义原则不是唯一可被接受的原则；除此之外，至少利益原则也是很重要的。值得我们反省的是，我们时常让道义原则为利益原则让位，并且，历史进程中无辜牺牲的生灵，几乎没有伸张的机会，历史学家也很少担当他们的代言人。我们的历史活剧总是避免不了悲剧的成分，但悲剧的灰暗往往被胜利庆功的焰火全部湮没。只是，作为思想者，我们不要以为在利益两个字前边冠以"大多数人"或"整体"几个字，道义问题就化为乌有了。俗话说，"丁是丁，卯是卯"，我们应该在心灵中保存一种基本的张力，对自己到底有几分是魔鬼、几分是天使，总得有个数。

（原载《开放时代》2001 年第 10 期）

价值理性的恢复

近代哲学的经验主义传统是被认为与理性主义传统相对立的。但极具讽刺意味的是，主要从经验主义导出的科学主义，却成为今日理性主义的代名词。由此可以看出，工具理性之"理性"与原本理性主义意义上的理性简直就是南辕北辙。本文不打算探讨一般的理性问题，而仅想在与工具理性的对照中为价值理性的恢复做些概念性的准备。

一、现代性与价值理性

从欧洲启蒙运动开始直至尼采宣告"上帝死了"，价值上的虚无主义运动似乎走过了一个完整的段落。结果是，对理性的工具性理解从此成为人们基本的思维定向。因为理性被放在信仰的对立面，而传统中作为信仰源头的神性又被当作所有价值的权威，对理性的工具性理解就等于在概念上潜在地否认理性在价值判断中的地位。尽管哲学家们始终都没停止过借助理性寻求价值第一原则的尝试，但这种尝试及得到的结果，并没被社会当作价值判断的主要依据。于是，随着作为价值唯一根据的教廷权威性的瓦解，价值判断陷入了独断主义和相对主义之间的拉锯战。这并不奇怪，因为相对主义与独断主义初看似乎是两种相互对立的思想倾向，经过仔细分析却会发现，它们往往是同一个硬币相互依存的两个侧面。

独断主义至少有两种类型：第一种是哲学上的独断主义。这里，思想者运用理性对基本信念进行刨根揭底的探究之后，自以为找到了唯一可能的出发点并得出了唯一可能的答案，于是他就很难有心倾听其他思想者的声音。第二种是偏执性的独断主义。这种独断主义者排斥理性对基本信念的批判分析，把自己的信念基础完全托付在个人以往历史的偶然事件上。也就是说，自己成长过程中某些偶然事件或某种教育背景使他们形成了某种习惯性的价值观念，他们就把一生交给了这种习惯性。他们对自己信念进行辩解的基本模式是这样的：我从小在这样的环境中长大，受到这样的教育，经历过这些事件，我就必然形成这样的信念，谁也改变不了我，因而，我只能以我的尺度来评判社会上的人和事。很明显，第二种独断主义是与相对主义一脉相通的，其关键点在于以信念形成的历史原因的追索代替对信念本身的理由的追究。这样的偏执性思维，导致了现代人在价值判断上的二律背反：一方面，我必须在判断自己和他人行为时，把自己已经形成的信念当作唯一的依据，这就是意向性行为上的独断主义；另一方面，我又必须承认他人有与我不同的成长史，因而形成了不同的基本信念，而这种作为习惯的信念与我的信念是对等的，这就是在反思层面的价值相对主义。

这样的二律背反，在很多学者那里也未能幸免，这就导致了一些探索中国在现代化的道路上向何处去的学者们在现代性的语境下时时言不及义。以历史文化的代言人自居，他们试图劝诫人们回到自己的古老文化传统中去找寻价值的资源，而在这样的寻求过程中，他们又往往以对价值观念形成的历史的阐述代替对观念本身的评判。在他们看来，文化传统的延续，不是传统内部活跃因素无止境地向过去挑战开拓新的疆界而自然留下的轨迹，而是自命的精英们有意识地继承行为的结果。这样，他们时时不自觉地把理性排除在价值判断之外，以文化继承者的名义实行价值独断主义。这样的独断主义者在行为上似乎是绝对主义者，但在理念上又必然是以传统为参照的文化相对主义者，因为他们不可能承认与被他们设定了的文化传统最终参照无关的其他尺度的存在的可能性。这样，他们等于是说："我知道不同文化传统的价值体系具有对等的有效性，但既然我们被这个传统教化成只相信我们自己的这一套，我们只好无视这种对等性了。"或者更具体些，他们就干脆说，"我们既然是中国人，就要采纳我们的中国先辈留下的价值观"。如果这种相对主义只用在传统内部事务上，还可以有某种程度的自圆性。但这种态度往往在涉及跨越文化的价值判断上显露其偏执，这里的偏执倾向，虽不一定总是具有很大的伤害性，却免不了有相当程度的反智主义色彩。

在国家权力与社会的关系方面，现代性有两个与这里的论题直接相关的特性：政府对市场竞争在法律协调下的自由放任和政府对每个公民私人生活中的价值取向持中立态度。参与自由竞争的人虽各自有不同的欲求,但是由于除政治权力之外的其他欲求几乎都可以通过占有一定数量的货币后得到满足,人们在公共领域中只需把货币当作占有的对象即可。而货币的使用,则属私人生活的领域,在这里,人们可以把货币的公共符号价值转化为对各自不同的私人欲望的满足。

人们在公共领域对货币的符号价值的追求,掩盖了作为符号价值基础的生活本身的内在价值。由于人们习惯于把理性理解为与感性相对立的东西,而感性又被理解成私人生活的主要内容,私人生活中的价值取向就被看作与理性无缘了,理性几乎成了工具理性的同义词。但作为现代性精神先导的某些启蒙思想家,却不把理性等同于工具理性。弗兰西斯·培根向来被看作工具理性的代表,但当他宣称"知识就是力量"时,他也许不会没有意识到,对力量本身的乐观主义只有在确立了合理的目的后才有可能,因为谁都不难理解这样一个简单的道理:力量既可以是建设性的,又可以是破坏性的。

工具理性的特征之一是试图把原则的普遍有效性还原为规律的客观性。所谓客观性,就是认识的内容与某种客体的对应关系。对这种客观性的验证,在自然科学及工程技术中是以其在实际操作中的有效性为准绳。显而易见,工业化和技术革命的巨大成功给这种工具理性的威力留下了明证。但是,要把价值原则的普遍有效性还原成与某种客体相对应的客观性,已在逻辑上被证明是不可能的。那么,若要把理性只理解成工具理性,追求价值理性也就被看作徒劳的了。

但是,在掌握了强有力的工具后,如若没有终极价值的引导,我们就会在关键时刻不知所措。因而人的理性不可能放弃对终极价值的探求。这样的探求,就是在寻找价值的普遍原则时让理性介入,而介入这个寻找过程的理性,就是价值理性。问题只是,在工具理性的威力面前,价值理性能否抵御其操纵模式的诱惑。自从休谟以来,价值思想家们就很清楚,在实然世界里对经验事实的描述与在应然世界里对价值的判定,在句法上各属相互不可翻译的一类。但是,这并不妨碍某些历险者试图借助工具理性的威力为价值第一原则的确立提供一劳永逸的支持。于是,一场关于是否可以从对事实的客观描述导出价值判断的争论,也即关于"是"与"应该"的关系的争论,在20世纪中叶兴起。其实,这种争论的实质在英美哲学那里就是价值理性是否可归化为工具理性。这里的价值理性指的是用来寻找价值的根据或给价值提供基础的理性。

哲学大师康德精心论证的实践理性,就是给终极价值提供基础的理性。在康德那里,工具理性只在假言命令中体现,在逻辑上后于给自我行为进行道德立法的实践理性。实践理性从自律主体那里发出最强音,这最强音就是作为道德基础的绝对命令。人按照这种自律去规范自己的行为,就从因果序列的他律中解放出来,并将自身置于人类共同体的目的王国之中,获得真正的自由。而这种自由,是谈论任何道德责任的逻辑前提。所以,康德把整个道德哲学称作关于自由的哲学。

虽然大思想家在价值理性上倾注了那么多的心力,但在现代性的巨浪中,似乎只有工具理性独领风骚。"理性的时代"几乎成了"科学技术时代"的代名词。像本文开篇时指出的那样,在哲学史的教科书中,作为工具理性哲学根据的经验主义(Empiricism),是被当作与理性主义(Rationalism)相对立的哲学传统。而这里,经验主义却以工具理性的名义成为理性的唯一代表了。"二战"后,一股技术决定论的浪潮席卷人文社会科学的各个领域。技术若不是被宣扬为解放性建设性的进步力量,就是被贬斥为导致文化危机的毁灭性力量。经济决定论经常以技术决定论的方式出现,何种价值观念能被继承发扬,也经常是在其与技术的关系中被裁决。例如,近年来对"亚洲价值"问题的关注,就是部分亚洲地区以技术成功为先导的经济兴盛所引发的。这里,价值观念不是被看作理解人类生活的内在价值的尺度,而是被理解为服务于工具理性的社群凝聚剂,理性似乎不能绕过工具理性的中介直接对价值观念的演进有所作为。后现代主义的游戏式学术走得更远,"理性"在那里最多是一个幻影,或许连幻影都算不上,只是幻影的痕迹而已。

麦金太尔对伦理学现状的批评不但没有使他看到价值理性的前景,反而使他对在理性基础上建立普遍有效的价值原则的可能性持否定态度。在麦金太尔看来,始于亚里士多德的德性伦理学就是伦理学的全部,价值只能在传统中寻求,超越文化传统的普世价值只是远离现实的梦呓。但是,被麦金太尔忽视的是,亚里士多德所属的古希腊哲学传统,在苏格拉底那里恰好体现了诘问传统的反叛精神,而传统本身正是后人试图挣脱前人的观念束缚而形成的连续演变的过程。或许,刻意地去保留传统,还更有可能使传统就此终结呢!中国学界的某些麦金太尔同情者认为,普遍理性不存在的明证是,如果它存在的话,我们早就不会在伦理价值问题上争论不休,我们按照那个普遍理性规定价值好了。这些人的错误在于把普遍价值的存在与普遍价值的被认同混为一谈。人类认识的历史告诉我们,越具普遍性的原则,能清楚地把握它的人就越少,因为它离常识越远。幸运的是,普遍原则在生活中的有效运作,并不完全依赖人们对它的理论上的自觉。这就是为什么不同文化传统中的人们虽然未曾在如何论证价值普遍原则的问题上达到共识,但他们在实践上所遵循的底线伦理道德是基本一致的。

哈贝马斯把以科学技术为主要载体的工具理性看作现代社会的主要意识形态。工具本身相对于工具制造者和使用者来说,有着一种表面的中立性。但是,与工具不同的是,工具理性却是根植在主体内部的意识形态,它与其他任何意识形态一样,是一种圈套。由于人们不可能处于恒常的哲学反思状态,而意识形态的圈套又能使人们的心智的运行在它的中间进入最小能量状态,因此我们就在大多数时间里任意识形态摆布。按照哈贝马斯的看法,工具理性就是一种目标定向的理性,它以对世界的控制作为最终成功的标志。与此相对应的是人类各个体间的互动关系,这种互动关系所要求的不是工具理性,而是协辩理性(Communicative Rationality),其目的是达到主体间的相互理解、沟通。工具理性的运作是在体制化的组织中完成的,而协辩理性却是在生活世界里主体间直接交往过程的理想模型中运作。在哈贝马斯看来,现代社会的病态就在于,工具理性的体制化运作大举侵占了生活世界的领域,人与人之间的相互理解与沟通,被各自分离的意见的机械组合的量化计算所代替。比方说,家庭是生活世界的基本单元,而国家作为体制化的工具理性的代表,经常把家庭成员之间的血缘关系以及由此产生的责任关系打乱,把各个家庭成员在政治上看作相互孤立的个体,这就是体制对生活世界的侵犯。

在现代性的背景中,体制所代表的工具理性,似乎就是理性的全部。然而,如果返回到启蒙运动的主要思想源头——古希腊哲学那里,我们便会发现,理性在苏格拉底和柏拉图看来,主要表现为对流行价值的评判性拷问。苏格拉底被判死刑,并不是因为他为希腊人提供了制造高效率工具的思维方法,而是因为他对流行价值观的理性根基的追究。柏拉图的共相说虽然被后来的追随者们当作自足的形上学，但在《理想国》中只是为了解释何为最完美的人类生活而做的理论铺垫。也就是说，苏格拉底和柏拉图都把人的理性首先理解为价值理性。

西方是现代性问题的大本营，也是传统理性主义的大本营。既然那里的价值理性的前景不容乐观，那么，中国的情况又如何呢？

二、价值理性和中国传统文化的"人文主义"

人们经常说人文主义是中国哲学传统的基本特征。这里，"人文主义"常在英文中被译成 Humanism，由于 Humanism 又在很多场合被译成"人本主义"，这样一来一回，似乎"人文主义"可以被理解为与"人本主义"意义相近了。

然而，稍加思索就会发觉，要把中国传统哲学中的哪一家理解成是"人本主义"的，都有张冠李戴之嫌。人本主义的特征是把作为相互对等的各个个体的人作为所有价值的最后载体，在此之外，不承认有任何其他的价值承载体。但是，把中国传统哲学概括为"人文主义"的学者，也常把中国传统价值观理解成以集体主义为其特征。在他们看来，也许只要某种文化传统关注人与人之间的关系多于关注自然界中的因果关系，就是"人文主义"的。但这样理解的"人文主义"至少在逻辑上是可以与人本主义相对立的。如果中国传统文化提倡的真的是价值承载意义上的"集体主义"，那么这种"集体主义"就几乎与人本主义背道而驰。

这种经英文的翻译给中介造成的"人文主义"与"人本主义"概念的混乱，部分的是在现代性的大背景下，学界把理性只理解成工具理性，对传统的价值观念只做历史自然主义描述而导致的结果。在西方，Humanism 首先是对个体作为价值最终承载体的肯定，但在被译作"人文主义"来概括中国传统哲学的特征时，却似乎被当作只具描述指称意义的中性词，意为"注重人际关系"。但是，注重人际关系的思想学说既可以是人本主义的，还可以是社团主义的，也可以是神权主义的，等等。而"人文主义"这个意义含混的说法则似乎在把理性片面理解成工具理性的现代学术氛围中扮演着暧昧的角色。尽管人们把中国古代思想的特征看作"人文主义"的，也即注重伦理价值的，但真正意义上的价值理性并没有形成气候。中国传统的主流学术，大都不是把终极价值及实践性的伦理规范当作理性拷问的对象，而只当作远古传下来的金科玉律，是天道的体现。当然，对价值的理性依据的考究也曾在对义与利的分析中有所显露，但这种拷问并未形成传统。

儒家传统中关于人性善还是人性恶的争论，若将被提出的问题理解为综合命题而非分析命题，预先设定了何为善、何为恶的判定标准，那么在讨论前就有给定的答案。这样，符合这种给定理解的"善"的人性就是善的，否则就是恶的。至于为何把这理解为善，把那理解为恶，并没有被当作价值思考的主题。当然，有时善本身的根据也被提及。这时，人性的善会被解释为人区别于兽的部分，但为什么某些方面的人兽区别具有道德意义，另一些却没有道德意义，并没有进一步的论证。比如说，为什么在男女性关系上人要与兽区别开来，而在摄取食物的方式上却不必如此区别？这一类的问题，并没有被当作理性思考的对象。儒家后来的发展，更是把理性归为"天理"而与"人欲"相对，把终极价值当作高于人所能理解的东西。在这里，我们看到的主要是伦理价值上的自然主义，这与西方基督教的自然法传统相差不远，而自然法理论是与人本主义相对立的，也是反理性的。显然，自然主义的价值体系很难被归入"人文主义"的范畴之中，把儒家所说的天理的"理"与理性主义的"理"混为一谈，更是张冠李戴。

到了现代，传统价值体系的自然主义被抛弃了，而西方工具理性的强大威力则狂飙似地席卷东方世界。于是，本来就缺乏历史根基的价值理性就更没有机会成长了。西方的价值理性学说，只是被当作众多主义中的一种被引介，而没有引发中国思想家对价值原则的理性根据的系统探究。在比较文化研究的氛围中，价值的取舍问题不是被对传统的辩护或拒斥所取代，就是被置于现实功利效用的标尺下完全工具化。

到了中国后现代主义那里，在对工具理性的讨伐声中，我们更没希望看到价值理性的觉醒。在这里，不管是对普遍有效性的哪种探索，都被看作一种话语的霸权。在揭穿工具理性所允诺的社会进步的虚幻性的同时，对一切寻求衡量社会合理性程度的标准的尝试，他们都给予犬儒主义式的唏嘘。这样，人类的所有理性活动好像都可以解构成毫无意义的文字游戏。这样的后现代主义的喧哗，恰似受伤的流浪者在遍地残骸的包围中唱出没有调性的疯狂摇滚。

三、道德形上学的价值理性及价值理性的其他运用

从胡塞尔开始的现象学运动，试图抵御工具理性对人的精神领域的侵袭。现象学的描述是与工具理性那里的经验描述截然不同的。在这里，描述普遍有效性的获得不在于命题与某种客体的对应关系，而是主体对自身意向性结构中的理性基础的先验揭示。按说，这样的先验揭示是可以为价值理性摆脱工具理性的纠缠竖起一面独立的旗帜的，但是迄今为止，有影响的思想家还没在现象学的坚实基础上恢复价值理性的应有地位。与胡塞尔几乎同时代的马克斯·舍勒及尼古拉斯·哈特曼，他们的价值现象学，却把价值的确立交给所谓非理性的情感直觉，这就截断了恢复价值理性的通道。孔汉思的神学全球伦理诉求，却是基于把道德纳入宗教并且仅仅从宗教的立场理解道德的软化了的伦理独断主义。

哈贝马斯、阿培尔等言谈伦理学的提倡者是追求价值理性的当代代表。他们试图把始于康德的实践理性以协辩理性的理想模式在公共对话领域中贯彻下去，在价值相对主义的风暴中竖起一面普世价值的旗帜。哈贝马斯提倡的言谈伦理学，是要建立在生活世界中理想化的协辩理性之普遍有效性之上的。但是哈贝马斯并没有求助于胡塞尔对生活世界的先验结构的现象学分析，只是在现象学的边缘擦过，从而没从康德道德哲学那里走出多远。哈贝马斯在恢复价值理性上所做的努力，到底能在多大程度上抵御工具理性的侵蚀，还有待观察。虽然哈贝马斯在西方学界影响很广，但在社会整体上的哈贝马斯式价值理性并没有兴起的迹象。

笔者在 1994 年出版的 *The Radical Choice and Moral Theory* 一书，是在现象学的基础上恢复价值理性的一个尝试。在这部著作中，笔者证明，只要我们把描述的"是"从经验的换成现象学的，是能够通过协辩理性（Communicative Rationality）导出作为价值判断基础的"应该"的。这种"应该"首先在原则上表现为人对自身主体性，亦即对人的度规（Humanitude）的肯定。在笔者的第二本专著 *Get Real* 中，这种主体性被进一步分析为三种形态：构成主体性、协辩主体性及意动主体性。这三种形态的主体性与世界的客体性共生灭，并与交互主体性在一开始就密不可分。这里包括了康德式目的王国中自由人之间的意志、认知、情感等形成意义结的诸要因，使个体对他人的目的性在逻辑必然性上做本体论的担

当。这样的伦理形上学,既克服了康德伦理学的形式主义,又发扬了理性主义追求普遍有效性的精神。遗憾的是,这样的系统探索至今既未展示其足够的影响力,也未受到有力的挑战。

康德、哈贝马斯乃至笔者以现象学为基础的道德形上学中所提倡的价值理性是我们思考的出发点,我们必须在那里做好深入的挖掘工作。在这里,由于篇幅所限不能系统论述。但除此之外,我们至少还可以在下列意义上给理性的运用在价值领域找到位置。

(1) 对目的与手段关系的澄清。如果某种价值观将目的与手段颠倒,我们可以断定,这种价值观是不可取的。例如,在中国的厂矿企业里曾经流行着这样的宣传安全重要性的口号:"安全为了生产,生产必须安全。"这就是一种在本末倒置的价值观的指导下提出来的荒谬口号。这里,"安全"这种以人的生命为抵押的事件,被看作是为生产服务的。按其暗含的逻辑,如果生产不需要安全,安全就可以舍弃。如果把这种价值观贯彻到底,所有残疾人、退休工人和其他在社会生产过程中消耗大于产出的人都无权继续生存。显而易见,这样的所谓"价值观"里面所含的"价值",其实是反价值。如果谁宣称要我们尊重他们这种"价值观",我们就可以用理性的名义加以拒斥。

(2) 对价值观内部包含的伪命题的揭露。在比较文化的研究领域,经常有人罗列中西文化价值观的特点,指出双方各自重什么轻什么。这种观察式的研究当然很有意义。但是如果只停留在这里,似乎各种价值观不管其内容如何,都有同等的合理性,那就有可能误入歧途。也有人继续分析不同的价值观为何导致了经济制度、科学技术发展程度的不同,似乎价值观的重要性只体现在功利效用层面。其实,价值观是设定人生与社会的终极目的的,功利效用只有在此终极目的之后才获得意义。所以问题的重点是,我们要在揭示这些文化价值的差异后,如何用价值理性去分析这些价值观的根据。

有一个被普遍接受的观点,那就是,中国文化强调集体主义,而西方文化强调个人主义。如果集体主义指的是对团队合作精神的鼓励,那么,没有哪个文化传统在这方面有根本的不同,西方人也是集体主义者。但是,如果把个人主义理解为将个人当作价值的最终承载体,那么,大概没有一个思路清晰的中国人会持反对意见,而偏要坚持将集体当作价值的最终承载体的价值观。这是因为，这种价值观包含了一个假命题，这个假命题是："存在着某种集体利益，这种利益不能被还原成任何个体利益的累加。"这之所以是个假命题，是因为任何利益都依赖某个有意志与愿望的主体而存在，而这种意志与愿望只在个体层面上才有效。任何大于个体的集体，或小于个体的元素，都不可能有自己的利益诉求，而成为价值的载体。因此，我们可以而且应该提倡"我为人人，人人为我"的团队精神或集体主义精神，而那种否认个体作为价值的最后承载的价值观，我们都要以理性的名义揭露其悖谬的内涵。

（3）对价值观念体系内部所含的各项价值的不相容性的揭示。中国古人就以鱼和熊掌不可兼得来比喻价值冲突的困境。西方各种政治党派的分立，在很大程度上就是对这种价值冲突在理念上承认的结果。美国共和党之所以在提倡最大限度的经济自由的同时，没有提倡政府通过提高税收的途径来解决贫富悬殊问题，不是因为他们认为贫富悬殊是什么好事情，而是因为他们多少懂得要坚持前者必须在很大程度上容忍后者，这是事物的内在关系决定的。民主党人则是在这种冲突中做了相反的取舍。但是如果有人提出一种政治纲领，宣称在这个纲领下，相互不兼容的价值都可以同时得到满足，那么我们就可以用理性分析的方法揭示其虚幻性。一个允诺所有人向往的东西的纲领，也许能唤起民众一时的热情，但由此带来的失望，也是最具毁灭性的。

至此，我们对如何在工具理性向价值理性大规模侵袭的现代境况中恢复价值理性的独立性的问题，有了一个粗略的了解。但价值理性展现其威力的潜在可能性一定要比这里涉及的丰富得多。思想家们必须以原创的思维去开拓一块块诱人的处女地。

参考文献

[1] Habermas, J. The Theory of Communicative Action, 2 Vols [M]. trans. Thomas McCarthy. Boston: Beacon Press, 1979.

[2] Hartmann, N. Ethics, 3 Vols [M]. trans. Stanaton Coit. London: George Allen & Unwin Ltd. New York: The MacMillan Company, 1932.

[3] Husserl, E. Ideas Pertaining to A Pure Phenomenology and to A Phenomenological Philosophy [M]. trans. F. Kersten. The Hague, Boston and

Lancaster: M. Nijhoff, 1982.

[4] MacIntyre, Alisdare C. After Virtue: A Study in Moral Theory [M]. 2nd ed. Notre Dame: Univ. of Notre Dame Press, 1984.

[5] Scheler, M. Formalism in Ethics and Non-Formal Ethics of Values: A New Attempt toward the Foundation of An Ethical Personalism. trans. Manfred S. Frings and Roger Funk. Evanston, IL: Northwestern Univ. Press, 1973.

[6] 翟振明 (Zhai, Z.). The Radical Choice and Moral Theory: Through Communicative Argumentation to Phenomenological Subjectivity [M]. Dordrecht/Boston/London: Kluwer Academic Publishers, 1994.

[7] 翟振明 (Zhai, P.). Get Real: A Philosophical Adventure in Virtual Reality [M]. Lanham/New York/London: Rowman & Littlefield, 1998.

（原载《哲学研究》2002年第5期，有删改）

为何全球伦理不是普遍伦理

"全球伦理"这一概念已得到世界上各种不同学术团体的广泛关注,这在很大程度上可被看成神学家孔汉思(Hans Küng)提出《全球宗教伦理宣言》(以下简称《宣言》)导致的一个结果。但是,"全球伦理"不等于"普遍伦理"——西方哲学家对于地理概念意义上的"全球"性与道德哲学家自古以来试图通过实践理性所要建立的伦理之"普遍"性之间的区别是很清楚的。然而,中国有些伦理学界人士却表现出将这两个截然不同的概念混为一谈的倾向。本文将要阐明的是,"全球"概念在逻辑上没有包含哲学意义上的"普遍"概念,用各宗教间的"共识"来置换伦理学中的哲学推理更是一个错误,而且这个错误的误导作用不可低估。本文还将阐明,如若试图以宗教来确立伦理学的基础,要么会导致教条主义,要么就会走向相对主义,而这恰是违背《宣言》倡导者之初衷的。

一、普遍性与实践理性

自哲学产生之日起,哲学家们所追寻的就是能够作为道德准则之演绎前提、能区分行为对错的普遍标准。在这种哲学追求中蕴涵着一种信念,即那些被人持有的被称为"道德"的律令,不管在历史上的什么文化传统中有多少人持有它们,都有可能是不正确的。换句话说,大多数人在任何地方、任何时间都有可能持有一种无根据的道德信念。甚至有这种可能:被人们认为"对的"东西是错的,而被认为"错的"倒是对的。但是,如果我们不考虑大多数人的意见,我们又怎能知道什么是对的而什么是错的呢?

哲学家们相信人类的理性是道德问题的最终裁决者。给出一组人们所宣称的道德律令,我们就能够指望根据理性把其中正确的部分与不正确的部分区分开来。这种根据理性而确定正确的行为类型和具体情境中的正确行为的做法,就是所谓的"实践理性",而对实践推理过程的讨论及实践理性的运用就被称为"道德哲学"。至于伦理学,就其哲学含义而言,实际上是指发现初始的正确的道德原则,并由此而推导出正当的行为准则的实践推理。正如我们所知,康德的道义论伦理学和穆勒的功用主义伦理学,就是道德哲学和伦理学中实践理性的两个最值得重视的范例。

尽管实际上在不同的道德哲学里,作为道德准则演绎前提的第一道德原则是不同的,但是哲学伦理学都设定了一个共同的立场,即人类理性是达到普遍伦理的唯一途径。之所以如此,是因为普遍性的根基不是伴随偶然事件而偶然发生的一种公众舆论,而是一种逻辑自明的必然性。

当然,这一哲学信念不仅仅是哲学家们独有的癖好。哈贝马斯、阿培尔和笔者的著作中都已经表明:无论是谁,只要他提出的是道德主张,那么就意味着这一主张必然是一个确然性的主张。一个确然性的主张就是一个普遍的主张。换言之,这一主张的正确性并不依赖于提出这一主张的人的特殊性。因此,提出道德主张的任何人都承担了根据非个人的理由证明道德主张的正确性的重任。也就是说,承担着根据哈贝马斯所说的"协辩理性"而辨明并展示道德主张正确性的重任。这里我们首先要把道德主张的可普遍性与道德原则的普遍有效性区别开来。首先,道德主张都是一种可普遍化的主张:当你断言某种行为道德或不道德的时候,你必然认为任何人在相同的情景和相同的关系中做这种事都是一样的道德或不道德。假如有人声称"希特勒杀死无辜的犹太人是不道德的",然后却立刻加上一句"如果是其他什么人去杀死这些无辜的犹太人,那就不会不道德了",他就是误用了"道德"和"不道德"这一对形容词,这就是我们所说的"可普遍化"。道德主张不但都是可普遍化的,而且还同时被设定为是普遍有效的,也即,所有讲道理的人只要理解这种主张的理由,都会认同的。如果谁说了希特勒的不道德之后,马上又加上一句"我仅仅是偶然觉得如此,当然,每个人都有持相反感觉的对等的理由",他也是误解了道德的本性,因为一个正确的道德主张不会与一个相反的主张相容。当我们声称"X 是错的"时,我们就承担了证明"声称 X 是对的"之不正确的责任,不管这一声称是由谁和在何种情况下提出的。我们所说的普遍伦理,不是从道德主张的可普遍化的意义上说的,而是在道德原则的普遍有效可以被理性地辨明的意义上说的。所以我们不能说,凡是其中的道德规条以可普遍化的形式出现的伦理,就是普遍伦理。普遍伦理不是别的,而是能被理性证明具有普遍有效性的伦理。这个区分,在中国的很多学者那里,并没有被明确地意识到。万俊人先生在《寻求普世伦理》（商务印书馆，2001）一书中，虽对这个区分有所注意，但把"可普遍化"当作普遍伦理之"普遍"的含义之一，造成了不必要的混乱。应该说，所有以哲学形式出现的规范伦理学，都要试图对其中的论题给出普遍有效的论证。为什么需要这种论证呢？这是因为哲学伦理学的主要任务之一是对文化道德习惯中的不合理成分进行批判性的考察。因此，万俊人先生在同一书中主张的"自下而上"的、以现存的"文化道德事实出发"的所谓"证明方式"，违背了哲学伦理学的基本精神，与伦理学的普遍性论证背道而驰。

但不管哲学家们做过多少对道德主张的普遍有效性论证的尝试，事实上人们却常常对同一事件持有不同的道德主张，他们常常不能达成普遍的一致。人们往往把这种不一致性归结为文化的差异，但是这种不一致性并非仅仅发生在不同文化传统的人们之间，它还发生在同一文化的不同层次的团体之间。无论我们如何界定文化，我们都将发现，文化传统在理解伦理分歧方面并没有什么特别的意义。时代不同、性别不同、教育背景不同、民族不同、个体生活的任何因素的不同，都会引起同样的分歧。现在的问题是：我们如何将这些伦理分歧的事实与我们的"所有伦理断言都是设定此同一断言普遍有效的断言"这种看法协调起来。

人们也许会从实际上存在如此大的分歧的事实中得出这样的结论：由理性而建立普遍伦理是根本不可能的。从初始的纯粹逻辑的观点来看，这样的结论当然是一种可能的选择。确切地说：建立普遍伦理在原则上就是不可能的。

但是无论在现实中有多少分歧，对于伦理的普遍性而言，其实在原则上还有很多其他的可能选择。如果我们采取与上一选择相反的另一选择，那么我们至少有做出以下与实际分歧协调一致的选择的可能性：

建立一种普遍伦理是可能的，只是：

（1）迄今为止还没人成功地建立。

（2）有人曾经建立过有理性根据的普遍伦理，但是有很多人并不知道。

（3）即使已经有人建立了普遍伦理，但是社会上有些人没有能力理解这种普遍伦理。

因此，我们并非一定要追随麦金太尔和那些断言在规则意见不同的现实状况中不可能建立普遍伦理的社会学家和人类学家。一种普遍伦理是一种被证明为具有普遍正确性的伦理，而规则本身单单以规则的身份也许是可普遍化的，但并不存在是否普遍有效的问题。因此，除非有人毫不含糊地证明哲学推理不能建立我们所要的普遍性，否则，只要我们还想做道德哲学，我们就得像很多哲学家一样，继续坚持不懈地寻求这样的普遍性。

二、普遍伦理与全球伦理

不管我们对于理性地建立普遍伦理的可能性有何看法，我们绝不能被孔汉思或这个时代的任何其他神学家们所提出的"全球伦理"所迷惑。"全球伦理"这个概念是以下面的观察为基础的，即：今天世界上许多人似乎并不按照共同的伦理规范行动，而这似乎是引起许多可避免的冲突的原因。这是关于人们怎样行动的观察，而不是对上述所讨论的问题，即人们到底相信什么样的伦理规则而做出的研究。假定这种观察是正确的，我们又能用它干什么呢？如果我们采取第二种选择，即理性地建立普遍伦理是可能的，至少还有下列的假定可以与这种观察结果协调一致：

（1）一些人理智上接受了某种（普遍的）伦理，但是在行动上却不愿意遵循这种伦理。

（2）一些人理智上接受了某种（普遍的）伦理，而且在行动上努力去遵循这种伦理，但是他们没有足够的毅力去克服违反这种伦理的倾向。

（3）一些人理智上接受了某种没有普遍性的伦理，但却将它们误认为是放之四海而皆准的，并如此行动。

（4）一些人认为伦理规范只是一种个人偏好，因此在伦理问题上无所谓同意或不同意，所以他们在行动中就遵循他们武断的伦理规范。

（5）一些人认为关于伦理规范的想法是人类的一种白日梦，因而完全不理会它们，而且在行动中也根本不考虑伦理规范。

这是一些关于人们信念和行动的假设性的事实描述。仅仅从经验事实出发并不能逻辑地导出我们究竟应该做什么和不应该做什么的价值陈述，这一点已经得到人们的广泛认同。因此，如果有人认为上述任何或所有事实陈述的真或假能够使他得出普遍有效伦理原则不可能的结论，那么他就是毫无理由地无视事实的"是"与评价的"应该"之间的逻辑鸿沟。

由于19世纪以来工具理性的成功和价值理性的衰微，从社会学和人类学的意义上使用"价值"这个词大为盛行。而哲学上对独立于不同文化的人们实际所坚持的价值观念的有理性根据的价值的追寻，却在很大程度上被公众、媒体和绝大多数的社会科学所忽视或漠视。在海内外华人文化圈内,像杜维明、季羡林、万俊人等经常论及伦理价值问题的学者,也很少把价值看作需要靠理性去寻求的东西,而常常只是方便地把人们事实上持有的是非评判的标准——不管其是否有理性根据——称作"价值"。诸如"亚洲价值""西方价值""儒家伦理"这样的提法,都是将伦理价值的理性基础不正当地化解为社会学或历史学意义上的描述的结果。

然而,在西方大学哲学系任教的教授却非常清楚,伦理学课程就应该引导学生去领会伟大的哲学家如何试图建立作为特殊规则之逻辑前提的普遍道德原则。简直难以想象一个哲学教授仅仅向学生报告在世界不同地方的人,或者在他们自己国家的大多数人,实际上的道德主张是什么,他们在实践怎样的"价值",在各个不同的历史时期认为什么是对的和什么是错的,什么是好的和什么是坏的,什么是正义的和什么是邪恶的,等等。没有一个哲学教授会无知到在哲学意义上把康德的道义论伦理学称为"德国伦理学"或"德国人的价值观",把穆勒的功用主义伦理学称为"英国伦理学"或"英国人的价值观"。康德和穆勒的伦理学是被作为两种具有竞争力的普遍伦理学而教授的,尽管对他们的伦理学究竟哪一个具有真正的普遍有效性这样的问题并没有最终结论。

而在中国却相反,伦理学极少被当作一种关于建立一种实践理性的普遍伦理的哲学尝试来教授。伦理学课通常只是呈现一大堆规则,而哲学本应该揭示的这些规则的理性基础却被一些政治的或社会学的老生常谈取而代之了。

在这种背景下,当中国学者谈论道德规范或伦理学时,更倾向于采用一种自然主义的语言进行描述或摆出权威主义的姿态进行说教,而不是将伦理学当作一种哲学的实践理性。因此,他们要么用伦理的分歧来支撑他们关于普遍伦理是不可能的断言,要么将普遍伦理与孔汉思那样的西方神学家所提出的"全球伦理"等而视之。

当然,孔汉思要建立"更好的全球秩序"这一努力是值得尊重的,而且他以各大宗教间的最小限度的基本一致为基础而建立全球伦理的努力也应受到鼓舞。但是,不管结果如何,这种努力对哲学家所理解的普遍伦理却毫无补益。为了更进一步地阐明"普遍"与"全球"、"事实"与"价值"之间的区别,我们将进行以下两种对比。

首先,"全球"这个概念在此处指的是一种不同地域的人们对宗教事务问题的某种一致看法,相反,"普遍"这个概念指的是一种理论的主体间的对可以作为演绎前提的第一原则的公认。因此,这种意义上的普遍伦理应该是实践理性的结果,而像孔汉思所谓的"全球伦理"却是对世界宗教的实践和实际所遵循的规则进行观察的结果。换句话说,孔汉思所假定的在伦理道德问题上的全球一致,是一种被认为可以通过归纳而得到的对事实的概括,而不是通过实践理性的运作而得到的一种结论。

其次,普遍伦理包含那些界定何谓美好生活的终极标准的原则,而这并不允许我们在完成实践理性运演过程之前,就假定已经知道什么是善什么是恶。但是"全球伦理"却假定我们已经知道什么是善的标准(由于上帝的启示?),而我们所需要的就只是去建立实现这种预设目标的规则。在"全球伦理"的概念框架中,我们在建立这种"全球伦理"之前,就似乎已经知道什么是善什么是恶,什么是最根本的危机了。就像我们在《宣言》中所看到的那样,一系列被假定的现实罪恶已经被看成支持我们需要"全球伦理"这种断言的显明事实。

根据这两种比较,我们可以对"全球伦理"的倡导者提出一个问题:"有关伦理问题的宗教共识,真的已经存在于不同的宗教中了吗?"如果像《宣言》中所说的那样回答是肯定的,那么我们就没有必要做出这样的宣言了,因为"全球伦理"已经存在了。如果回答是否定的,那么在《宣言》之前并未共享同一道德观念的人们将仍然不被这种"全球伦理"所约束,除非他们被迫进入这个所宣称的伦理共同体。之所以如此,是因为一开始在调查人们的共识时,他们并没有被包括在内,因而他们与这种所谓的"全球伦理"无缘。如果强迫那些不是自愿接受"全球伦理"的人接受这种"全球伦理",那么这种伦理就违背了它自己在《宣言》中所说的原则,即"全球伦理"呼吁的是人们的"内心""整个的心性"和"心灵"。退一步讲,即使它能够在不同宗教的信徒中达到一致,那么对于非宗教信徒又怎样呢?他们为什么要接受以他们完全不相信的东西为基础的信条呢?因此,如果我们不能找到一种能向每一个理性的人证明是自明的理性基础,那么我们就很难看出所谓的"全球伦理"宣言何以能够实现它的提出者关于担当全球道德向导的预想。

三、宗教、哲学和伦理学

在西方,哲学圈外有一种将宗教作为伦理最终基础的强烈倾向。但是,正如我们上面分析的那样,将伦理学基于宗教是不可能的。至少,我们知道,非宗教信徒和宗教信徒一样可以对自己有道德约束。有些哲学家,像尼采、萨特甚至认为,宗教就其本质而言是与人类真正的尊严相抵触的,因为它将人类仅仅看作所谓上帝计划的工具,而且使我们免除了最终的责任。他们的说法也不是没有意义的。在这里,我们没有必要去讨论这种激进的反宗教观点。在底线上,我们仅需要去考察为何普遍性不可能被奠基于信仰或者其他非理智的权威。如果它可以被奠基于什么,那么这只能是理性或理性引导下的良知。

当然,所有像孔汉思那样的神学家所提出来的"全球伦理"大概都将包含大量与理性建立起来的普遍伦理的规则相重叠的规则。不过这只是事情的一方面。另一方面,我们有充分的理由怀疑那些有关诸如性行为、婚姻等人类事务的宗教信条,就像在许多宗教圣典中所看到的那些,能够被理性地辩护。

例如,在孔汉思提出的"全球伦理"中可以有这样一个反对婚外性关系的规则(见孔汉思的早期著作 *Projekt Weltethos*),但是难以想象的是,能够理性地证明的"普遍伦理"可能包含这样的规则。例如有一种婚姻的模式,其妻子和丈夫同意有一种"开放"的关系,他们每一方都被允许在特定的条件下保持其他的性伙伴。当今条件下有这样一个事实,即,我们任何一次性关系都可以与生育目的无关。在这样的情况下,反对这种婚姻的理性基础到底是什么呢?似乎没有这样的基础。

对"全球伦理"的另一个质疑,涉及《宣言》中所谓的"积极的金律":"己所欲,施于人。"这一规则,正像儒家的"己欲达而达人"那样,似乎是在鼓励我们根据自己的偏好为他人做出决定,而且为他人做同样的事情,就好像别人总是与我们有着同样的偏好一样。但是正如柏林和其他的自由主义思想家使我们确信的那样,这种基于积极自由概念的行为,是一种对人类自治的强暴,如果在政治中实施,它将通向专制。如果这样,我们就难以想象一种能得到理性辩护的"普遍伦理"会包括这种"积极的金律"。

"不准说谎"或"诚实"似乎是可以理性地辩护的,如果有任何可以

第一部分　道德与政治哲学

理性地辩护的伦理规则的话。令人高兴的是，在所有主要的宗教和被建议的"全球伦理"中都有"不准说谎"这条戒律。但是"诚实"在其彻底的意义上也包含了苏格拉底式的诚实：如果你没有充足的理性相信什么，那么你就必须承认你的无知。但宗教，如我们所知，却要求我们信仰上帝的存在和上帝的仁慈，而全然不顾我们缺乏这一信仰的理性基础，他们还时常将这种非理性的笃信作为信徒虔诚与否的判准。帕斯卡关于上帝信仰之赌似乎是理性的，但那其实是建立在对每一个选择可能后果的计算上的，并且在这种计算中，相信了一种本来不可信的东西本身不被当作一种坏处。在这样的信仰之赌中，最终的根据是效用，而非理智上的诚实。然而，"不准说谎"这条伦理规则是基于对诚实本身的内在固有价值的承认，而不仅仅是看它的功用。因此，关于诚实的伦理规则，看来与基于非理性之笃信的宗教实践相冲突。

有一些伦理学理论，尝试将伦理要求的最终威力建立在这样一个所谓的事实上：这些伦理要求是上帝的命令。然而，自从柏拉图那个时代起，哲学家就明白，在伦理问题上的这种解释存在严重问题。在柏拉图的对话集《欧绪弗洛篇》中，我们看到了关于在上帝命令和虔诚之间关系的对话。对话中的那种分析可以用于任何版本的神的命令理论：某种人类行为是善的，究竟是因为上帝把此类行为任意规定为善，还是上帝希望我们做这类事情是因为这类事情本来就是善的？在第一种选择中，是上帝创造了善和价值。如果是这样，赞扬上帝就没有意义，因为他所期望的就是被定义为善的，说"上帝善"就等于说"上帝如他所愿而所是"。这只表现了上帝的绝对自由和绝对力量，而表现不了上帝的仁慈。在第二种选择中，对善和价值的界定将有独立于上帝意愿的理由。如果这样，上帝的命令就将不再是善和价值源泉的最终解释。无论哪种解释，神的命令理论都不能为伦理学的有效性提供说明。这样的上帝命令说，在现代还有它更为精细的翻版。但正如北京大学的程炼通过细致分析后指出的那样，我们很难看到道德真理对所谓的上帝命令有何逻辑上的依赖关系。

只要将理性之外的权威假定为道德规范的基础，类似的两难就必然产生。这种权威可以是君王、传统、父母、书本、教堂、神学家、政府和法律系统，等等。试想一下这每一个可能的权威的非唯一性，我们若在伦理学中依赖于它们中的任何一个，我们都将走向教条主义或相对主义；如果我们在理论上和行动上只依赖其中一个，而完全置其他于不顾，我们就倒向了教条主义；或者假如我们在理论上和行动上都承认多个权威，我们就倒向了相对主义。教条主义者会说："只有我的那个权威才是真正的权威，这个权威掌握了所有的伦理学真理，其他的所谓权威不过是瞎扯。"而相对主义者会说："我知道在不同的背景中长大受教育的人可以有完全不同的伦理，所以我并不会对具有不同道德信念的人有什么意见：不管他们信什么都是对的，就像我是对的一样。"事实上，今天没有受过哲学教育的人容易在教条主义和相对主义之间摇摆不定。假设你认为宗教是伦理的基础，如果你自己忠于一种特别的来源于宗教的信条，那么你就是注定的教条主义者；如果你不这样，你就是一个相对主义者。必然如此，逻辑使然。即使让被宣称为以世界各种宗教为基础的"全球伦理"戴上普世的面具后公布于世，也无济于事。无疑，"全球伦理"的倡导者绝不想要得到这样的教条主义或相对主义的结果。

总而言之，即使神学家能在促进更好的全球秩序方面扮演一个积极的角色，中国哲学家和任何一个地方的哲学家，作为哲学家，也都应遵循哲学研究伦理学的方式，而不是遵循神学的方式。做哲学不是去推行某种以假定我们的世界需要什么为基础的观念，而大部分工作恰好就是在理性的基础上反省所有的基本假定，包括所有有关需要的假定。在最坏的情况下，如果哲学真的像后现代主义者认为的那样无力，那么我们就应该放弃"普遍伦理"的设想。鉴于理智的诚实，我们就不应该把一个会引起误导的"普遍伦理"的标签用在孔汉思所说的"全球伦理"之上。

（原载《世界哲学》2003年第5期。原文为英文，冯平译，作者校对增补）

现代的苏格拉底何处寻觅

苏格拉底和孔夫子至少有一点很相似,那就是他们都通过与人们对话来展开自己的思想。他们都没有留下自己的著述,但他们的思想都好像在对话结束时即获得了独立的生命,从此开始了既穿越历史又创造历史的远征。可以说,在他们那里,作为私人生活方式的思和想给我们后人的公共生活方式和个人心性修养提供了种子和土壤,而正是这些种子和土壤使我们得以在自家的田园里耕种和收获。孔夫子的对话如何使华夏儿女打造中华精神,已有的精彩论述不计其数,我无力也不必在此多费口舌。不过,如果只就哲学这种特殊形态的思想来讲,孔夫子的情形到底如何还不太明朗,而苏格拉底确实是毫无争议地将自己的生命不折不扣整个地投入其中的人。让我们看看他是如何投入其中的,后来的追随者又有何表现,再看看我们现代人在哪里可以觅到苏格拉底的影子,也许不会全无意义。

一、自命为"牛虻"的苏格拉底

在柏拉图的对话《申辩篇》中,苏格拉底声称自己是神赐给雅典的独一无二不可代替的"牛虻"。为何一个城邦需要一只像他那样到处叮咬的牛虻呢?苏格拉底说,这是因为城邦就像一只身体庞大的动物,充满惰性,且总是睡眼惺忪。这样,要使这头巨兽在该动的时候动起来,就需要有一只专事叮咬的牛虻来唤醒它。苏格拉底是如何履行这只牛虻的职能的呢?那就是用提问的方式挑战人们的成见,让人们意识到自己没有知识,有的只是盲目无根据的偶得信念。苏格拉底是通过他声称的"助产术"来启迪人们的:他只提问,让对方回答,顺着对方的思路继续提问,直到对方陷入自相矛盾、自己发现自己的无知为止。初看起来,他问的问题很简单,谁都自以为很有把握做出正确的回答。而倒是苏格拉底自己率先宣称自己无知,然后再让对方意识到同样的无知。"认识你自己!"——苏格拉底似乎让人们认识了自己,但同时也让似乎认识了自己的人感到失望:他们在智慧的镜子面前发现自己的形象并不高大,连自己的无知都要借助苏氏的"助产术"才有所领悟。此时,不管他们是否还敬仰苏格拉底式的智慧,首先感受到的竟然是被牛虻叮咬的刺痛。

当我们说苏格拉底"履行牛虻的职能"时,很容易将这理解成是苏格拉底在生活之外扮演的一个角色。但是,我们知道,苏格拉底是自己选择这种使命作为自己的整个生活方式的,并且这只牛虻最后从容地接受被他叮咬过的巨兽的死罪判决。他在死刑到来之际拒绝以罚款赎罪的方式进行妥协,也谢绝人们的救援,因为他相信此时的逃生就等于对自己使命的背叛,而背叛了这个使命,就等于否定了自己整个生命的意义。

或多或少是由于苏格拉底的死,导致柏拉图在他的《理想国》的洞穴隐喻中把哲学家比作被解放的囚徒。在洞穴中的一个囚徒失去锁链以后看到了影子产生的机制,之后再也不可能把影子当作实在了,他的灵魂的状态发生了不可逆转的突变。柏拉图把人的灵魂分为三个部分:欲望、激情、理智。与此相应,人也可以分为三种基本类型:逐利者、好胜者、爱智者。其中爱智者就是哲学家。要从其他状态变成哲学家的状态,就是要使灵魂的理智部分变成主宰,在生活中体验理智运作过程提供的最高级的快乐。有了这种最高级快乐的体验能力的人,必定早已体验过其他两种快乐,而体验过其他两种快乐的人,却未必体验过哲学运思的快乐。很显然,柏拉图笔下的苏格拉底,正是这种在灵魂中做哲学的人,这种人的哲学不必体现在文字著述之中。

不过,柏拉图笔下的被解放的囚徒自己并不愿意回到洞穴去打理囚徒们的事。苏格拉底却不一样,他偏要像牛虻一样飞来飞去,到处叮咬惹人烦。尽管这只"牛虻"后来被追认为整个西方文明的奠基者之一,但从他开始的追根问底精神在两千多年后的今日照样很难为大多数人所理解。

二、苏格拉底之后

苏格拉底以后,大概再也没有哪个哲学家把自己称为"牛虻"。这也许意味着哲学家的思考可以脱离现实的政治,但并不意味着哲学一定要变成仅仅是社会分工体系中的一种职业。应该说,在后来的不少哲学家那里,就算哲学探究真的成了职业,他们也没首先把它看作职业,而是当作自己的生活方式。

据说,笛卡尔在二十出头做的一个梦,促使他做出以寻求终极真理为

第一部分 道德与政治哲学

整个生命的目标的决定。他的彻底怀疑方法论原则在他的几个沉思中得到了出色的应用,他寻求到的第一个在他看来不容置疑的真理是"我思故我在"。这个"我",不是一个抽象的概念,也不是某个对象化的客体,而正是那个正在怀疑、正在思考的笛卡尔。他把自己的存在当作思考的第一主题,不是由于敬业精神而做出的无私奉献,更不是井底之蛙,不知天外有天,而是他的人格哲学化后寻求确定性的起点时进行运思的逻辑要求。笛卡尔的沉思没有苏格拉底所面对的听众,从而也不能即刻让那些自以为有所知的人陷入承认自己无知的尴尬境地,但笛卡尔的沉思过程也是以对传统的习惯思维的质疑为背景支撑的。不同的只是,这些传统观念的承载者在笛卡尔那里是他自己,而不是别人。

笛卡尔开创的理性主义传统的精神实质,是要将外在的文化历史传统的影响在人的理性活动中排除,从而在思考者自己的本真先验世界中挖掘内在必然。于是,在这个理性主义传统中开展哲学研究的哲学家,不可能不把自己的哲学追求当作实现自己生活意义的一种全身心投入的探险。斯宾诺莎为了他的自然神论的哲学被赶出了犹太教会,并被他的父亲逐出家门。他靠磨镜片维持生计,而整个身心却被这样的一些终极问题所占据:我们生活于其中的世界的结构和本性是什么?是什么力量使我们来到这个世界?我们的理智和情感是如何运作的?所有这些都基于什么理由和原因?很明显,斯宾诺莎坚信苏格拉底的名言:"没有考究过的生活是不值得的。"斯宾诺莎藐视自己所处时代的价值观念,因为他深信自己找到了永恒的价值,而流行的价值观念只不过是偏见。这样,斯宾诺莎的"牛虻"品格也是不言而喻的,只是他没有把叮咬刺激现存的政治实体和冲刷流行的偏见当作自己使命的主要部分而已。不过他的结局和苏格拉底也差不多:生活贫困并谢绝善意的赞助,惹来一部分人的痛恨,赢得另一部分人的崇敬。在哲学思想史上,他树立的照样是不朽的丰碑。

现在该让我们看看18世纪生活在哥尼斯堡的那位最著名的小矮人伊曼努尔·康德了。在康德看来,"天上的星空、心中的道德律",就是在我们的生命中值得关注的东西的全部。在普鲁士某贵族的庇护下,康德曾经在上流社会的圈子里如鱼得水,大出风头。但康德不久就疏离了那种夸张的生活方式,隐退到他内在心灵的先验世界里继续他的伟大历险,建造他批判哲学的宏伟殿堂。康德式的批判精神,与苏格拉底的"牛虻"精神虽然不属于同一层面的东西,但在对待流俗偏见的态度上,却是一脉相承的。苏格拉底的批判对象是分立的价值偏见,康德要进行批判考察的却是整个人类经验和人类知识体系的先决条件。康德的道德形上学,则是对所有可能的道德判断的理性基础的挖掘和奠定。

康德无疑是他自己提出的道德哲学的实践者。不过,人们有个误解,似乎康德如果要生活得与自己的道德哲学相符合,就必须每件事都按照他自己提出的"绝对命令"的要求去做。比如说,康德认为"绝对命令"要求人们在任何时候都不能撒谎,如果他忠实于自己的道德哲学,就绝对不能撒谎。其实,这样的看法,只有在对康德道德形上学一知半解时才会形成。根据康德的观点,人之所以需要道德,正是因为他是在外在必然的他律的作用下去争取道德立法的自律的一种存在。如果他完全受制于外在的因果必然而没有自我立法的能力,他就与一般的自然物没有区别,因而也就谈不上道德责任和道德诉求。如果他完全脱离了外在因果律的制约而成为自身行为的绝对主宰,他就成了上帝,只可能做最好的事,也同样与道德问题无关。由于人是他律与自律相互较量的场所,自由意志才需要以理性的名义发出"绝对命令"去规范自己的行为。至于最后人的行为在多大程度上符合绝对命令的要求,那就要看自律与他律双方的力量对比了。康德在他的哲学中当然不会包含对自己身上这两种力量对比的估算,更不会将自己看作与上帝同类的脱离了外在因果决定性的绝对主体,所以不管康德本身的实际行为是否合乎他的"绝对命令",都不可能在这一点上与他的道德哲学发生矛盾,因为他也生活在自律与他律之间的动态张力中。

到了现代西方,专门从事哲学研究的人数量急剧增加,但他们之中的大多数人只是把哲学研究当作众多职业中的一种,从事这种职业也只是在谋生过程中服从社会的分工,而不与自己的内在人格发生必然的联系。这样,苏格拉底式的质问虽然作为对这种学术本身的要求被继承了下来,但质问的对象主要已不是社会政治生活中的人,而是业内的同行。除了从事哲学这个行业的人以外,很少有人知道哲学专家们在关心、讨论些什么问题。应该说,大多数哲学教授们并没有觉得自己要扮演"牛虻"的角色,也没有多少人期待他们扮演这样的角色。当哲学的学术化变成过度的技术化时,它的直接的文化批判功能就基本丧失了。

在这样的学院化、技术化的常规中,真正强有力的哲学思想就要以例外的方式显现自身。具有讽刺意味的是,逻辑实证主义开始以前所未有的爆破性批判力振聋发聩,随它而来的却是使哲学迅速失去社会批判能力的深度专业化和技术化过程。实际上，由于逻辑实证主义者将一切有关伦理价值问题的讨论宣布为毫无意义，一切对流行价值观念的批判在他们看来也毫无意义。于是，在他们那里，苏格拉底式的批判精神被科学主义所代替。他们在批判传统形上学的同时却把哲学的价值反思功能一概抛弃，成为哲学的文化批判精神的最大扼杀者。所以，像萨特、福柯这样的具有强大的思想穿透力和现实影响力的哲学探险家，就被以逻辑实证主义为旗帜的哲学专家们视为哲学学术的大敌。

也许，在某种意义上，萨特、福柯之流确实与实证主义哲学思潮不共戴天，但他们是苏格拉底批判精神的真正继承者。先不说他们的思想对流行价值观念的颠覆作用如何比"牛虻"有过之而无不及，就他们用自己的生命去实践他们的哲学这一点而言，他们也无愧于"当代苏格拉底"的称号。萨特终生未婚却身边美女如云，还拒绝接受诺贝尔文学奖；福柯以非凡的笔触写下了《性史》，但他由于寻求同性恋性行为的终极体验而死于艾滋病。这些事情似乎互不相干，但在这里我们却看到了同一个道理：以自己的原创思想为自己生活的最后依据的人，不可能将同代人偶然接受的流行价值观念视作神圣，也不会承认任何思想领域之外的权威。

三、"理想主义"的吊诡

柏拉图是理想主义的最伟大代表之一，而柏拉图对话中的主角是苏格拉底。由此看来，苏格拉底的"牛虻"精神无疑是理想主义精神的一个典范。但是，苏格拉底被处死时，罪名之一是腐蚀青年，也即破坏了年轻人的信念。事实上，苏格拉底所做的也确实是让人们认识到自己的无知后放弃原有的信念。这样，有些人就会觉得大惑不解：理想主义不是要以树立坚定的信念为前提吗？为何以破坏人们的信念为己任的苏格拉底不是理想主义的敌人，倒成了理想主义的英雄呢？

这样的困惑，主要是我们被长期灌输的对理想主义的错误理解造成的。我在以前的文章中提到过，很多人错误地把人文主义理解成"关注人类事务多于关注自然现象"，因而把中国传统哲学不恰当地归结为人文主义。这里，情况类似：很多人把理想主义理解成"胸怀一个坚定的信念并为了这个信念去努力奋斗"，至于要坚持什么样的信念才可以成为理想主义者，人们很少过问。但是，假如有人坚定地持有这样的一个信念："世界上百分之八十五的人都应该为成为我或我的后代的奴隶"，并为这个信念的实现无所不用其极使出浑身解数终其一生，我们显然不能将他称作理想主义者。由此看来，要成为理想主义者，不但要看你是否有坚定的信念，而且还要看你的信念的内容为何。那么，什么样的信念才可能成为理想主义者的信念呢？这是一个很重要的价值论问题，没有专门论证，是不可能从原则上论述清楚的。但是其中有一点非常清楚，那就是，理想主义者要追求的目标不能是由时政或流俗所设定的，因为时政和流俗与"理想"概念相对立。于是，我们经常称之为"崇高理想"的东西，如果它涉及的主要是物质财富的分配问题或分配的支配权问题，就很可能与理想主义风马牛不相及。相反，那种对精神自由的追求、为了这种自由而对没有理性根据的流行价值观念的抵制或蔑视，倒与苏格拉底的"牛虻"精神一脉相承，因而也就在很大程度上获得了理想主义的神韵。所以，像"不自由，毋宁死"这样的口号，像"我不同意你的观点，但我要誓死捍卫你自由发表自己观点的权利"这样的名言，无疑都放射出理想主义的光辉。

有人常常让我们认为，一个人为之奋斗的目标实际受益的人越多或越具整体性，这个目标就越具理想主义色彩。因此，"伟大"的理想似乎一定要以"大多数人"为关切的对象。涉及人数多的事情叫作"大局"，而有理想的人任何时候都要"服从大局"。但是，让我们对比一下如下两种说法：第一种是"为了全局的利益，宁可错杀一百，也不可错放一个"，第二种是"为了防止不可逆转的错误，如冤案，宁可错放一百，也不可错杀一个"。这两种说法，哪种更接近理想主义？任何对理想主义的本来意义有所理解的人，都会知道，代表理想主义的是第二种说法，绝不是第一种。但恰恰是坚持第一种说法的人站在了"大局"的立场上！由此看来，让芸芸众生去烘托理想的光环，是张冠李戴、误入歧途的做法，是让理想主义毁灭的滑稽戏。张艺谋导演的电影《英雄》里秦皇在"剑"字的书法中悟出的所谓压倒一切的"天下"的理念，就是一种与理想主义背道而驰的冠冕堂皇的玩意儿。

这样，理想主义似乎即刻涉及一个悖论：理想主义要追求的理想必然是价值理想，但它的主要旨趣又是对价值的摧毁。这个悖论如何克服？原来，正像我在先前的著作中论证过的那样，应该被追求的价值和应该被摧毁的所谓价值不是一种东西。真正的理想主义者要批判和摧毁的是被人们错当成价值或伪装成价值的负价值，而要追求的是保证人以人的资格生活成长的永恒的内在价值。这种永恒价值与权威主义、专制主义、反智主义、蒙昧主义势不两立，而永远以人的自由、人的尊严、人的自律、人的自治、人的自我完善、人的相互促进为核心内容。只是，由于这些核心内容不是人为制造的，而是生活本身内在规定的，在大多数情况下，我们并不需要刻意去提倡它们。只要那些假冒的所谓的价值被揭穿、被抛弃，人们就会理所当然地返回到他们的价值理想的家园。真正需要我们系统研究的是，当人们在追求这些内在价值常常发生冲突时，我们的社会政治制度如何处理好这些冲突又不采用伪装的价值来代替原本的永恒价值。历史与现实都告诉我们，假冒价值压倒正当价值是社会政治过程的自然倾向。所以清醒的理想主义者应该做的，就与苏格拉底式的"牛虻"所做的相差无几。那就是，揭穿来自权势和流俗的意识形态伪价值的本来面目，将其清除出价值的圣地。

对理想主义有了这样的剖析，我们也就理解为何以理想主义为旗帜的诺贝尔文学奖总是落到具有强烈的社会批判意识的作家身上了。对权力政治的批判比较容易理解，而对流行道德伦理习惯的批判则难以被大多数中国人理解。就拿第一个获诺贝尔文学奖的华人作家高行健的两部主要作品《灵山》和《一个人的圣经》来说，假如它们首先在中国大陆出版，且作家匿名，很有可能被当作低级肮脏的情色作品对待。在该书中，我们找不到我们习惯了的"崇高理想"的影子，也看不到持不同政见者对时政的激烈批评，有的倒是对"不道德的"男女性行为的不加批判的描写发挥。人们会问，这不是地地道道的反理想主义吗？为何有人偏偏要颠倒是非将其当作具有理想主义倾向的作品来推崇呢？现在，撇开高行健是否值得诺贝尔文学奖的问题不谈，我们至少可以看到，对流行道德观念的批判正是苏格拉底式的理想主义的主要特征，如果有关人类性行为的流行道德观念属于假冒的价值的话，对其进行批判或将其摧毁当然就是极具理想主义倾向的了。这样的话，如果有人把嬉皮士或像麦当娜那样的勇于突破已有界限的性感歌星划入理想主义者的阵营，我们也就不必大惊小怪了。在现代哲学家大都放弃了"牛虻"角色之担当的情况下，这些民间的另类分子竟然也或多或少地与两千多年前的苏格拉底不谋而合。

四、背十字架的哲学家

既然古希腊苏格拉底的角色，现在已大都由哲学界之外的人扮演，那么他们也许正混迹在"网络诗人""美女作家"、摇滚乐手、性感艳星、先锋画家、实验影人或其他另类群体之中。但我们也许不能对他们抱有太大的希望，因为他们中的大多数都只在某一方面不自觉地与苏格拉底相仿，有些人甚至不知晓也无心去知晓苏格拉底究竟是哪条街、哪间店的掌柜。在这里，我们没法在严格分类的基础上界定何种另类群体中必有苏格拉底角色的扮演者出没，因为这里没有逻辑的必然性。那么，既然在哲学从业者那里也可能会有常规之外的现代苏格拉底式人物，我们如何觅得他们呢？

　　哲学家要把哲学当作生活方式而不仅仅当作一种职业，基本上是价值实践领域的事情。一般地，你有什么样的形上学和认识论，对你的生活方式不会有显而易见的影响，因为这里还没马上涉及生活道路的抉择和为人处世的方式。而你的伦理价值哲学，如果你真心相信的话，则会对你的言行产生决定性的影响。如果有人像苏格拉底那样把对流行价值观的批判落实在他自己的生活方式上，他就很可能会发现，被人称作"崇高纯洁"的某些东西其实粗鄙不堪，而被人看作"下流肮脏"的某些东西其实健康美好；人们的所谓"高雅"，常常只是装腔作势，人们的所谓"低俗"，其实会是人之必需。如果他把自己这些与众不同的见解公之于世，他就会在多数人面前以"道德败坏、灵魂腐朽"的面目出现。这样，就算他真的是在大学哲学系任职，很多人也会认为他的德行有悖于他的职责。不过，如果我们能发现他的踪迹，加上一些眼力和胆识，我们就可以觅到现代的苏格拉底了。事情的真相是，只做权力政治的批判者，你起码会经常被认为代表了民众，而民众也有望站在你这一边。但是，如果你的批判对象是民众的俗见，你又不与政治权力为伍，那你就四面受敌，英勇壮烈了。也许，当自命的道德护卫者悲叹"人心堕落、世风日下"之时，新的一代在被"牛虻"叮咬后正从伪价值的枷锁中挣脱出来，准备回到永恒价值的家园故里。就算如此，人们回到家里，大概也不会在哪个良辰吉日突然想起向早已作古的"牛虻"敬一杯。看来，要想做个现代的苏格拉底或任何时代的苏格拉底，你就得准备好最终孤身一人背起十字架。

（原载《开放时代》2003 年第 3 期）

论克隆人的尊严问题[①]

自从第一只克隆羊诞生以来,据说相继又有克隆牛、克隆兔、克隆猫降生。当 2002 年年底有人宣布第一个克隆人已经降临人世时,尽管消息是真是假还没定论,人们已经不可能对克隆人涉及的伦理问题等闲视之了。在此之前,西方很多国家已立法禁止或严格限制克隆人及以克隆人为目的的研究。美国总统布什在 2001 年 11 月 28 日成立了由包括哈佛大学著名政治伦理哲学家桑代尔在内的十多名专家学者组成的生命伦理顾问委员会,专门就克隆人涉及的伦理问题进行集体论证,写出了长达二百多页的论证报告,作为制定克隆人技术应对政策的理论依据。联合国也积极介入克隆技术实践的规范建设,并于 2005 年通过了禁止克隆人的宣言。

与以往的几乎所有技术不同,成熟的遗传技术(还有此处不拟讨论的虚拟实在技术)不是首先用来制造工具、提高经济效益而改造自然客体的,而是用来重塑人的本性甚至制造新人的。过去的技术通过"格物"的过程使人的知识物化,技术活动的物化结果也是在对象世界中制造出作为人造物的工具客体或消费品,因而我们可以把这种传统的技术叫作"客体技术"。而以遗传工程和虚拟实在为代表的新兴技术,一旦趋于成熟,实施起来得到的结果就首先不是工具客体或消费品的制造和使用,而是人本身——作为人类一切活动的目的的人本身的根性的改造或重塑。所以,我们可以把这种技术称为"主体技术"。我们这里将要深入讨论的克隆人技术属于遗传技术,而遗传技术一旦超出农业畜牧业品种改良定向培育的水平,就很自然地指向人本身的遗传密码了。

主体技术的开发利用是具有颠覆性的,之所以这样说,是因为一旦这种技术活动成为人类活动的主要内容,整个人类文明就会发生有史以来最

[①] 本文与刘慧合作完成。本文的研究和写作得到"985 工程"建设项目"行动计划"的资助,凭证号 04178。

深刻的转型，这种转型的彻底性是以往由任何其他技术引起的工业革命、由政治运动带来的社会变革、由思想革命导致的文化更新等都不可比拟的。在转型后的新文明中，我们主要的活动不是改造客观世界为我所用，而是按照自己的意志对自然界原本给予我们人类的天性进行重新设计、重新塑造。在这里，伦理问题占据着绝对优先的地位。所以，我们就不难理解，克隆人的现实可能性，把哲学伦理学家推到了决定人类何去何从的最前沿。

根据媒体的归纳报道，目前世界上最被公众所知的反对克隆人的主要的表面理由，大致有五个方面。第一，克隆人技术还不成熟，应用起来不可靠。目前克隆动物实验的成功率很低，克隆人的成功率有多大就更是毫无把握。就算把人克隆出来，他们患有各种疾病的机会也很大。第二，克隆人在血缘关系中的身份难以认定，他们与被克隆者之间到底是兄弟姐妹关系还是两代人之间的关系，还是其他什么关系，无法纳入现有的伦常体系之中。第三，人类繁殖后代的过程会变成不再需要两性共同参与，这将对现有的社会结构、家庭结构和责任结构造成巨大冲击，并对人类生活的内容产生难以承受的侵蚀。第四，从人类进化和生物多样性上考虑，大量基因结构几乎相同的克隆人一起生活交往，可能诱发新型疾病的广泛传播，这对人类的生存和发展是不利的。第五，克隆人可能因自己的特殊身份而引发特有的心理疾病，从而形成新的社会问题。这五种理由，理解起来比较直接，不需要特别的哲学反思，中国科学界和一般学术界中对克隆人持反对意见的人，所持的理由基本上也是这些。

但是，这几类原因都是直接以现实的技术、政治、社会、经济状况为依据的，而谁都知道，现实中的一切状况，都会发生变化，而我们也都在促成这种变化。以这种变化中的现实为根据，最多只能对克隆人的时机是否成熟做出判决，而丝毫不能给出从原则上我们是否要禁止克隆人的理论根据。问题的关键是，这些人把终极的伦理问题仅仅理解为对现有的伦常关系或社会规范的适应，从而把伦理问题只看成是与其他诸多问题并列的一个问题。至于现有的伦常关系或社会规范是否有永久的合理性，为何要把对这种我们习惯了的伦常关系和社会规范的维持看作具有压倒一切的绝对优先性，他们并不以为需要理论上的辩护。但是，任何社会结构的选择，最终都是要为人的生活服务的。在终极意义上，要我们生活内容的取舍迁就虽已经形成但可以改变的社会安排，是一种最基本的本末倒置。像克隆人这样的主体技术,涉及的是我们在最根本的意义上如何生活的问题,亦即文明的基础问题,不能把它混同于一般的社会问题。

那么,克隆人涉及的核心伦理问题到底是什么呢?如果克隆人从原则上就违背了人类最核心的伦理原则,我们是否就可以一概禁止克隆人呢?如果我们禁止克隆人,一旦有人暗地里把人克隆出来了,我们应该如何对待克隆出来的人和克隆策划实施者呢?看来,要回答这样的关系到整个人类何去何从的重大问题,没有进行严肃的、以前人的重大思想成果为重要参考的系统思考,就给出草率的回答,是极端不负责任的行为。鉴于中国已有克隆动物成功的记录,克隆人也成了非常现实的可能,对与克隆人技术直接相关的伦理价值问题的回答已迫在眉睫。

在西方,哲学界的伦理学家及其他相关的价值问题专家对上述问题进行了独立于公众舆论的比较深入的讨论,并深刻影响了各国政府相关政策和法律的制定。在中国,类似的讨论却很少见,除甘绍平、邱仁宗、吴国盛等极少数人对问题的本质有某种不同程度的把握外,其他的讨论只是停留在技术的层面。在这样的基础上去制定我们的法律和政策,就会在很大程度上陷入盲目性,而这种盲目性,对人类文明的前途很有可能带来危险。我们这里对这些问题进行深入系统的探讨的主要目的,就是试图克服这种盲目性。

一、克隆的所指及其分类

克隆是英文 Clone 的音译,简单地讲,是一种人工诱导的无性生殖方式,但它又与一般意义上的无性生殖不同。无性生殖是指不经过雌雄两性生殖细胞的结合、只由一个生物体产生后代的生殖方式,常见的有孢子生殖、出芽生殖和分裂生殖;由植物的根、茎、叶等经过压条或嫁接等方式产生新个体也叫无性生殖。绵羊、猴子和牛等动物没有人工操作是不能进行无性生殖的,有关的技术界把人工操作动物无性生殖的过程叫作克隆。据报道,迄今为止,克隆的实现主要运用了体细胞核移植技术,基本过程是先将含有遗传物质的供体细胞的核移植到去除了细胞核的卵细胞中,利用微电流刺激两者融合为一体,然后促使这一新细胞分裂生殖发育成胚胎,当胚胎发育到一定程度后,再被植入动物子宫中使其怀孕,便可产下与供体细胞核的基因相同的动物。在这一过程中,如果对供体细胞进行基因改造,那么如此生育的动物后代基因也会发生相应的变化。

克隆技术应用于人体被称为人类克隆（Human Cloning），有人依其目的不同将其分为两类，即医疗研究性克隆（Cloning-for-biomedical-research）和生育性克隆（Cloning-to-produce-children）。通过体细胞核移植技术将没有受精的卵子中的全部遗传信息去掉，再加入某一个人的遗传信息；然后将这个带有某一个人全部遗传信息的卵子培养起来，让其分裂，刚刚开始分裂的卵子视作胚泡。从胚泡中提取干细胞培养成人体各种组织的细胞的克隆叫作医疗研究性克隆。如果将胚泡植入一个妇女的子宫，使该胚泡发展成胚胎、胎儿，最后出生，这种克隆被称为生育性克隆。在这里，加入卵子的遗传信息可以是男性的，也可以是女性的。生育性克隆出生的人，被称为克隆人（Cloned Human Being）。与之相对，我们把通过自然生育方式出生的人叫作自然人。不过，世界上有些人认为，生殖性克隆和医疗研究性克隆并没有实质性区别，因此他们对人类克隆的反对或支持的意见都是一揽子的。在本文中，我们暂且先承认这种区别，在这个前提下展开我们的讨论。

这样，本文的论证只围绕能够导致克隆人产生的生育性克隆技术进行，因为就我们常识可及的范围而言，只有人才存在尊严问题。而医疗研究性克隆，亦即非生殖性克隆，不会导致活体人的产生，因而与尊严问题的逻辑关系不太明确，本文先不涉及。另外，像我们以上提到的那样，在关于克隆人的争论中人们提出的关于不成熟的克隆技术对人的安全可能造成危害的问题，不是我们这里所关心的问题。由于技术的成熟与否是随时间变化的，而本文是在哲学伦理学的层面致力于对与克隆技术内在相关的人的自在价值问题进行探讨，必然要求我们超越这个时效性。因此，我们必须假设，如果已有成熟的、安全可靠的克隆人技术可供应用，在克隆人的正常发育和成活已有保障的情况下，我们将应该如何看待这种技术？

二、关于生育性克隆的伦理问题的流行观点分析

未来学家奈斯比特在《高科技高思维》中曾虚构过这样一个未来社会：

> 就像现在买布娃娃一样，将来的父母可以直接到市场上去购买人工设计的品牌婴儿。每代人以基因改造的方式来决定流行的特征，诸如身高、体型、肤色、活泼抑或文静的性格。父母也可以定做某一款

俊男靓女，比如史泰龙、蒙娜丽莎等，来做自己孩子的标准。等孩子长大懂事了以后，做女儿的也许会抱怨，为什么给她们选了鹅蛋脸型而不是瓜子脸；做儿子的则埋怨为什么当初父母给他买了足球天分而不是篮球特长。①

克隆人的问题之所以给人一种混乱而危险的感觉，并且使人们感到焦虑，主要的原因是人们意识到它涉及人类生活某些最基本层面的东西，但又不确切知道它到底涉及的是什么。面对这种境况，除了以上提到的那些公众舆论层面的意见以外，哲学家、法学家、历史学家、生物学家、社会学家、医学家等各个学术领域的专家都发表了自己的看法。这里我们从伦理视角首先对有关克隆人问题的一些主要观点做出一个展现和评论，并以此切入，导向我们专门关注的尊严问题。

1. 关于幸福

生育性克隆的赞同者认为生育性克隆能给许多人带来幸福。例如，使不孕夫妇或同性恋者拥有一个在生物意义上与他们有血缘关系的孩子，给不孕夫妇或同性恋者带来了幸福；如果我们克隆将要去世或已经去世的妻子或孩子，也可以给丈夫和父母带来幸福；并且，克隆操作能使下一代更健康、更聪明、更漂亮，为父母也为克隆孩子本身带来幸福，等等。所以，生育性克隆应该被允许。

赞同方的观点，是把幸福作为行为的伦理判断的唯一依据。他们以能给许多人带来幸福作为生育性克隆应该被允许的理由，这里的幸福概念，由于是与尊严概念分开提出的，所指的只能是快乐和令人愉快的感受或以快乐为目的的"福利"，因此这属于快乐幸福论的观点。古希腊快乐主义者伊壁鸠鲁说："快乐是幸福生活的开始和目的。因为我们认为幸福生活是我们天生的最高的善，我们的一切取舍都从快乐出发，我们的最终目的仍是得到快乐。"② 快乐幸福论者把快乐当作幸福的唯一内容、唯一具有自在价值的东西，因此，只要是能给人带来快乐这种幸福的行为都是人们应该去做的。以密尔为代表的功利主义者用大多数人的幸福总量为标准来

---

① 转引自林亚西：《谁生谁死：论科技发展对生命伦理学的挑战》，国家图书馆博士论文库，2001年。

② 转引自周辅成编：《西方伦理学名著选辑》（上卷），商务印书馆1996年版，第103页。

衡量行为的道德性。按照这种思路，如果我们能够证明生育性克隆能够增进大多数社会成员的幸福，生育性克隆就是符合道德的。

这种传统的功利主义伦理学的缺陷，早就受到各方的有力抨击。道德问题，主要是在不同主体间如何维持正义原则的问题，而不是每个个体的快乐幸福的多寡问题。假设强制杀死一个无辜的人能增进全社会的整体幸福，那么根据这种观点，我们就应该杀死这个人。但是，全社会的整体幸福只不过是个人幸福的某种形式的组合，杀死一个人可能增加其他人的幸福总量，但是对于那个被强制杀死的人来说，却是不幸福的。但是，正像很多伦理学家都指出的那样，提倡或允许强迫无辜的人为其他人做出牺牲的理论，不可能是正确的道德理论。其实，关于幸福问题，在我们深入讨论了尊严问题以后再返回来看看，我们会有更确切的理解。

2. 关于人伦关系

反对者认为，生育性克隆不可避免地造成传统的人伦关系的混乱，这不仅包括亲属关系的混乱，而且还包括世代概念的混淆。根据现有的以血缘关系为基础的人伦关系，克隆人的地位暧昧不清。为了避免造成这种人伦关系的混乱，我们不能让克隆人出现。

持有这种观点的人预设了这样一个前提：传统人伦关系在道德上绝对正确，因而是不容改变的。但是，先不说理论上的论证，仅从历史事实我们就知道，从两千多年前的"三纲五常"的伦理准则到现代民主、平等、自由精神成为一种被多数人接受的价值，伦理观念已经历了剧烈的变化，在今日中国，道德观念更是日新月异。从现实看，虽然很多人都似乎在观念上坚持传统人伦关系的正当性，但在行动上又不可能将这种观念坚持到底。为什么呢？这是因为，人们这种正当性观念是基于自身传统文化的习惯性得出的，而不是经过理性思考做出的自觉选择。这种文化相对主义的态度，对讨论人类生活的终极价值问题毫无补益。西方哲学家对文化相对主义谬误有过很多系统的讨论，这里只能略过。

简单来说，大部分文化相对主义者认为，什么是道德或不道德，完全由判断者所在的特定的文化传统的观念决定。不存在一般意义上的道德或不道德的行为，只存在特殊文化下的成员所持有的对道德或不道德的观点。按照这种相对主义者的逻辑，任何普遍化的道德判断都是不可能的。这样，要讨论克隆人的道德问题，只能在某特定的文化传统下进行。但是，哪个人属于哪个文化本来就是不确定的（因为文化的划分可以有多种标准），每个人如何确定自己应遵循的道德规则？并且，无论你按照哪种标准划分文化，在同一文化之内的每个人照样可能对道德标准问题持不同意见，比如说，男人与女人之间、年轻人与老年人之间，等等。显然，在解释道德观念的差别方面，文化传统并不具有决定意义，今日中国各界对于生育性克隆的争论就明显地说明了这一点。无论如何，我们讨论是否应当允许克隆人的问题，不可能是地区性的"文化"问题。

3. 关于自由与权利

有些克隆人支持者认为，选择按照自己的基因克隆自己，是当事者的自由，不涉及别人的利益。因此，克隆是人的权利的实施。克隆的基因供给者与克隆技术的实施者建立的克隆协定，是两者之间自愿达成的，在此处没有什么人的意愿被违背。但是，这种对自由选择和权利概念的解释是错误的，因为在这种观念中忽略了整个克隆事件的主要价值承载主体——克隆产生出来的人的自由与权利问题。由于本文的主旨是立足于被克隆出来的人的伦理地位问题来讨论尊严问题的，随着讨论的展开，这里的问题将变得非常明晰，所以我们在此处权且先做以上的简单论述。

4. 关于尊严

在已有文献中我们可以看到，已经有不少人以尊严问题为中心，提出反对克隆人的理由。他们认为生育性克隆的整个过程使人降格为物，严重地损害了人之为人的高贵地位。因为克隆人是按照人为预先挑选好的基因、以技术工程的方式设计生产出来的，整个过程开始于父母或其他人意识中关于最终产品的蓝图，按照这个蓝图，克隆人以工业产品的方式被制造出来。

根据这些反对者的观点，克隆人的基因组合在其出生之前被别人预先决定，正是这种基因组合的被决定性，使人降格为物，从而损害了人的尊严。本文认为，这种反对意见涉及了问题的核心，所以有必要对其进行细致分析。要分析这个观点，我们必须清楚理解以下问题：

（1）人的基因组合的被决定性为什么就能使人降格为物？

（2）人降格为物为什么就是损害了人的尊严？

我们只有对这两个问题做出回答，才能认定由于人的基因组合的被决定性而导致了人的尊严的损害。有人会说，我们完全可以认为自然人的基因组合也是被决定了的。因为自然人和克隆人一样,都不能控制自身的基因组合。这样,要讨论尊严问题,我们应当把基因组合的被决定性的说法改为基因组合的人为决定性。但是为什么人不能有意识地决定他人的基因组合呢?这种人为因素,为何就使人的尊严受到损害?要理清这些问题,我们就必须先正确理解尊严概念,我们在下一部分要讨论的就是尊严概念的内涵。

三、尊严概念的道义论根据

1. 尊严的意义与尊严感

在讨论克隆人伦理问题的文献中,很少看到有人试图对尊严概念做出明确的分析。在人们的日常思维中,人们往往把尊严的拥有与丧失大致归结为当事人的某种主观感受。为了便于深入地讨论,我们先来看这样两个假想的例子。

(1) 小明是家里唯一的男孩子,17岁。他还有两个姐姐。父母似乎对小明特别偏爱,对他的各种要求都给予尽量的满足,并迁就他对姐姐发号施令。并且,同龄人之间流行什么、追逐什么,他都能率先拥有。生活在这样的家庭中,小明感到自己很受重视,在外边很有面子,得到同龄人的羡慕。这样,小明就觉得自己很有尊严。但是,实际上,父母对小明的宠爱,出于一个小明不知道的原因,那就是,父母在小明出生之时,为了得到一笔大额款项,与某个社会组织签订了一个协约,把小明当作小孩生长发育心理成长的实验对象,以宠爱的方式培育他长大,以便看看日后得到的结果是否符合一种特定的假说。如果小明永远不知道这件事情,并且一直都感觉自己活得很有尊严,我们能否就可以断定,小明实际上一直过着很有尊严的生活?或者说,小明的生活,如果所有其他方面都一样,仅仅因为他被某些人以实验和赚钱为目的而操控,这种操控对小明的尊严状况是否造成了某种差别?

(2) 小江在中国出生长大,现正在美国留学。一天他走在大街上,看到一个餐馆门口立着一个牌子,上面写着"中国人与狗不准入内"。小江感到尊严受到了极大的侵害,气愤之极,一脚踢飞了那个牌子。其实,小江看到的牌子只是一个电影剧组拍戏时的场景,而那场戏的主要内容,恰恰就是批判对中国人的种族歧视。如果小江永远不知道事情的真相,那么，我们能不能就认为小江的尊严受到了损害呢？也就是说，这个牌子是为拍戏放在那里的还是那个餐馆老板真的放在门口侮辱中国人的，给小江对于自身尊严是否被损害带来了什么差别吗？

在上述两个例子中，关于有无差别的质问的回答是一样的，即没有经验上的差别，但有意义上的差别。关于意义差别与经验差别的区分，本文作者之一在《意义是如何超越经验的》① 一文中曾经有过较为深入的讨论，这里就不再重复。在此处，我们只应用这个概念区别来澄清这里涉及的问题。

无论生育小明的父母是否为了挣钱与人签订过协约，还是出于痛惜小孩并为了小孩的面子而宠爱他，在小明关于自身尊严感受的经验内容中不会形成任何真实的差别，因为小明同样受到了父母的疼爱，甚至是偏爱。但是，小明的生活被如此操控，尊严确实遭到了损害。那块写着"中国人与狗不能入内"的牌子，无论是拍戏用的还是那个餐馆老板真的放在门口的，在小江关于自身尊严感受的经验内容中也不会形成任何经验的差别，牌子上写的内容让小江感受到的是无经验差别的尊严受损。但是，很明显，小明父母与那个社会机构签订了合约，从而小明的生活被如此操控，确实损害了小明的尊严；而相反，小江看到的拍戏用的牌子，由于它在反对歧视华人的戏中发挥的作用，非但没有损害小江的尊严，而且在某种程度上为他挣回了尊严。

可见，对于自身尊严的经验性感受是不可靠的，甚至可能与尊严的本义截然相反。而尊严的意义性无论是否被人经历过，都在我们的生活中处于更为根本的地位。只有尊严的意义性是确定不变的东西，也只有尊严的意义性才能引导我们做出关于尊严的正确判断，尊严的意义是超越经验的。那么，尊严的意义是什么？我们将如何对尊严概念从意义性方面进行理解呢？

2. 尊严与对等性

人的尊严通常和人的独特状态联系在一起，所谓独特状态，翟振明在他的专著 *The Radical Choice and Moral Theory*② 一书中称为"Humanitude"（译为"人的度规"），是指那些将人区别于非人的东西，而且只要我们还

---

① 翟振明：《意义是如何超越经验的》，《中国现象学与哲学评论》2003 年特辑。
② Zhai, Zhenming: *The Radical Choice and Moral Theory*. Kluwer Academic Publishers, 1994.

· 47 ·

是人，它就不能被改变。

在谈到尊严时，康德写道："一个有价值的东西能被其他东西所代替，这是等价；与此相反，超越于一切价值之上，没有等价物可替代，才是尊严。"① 正是由于尊严这种超越一切价值之上的不可替代性，才使得它是神圣的，不可侵犯的。那么，到底是人的什么东西赋予了人这种神圣的尊严性？换句话说，人的尊严的内容是什么？无论这个答案是什么，我们都认为一个拥有尊严的人一定是应该被人尊重的，这里的尊重必然发生在两个对等的个体之间。也就是说，一个人在多大程度上受到别人应有的尊重，他就在多大程度上拥有尊严。康德在他的《实践理性批判》中谈到了这种情感，而他对这种情感的称谓在中文里也被译为"敬重"，他说：

> 敬重任何时候都只是针对人的，而绝不是针对事物的。后者可以在我们心里唤起爱好，并且如果是动物的话（如马、狗等），甚至能唤起爱，或者就是恐惧，如大海，一座火山，一头猛兽，但从来不唤起敬重。与这种情感已经很接近的某种情感是惊奇，惊奇作为激情，即惊叹，也可以针对事物，如高耸入云的山峰，天体的巨大、繁多和遥远，有些动物的力量和速度等。但这一切都不是敬重。②

既然两个对等的个体间的这种互相尊重是人所独具的，那么如果我们能够找到这种尊重的依据，我们就找到了人之为人的尊严所在。康德对这个问题同样关注并做出了回答：

> 这个东西绝不会低于那使人类提升到自身（作为感官世界的一部分）之上的东西，那把人类与只有知性才能思考的事物秩序联系起来的东西，这个事物秩序主宰着整个感官世界，与此同时还主宰着人在时间中的可经验性地规定的存有及一切目的的整体（只有这个整体才是与像道德法则这样一个无条件的实践法则相适应的）。这个东西不是别的，正是人格，也就是摆脱了整个自然的机械作用的自由和独立，但它同时却被看作某个存在者的能力，这个存在者服从于自己特

---

① ［德］康德：《道德形而上学原理》，苗力田译，上海人民出版社2002年版，第53页。
② 转引自杨祖陶、邓晓芒：《康德三大批判精粹》，人民出版社2001年版，第341页。

有的、也就是由他自己的理性给予的纯粹实践法则,因而个人作为属于感官世界的个人,就他同时又属于理智世界而言,则服从于他自己的人格。①

这里,康德谈到的人格就是人的普遍立法意志,就是人相对于他律的自律性,即人的自由意志。康德认为:

正是为了自由之故,每个意志,甚至每个人自己所特有的针对他自己本人的意志,都被限制于与有理性的存在者的自律相一致这个条件之下,也就是不使这个存在者屈从于任何不按照某种从受动主体本身的意志中能够产生出来的法则而可能的意图。②

可见,我们这里的对等主体是这样一些主体:他们是作为自在目的存在的目的王国的成员,是具有自律性的自由意志主体。而正是这种自由意志使人成为区别于万物的对等主体,而这种意义上的对等性成为人之尊严的内容。因此,人的尊严就在于这种作为自由意志主体的对等性,任何人对这种对等性的侵犯都是对人的尊严的侵犯。

那么,我们要具有尊严就必须实现这种对等性,可是我们如何保证这种对等性的实现呢?康德的绝对命令能够给我们解答这个问题。

绝对命令的第一种形式是:"要只按照你同时认为也能成普遍规律的准则去行动。"③ 换句话说,你按之行为的原则,你也愿意每一个人都按之去行为,这就实践了这种对等性。因为对于每一个自由意志主体,他们的行为原则都是通过他们自身的立法意志、通过普遍化的过程制定的,必然对每一个人都适用。如果你按之行为的原则,并不适用于每一个自由意志主体,那么你就没有把别人看作和你一样的拥有自由意志的主体,没有把别人放在和你对等的地位来对待,也就破坏了这种对等性,这就是对别人尊严的侵犯。

为了更清楚地说明这个问题,我们先来看一下康德的有关借钱的例

---

① 转引自杨祖陶,邓晓芒:《康德三大批判精粹》,人民出版社2001年版,第352页。
② 转引自杨祖陶,邓晓芒:《康德三大批判精粹》,人民出版社2001年版,第352-353页。
③ [德]康德:《道德形而上学原理》,苗力田译,上海人民出版社2002年版,第38-39页。

子。一个人在困难的逼迫下需要钱,并且他清楚地知道,自己在可预见的将来没有能力还钱。可是如果他不明确地允诺在一定期限内偿还,他就什么也借不到。假定他做了这样的允诺,那么他的行为准则就是:一个人在需要钱的时候就去借,并且允诺按期偿还,尽管他知道他是永远偿还不了的。在这种情况下,如果你不想损害别人的尊严,那么你就应该让这条原则成为一条适用于每一个人的普遍规律。但是从这里我们可以看到,这一准则永远也不可被当成普遍的规则,因为这条规则普遍化后将必然导致自相矛盾。一般地,如果一个人认为自己在困难的时候,可以把随便做出的不负责任的诺言变成一条普遍规律,那就是说,这条规律将要求人们在类似情况下做出一开始就知道并被宣布为不能履行的诺言。但"被宣布为不能履行的诺言"是个自相矛盾的说法。可见,这样的原则不能成为适用于每一个人的普遍规律,但按照某种不能普遍化的准则去行事,你就没有把他人看作一个自由意志主体,因为任何一个作为自在目的的有理性的东西,不论它所服从的是什么样的规律,法律必定同时也要被看作普遍立法者。正由于他的准则如此便于普遍立法,有理性的东西才以其自在目的而与众不同,同时也使它自身具有超乎一切自然物的尊严与优越性。它的准则是任何时候不但要从自身的角度出发,也要从任何作为立法者的、其他有理性的东西的角度出发,它们也是为此而被称为人身。①

这就是说,如果你没有把别人看作和自己一样的自由意志主体来平等对待,你就破坏了别人和自己的这种对等性,那么也就损害了别人的尊严。这种损害,与他人是否知道,或他人在事实上是否受到经验上的任何影响,没有必然联系。所以,正如我们以上所论证过的那样,尊严不在于主体有怎样的实际体验,而在于此主体与他主体在关系的格局中的意义关联。

绝对命令的第二种形式是:"任何时候都不应把自己和他人仅仅当作工具,而应该永远看作自身就是目的。"② 这条命令隐含的是我们每个人都是自在的目的,具有自在价值。而我们发现这种自在价值恰恰基于我们每个人都是自由意志主体这个前提之上。所以我们每个人作为自在的目的都具有对等性,任何人都不能仅仅把他人当作工具而贬损他们,以此作为

---

① [德] 康德:《道德形而上学原理》,苗力田译,上海人民出版社2002年版,第57页。
② [德] 康德:《道德形而上学原理》,苗力田译,上海人民出版社2002年版,第52页。

自在目的的地位。如果你破坏了一个人的这种自在目的的地位，那么他与你的相互对等性就遭到了破坏，从而他的尊严也就遭到了贬损。

通过上述分析，我们得出这样的结论：人的尊严在于人作为自由意志主体与其他有实践关系的主体的对等性；如果一个自由意志主体把自己的意志强加在另一个意志主体之上，就破坏了这种对等性，那么他就损害了这个自由意志主体的尊严。

3. 尊严的拥有与缺失的具体分析

首先让我们来看一个这样的例子。小强是个孤儿，生活在孤儿院。在小强的眼里，孤儿院的生活让他感觉毫无尊严，因为他感觉别人根本没有把自己当作正常的孩子来对待，并且社会上的大多数人，都有歧视孤儿的倾向。但是，他十岁时被一个富翁欧阳先生收养，从此小强的境遇有了很大的改变。一方面，从进入新家的那一天开始，小强就有了许多入时的衣服、高档玩具等，过着其他孩子都非常羡慕的生活。并且，欧阳夫妇在小强看来，对他也是非常疼爱。从此，小强成了其他孩子效仿的对象。于是，小强感到自己是一个很有尊严的人，这也使知恩图报的小强越来越感激欧阳先生。另一方面，小强的生活被安排得很有规律，比如他总是一周进行一次体检，每天都有安排好的营养菜谱，每天早上都有专业的晨练教练和他一起做锻炼等。在小强看来，这都是欧阳先生关心自己的表现，这就更增加了小强的尊严感。日子就这样一天天过去了，现在的小强已经是一个非常健壮的小伙子，还是一名大学生。由于小强学业优异，几次被学校推荐到国外著名大学去做交换学生。但是，父亲就是坚决不同意小强出国学习。小强不理解为什么父亲的其他儿女都可以出国，但是自己却不能。为此，父亲与他长谈了一次，把自己的身体状况告诉了小强。事后，小强就再也没有提过要去国外读书的事。原来欧阳先生的身体很差，随着年龄的增长，各个器官都在老化，医生诊断说他的肾、胃、肝等几乎全部器官在近一两年里就可能完全衰竭。欧阳先生说，他希望这段时间小强能在身边陪他，因为在他的眼里，小强是他的儿女当中最有责任感、最可以依靠的孩子。并且，欧阳先生还说，治好他的病只有一个办法，那就是找到一个身体健壮的年轻人，用他的器官来替换所有衰竭器官（器官移植方面在当时的医疗条件下是没有多大风险的），不过，这就意味着，这个年轻人将要牺牲自己的生命。正是因为这一点，才一直没有找到这个人。父亲无奈的叹息声和从衰老身体里发出的阵阵咳嗽声，深深地刺痛着小强的心。如果这一两年内再找不到这个人怎么办？从那一天起，这个问题就一直深深地困扰着小强，同时，一种想法也在他心里开始萌发、酝酿。父亲的身体好像一天比一天虚弱了，小强也为此痛苦着。最终小强决定用自己的生命去回报这份恩情，因为他觉得这是一个真正的人应该做出的抉择。终于，这一刻到了。医院给欧阳先生发来通知说最近的一次身体检查结果表明，他需要尽快更换器官，以保证身体的正常运行乃至生命的延续。可是，合适的人选仍未找到。就在全家都为此不知所措的时候，小强却不声一语，擅自到医院推荐自己为欧阳先生捐器官。当天晚上，欧阳先生接到医院打来的电话，说合适的人选已经找到，将尽快安排手术。令人奇怪的是，听到这个消息后，欧阳先生却平静地说："小强终于可以为我去实现他的价值了，等这一天，我已经等了很久了！幸好这些年来，小强一直没有看出来，我当初收养他的目的也就是为了这一天！"原来，这位"善人"收养小强的唯一目的，就是收获他的器官！

下面我们将用人作为自由意志主体的这种对等性来讨论这个例子中小强的尊严拥有与丧失问题。我们在前面有关对等性的论述中指出，要保证人的对等性不受破坏，我们就必须遵守康德的绝对命令的两种形式，那么我们就将分别从这两种形式出发，分析有关的尊严问题。

第一种形式的绝对命令是："要只按照你同时认为也能成普遍规律的准则去行动。"在例子中，欧阳先生收养小强的目的就是将来剥夺他的生命以获取他的健康器官。那么对于欧阳先生来说，他的行为准则就是：一个人在需要健康器官的时候，他可以培育另一个人并最终剥夺这个人的生命，从而获取他的健康器官。如果我们认为欧阳先生这种行为没有损害任何人的尊严，那么他的这种行为规则就应该能够被作为普遍的规律适用于所有的人。如果把这条原则普遍化会怎样呢？如果我们在自己需要健康器官的时候能够随意控制另一个人的生活并最终剥夺他的生命，以获取他的器官的话，那么整个世界将是无法想象的。因为我们每个人随时都可能被别人杀掉，只要我们还拥有健康的器官的话。而且对于按这种规则行事的欧阳先生来说，他也一定不愿意别人这样来对待他，因为如果他甘愿为别人奉献自己的器官的话，他也就不会想方设法地去获取别人的器官了。因此，欧阳先生按之行为的这条规则是不能被普遍化的。而作为每一个自由意志主体来说，他们作为普遍立法主体，其行为原则必然适用于每一个人。于是,欧阳先生的行为表明,他没有把别人当作和自己同样的自由意志主体来看待。也就是说,欧阳先生没有把小强放在与自己对等的地位来看待,从而破坏了小强和自己同为自由意志主体的这种对等性,因此损害了小强的尊严。

第二种形式的绝对命令是:"任何时候都不应把自己和他人仅仅当作工具,而应该永远看作自身就是目的。"在例子中,欧阳先生把小强仅仅当作能够提供给他健康器官的工具,而不是当作一个自在目的来看待。欧阳先生把他自己的自由意志强加在小强的自由意志之上,以隐瞒欺骗的方式,促使小强成为给他提供器官的工具。如果欧阳先生能够把小强当作一个对等的拥有自由意志的主体来看待,他就不会把小强仅仅当作工具来使用,就不会破坏他与小强的这种对等性地位。所以,正是因为欧阳先生没有把小强放在与他对等的主体地位上与小强发生实践关系,从而破坏了小强与他的主体地位的对等性,因此破坏了小强的尊严。

以上,我们在康德道义论的基础上,分别从两个视角对尊严概念进行了分析。首先,我们论述了尊严的意义与尊严感的不同,阐明关于尊严的意义性是超越任何人的经验范围的。我们发现自身尊严的经验性感受是不可靠的,甚至有可能是与尊严相悖的。而尊严的意义性,则在我们的生活中处于更为根本的地位。其次,我们论述了尊严的意义性的内涵。按照康德的解释,每个人都是双重自我的统一体:一方面是感性世界的成员,是肉体的现象的存在,受制于感官,是一个受约束的,不自由的他律的自我;另一方面又是思考着的存在,是理智世界的成员,拥有理性,是自由自律的自我。而这种自由自律的自我使我们能够根据凭自己的意志制定的法则去行事,在某种程度上克服他律的强制性。正是基于自由意志,我们都成了目的本身,从而在目的王国中享有与其他主体对等的地位,而这种对等性正是人之尊严的内容所在,任何人对这种对等性的破坏都是对人的尊严的侵犯。

至此,我们在康德道义论框架中得出了尊严概念的关键,即尊严是拥有自由意志的主体不从属于另外一个自由意志的主体,而这种意义领域中的尊严,与是否有任何人在个人经验中体验到任何事件或过程,没有必然的逻辑关系。

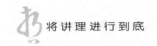

四、克隆人的尊严

1. 克隆人与自然人的不同

在第一部分中,我们对克隆人这个概念的所指有了明确的阐述,即生育性克隆出生的人被称为克隆人。与之相对,我们把通过自然生育方式出生的人叫作自然人。仅从这两个词的含义上,我们就能发现,克隆人和自然人的不同就在于他们的出生方式是不同的,除此以外,他们之间没有任何自然层面的差异与我们所讨论的问题直接相关。那么,我们要分析他们的不同,就必须对他们不同的生育方式进行比较。

首先,我们来看一下自然人。自然人生命的起始、发育直至出生,在理想状态下,是男女双方性交时不自觉地启动的,这一过程大致可分为五个阶段:

(1) 男女之一方或双方自然发生性冲动。

(2) 男女双方性交,男方精液射入女方体内。

(3) 女方碰巧已经排卵或即将排卵,大量精子中的某一个精子和一个卵子在某种概然性中自然结合,产生受精卵。

(4) 在同一女方体内,受精卵发育成胚胎至胎儿。

(5) 同一女方生育胎儿成婴儿。

可见,在完全自然的条件下,从男女性冲动开始到性交,到受精卵在女方体内形成与发育成胚胎,直至最终发育成胎儿分娩婴儿,这全部过程都是在自然因果秩序中发生的,并且受某种概率支配。没有人的自由意志介入来决定男女双方的性交是否导致、导致后又将会生育成一个具有什么样的遗传特征的孩子。然后,我们再来看看克隆人的生育过程:

(1) 人为决定从哪一个特定的女人获取一个卵细胞。

(2) 以排除卵细胞中的遗传信息为目的除去核细胞。

(3) 人为决定从哪一个特定的人体取下一个体细胞。

(4) 以传承上一步骤中选定的人的遗传特征为目的,通过核移植技术,把此人的体细胞的细胞核移植到卵细胞中。

(5) 在人体外,让这一经过核移植的细胞,在人工技术的控制下分裂,直到产生胚胎。

(6) 人工把胚胎放到某个选定的女人腹中让其发育成胎儿。

(7) 上一步骤中选定的女人生育胎儿成婴儿。

从以上描述的过程中，我们发现，克隆人生育的过程处处都被人工操控，并且这种方式产生的孩子的基因组合是被预先决定的。这样，在克隆人生育之前，人们就通过对提供核细胞的人的选择而决定了克隆人的基因组合。即使这一生育过程只涉及一对夫妇，没有他人的介入，即提供卵细胞并最终生育孩子的是妻子，而提供体细胞的是丈夫，孩子的基因特征也还是人为设计的结果。而在自然生殖的过程中，就算在男女双方完全以生育小孩为目的而性交的非理想状态下，孩子的遗传特征也不是预先有意识决定的。在这里，问题的关键在于，克隆人的基因组成是被他人预先决定的，这样，决定此基因组成的他人的自由意志就凌驾于被克隆出来的人的自由意志之上，克隆人的自由意志就沦为次等、从属的意志。

2. 题解：克隆人的尊严先天地被贬损

根据以上的论证我们已经知道，这种一个自由意志主体从属于其他自由意志主体的境况，就是从属主体的尊严被贬损的境况。由此可见，在意义层面上，克隆技术的生育方式与自然生育方式不同，主要是因为克隆人的基因组成已被先在的自由意志所决定。克隆人的自由意志与决定他基因组成的先在的一个或多个人的自由意志之间从一开始就没有对等性，克隆人被置于一个从属、次等的地位。这样，不管克隆人出生后的实际生活状况如何，他的尊严早已先天地被贬损。从克隆策划者和基因供应者的角度看，他们之所以决定采用克隆技术，必然以某种目的的实现作为决定克隆人基因组合的依据，于是他们就不可避免地在克隆人出生前，把自己的自由意志强加在克隆人的自由意志之上，从而破坏克隆人作为自由意志主体的原初地位，亦即损害了克隆人的尊严。

3. 自然人与克隆人在尊严问题上的不对称

与克隆人相比，自然人的基因组成由自然因果导致、遵循某种概然性，在自然人的自由意志形成的整个过程中，没有一个先在的自由意志作为他的主宰。在我们分析了两种生育方式的不同之后，我们即刻就会看到，克隆人和自然人在尊严问题上是不对称的。由前面的论证我们得知，尊严是意义层面的超越经验的东西，是拥有自由意志的人在原则上的原初主体地位的体现。因而，尊严问题只可能存在于人与人之间，亦即拥有自由意志的主体之间。人与自然之间的关系，无论如何是不会涉及尊严问题的。于是，由于理想状态下的自然人在生命开始之前及生命形成的过程中不涉及先在的自由意志对其遗传特征的刻意干预，也就不存在此生命个体与其他一个或多个主体间形成的关系格局，在这种过程中也就不存在尊严是否被损害的问题。但是生育性克隆则是一个人工全面干预的过程，一个潜在的自由意志主体（克隆人）的个性特征从一开始就在其他自由意志主体的掌控之中，这里明显形成了不同主体间的等级关系的格局，从而从一开始就面对意义层面的尊严问题。

虽然克隆人在其生育过程中处于一个暂时缺席的状态，但他却是这个人为设计的生育行为明确指向的结果。由于尊严问题是一个要在道义论，而不是在功利后果论的理论框架下被理解的问题，一个人的尊严是否被损害，与这个人在实际生活经历中是否遭受更多的苦难，并没有必然的联系。我们甚至可以设想，被克隆出来的人最后也许享受了人世间最大的快乐，但他的尊严是否遭到损害的问题并不会因此就变得无足轻重。在这个前提下，我们就可以理解，为何讨论尚未存在的克隆人的尊严问题，并不是一个伪问题，而是一个至关重要的与人对自身生存意义的自我理解的基本问题直接相关的实践理性价值论问题。

西方神学界常常有人在反对克隆人时提出，我们如果去克隆人类个体，就是试图扮演上帝的角色。但是，他们并没有论证，为何扮演上帝的角色就是不道德的。其实，其中没被道出的潜在理由，与我们这里阐明的理由基本一致，那就是，在克隆的实践中，我们必然把克隆出来的人的自由意志隶属于我们克隆策划者和实施者的自由意志之下。这种关系成了创造与被创造的关系，从而造成了人格对等性的破坏，从而使被克隆出来的人的尊严遭受贬损。

以政治、经济或军事目的采用克隆人技术成批制造克隆人，更是直截了当地把人的克隆过程当作工具制造的过程，直接与"人是目的"的道义论原则相违背。有人可能会争辩说，我们为何不可以将克隆人看成我们的异类，把他们当工具使用就像把牛马当工具使用一样，与人类的尊严又有何相干呢？其实，以上的论证早已回答了这个问题。克隆人和自然人是否同类，并不是可以随意规定的。我们这里所说的"人"，在理论上可以即刻推及所有自由意志主体。我们之所以只提到人，是为了针对现实已经提出来的克隆人问题，而对于其他可能的自由意志主体，我们还没有什么知识。所以，除非有人能证明克隆人不具有自由意志，不然克隆人和自然人就只能被认为是同类。

问题是,对于自然出生的人,也有一开始就被刻意视为工具的。继承遗产、养老、劳动力、打仗等的功利需要,都有可能是人们生育、培养后代的目的,而这种目的性的筹划,早在父母谈婚论嫁之时可能就已开始。这样的话,有人会问,自然人不照样涉及尊严问题吗?我们的回答是,是的,自然人生命从开始孕育到生长的整个过程中都有可能涉及尊严被贬损的问题,但这种贬损不是与自然的生育过程不可避免地联系在一起的。在这种过程中产生的尊严贬损,是生育方式之外的因素造成的,所以不能与克隆人内在必然地导致的尊严贬损相提并论。

4. 自我克隆与尊严问题

如果一个人要克隆他自己,他很有可能认为这是他个人的自由,别人无权干涉。这里潜在设定的一个命题是:"我克隆我自己只涉及我一个人。"如果这个设定成立,就会有如下推论:因为作为尊严内容的对等性只能存在于多个主体之间,也就是只有在多个主体之间才可能存在尊严问题,所以如果我克隆我自己是我一个人的事情,那么就不会出现尊严问题。

上面所述的那个潜在设定的命题是不成立的。这里的错误,有可能出于对未出生的克隆人的忽略,也有可能出于这样的错误的形上学信念:"我和我克隆我自己产生的人是同一个人。"由于忽略造成的错误,要纠正起来非常简单,前面的讨论也有所涉及,这里就不加赘述了。这里,我们只对这个有关人格同一性之断定的形而上学错误稍做讨论。

认为一个人和他克隆他自己产生的人是同一个人的人(可以称为"克隆同一论者")所依据的理由,必定是这样的一个更为基本的信念:"具有相同的基因组合的人是同一个人。"这种观点与有关人格同一性的身体理论不同,因为身体理论认为同一个人必须具有同一个身体,但克隆同一论者显然不要求我的克隆人与我拥有同一个身体。他们只要求基因组成的质的方面的相同,而不要求任何数量上的独一无二。这样的同一理论,明显是错误的。我们只要看看自然出生的同卵双胞胎的情况,就明白这种同一理论的荒谬了。一对同卵双胞胎,彼此也具有相同的基因,但是我们不可能说这对同卵双胞胎是同一个人,不管他们之间在相貌、身高、性格等方面多么相似。就是他们之间存在非常强的心灵感应,我们也不可能断定他们就是同一个人。

为了进一步说明这个问题,我们来做这样一个思想试验。假设一年前,克隆人技术研究领域的权威人士林洁曾向媒体透露,她将亲自对自己进行克隆,并且整个过程将由她自己一个人来完成,直至婴儿的降生。她当时说对此她已做好了充分的准备,引起了全国媒体的极大关注。今天,林洁的克隆计划终于实现并获得了圆满成功,各大报纸纷纷刊登了林洁和其克隆人的照片,其中一张照片是:林洁坐在床上,欣喜地看着自己怀里刚生下来的小林洁,幸福地笑着。通过这个例子,我们会问:对于任何一个心智健全的人来说,当这张照片真的摆在了面前的时候,难道他还能认为这张照片中的林洁与她怀中抱的孩子是同一个人吗?当然不可能。可见,人格同一性并不在于具有相同的基因组合,你和你克隆你自己产生的人不可能是同一个人。

所以,克隆人,至少涉及两个人,不可能只是一个人的私事。人的自我克隆并不比其他形式的克隆人距离尊严问题更远些,自我克隆出来的人的尊严照样从一开始就先天地遭受贬损。

5. 尊严与幸福

关于幸福问题,我们开篇不久就进行了讨论。这里,在深入讨论了尊严问题以后,有必要在对照中再度考察这个问题。有人认为,虽然克隆人损害人的尊严,但追求幸福是人类更高的道德目标。在他们看来,如果尊严与幸福相冲突,我们就应该放弃部分尊严而谋得更多幸福。这种看法,其实是基于概念的混乱。对幸福概念可以有三种不同的理解,第一种是以古希腊亚里士多德为代表的德性论理解,第二种是以英国的密尔为代表的功利主义的理解,第三种是我们这里讨论的以康德为代表的道义论的理解。按照第一种和第二种理解,尊严都是幸福的一部分,所以尊严和幸福不可能有"冲突";按照第三种理解,幸福根本不能作为道德律令的基础,而相反,尊严是规定人之为人的根本,是人的行动的"客观目的"。只有在获得和保持了尊严的基础上去追求幸福这个各自的"主观目的",幸福才可能与道德要求相容[①],所以尊严才是最高的道德目标。如果有人干脆把"幸福"等同于"经济利益"或者快乐愉悦,那就更不能把这种所谓

---

① 翟振明:《康德伦理学如何可以接纳对功利的考量》,《哲学研究》2005 年第 5 期。

的"幸福"当作"更高"的道德目标了。

当然，尊严作为道德价值之一是可能和其他价值发生冲突的。比如生存、快乐、安全等，都有可能在某种情况下与维护尊严的要求相抵触。在面临这种种冲突的时候，我们就更需要运用我们的实践理性智慧进行艰难抉择。在本文中，我们仅就克隆人的尊严问题进行了深入的讨论，其他价值问题没有涉及。所以，本文的结论只能是：在通常情况下，对克隆人的禁止应该是默认的常规。至于是否在某种特殊的价值冲突的情况下，可以破除这种常规，我们这里的讨论还未涉及。但在有人做出极具说服力的有关克隆人尊严与其他价值冲突与平衡的理论论证，从而支持某种克隆人的特许例外之前，我们应该在法律上禁止生育性克隆人。

五、结　语

有一些克隆人支持者认为，克隆技术的发展必然导致克隆人技术的发展，而要禁止这种新兴技术在实践上的应用，是办不到的。这种理由，我们只要稍加分析，就会知道这是思维混乱的结果。一般地说，我们要禁止某种行为，其基本的前提条件恰好就是这种行为在技术层面是可以实行的。在技术上做不到的事情，哪还有必要去禁止呢？我们禁止滥杀无辜，其前提条件是，任何时候都可能有人意图滥杀无辜，并且这种行为是在技术层面可以被人实行的。谁也不会因为滥杀无辜无论如何禁止都会发生，就不去禁止它。相反，尽管我们知道地球停转将会给人类带来极大的灾难，我们却不会去立法禁止阻碍地球的运转，这正是因为，我们还看不到有何种技术可以使人能够阻碍地球的运转。由此看来，以"不可阻挡"作为支持克隆人的理由，是完全站不住脚的。

这样，只要人们有能力实施克隆人，克隆人就是"不可阻挡"的，所以，我们就不能奢望通过禁止就能杜绝克隆人。于是，我们就要回答这样一个问题：如果有人违法实施人的克隆并取得成功，除了惩罚克隆的策划者和实施者外，我们应该如何对待无辜的克隆人呢？

按照我们本文论证的思路，答案是明显的，那就是尽量保护克隆人，让他们尽可能恢复尊严。既然其尊严的贬损在于其自由意志主体的地位被置于克隆策划者和实施者的自由意志之下，我们就要把克隆人的生活从这种从属状态中分离出来。最基本的措施，就是不让克隆计划者和实施者的目的得到实现，截断他们原定计划以及和克隆人现实生活的联系。比如说，如果克隆策划者和实施者原来的目的是制造一个成绩最好的跳高运动员，那么我们就不能把他们克隆出来的人从小就培养成跳高运动员，如此等等。

在人文社科界，很多人错误地认为法律问题独立于道德伦理问题，认为道德不能是立法的根据。这里的错误，主要源于一个概念上的混淆，这个混淆就是：把有理性根据的道德原则等同于社会上被视为正统的道德观念和行为习惯。这种相对主义观点的错误，我们在开篇不久就已经分析批判过。经过本文的论证，我们更进一步知道，像人的尊严这样的道德观念的正确性，不等同于大多数人现时对尊严问题所持有的意见，而是基于实践理性在严格的批判性反思和论证的基础上做出的理性的价值判断。任何对个人和集团行为之"应当"与否的价值判断的理性根据问题，都属于规范性的道德判断的问题。在这个意义上，由于法律的理念前提之一是对个人和团体行为的正当与非正当的严格区分，立法的规范性根据的合理性论证必然要逻辑地服从道德哲学中的价值判断的论证。在这个意义上，道德是法律的基础。因此，对克隆人尊严这个伦理道德问题的回答，是对克隆人行为进行立法的理论前提。

我们必须再次强调，克隆人技术作为一种主体技术，在其对人类文明的意义方面截然不同于以往的客体技术。我们应用这种技术的结果，首先不是对客观世界的改造或掌控，而是对我们本身基本命运的改造和掌控。在这个层面谈论任何主体技术的应用，我们首先需要面对和回答的，不一定是幸福问题，一定不是经济问题。我们在这里首先要面对和回答的，正是人的尊严问题。

参考文献

[1] Leon R. Kass. Thoughts on Cloning [J]. the New York Times, 2003-01-24.
[2] The President's Council on Bioethics. Human Cloning and Human Dignity: An Ethical Inquiry [R]. 2002.
[3] Glenn. McGee. Primer on Ethics and Human Cloning [DB]. Retrieved, February 2001.
[4] Zhenming Zhai. The Radical Choice and Moral Theory [M]. Dordrecht: Kluwer Academic Publishers, 1994.
[5] Immanuel Kant. Foundations of The Metaphysics of Morals [M]. trans.

Lewis White Beck. Indianapolis: Bobbs-Merrill, 1959.

［6］［法］亨利·阿特朗,等. 人类克隆［M］.依达,王慧,译. 北京:社会科学文献出版社,2003.

［7］［泰国］维蒙·赛尼暖. 克隆人［M］.高树榕,房英,译. 上海:上海译文出版社,2002.

［8］［德］康德. 道德形而上学原理［M］.苗力田,译. 上海:上海人民出版社,2002.

［9］林亚西. 谁生谁死:论科技发展对生命伦理学的挑战［D］.国家图书馆博士论文库,2011.

［10］刘学礼. 生命科学的伦理困惑［M］.上海:上海科学技术出版社,2001.

［11］杨祖陶,邓晓芒. 康德三大批判精粹［M］.北京:人民出版社,2001.

［12］周辅成. 西方伦理学名著选辑［M］.上卷. 北京:商务印书馆,1964.

［13］翟振明. 意义是如何超越经验的［J］.中国现象学与哲学评论,2003年特辑.

［14］翟振明. 康德伦理学如何可以接纳对功利的考量［J］.哲学研究,2005（5）.

（原载《哲学研究》2007年第11期）

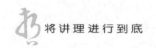

技术与伦理：人兽混合胚胎要得吗？

不久前美国有过闹得沸沸扬扬的"人体胚胎干细胞"风波，最近又有了英国的"人兽混合胚胎"风波，生殖克隆技术的医疗应用问题正在频繁而强烈地撞击着人们的道德神经，有关立法的两难困境再次把生命伦理学家逼到了前台。

一、哇！"怪物"来了？怕怕……

与克隆人问题相比，对人兽混合胚胎涉及的伦理道德问题的思考，首先碰到的是人们的一种特殊的心理障碍。尽管英国人被允许的只是培养14天之内的未成形的胚胎，一提到这个，大家马上就联想到半人半兽的怪物的样子。如果这样的怪兽真的招摇过市，他（它）算不算我们人类的一员呢？在人们的想象中，算还是不算，在心理习惯上似乎非常难以接受。我们的问题是，人们当今的心理习惯，能作为伦理判断的根据吗？这就要看这种习惯是否符合价值理性的要求。也就是说，如果我们根据一个生命体的"样子"来判断其道德地位，是否在道理上说得过去。

我们不妨做一个思想实验：假设某一天，你看到从UFO（不明飞行物）上走出来一个"怪物"，他（它）长得很像蜘蛛，你是把他（它）视为和我们一样的有人格内涵的生物，从而当作一个主体来尊重，还是把他（它）当作我们常见的蜘蛛来对待？如果你认为它只是偶然落在UFO上的一个外星昆虫被带到地球，它没有自由意志和自我意识，那你就会把它当作无须对之进行道德考虑的生物看待。如果你平时有踩死昆虫的习惯，你就可能会毫不犹豫地踩死它。但是，如果你发现这整个UFO就是这个"蜘蛛"驾驶而来的，心智正常的你，就会对他另眼相看了。你马上会意识到，这是"外星人"而不是"外星蛛"，虽然他长得很像蜘蛛，一点也不像人。为什么我们将会驾驶UFO的看似蜘蛛的东西叫作（外星）"人"而不叫"蜘蛛"呢？因为我们马上进行了一个合理的猜测：会驾驶飞行器穿越太空的生物是有自由意志和自我意识的"智慧生物",即有内在人格、有尊严诉求的道德主体,是我们的"同类"。如果我们与他们交配,我们不会以为这是"人兽交",如这种交配能产生后代,不管后代的样子是长得接近地球人还是接近蜘蛛还是任何其他样子,我们也只会将他们看作"混血儿",而不会将他们当作"半兽人"。

　　从这个思想实验中,我们意识到,从根本上看,一个生物是否具有和我们对等的人格,关键是看它有没有自由意志和自我意识,跟长相没有什么必然的关系。因此,回到我们现在正在面对的关于如何对待"半人半兽"的"怪物"的问题上来,我们一开始就要排除在想象中的"怪物"的样子给我们造成的情绪影响,才能进入理性的讨论。所以,就是长得像猪的"人",从道德上看,只要我们判定他有自由意志和自我意识,他就是在人格上和我们对等的有合理利益诉求的主体。相反,如果你把机器造得很像人的样子,只要我们断定它没有自由意志和自我意识,我们就可以把它当作一般的工具使用。

　　其实,我们现在讨论这样的问题,似乎有点过头了。这是因为,英国人被允许去做的人兽混合胚胎实验,其目标根本不是造人或"半兽人"。技术专家被严格要求在14天内终止胚胎的生长,而在这个14天的期限内,我们得到的只是干细胞。所以,与生育性"克隆人"技术相比,这样的人兽混合胚胎在伦理学上可商量的余地大得多。因为生育性克隆的肇始者把自己的自由意志强加于某个潜在的"人"之上,从一开始就侵犯了克隆人的尊严,而人兽混合胚胎技术并不存在这样的问题。问题是,"14天"这个界限是否合理,是否有比较确凿的理论与事实的根据?在这一点上,目前所说的人兽混合胚胎技术与非生殖性克隆人技术的伦理学敏感点基本相同。

　　二、伦理学与科学不会有冲突,人的权利与尊严问题才是关键

　　虽然人兽混合胚胎与治疗性克隆在技术手段上无实质区别,但两者之间蕴藏着一个重大的伦理学差别:为什么不用人的卵子而要改用动物的卵子?人的卵子也不少啊!一定年龄范围内的女性每月都能排一个,除了用于生育,没有任何别的用途,为什么不向她们索取呢?技术专家改用动物卵做研究的直接原因是人卵难求,难求的原因主要并不是因为量太少,而

是因为女人有处置自己卵子的权利，旁人不能强行获取，而对待动物，则不必有这样的考虑。为什么如此呢？这刚好就是我们刚才讨论过的人与其他动物的原则上的区别：人有自由意志和自我意识，首先应该服从自己的命令，而不应该只受外在意志的主宰；而动物则被认为是没有自由意志和自我意识的，不存在愿意与不愿意的问题。在这一点上，我们也许有误判的可能，但是至少，我们在其他事情上基本都是这样预设的。我以前说过，伦理学有条铁律：人是"目的"，不能仅仅被当作"手段"。做人兽混合胚胎试验的专家们，有意无意地解决了在开始阶段维护人的自由自主和基本权利这个最主要的伦理学问题。既然在开始阶段我们守住了这条道德底线，在紧跟其后的各个环节中，我们当然也要坚持到底。

有的批评者喜欢提"科学与伦理学的冲突"，这是不准确的。事实上，科学研究"事实是什么""规律是什么"；而伦理学研究"该做什么""不该做什么"，主要涉及的就是人的尊严和基本权利问题。两者各自要回答的问题并不存在交集，因此只要科学家和伦理学家都能严守本分，自然就不可能发生所谓的"冲突"。如果有冲突，那肯定是由一方或双方越界造成的。

作为理论的科学不会与伦理学发生冲突，那么作为科学应用的工程技术呢？这里的问题就复杂一些。工程技术专家首先要根据科学或其他知识回答这样的问题："如果要实现某个目标，要用什么（最佳）手段？"仅仅回答了这个问题，并不能导致人们的行动，因为"我们是否应该实现这个目标"这个问题还没回答。我们可以实现的目标有很多，但只有其中一些我们才去实现，另外一些我们搁置一边，还有一些我们要想法阻止其实现。比如说，我们知道如何大规模制造细菌武器，但我们却应该尽力阻止人们制造这种武器。那么，目标本身的合理性的最终根据是什么呢？这就是伦理学家要按照学理的要求去考究的东西，而技术本身并不提供回答这类问题的根据。所以，从原则上看，技术和伦理学也是不会有正面冲突的。但是，很多技术专家并没意识到目标的合理性是一个需要独立研究的问题，忽视哲学思想家在"伦理学"领域几千年累积下来的学术成果。他们在这一点上很容易也很轻易自作主张，做出的决定往往是基于各种各样的非理性因素，这当然就很容易与讲道理的伦理学发生冲突了。很明显，这种冲突，也是由技术专家的越界造成的。我本人是学工程技术出身的，后来专事哲学研究，对这一点有特殊的观察视角。

三、如果"半兽人"真的被制造出来的话

虽说现在被允许的人兽混合胚胎实验的目的不是造人,但理论上还是存在造出"半兽人"的可能性。就算我们在法律上禁止这种技术,也很有可能会有人以身试法,弄出几个"怪物"人出来的。退一万步讲,就算没有人故意去造这种"怪物"人,也有可能因为实验出了差错导致其在14天后继续发育,最终变成足月的"怪胎"而降生。这样的话,我们开始时的好像有点"跑题"的话题,现在看来还真不能回避了。"半兽人"的出生,到底是无所谓的事,好事,还是坏事?

刚才说过,这首先涉及我们是否应该把这种"半兽人"当作同类,从而是否赋予他们与我们同等的权利的问题。这需要我们对他们的自由意志和自我意识的状况做出合理的判断。自由意志和自我意识属于主体内隐世界的状态,只靠外在的观察不能做出确切的判断。所以,我们通常采用比较可靠的策略:追溯他(它)的来源,看他(它)是否有具有自由意志的父母,这也就是看其基因的出处。这好比一个小孩,刚出生时对这世界浑然不知,但我们相信他长大后肯定会表现出自由意志和自我意识,因为他的父母有自由意志和自我意识。但我们如何知道他的父母有自由意志和自我意识呢?这好像陷入了无穷倒退的追问,涉及哲学上的"他人心灵"问题,比较麻烦。不过,在伦理学层面,我们只要在判断上坚持某个层次的前后一致也就可以了。所以,如果确切知道一个"半兽人"的基因来源,我们就可以合理地采用同样的策略,推测其内隐世界的状况。

这样看来,我们很重视"样子"像人还是像兽,还是有一定的根据的,因为一般情况下,"样子"与遗传基因的来源存在很强的相关性,是判断遗传血统的一个重要依据。但是,因为通过人为的设计造出的"半兽人"的遗传基因来源非常明白,其"样子"就失去了在这种判断中的作用了。在此时,如果我们还执着于对"样子"的追究,就是我们误认为"样子"本身是伦理道德问题的着眼点了。我们已经清楚,"样子"如何不是核心问题,自由意志和自我意识的拥有或缺失才是要点。

这样的话,如果"半兽人"的基因来源是人兽基本各占50%,这种基因追溯法不就失效了吗?这不就会颠覆人和动物之间区别的界限了吗?这看起来确实让人无所适从,但这种无所适从我们现在就有。想想看,那些很有"人性"的动物,比如狗、大猩猩等,它们的基因与人相差无几,

且在行动中表现得很像有一定的自由意志和自我意识。这样的状况，就使我们人类在如何对待这些动物的问题上，产生了很大的分歧。另一方面，病入膏肓的"植物人"，我们都不认为他们还有自由意志和自我意识，但他们的基因却明白地出自我们人类，这也给我们造成了关于"应该如何对待他们"的道德上的困惑。所以，这样的"半兽人"会在同样的意义上给我们造成更多的难题，也会给我们已经习惯的"伦常"关系带来某些混乱。但是，我们困惑是我们的问题，我们已经习惯的"伦常"关系更不能被当作神圣不可侵犯的东西。"伦常"关系，不但在事实上本来就在变迁，而且还是我们的价值理性批判反思的对象，是我们随时准备加以改善的对象。所以，我们不能因为自己的无所适从而拒斥新事物。这样的话，如果我们判定这种"半兽人"具有自由意志和自我意识，即把他们当作道德主体，我们一开始就应该像禁止生育性克隆人那样禁止制造这种"半兽人"。如果他们因故降生了，我们并不必为他们的"样子"怪异而蒙羞，更不能因此排斥他们。相反，如果我们断定他们不是一个道德主体，那么其伦理意义就与克隆动物没什么重要的区别了。

总之，在人兽混合胚胎这个问题上，人们难以接受它，主要是出于想象中的直观感受，而非基于理性。人们在内心暗自设想：突然出现一个"半兽人"，跟我们长得很不一样，"实在太可怕了"。人跟兽怎么能混合呢？这不就是"杂种"吗？人们感情上受不了。而如果出现一个克隆人，看上去跟我们长得一样，那就"见怪不怪"了，虽然"克隆人"的技术实践直接违背了"人是目的"的铁律，而人兽混合的技术实践，并不总是与这条铁律相冲突。

四、歧视问题和动物保护问题

虽然从原则上讲，长得像家畜的人和我们长得"有模有样"的人，在人格上是平等的，但大多数人并不那么讲道理，他们习惯于歧视样子"怪异"的人。如果"半兽人"具有自由意志和自我意识，出生后又必定会受到现有人类的歧视，这对他公平吗？我们是否仅仅因为这个考虑，就应该从一开始就杜绝他的出现？这个问题，应该这样来思考。没错，社会大众免不了会歧视他。但是这种歧视有价值理性的理由支持吗？如果有理由，我们也许应该从一开始就防范被歧视者的出生。但很明显，歧视的理由本身不成立——人们不应该歧视一个长得丑的人，在道理上是很简单的，没有什么真正的争议。也就是说，我们很容易理解为何这种歧视不具备正当性。所以，在讨论"半兽人"伦理的原则问题时，我们需要把临时的社会状态可能导致的结果分离出去，因为"现在的社会观念下我们应该怎么办"跟"最终原则该怎么办"是两回事。人们由于误解或不正当的理由做出的举动，我们应该力求批判它、纠正它，而非把它当作思考人兽混合问题的根据。

动物保护主义者会认为这类实验过于残忍。比如说，有的科学家把人的疯癫基因植入老鼠体内，于是，一群老鼠都成了疯老鼠，疯癫致死。这里涉及的，是环境伦理和动物伦理的问题。我有个朋友在美国研究人脑，经常拿猴脑做实验。美国的动物保护主义者知道后不干了，晚上潜入实验室偷偷摸摸地把那些猴子给放了。从那以后，我的朋友运猴子都得偷偷摸摸的，生怕被人"打劫"。回到我们的话题来，我们看到，至少在人兽混合胚胎实验中一开始的时候，取的只是动物的卵子，并没有剥夺动物的生命，也不会给动物带来多少痛苦。但随着实验的深入，最后可能要从动物身上取器官，问题就严重了。动物没有自由意志，不需要对人类负道德责任；但人类要对动物负道德责任，因为动物会被"痛苦"所折磨。平时人类吃动物的肉，一刀宰下去，动物就死了，不存在折磨的问题，所涉及的伦理问题就没有像拿动物做实验那么明显。而要从动物身上获取器官，那就很不一样了。这样的问题，很值得我们深入讨论。

五、太多未知，科学家、技术家要学会谨慎

随着基因图谱的破译，人们意识到基因不仅决定着健康，还影响着天分、性格，甚至人品，"基因命运论"的影响日益广泛，包括疾病状况在内的个人隐私权保障将面临空前的威胁。于是，我们会问，这种变相的"宿命论"是否会加剧人类社会的关系紧张和不平等呢？从这个角度看，生命科学是否必然会打破现有的人类社会秩序？

我再次强调，科学家、技术家和伦理学家都要严守本分不越界。我曾经提出过一对概念："客体技术"和"主体技术"，前者是制造和改造"物"的，后者是制造和改造"人"的。绝大多数技术属于客体技术，伦理学问题相对简单；而对待主体技术要尤为谨慎，一定要在思考透彻"应该做什么"和"不应该做什么"之后再将想法有选择地付诸行动。主体技术如今俨然已经成为影响最大的技术，丝毫成果，都有可能对人类社会产生颠覆性的影响。或许主体技术家们还没意识到,自己正处于影响人类命运的支点上。

他们中的许多人缺乏人文理性的训练,对于"什么该做""什么不该做"这些伦理学问题的认识,与寻常百姓没有什么区别——如果他们稍不小心,就会比寻常百姓更为糟糕。就像"南通福利院少女子宫被切案",南通市儿童福利院的领导为了解决两名智障少女的经期"麻烦",请南通大学附属医院的两名医生实施手术,切除了少女健康的子宫。老百姓一听很吃惊,当事人,特别是施行手术的医疗专家,却没有意识到问题的严重性。他们找了公共管理的"效率"之类的一大堆所谓的"专业"理由,认为自己不收费就是为"公益事业"做了大好事。但是,这与"人是目的"的原则大相径庭。技术家的价值理性很容易被他们日常工作中占绝对主导地位的技术理性所掩盖。所以,技术家甚至比寻常百姓更不具备确定"什么该做""什么不该做"的能力和资格;并且,从事这种技术实践的人与技术的前景有直接的利益关系,他们的判断就更难做到不偏不倚。

有人提醒我们,人兽混合胚胎一定程度上增加了人类感染动物病毒的风险。但是,有一些专家却出来信誓旦旦地拍胸脯说,这种风险可以忽略不计,因为我们有可靠的手段去对付它。在这一点上,我认为,不但在伦理学问题上,就是在专业问题上,技术专家也容易犯"自以为是"的毛病。他们自以为什么都知道,其实理论和历史都告诉我们,在原则上,没有哪个人有资格准确预见技术的未来。再看看我们的现实,由于专业分工越来越细,研究病毒的专家和研究克隆的专家往往不是同一批人,研究克隆的不一定懂病毒,研究病毒的不一定懂克隆。技术专家喜欢说"……不可能","从医学的角度看,……不可能"。未来的技术会是什么样子?即使你是最聪明的科学家或技术专家,也要谨慎小心,不要轻易做出预言。当然,本文要强调的首先不是这个,而是我们刚才说的,在"应该做什么"这个伦理学问题上,技术专家要时刻注意聆听来自价值理性的声音,不要妄自越界。

当然,另一方面,我国的很多所谓"伦理学工作者",由于某些众所周知的特殊原因,也并不具备独立思考伦理道德问题的能力,他们经常以传统观念或一时的口号代替道德理性,这也是我们需要防范的。最后,我重申,我们要始终记住这一条:每个人都是目的,不能仅仅被当作经济和政治的手段,也不能仅仅被当作其他人的手段。既然我们在开始阶段采用动物卵子而不向女人强制索取卵子,就是为了坚持这样的"人是目的"的原则,我们没有理由出尔反尔,在后来的技术实践中又将其抛弃。人兽混合也好,克隆也好,在我们采取任何行动之前,只要先依照这条基本原则在"该做"与"不该做"的问题上进行严肃的慎思,我们就不会出大的偏差。

总之,如果人兽混合技术只在未成形的胚胎内产生干细胞,则没有很严重的伦理问题;如果有人有意制造"半兽人",出来的是人不是兽,我们就应该像禁止克隆人那样禁止它;如果基因混合制造出来的是"像人的兽",这就跟一般的动物克隆一样,不与伦理原则直接冲突。在所有情况下,"样子"问题,不应该是我们关注的焦点。

(原载《社会学家茶座》2009年第2辑。2007年10月2日改于广州中大校园)

安乐死、自杀与有尊严地死[①]

一、引　子

2010年1月10日，韩国一位78岁的老太太在摘除人工呼吸机201天后在医院去世。这位老太太于2008年2月接受肺癌检查时因出血过多导致脑损伤，成为植物人，其子女要求医院摘除人工呼吸机，允许母亲"有尊严地死亡"。在遭到医院拒绝后，他们提起了诉讼。首尔地方法院、高等法院和大法院先后判定医院摘除人工呼吸机，于是便有了上述结果。对此，不止一家国际媒体以"安乐死在韩国首次获得允许"之类的题目对此进行报道。在世界范围内，近年来人们在安乐死问题上争议不断，即使像荷兰这样的将安乐死予以合法化的国家，也仅仅允许"自愿的"（Voluntary）安乐死的实施，而韩国这例属于"非自愿的"（Non-Voluntary）消极安乐死，其争议之大就可想而知了。

据报道，安乐死在荷兰又有新发展。2010年2月，一个名为"出于自由意志"（Out of Free Will）的公民行动团体正在为如下倡议征集签名：所有70岁以上的荷兰人，如果对生活感到厌倦，应该有权利得到专业人士的协助以结束其生命（未必是来自医院的协助，可以由此诞生一个新的职业）。该组织的目的是将该倡议送至国会加以讨论并期望启动相应的立法程序。无论他们的目的是否能实现，这一倡议的确具有相当大的冲击力。如果舍去其中的年龄限制，在某种意义上，该倡议不就变成了一项关于人们有权利自杀的建议了吗？也许我们的"假设"有点背离倡议者的原意，并且该组织也强调他们的倡议不适用于年轻人，否则那将是一个灾难。不过，自杀却正是本文要着重论述的问题之一。我们将要看到，"有尊严地死"与"安乐死"在理论上本应是两个相分离的概念。如果从"安乐死"之"安乐"的字面意义去理解，亦即在免除或减缓痛苦的角度

[①] 本文与韩辰锴合作完成。

去理解，"尊严"概念基本与之无关。

二、安乐死与有尊严地死

在死的问题上，"尊严"与"安乐"是否有必然的关联，如果有的话，是哪种关联？

按照国际伦理学界的通行界定，安乐死可分为自愿的和非自愿的两种。其中任一种都可用积极的（Active）或消极的（Passive）方式加以实施，因此我们可以得出四种实施安乐死的方式，即自愿的积极的安乐死、自愿的消极的安乐死、非自愿的积极的安乐死、非自愿的消极的安乐死。上文说过，荷兰将严格条件下的自愿的安乐死加以合法化，而韩国金老太太的例子引起重大争议的原因就是它属于非自愿的安乐死，韩国虽然未把安乐死合法化，但这也不啻于第一次"吃螃蟹"。

在众多为自愿安乐死辩护的论证中，比较没有争议的，是关于痛苦对于生命来说的负面价值的论断，这种论断基于传统的效用主义（Utilitarianism）伦理学，其论证的过程可以与尊严问题相分离。但是，除此之外，还有一种被称为"尊严论证"的辩护。这里所说的"尊严"，到底是什么呢？这种论证来自各方，也各有不同，但归结到一个共同点，就是要让临终患者自己决定自己的命运，在他决意终结自己的生命时给他提供便利或帮助。这个共识，与道义论伦理学的基本原则是一致的。理论上，一个人"尊严"的贬损，指的是其意志被另一个人或一群人的意志强行主宰，最典型的丧失尊严的状态就是沦为他人的奴隶。按照这样的理解，一个人"有尊严地死去"，应该是指他的死在没有他人强行干涉的情况下发生。也就是说，在死亡问题上，他在自然规律允许的前提下自己主宰自己的命运。按照这种理解，如果一个病人在有机会提出合理要求的情况下自己没有提出要求，并且各种迹象表明，他的内心也没有这种要求，那么在临终前是否有人挽救或照顾他，就与"尊严"无甚关联。当然，如果病人在有效条件下明确地提出了终结其生命的意愿，而这种意愿却受到其他人的蓄意阻碍，那么他的尊严就受到了侵犯。

问题是，以上说的尊严论证，虽是在病重的临终病人选择死亡的背景下提出来的，但人是否有权利按照自己的意愿终结自己生命的问题，在理论上并不必然与重病和临终状态相关。通过对围绕安乐死的核心论争的审视，我们想为如下观点进行辩护：逻辑上，"有尊严地死"是一个涉及很多现象和问题的观念;它虽与安乐死问题有事实上的关联,但更与一般的健康人对死亡方式的选择有普遍的关联。这一点在讨论一般的自杀与尊严的关系问题之后,会变得更加清楚。

先就安乐死而言,如果患者已失去表达"自愿"的能力,在相关诸方(比如患者的代理人、医师、相关的道德和法律委员会等)采取谨慎判断和措施的前提下,只要站在患者的立场上考虑问题,没有被正式表达为自愿的安乐死,也并不一定就违反了患者/死者的尊严。而按照我们对死之尊严的理解,手段上积极或消极的相关性就不是通常设想的那样至关重要,甚至按照某些著名伦理学家的论证,这一区分是没有理性基础的。①

按照罗伯特·杨(Robert Young)的表述,允许实施自愿的安乐死的五个必要条件是:

自愿安乐死的倡导者强调说,倘若一个人:

(1) 正遭受某种晚期疾病的折磨。

(2) 在其预期寿命的剩余时间里不太可能再受益于一种针对其疾病的疗法的发现。

(3) 作为那种疾病的直接后果,或者正遭受不可忍受的痛苦的折磨,或者仅能拥有一种令人不满意的累赘的生活(因为该疾病将不得不以导致如下结果的方式进行:他会以不堪的方式依赖于他人或依赖于技术性的维持生命的手段)。

(4) 有持久的、自愿的和熟虑的死亡的意愿[或者在其丧失做出这一意愿的能力前,已然表达了在条件(1)~(3)得到满足的情形下要求一死的意愿]。

(5) 在没有帮助的条件下,没有能力实施自杀。

罗伯特·杨也指出,上述条件都是有限制的(Restrictive),我们不能有百分之百的把握说它们都是毫无争议的。比如关于晚期疾病的限定,关于患者意愿之熟虑条件的说法等,都还有待进一步商讨。此外,病人自愿求死的意愿并不使其有权利强迫相关医师做出那些在其看来违反其职业道

---

① Rachels, James. "Active and Passive Euthanasia", Revised and Reprinted in His *Can Ethics Provide Answers? And Other Essays in Moral Philosophy*. Lanham, MD: Rowman & Littlefield Publishers, 1997, pp. 63–68. Originally Published in *The New England Journal of Medicine*, vol. 292 (1975), pp. 78–80.

德或要求的行动来,也就是病人的请求和医师的职业道德或要求也有可能发生冲突。但就像其他有重大影响的决定一样,正常成年人的选择,是被先定为自愿做出的,除非我们能够提供颠覆这一先定假设的强有力的压倒性理由。因此,表明自愿之缺乏或意愿不符合熟虑条件的举证责任就落在了反对当事人之选择的人们身上。但是,尽管有这些限制,就本文当前要阐明的问题而言,上述五个条件还是具有足够的适用性。

此外,还有来自滑坡谬误(Slippery Slope)的挑战,我们认为这种对滑坡效应的担忧并非毫无道理。按照这种论证,倘若安乐死被合法化,选择安乐死的身患致死疾病之人(这里不考虑健康人的情况,在下文论述自杀问题时,将讨论这一可能性)的数量可能上升。虽然这也是一种需要考虑的可能,但这仅仅是一种猜测而已。事实上,根据荷兰的情况,该国对某种安乐死的合法化,并未导致这种滑坡现象。不过我们的确要预防如下情况的出现:患者家属或医师或其他相关人员为达到自己的利益而不负责任地怂恿患者或其代理人去选择安乐死。这种对安乐死不负责任的滥用就使患者完全沦为实现他人利益的工具,所谓尊重患者生命自主权的核心主张也就落了空。要预防这种情况发生,我们就要在程序上严加把关。

不过,只要患者能独立做出判断和持续请求,上述滥用情况的可能性就大大下降。如果病人在来不及提出要求时就进入无意识或无法表达意愿的状态,要让他有尊严地死去,我们该怎么做呢?此时,我们就要尽量按照我们对一般人性和对他本人的理解,以最大的诚意估计病人自己清醒时可能会做出的预选择,并以此来决定让他以何种方式终结生命。但是,谁最可能有"最大的诚意"呢?理论上,当然是与病人的死活没有能预见的利益关系,又对尊严的意义有正确理解并且最珍视此病人的尊严的人。只是,要准确找到这个人,在实践上几乎是不可能的,这就只能靠约定来达到大致的合理性。在韩国金老太太这个案例中,法律最后认定其子女有最终的决定权,在我们看来,这种约定大致可行,如果解释正确,就可以作为进一步立法的基础。这种道德上的讨论是相关立法的基础问题,如果以现行法律是否允许安乐死为根据来判定安乐死的道德上的对错,恰恰是本末倒置,因为我们讨论这类问题的主要目的,正是为立法提供规范性的根据,而不是相反。

我们之所以强调"解释正确"的重要性,是因为正是这种解释问题,带出了所谓"传统伦理"是否与我们所持的"现代观念"相冲突的问题。

在"有尊严地死"的问题上,死者的"尊严"很有可能被歪曲成旁人眼中的"体面",或是亲属的"面子"。这样理解的所谓"尊严",其意义恰好与应有之义相反,因为这里完全没有考虑临死者本人在假设的清醒状态下的意愿。那么,是否可以说,前边说的都是西方人的观念,东方人(比如韩国、日本、中国人等)本来就对"尊严"概念有不同的理解呢?也许有所不同,但在这"不同"的后面谁更有道理,才是问题的关键。其实,如果与中国人的"孝道"结合起来看(考虑到韩国金老太太这个案例的特殊性,我们对某些人可能从"孝道"角度提出的疑问进行考虑),"尊严"的应有之义,不管你用什么词,东西方人之间并没有很大差别。我们讲"孝",就是要对父母好,而对父母好的最重要的标志,就是顺着父母的意愿做事,这与我们在本节开始说的"尊严"概念基本一致。那么,为什么我们的传统做法好像与"有尊严地死"的概念不相容呢?这至少有两种可能:其一,传统中人们对"对父母好"的理解过于简单,假定延长他们的寿命对他们总是"好"的;其二,传统的制度中的不合理因素导致人的应对性虚伪,往往把健康人自己的考虑故意解释成为临终者着想。

其实,对"尊严"或类似概念的曲解,和东方还是西方并没有必然的联系。在西方,很多人与所谓的"东方传统"中的人的行为模式很相似。关键是,道德哲学家在讨论这些基本概念的时候,不可能以"这是我的传统"作为辩护的理由。不然的话,不但来自不同传统的人没法讨论理论问题,就是同一传统中对传统有不同解释的人之间,也不可能达成一致意见。只要你是讲理的,你就不可能以"我们的老祖宗从来都这么认为"(这个臆断本身就是相当可疑的)作为撒手锏。我们要强调的是,虽然我们不能忽视传统中的智慧,而对那些以诉诸传统来代替讲理的人,我们却不能给予过多的关注。以"价值冲突"来解释不同意见的产生没什么问题,但以对冲突的解释来代替对实质性的是非问题的理性解决,既无道理,又无出路。

要理解一种伦理观念是否应该接受,首先要看其背后的解释是否合理,再看其对相关事实的判断是否可靠。在韩国老太太的案例中,如果其子女胜诉的理由被解释成"年老母亲的生死问题与其子女有最大的利益关联",那么这种解释就是不可接受的。因为这种解释把患者的生死问题当作了他人利益的筹码,而这与"尊严"概念是不相容的。如果解释成

"在这种情况下应由对病人的意愿有最完整了解的人来决定",那就没有原则性的问题了。原则性问题除外,剩下的还有事实判断的可靠性问题,那就是,子女是否真对病人的意愿具有最完整的了解。对于这个问题,如上所述,只能依靠现有的知识状态做出相对合理的约定。只是,我们要注意,这里的尊严概念,不涉及积极与消极安乐死之间的区分。既然这种区分在效用论的标准下没有意义,在道义论的尊严标准下也没有必然的逻辑关联,那么我们就可以认为这种区分没有重大的伦理学意义。

还有一个问题也容易产生争议,那就是"临终"的判断根据什么判定。金老太太在摘除呼吸机后还活了 201 天,这么长的时间,使人们对"临终"的判断产生了合理的疑问。而这也正是拉克尔斯质疑消极安乐死的理由之一,如果积极安乐死既快且无痛苦,为何不实施积极安乐死?如果停止治疗的理由是免除或减缓病人的痛苦,那么积极安乐死就更为合适。① 所以,看起来手段上的问题与死之尊严没有必然的关联,而与此最密切相关的核心问题是患者或其代理人的意愿问题,这与我们以上的论证一致。

现在概括一下,在类似案例中,伦理底线是什么呢?根据以上的讨论,我们可以归纳成两点:第一,确保"有尊严地死"的措施是完全为临终病人着想的,防止有其他目的的人以维护临终者"尊严"的名义把自己的意志强加于病人,从而损害病人的尊严;第二,对致死病情是否不可逆转的判断,一定要非常谨慎,要在有充分的科学和理性根据的程序中进行。这两条原则,对中国在类似问题上的立法应该具有指导作用。

三、自杀与有尊严地死

下面讨论另一个我们认为与死之尊严密切相关的,甚至更具争议性的问题,那就是自杀问题。在本文的引子里我们认为,如果对荷兰那个"出于自由意志"的组织的倡议加以引申的话,自杀问题就呼之欲出了。即使我们的"引申"有误,那也不妨碍我们撇开其倡议而径直去探讨自杀问题引发的道德争议。

依基督教的教义,自杀是一种犯罪,因为那是对我们生命的创造者(上帝)的大不敬。尽管英国《1961 年自杀法案》(*The Suicide Act 1961*)

---

① Rachel, 1997, pp. 65 – 67.

第一条已经明文规定:"自杀不再是犯罪。自杀是犯罪的法律由此废止。"① 这一问题引发的道德争议曾经是相当激烈的,并且似乎还会在一定程度上继续下去。

不过,不加区分地宣称自杀是罪恶,这在中国的传统观念中并未得到承认。在中国历史上,自杀在某些情形下是受到鼓励和褒扬的。"杀身成仁"这一说法表明自杀是可以成就某种道德要求或理想的。举个例子来说,一百多年前的甲午海战中,著名海军将领邓世昌和刘步蟾那种悲壮的"自杀殉国"的举动都为中国人所经久传诵(这类自杀现象亦让康德困惑,他在论自杀的"决疑论问题"部分描述了这类自杀)。邓世昌自己说:"我立志杀敌报国,今死于海,义也,何求生为!"此外,在中国古代的某些历史阶段,女人自杀殉夫或殉主亦被某些道学家或社会舆论视为有"节"之举。对后一现象的反思将揭示出男权社会时代对女性之独立人格的践踏。而"自杀成仁"之类的赞誉和现象则至少表明部分中国人对某些种类的自杀之价值的正面肯定。

以上提及基督教教义和中国的传统观念,只涉及相关的历史背景,但对我们的理论论证并不会有实质性的意义。无论如何,自杀是一个严肃的问题。简单地说,活下去(在自然法则允许的前提下)是一件毫无争议的有价值的事情。但自杀者决意结束自己的生命,这不是在摧毁一种价值吗?而按照我们对"死之尊严"的理解,自杀,尽管有其表面上的荒诞性,仍不失为一种有尊严的死亡方式,至少它比在监狱里"躲猫猫"或"喝开水"死掉要有尊严得多,也比死于不白之冤或在政治迫害中被秘密处死而"人间蒸发"更有尊严。这一简单的对比应该很直接地让我们看到自杀与尊严之关系的某种逻辑理路。当然,问题要复杂得多,下面我们就看看几位大哲学家对自杀问题的思考。

首先来看看罗尔斯的观点。其实他在构造他那极具综合性的善理论的时候并未专论自杀的问题。② 依他之见,"一个人的善取决于他根据慎思的理性会从最高级的计划中选择的那项合理生活计划"③。一个进行着短

---

① 转引自 [英] H. L. A·哈特:《法律、自由与道德》,支振锋译,法律出版社2006年版,1963年初版前言。

② [美] 罗尔斯:《正义论》(修订版),何怀宏、何包钢、廖申白译,中国社会科学出版社2009年版,第七章"理性的善",第311–357页。

③ 前引文献,第335页。

期或长期的生活计划的人当然是想活下去的,所以看样子罗尔斯预设了一个理性的人是想要活下去的观念。那么,广泛存在的自杀事实是否构成了对罗尔斯之合乎理性的善理论的根本挑战呢?未必。因为在罗尔斯提出的慎思理性和合理选择原则中,自杀也许可以被视为非理性的选择。问题在于,有事实表明,某些人的自杀是深思熟虑的结果,并且被视为有尊严的死亡方式。在这种情况下,对生命的关节点上的抉择的"理性"问题,我们还要进一步讨论。

罗尔斯的高足斯坎伦(T. M. Scanlon)在论述人类(或者理性)生命的价值时,对自杀问题有一个很有弹性的看法。他认为对人类生命价值的尊重就是把人类生命视为要尊重的东西,并且是对拥有那个生命的具体的个体的尊重和关怀而非对更抽象意义上的人类生命(Human Life)的尊重。此外,对人类生命价值的尊重要受到"只要这个正是其生命的人有理由继续活着或者他想活着"这一条件的限制。① 在这种原则下,斯坎伦就可以接受某些情形下的安乐死或自杀而不必视所有这类行为是对生命缺乏尊重的表现。当然,他也批评那些由于愤世嫉俗信念或者确信世上无事值得做或被其所爱的人拒绝而自杀的人。在他看来,这些人的自杀显示出他们没有看到他们有继续生活下去的理由。总体上,斯坎伦对自杀的看法是相当谨慎的,其论断在这个意义上当然是有说服力的。可是我们还可以拿上面提过的问题来发难,一个人非得在他所限定的那些条件下才能"有理由地"选择自杀吗?根据他所强调的那个限制性条件,若一个人果真没有活下去的念头或理由(斯坎伦相信人是有对诸理由进行评估和自我支配之特殊能力的生命体),并且那些为他所批评的自杀理由在当事人看来就是压倒其活下去的念头的理由,我们还能对此说些什么?这种种限制似乎都是没有必要的。笔者在《本底抉择和道德理论》② 一书中,在更基本的层面讨论了自杀问题,并认为,直面自杀问题是"本底抉择"的题中之义,从而是讨论其他一切价值问题的前提条件。这样的话,自杀问题就在逻辑上先于所有伦理问题了。这种意义上的自杀问题,当然也就不能放在任何道德原则之后来讨论。

---

① [美]托马斯·斯坎伦:《我们彼此负有什么义务》,陈代东、杨伟清、杨选等译,杨选统校,人民出版社2008年版,第106—107页。

② Zhai, Zhenming. *The Radical Choice and Moral Theory*. Kluwer Academic Publishers, 1994.

问题是，作为道义论伦理学的最大代表人物的康德，却认为自杀是一种罪行，是对人格的犯罪。我们如何面对这种局面呢？在这里，由于篇幅的限制，我们不拟深入讨论。我们暂且像许多康德解释者那样认为，康德的"人是目的"的绝对命令在原则上是正确的，但是康德在解释其原则的实践应用时犯了错误，亦即，从他的绝对命令导不出他所坚信的反对自杀的绝对诫令。

我们在自杀与尊严的关系问题上得出了不能一概反对自杀的结论。但是，这并不意味着我们一般地要对处在自杀行动过程中的人不加干涉。这里牵连到的是干涉自杀的家长主义（Paternalism，也有译为"父爱主义"或"亲缘主义"）的合理性问题。毋庸置疑，很多自杀者的行为并不是在"熟虑"的条件下实施的。更可能的是，他被某种冲动或情绪攫住而一时"想不开"，那么制止这种自杀行为就是可以得到辩护的。我们上面的尊严辩护，是基于理性主体自己主宰自己命运的理念，而一时"想不开"的人，既不理性，也不可能主宰自己的命运。尽管家长主义在限制人们自由选择中的作用是一个颇具争议性的话题，但是，如果事实已向我们表明，大部分被挽救的自杀者事后都不抱怨救人者侵犯了他的人身自由，我们对大部分自杀者都是因为一时"想不开"的估计就是可以接受的。所以，原则上，上文为自杀的弱的辩护与某种合理的家长主义的立场是相容的。当然，无论是判定自杀者意愿的真实性，还是实施家长主义式干涉的恰当性，都涉及更具体而复杂的辨析，需要更多学科知识的支撑。

还经常听到的一个抱怨是自杀者伤害了他周围的活着的人，这基本是在效用主义视野下的考虑。但是，在人的死亡的问题上，道义论的考虑无疑具有压倒性的优先性。不然的话，"人是目的"的基本原则就即刻被违反。于是，这样的一种抱怨，在讨论尊严问题时就不必深究。或许，这里的"伤害"指的是没有履行对他人的一些正式或非正式的承诺，但这样的话，就与自杀没有必然的特殊关联，其中所涉及的道义问题与其他情况下的不守信用没什么区别，不必在讨论自杀问题时给予特别的关注。

四、小 结

在本文所理解的"有尊严地死"的概念的统摄下，通过对安乐死问题上的核心论争的审视，我们认为死之尊严与安乐死之当事人的自主性密切相关，而与手段上的积极或消极没有必然关联。通过将死之尊严问题与安乐死论争的剥离，我们进一步切入对自杀问题的讨论，认为某种类型的自杀可以得到弱意义上的辩护，不失为一种有尊严的死亡方式。在着重讨论这两个问题的过程中，我们还揭示出不能将死者的尊严扭曲为旁人眼中的"体面"或者家人眼中的"面子"；在为某种类型的自杀行为辩护时，我们也解释了为何我们的立场与某种合理的家长主义式干涉是相容的。

参考文献

[1] Audi, Robert. The Cambridge Dictionary of Philosophy (2nd ed.) [M]. New York：Cambridge University Press, 1999, p. 292.

[2] Rachels, James. "Active and Passive Euthanasia", revised and reprinted in his Can Ethics Provide Answers? And Other Essays in Moral Philosophy [M]. Lanham, MD：Rowman & Littlefield Publishers. 1997, pp. 63 - 68. Originally published in The New England Journal of Medicine, vol. 292 (1975), pp. 78 - 80.

[3] Young, Robert. "Voluntary Euthanasia", 2008 [EB/OL]. retrieved March 19th, 2010, from http：//plato. stanford. edu/entries/euthanasia-voluntary.

[4] Zhai, Zhenming. The Radical Choice and Moral Theory [M]. Dordrecht, Netherlands：Kluwer Academic Publishers, 1994.

[5] ［英］H. L. A·哈特. 法律、自由与道德 [M]. 支振锋，译. 北京：法律出版社，2006.

[6] ［美］罗尔斯. 正义论（修订版）[M]. 何怀宏，何包钢，廖申白，译. 北京：中国社会科学出版社，2009.

[7] ［美］托马斯·斯坎伦. 我们彼此负有什么义务 [M]. 陈代东，杨伟清，杨选，等，译. 北京：人民出版社，2009.

[8] ［德］康德. 道德形而上学 [M] //李秋零主编. 康德著作全集（第6卷）. 北京：中国人民大学出版社，2009.

（原载《哲学研究》2010 年第 9 期）

自由概念与道德相对主义[①]

道德判断的第一步,是要看被意图或被评判的行为中有没有实际的或潜在的受害者:在意图和后果中都不涉及实际的或潜在的"伤害"的行为,任何他人都没有对之进行道德谴责的理由;相反,如果某些行为里边有受害的他人,则不管该行为是发生在所谓的"私域"还是"公域",都不属于"私事",并且某种程度的来自他方的对应的"干涉"也可能是合理的。那么,什么叫作"伤害"呢?"伤害"就是对生活内在价值的毁损或阻滞,诸如毁灭生命、损害健康、贬损尊严、施加痛苦、剥夺自由等。所谓的"正义"问题,首先,涉及的是在个人或机构对人施加上述伤害时,我们如何对其进行衡量和惩处的问题;其次,还涉及达成生活内在价值之维持和实现的基本保障在不同个体间的合理分配问题。

由于刚从逻辑实证主义的大势中恢复规范话语的合法地位,罗尔斯在撰写《正义论》的时候,在语言上还是时时沿用将"道德"归至价值理性之外领域的习惯,一般不把正义理论中的规范话语纳入道德的范畴。但在德国以哈贝马斯为代表的哲学家看来,正是这类公共领域中的规范问题,才是真正的"道德问题",而价值理性领域之外的"文化偏好"却与道德无关。当然,道德问题也涉及每个人在避免他人遭受上述伤害或增进他人福祉上有何义务或责任的问题。至于每个人自己生活方式上的偏好,本来就与道德无关。据此,政治上的自由理念不但不排斥道德,反而以道德中的价值理性为最高的前提预设。

本文的任务是以整全的自由主义与道德相对主义的关系为基本线索,为以上陈述中包含的基本观点做出阐释,并提供理论上的支持。

[①] 本文与陈纯合作完成。

一、自由与道德制高点

在中国，不仅一部分以"自由派"自命的知识分子，还有很多人文社科经济等领域的学者，都把"自由""公正""人权"等概念当作非道德概念，而把"道德"当成"传统观念""偏见""官方话语"等的代名词。所以，占领"道德制高点"似乎变成了实行"道德绑架"的人的恶习。然而在西方的话语体系里，在诸种"权利"概念中，最高的具有绝对优先性的就叫作"道德权利"。这里说的"道德权利"，就是我们经常说的"天赋人权"，与来源于法律或习惯的权利形成鲜明对照。这种划分既与传统的自然法理论一脉相承，也与当代德国哈贝马斯、阿佩尔、阿列克西等人的道德和政治学说相一致。

其实，在我们看来，"道德权利"的来源问题在摆脱了自然法传统的束缚以后，在康德式的"人是目的"那里应该能找到更可靠的支撑。权利概念为何是一种道德概念？道德为何只能在"制高点"上？从最根本上说，就是因为道德原则是每个人在回答"我应当做什么、不应当做什么"这个问题时所根据的总原则。这个总原则不仅是评判人的行为的标准，而且还是评判一切社会现象的总体价值体系；失去了这个制高点，讨论国家制度的优劣、善法与恶法的区分、法定权利的合理与否等都将成为不可能。在政治上维护个人的权利，首先就是对人的"道德权利"的伸张和维护。在这里，我们不但不应该拒绝道德，反而应该直截了当地或暗含地把"人是目的"当作道德的铁律，或曰"道德制高点"。然而，现在许多人并没有从这个最根本的意义上理解自由主义，而是只以政治的或经济的视角来宣扬它或贬斥它，以至于使自由主义的观念显得好像与道德话语不相容。

当然，西方当代自由主义各门派之间，也由于对道德概念使用的不一致，常常给人造成自由主义可以与任何道德原则相分离的印象，造成追随者和批评者不必要的误解。经过一定的澄清后，我们就会明白，所谓"传统道德"（东方西方都包括）中的部分内容是无效的，有些还是反道德的。其他流行意识形态中的内容，也可进行类似分析。现在最主要的，则是要把描述性的"道德"概念与规范性的道德评判区分开来。以描述的方式使用"道德"一词，指的是某些人或群体实际上持有的道德观念，亦即他们偶得的行为上的"规矩"，不管这些规矩是否合理。一个人不按这些规矩行事，并不一定就是做了错事或坏事。但是，在规范意义上说一个人做了"不道德"的事，等于说这个人做了错事或坏事，是对这个人的行为的谴责，这里预设了一套理性普适的标准据以判别人们行为的是非对错。最典型的是，当我们说一个人"丧尽天良"时，这里的"天良"背后的"天理"，指的就是与所有人为的规矩都无关的某种普适公理。将描述性的"道德"概念与规范性的"道德"原则相混淆，是流行道德话语中的常见谬误。

此外，很多人错把社会科学研究中应该坚持的"价值中立"原则，混同于人文理性中应该坚持的"意识形态中立"原则。人文学者固然不能沦为意识形态的俘虏，但对于道德价值问题，在经过充分的理性考究之后，人文学者完全可以做出鲜明的判断。伦理学或道德哲学就是以理性为根据对价值判断的有效性进行裁决的学科。所以自由主义并不给任何人以道德的豁免权，而政治意识形态则专给自己所代表的集团以或明或暗的道德豁免权。

与此相关，还有流行的"法律是道德的底线"的说法。如果这个说法的意思是"一个道德的人起码要守法"的话，那就是错误的。例如，印度的圣雄甘地是20世纪政治家中最强有力的道德榜样，他的义举的大部分都是违法的。然而，你不能说：他连法律都不遵守，怎么可能是道德榜样？实际上，当法律不代表正义的理念时，"合法"就会与"合乎道德"相左。另外，所有刑法定罪都源于道德层面的善恶是非观念；"不许滥杀无辜"作为刑法规条的正当性，正是来源于普适的道德原则。

部分自由主义者对"道德制高点"的拒斥，还源于对"德治"概念进行批判的需求。"德治"这个概念起码有两方面的含义：其一是领导人本身以德服人；其二是靠道德教化来维持社会的和谐稳定。这两种东西是否可行，属于政治方略问题。方略问题都是实践有效性问题，天然居于"制高点"之下，与理论上的"道德制高点"没有什么必然关联。

其实，许多自以为摒弃或悬搁了"道德"的"自由派"，是选择了"道德相对主义"作为与他们的自由主义相伴随的信条。在他们看来，只有当道德是相对的时候，我们才能彻底摆脱传统道德或意识形态的束缚，真正地获得自由，而自由本身被视为与道德无涉。我们把这种将自由主义与相对主义捆绑的企图称为"自由主义—道德相对主义论题"（Liberalism-Moral Relativism Thesis，简称LMRT）。"自由是绝对的，道德是相对的",这是这一类人心中的呐喊。

指出这些"自由派"对道德和自由主义的定义是错误的,这非常必要,但并非足够。按照哲学界的惯例,除非我们能将对方的立论中的合理要素重述到尽可能完善之后再做反驳,否则我们就没有真正地进行有效的反驳。因此,只有对任何一种立论进行"同情式理解",澄清其中的语言误用之后,我们才能进行有效的反驳。就此而言,"自由主义—道德相对主义论题"也不例外,同样需要我们如此对待。

在本文的以下两个部分,我们将借助对"自由主义—道德相对主义论题"的剖析,细致讨论自由主义不但不能提倡,反而必须拒斥道德相对主义。这首先要求我们简单定义道德、自由主义与道德相对主义,并通过对"自由主义—道德相对主义论题"进行合理化修正以及反驳,证明该论题不能成立。在这个过程中,该论题提出者的底牌将被揭开,即他们提出该论题的背后,其实是为了提出宽容原则。接着,我们将列举几种整合自由主义原则与宽容原则的方式,并说明各种整合方式的利弊。最后,"什么是与道德相关的"这个问题将得到解答。我们认为,"自由主义—道德相对主义论题"的存在,源于该论题提出者与他们反对的许多人一样,都没能正确理解和回答这个至关重要的问题。

二、自由主义—道德相对主义论题

在进一步的分析与反驳之前,我们需要对"自由主义—道德相对主义论题"做出一个合理的复述重构。

LMRT:自由主义可被道德相对主义证成,或者可与道德相对主义相容。如果就规范意义上的定义而言,"道德"指的是"所有理性人(Rational Persons)按理性行事都会遵循的行为准则",那么自由主义本身就属于"道德"的一个子集,因为"自由主义"认为"每个(理性)人都具有一些基本的、不可让渡(Inalienable)的权利"[1];这些基本权利不仅要求政府的保护,而且也不容许他人的侵犯,也就是说,自由主义本身也是一套适用于所有理性人的行为准则。而"道德相对主义",就其一般

---

[1] "自由主义"这个名称之下,实际涵盖着许多种不同甚至相互对立的立论,比如"古典自由主义"与"新政自由主义","整全性自由主义"与"政治自由主义"。此处对"自由主义"的定义,取的是这些立论的一个"最大公约数"。

意义上说，是一种反规范性的学说，它说的是"所有道德判断的真假或其证成，都不是普适的（Universal），而是相对于个人、群体（Group）或不同社会而言的"。① 这就意味着，按照上述对"道德""自由主义"和"道德相对主义"的严格定义，"自由主义—道德相对主义论题"将自动为假命题，因为既然自由主义是普适道德的一个子集，而道德相对主义认为不存在普适意义上的道德，那么在逻辑上，自由主义就不可能和相对主义共容，更别说可被其证成了。

这个反驳当然简单有力，但正由于它简单有力，我们不禁怀疑它错过了 LMRT 里蕴含的深层洞见。比如说，将上述的三个定义稍做调整，LMRT 或许是能成立的，而且它可能代表了一种颇为合理的常识立场。因此，我们不能仅仅满足于上面那个简单有力的反驳，而是应该帮助对手把 LMRT 最大限度地合理化，再看看能如何反驳。

第一种修正版的 LMRT，可以称为"自由主义—描述性的道德相对主义论题"（Liberalism-Descriptive Moral Relativism Thesis，简称 LDMRT）②。

LDMRT：自由主义可被描述性的道德相对主义证成，或者可与描述性的道德相对主义相容。所谓"描述性的道德相对主义"，说的是"就一种经验事实而言，存在着许多套不同的道德体系，这些不同的道德体系之间存在着深刻而广泛的分歧"。

这种"描述性的道德相对主义"是否可以证成自由主义？我们尝试推理如下：因为在不同的道德体系之间存在着深刻而广泛的分歧，所以每个人都具有按照自己的道德体系生活的权利。③ 这种推理方式似乎把握住了一般人在提出 LMRT 时的合理直觉，但仔细推敲，它存在着不少原则问题：首先，从描述性的道德相对主义或者"不同的道德体系之间存在着深刻而广泛的分歧"这个事实，并不能直接推出"每个人都具有按照自己的

---

① 此处对道德相对主义的定义综合参考了以往的哲学家对道德相对主义的定义，略有修改。（cf. Harman and Thompson）

② 这里使用的"描述性的道德相对主义"（DMR）与后面的"元伦理学的道德相对主义"（MMR）并非我们发明的术语。详见斯坦福哲学百科词条"道德相对主义"（Moral Relativism）。

③ 我们之所以把"每个人都具有按照自己的道德体系生活的权利"，而不是把"每个人都有选择按照何种道德体系来生活的权利"作为结论，是因为"选择"一词将会产生某种不必要的道德认识论分歧，因为在很多道德认识论学者看来，人们具有何种信念并不是他们自己可以选择的。

道德体系生活的权利"。这个推理违反了著名的休谟律（Hume's Law），即不能从"是"推出"应当"；而且从该前提出发，再加上其他适当的补充前提，我们还有可能推出各种各样的工具性"应当"，比如"……为了维持社会稳定，道德体系 X 应当成为社会通行的唯一道德"。另外，"每个人都具有按照自己的道德体系生活的权利"并没有把握到自由主义的核心内涵，因为自由主义既然覆盖了道德信念的领域，就没有理由不覆盖与道德无关的思想领域。事实上，如果一定要对自由主义进行概括，那就是"每个人都具有按照自己的道德体系生活的权利"比不上"每个人都有按照自己的生活方式生活的权利"（当然，这个概括也是笼统的）。

我们退而求其次，看看"描述性的道德相对主义"是否可与自由主义相容？根据休谟律，既然经验描述与规范性判断在逻辑上不相干，那么一个经验事实就可以和任何一种规范性理论相容。但是只指出这种纯粹逻辑上的相容，对"自由主义—道德相对主义论题"的提出者来说没有太多实质意义。他们必须解释，为什么一方面存在着许多不同的道德体系，另一方面却有"自由主义"这种普适的规范体系凌驾于其上。他们或许可以尝试做如下解释：

普适的自由主义处理的是人类最重要的正义问题，即我们具有何种基本权利，而其他道德问题，我们可以交由各个社会的传统、群体的习惯以及个人的原则来解决；当然，在那些与正义无关的道德问题上的相对主义依然会使社会交往成本增加，但是，我们在根本的问题上达成了共识，并把那些非根本问题交给群体和个人去磋商解决，这是一种双重优势：我们最重要的利益得到保障，同时享有了更大的自由，这样的组合似乎更符合自由主义的精神。

应该说，作为一种对 LDMRT 的解释，上述说法初看起来似乎颇为合理。然而我们必须指出，这个解释有一个致命的逻辑后果：它使相对主义失去了 LMRT 提出者所设想的规范性蕴含（Normative Implication），因为道德相对主义有时被用来指称某种层次的行为规则相对性。这样一来，它就不是一种规范性的立论，而只是一个元伦理学层面的立论，指代着某种关于道德生活的本体论事实（宣称存在着多种相对于个人、群体或不同社会而言的，同样正确的判断对错好坏的标准），或者作为某种描述性的立论，指代着某种关于道德的经验事实（即存在着多种判断对错好坏的道德标准）。但是，LMRT 提出者所设想的相对主义不可能是上述两种立论中的一种，毋宁说，他们所设想的相对主义必须具有如下蕴含：对于持有与你或我不同道德标准的他人，你或我应当加以宽容和尊重，不宽容、不尊重是不允许的。但是上述的解释中并无蕴含这种宽容的必然要求。如上所述，任何描述性的（本体论的或经验的）断言，都与"应当""允许"之类的规范性要求不发生定向的关联。说出事实上的不同，与要求人们采取某种态度对待这种不同，永远是不一样的。因此，我们可以说，尽管"描述性的道德相对主义"其实并没有什么"主义"，没有了"主义"也就与自由主义可以相容，但"自由主义—描述性的相对主义论题"是把互不相关的东西人为地捆绑，因而没有任何理论效果。

第二种修正版的"自由主义—道德相对主义论题"，我们称之为"自由主义—元伦理学的道德相对主义论题"（Liberalism-Metaethical Moral Relativism Thesis，简称LMMRT）。

LMMRT：自由主义可被元伦理学的道德相对主义证成，或者可与元伦理学的道德相对主义相容。

需要说明的是，相比正文开头严格意义上的"道德相对主义"[1]，这里的"元伦理学的道德相对主义"是一种弱版本，它认为在许多道德问题上，存在着多种相对于个人、群体或不同社会而言的，同样正确的判断对错好坏的标准；但它并不否认在某些问题上，有可能存在着一种普适的或绝对的道德标准。乍看起来，这种立论确实能给自由主义提供支持，因为如果在同一个（与正义无关的）道德问题上，A的道德标准X和B的道德标准Y对于他们自己来说同样都是正确的（X和Y代表处理与正义无关之道德问题的道德标准），那就意味着A不该把X强加给B，B也不应该把Y强加给A，于是某种"消极自由"似乎得到了保证。但这只是一种表象，原因在于：这种证成方式没有在具有普适标准的道德问题与只具有相对标准的道德问题之间确立一个明了的界限。也就是说，这种证成方式并没有说明所谓的"消极自由"所涵盖的范围有哪些。而在界限尚未明了的情况下，我们无法区分合理的干涉与不合理的干涉，所能建立起来的原则似乎只有"不干涉他人"；这样一来，唯一的合理干涉就是对"干涉他

---

[1] 正文开头严格意义上的"道德相对主义"也是一种元伦理学立场，它不仅认为存在着多种相对于个人、群体或不同社会而言的，同样正确的判断对错好坏的标准，而且坚持不存在任何一种普适的或绝对的道德标准。这是它和弱版本的"元伦理学的道德相对主义"的区别。

人"的干涉，甚至我们所能辨识的"干涉"也只剩下对他人的强迫行为。在这种图景之下，我们很难想象"遵守承诺"和"保护隐私"这些对自由主义意义重大的道德原则会得到贯彻，因为"不遵守承诺"和"泄露他人隐私"都不构成对他人的强迫行为。要言之，元伦理学的道德相对主义并不能给自由主义提供充分证成。

作为一种弱版本，"元伦理学的道德相对主义"给一种普适的或绝对的道德标准留下了一定的空间，如果这个空间可以由自由主义来填充，那就证明元伦理学的道德相对主义可以和自由主义相容，故 LMMRT 依然成立。假使 LMMRT 能成立，那么这种立论具有 LMRT 和 LDMRT 都不具备的优势：论题中的道德相对主义部分既不与自由主义部分产生逻辑上的冲突，又具备应有的规范性蕴含。LMMRT 意味着，"自由主义是正确的"是绝对的，而"X 是正确的"只是相对于 A 而言，"Y 是正确的"只是相对于 B 而言；但换另一个角度，我们也可以说，不单"自由主义是正确的"是客观的，而且"X 对 A 是正确的"和"Y 对 B 是正确的"也是客观的。故而，所有与正义有关的道德问题都存在一个普适的客观的判断标准，而与正义无关的道德问题的判断标准是相对于个人、群体以及不同社会而定，且由于后者在相对意义上是存在客观标准的，所以每个人都应当尊重其他人的标准，不管这标准是他为自己制定的，还是依照他所在的群体的习惯，或所归属的社会的传统制定的。这种解释下的 LMMRT，相信正是许多 LMRT 提出者心目中的完满形态。

然而，LMMRT 的最大问题是理论的不彻底性：一方面，它宣称自由主义本身的规范性是绝对的并给予唯一的理论支持；另一方面，它又宣称在下一层面相互冲突的规范性话语同样正确，各自无须理论支持。这就产生一个问题：这些各自冲突又各自宣称其正确性的道德标准，它们的正确性从何而来？或者说，它们如何证明其自身的正确性？比如，对于 A 来说，他可以看得出 B 认为 Y 是正确的，也或许听过 B 从 Y 出发，陈述对某一个道德问题的推理过程；但是，只要 A 不认可 Y 里面的一些基本前提，他一样不会也不应该接受 Y 的正确性。在这里，Y 到底只是 B 自己的个人原则还是属于某个群体或社会的习俗道德，这根本不重要；重要的是站在第一人称的角度，A 无法承认也不应该承认 Y 是正确的，或是得到证成的。① 在 LMMRT 中，这个缺陷一样会出现，只是在与正义有关的问题上现在有了普适的绝对的标准，但是在与正义无关的道德问题上，持有相互冲突的道德标准的两个人，依然不能并且不应该承认对方的标准是正确的或得到证成的，这样的话，从逻辑上说，从"A 承认'Y 对 B 是正确的'"并不能推出"A 应当对 B 加以宽容和尊重"，因为 A 可以认为 B 的信念体系的关键部分都是错的。

因此，我们可以得出结论，两种修正过的形式，不管是"自由主义—描述性的道德相对主义论题"，还是"自由主义—元伦理学的道德相对主义论题"，都无法挽救"自由主义—道德相对主义论题"。不过，LMRT 里面的某些合理要素，可以被整合到合理的规范性立论之中。

三、自由主义宽容原则的道德整合

LMRT 提出者的要点，乃是在坚持每个人都具有一些不可让渡的基本权利的同时，要求我们对持有不同信念（包括不同的善观念、宗教信仰和道德体系）的人加以宽容和尊重。有的人认为"自由主义"本身就同时具有这两种蕴含，但由于自由主义这个名目下的立场琳琅满目，我们并不能不经论证地肯定这种说法。有两种方式可以把这两种蕴含都包括进去。

第一种整合方式是把自由主义和"宽容"这个价值联合起来。这似乎是洛克的立论，自由主义的基本信念反映在他的《政府论》下篇中，关于"宗教宽容"的论证主要在《论宽容书》中②；这两个方面是彼此独立的，他没有提出一个整全的论证或者一个共同的前提把自己的自由主义理论和宗教宽容理论统合起来。然而，洛克的这种立论与我们要说的自由主义和"宽容"价值的结合还不完全是一回事，因为在洛克的自由主义理论里，每个人都具有生命权、自由权和财产权，但是他说的自由权主要是人身自由而不是思想自由和良心自由。

在《论宽容书》里，洛克讲的是宗教宽容而不是一切思想上的宽容，所要宽容的对象也不包括天主教徒、异教徒和无神论者；最重要的是，他

---

① 我们此处对元伦理学的道德相对主义的驳斥借用了内格尔在论述道德冲突与政治合法性时的论证，但内格尔本人并没有用这个论证来驳斥道德相对主义。（cf. Nagel, pp. 215–240）

② 洛克前期也有一些论述宗教宽容的作品（有些甚至是反对宗教宽容的），晚年还有一些对他人批评的回应，但是他关于宗教宽容最有影响力的作品依然是《论宽容书》。

说的"宗教宽容"主要还是建制上的（Institutional），即政府不应干涉新教各派的宗教信仰，而没有包括每个人在生活中也要对他人的信仰表示宽容和尊重。应该说，洛克的《政府论》下篇和《论宽容书》构成了现在完整的自由主义原则（建制上的）。如果再将这种学说与宽容的价值联合起来（通过各自的证成），LMRT提出者想要实现的规范性立论就初步成型了。

正如哲学家们早就指出的那样，这种方式的缺陷在于，宽容变成了一种无根之木、无源之水，它和一个规范信念体系中的其他部分如自由主义原则，还有行动者自身的道德体系，没有什么直接的关系：它们各自有自己的证成，就像是用胶水黏合在一起一样。比如，对于A来说，自由主义、宽容和X，是三个独立的规范性部分，同时都对他有约束作用。但是，这三个部大多数时候不会产生根本的冲突，尽管在实践上，宽容的价值和处理与行动者自身的道德体系之间或许会有先后排序的变动。

第二种整合方式是以一种核心价值比如"自主性"或"对人的尊重"，来同时证成自由主义原则和宽容原则；有时处理其他道德问题的道德原则也可以得到这些核心价值的证成，但就目前而言，我们不必把这一部分考虑进来。康德用"自主性"来证成自由主义和宽容，也就是从"人是目的"这条铁律出发来解释人的自主性是人的尊严的最重要的前提条件。按照他的观点，人具有反思和选择的能力，对于任何一种思想信念或生活方式我们都应仔细省察，避免盲目陷身其中（cf. Kant），因此，我们的政治与社会制度应如此安排，即每个人均享有不可让渡的基本权利，以保障我们自主地选择和放弃各种思想信念以及生活方式；同样，因为人都是自主的，所以每个人都应尊重他人的自主选择，不管他们的选择与我们是否相同。

当然，这种整合方式也有人提出其弱点。就"自主性"进路来说，除了上面说的"自主性"价值难以与所有合理的整全性学说相容之外，它还承诺了一种过强的本体论和认识论的立论：本体论上，它认为人是自主的，这似乎在"自由意志论"与"决定论"中采取了一种偏向前者的立论，而这个立论本身是有争议的；认识论上，它认为人可以选择自己的"信念"（包括宗教信仰、道德体系和善观念），但是在一些认识论学者看来，人具有何种信念是自己无法选择的。

如果"自主性"进路的提出者要通过与这两种立论脱离关系来克服挑

战,那么他们势必面临更严重的问题,即无法说明为何自主性价值是一种核心价值,因为要确认"人是自主的",没有这些本体论和认识论观点的奠基恐怕十分困难。

"对人的尊重"的进路面临相似的问题:如果要对该价值中的"人"做一个比较强的规定(以此说明某些对待人的方式属于对人的不尊重),那么政治自由主义者同样将扛上某种程度的本体论或认识论的负担;而如果将"对人的尊重"理解得更加兼容并包一些,那么他们将无法解释为何一些与自由主义原则和宽容原则相违背的待人方式(比如传统社会中的等级制安排)是对人的不尊重。对此罗尔斯的"反思均衡"提供了一个初步的解决办法,即我们可以从"深思熟虑的判断"(Considered Judgments)来排除那些对人不尊重的待人方式,但"深思熟虑的判断"的有效性从何而来,依然是一个尚待解答的问题。

上述两种整合方式都有各自的利弊,我们目前无法下一个确切的结论说哪一种整合方式更为可行;但可以肯定,无论是其中的哪一种,都比任何版本的"自由主义—道德相对主义论题"更融贯,更忠实于该论题提出者的原初意图。其实,本文作者之一翟振明在其多年前出版的著作中构建了一种"协辩理性"理论,该理论为这种整合提供了新的可能。①

四、结 论

在本文开篇时,我们首先提出了道德判断的"伤害原则":无伤害意图和后果的行为,一定与道德无关。这条原则是自由主义必然服从道德的一个最坚实的基点。以上讨论的"整合"方式,有了这条原则的保障,尽管仍然存在细节问题,但大方向不会偏离。当然,有人也许会说,什么叫"伤害"也是相对的。对此,我们的看法是:就"自然灾害"而言,没有什么"文化相对性",如强烈地震,无论发生在古代还是现代,是非洲还是美洲,只要是在有人群的地方,都是灾害。从而,至少我们必须承认,如果有人在人群聚集的地方人为地制造了与地震一样的事件,这些肇事者就一定是伤害他人的人。这说明,至少"伤害"概念的一部分内涵没有什

---

① Zhai, Z., *The Radical Choice and Moral Theory*, Kluwe Academic Publishers, 1994.

么相对性①。这样，道德判断的"伤害原则"就非常直截了当地与所谓的"文化相对性"分离了开来。有了这种理解，康德式的"人是目的"的原则也就得到了进一步的充实。

当然，我们所说的"伤害"，包括所有理论上潜在的未来的"伤害"，但要排除一个行为和任何一种后果的偶然关联，比如一个人故意多眨几下眼，也有可能意外地引发某些人心脏病发作而死去，这样的情况当然不能算"伤害"。具有道德意义的某个行为导致某种伤害性后果，这里的"导致"应该具有明显的必然性。

在世界范围内，理论和舆论领域中之所以会产生自由主义与道德相对主义的联合，某种程度上也在于"道德"概念的界定不清。正因为对"道德"界定不清，所以某些"与道德无关"的事情也被纳入公共道德讨论当中，以致一些自由派人士才会出奇地愤怒，欲弃道德而保自由。所以，只要关于"道德"的界定得当，只要"什么才是与道德相关的"（Morally Relevant）的问题得到准确说明，"自由主义必然导致蔑视道德"的大误会就会逐渐退出公共舆论。

至此，我们也就可以说，毒奶粉、毒大米问题及公权寻租问题等，当然都是最大的道德问题，即使法律上不禁止这些东西，也不妨碍我们断定这些明知故犯的商人或政客是道德上的罪人。但是，一些传统上被认为是"堕落"的行为，却不一定属于道德管辖的范围，比如某种双方自愿的与一般人习惯不同的性行为方式、不合群的衣着习惯等。由此也可以理解，那些找错盟友的"自由派"，他们所批判的乃是有些公共舆论把不存在"伤害"的事情纳入公共讨论之中，并对其中的当事人横加"道德"指责，这是搞错了"道德"的管辖范围所致；但是，他们把孩子和洗澡水一起倒掉，认为"道德"是万恶之源，因而这种做法并不比滥用道德的人高明。至于我们的流行"道德"中的许多与"伤害"无关的训诫，则应该被清扫出道德的领地。

做了上述澄清之后，我们认为，那些坚信在政治领域中人的自由、人的权利之重要性的人，非但没有理由拒斥道德话语，反而应该坚决拒斥道德相对主义的谬误。

---

① 当然，除了这类伤害，还有只有在人与人之间才能发生的伤害，比如政治自由问题、尊严问题等，这里对此不做深入讨论。

参考文献

[1] [英] 洛克. 论宽容书 [M]. 吴云贵, 译. 北京: 商务印书馆, 1996.

[2] [英] 洛克. 政府论（下篇）[M]. 叶启芳, 瞿菊农, 译. 北京: 商务印书馆, 1996.

[3] Gowans, Chris. "Moral Relativism". The Stanford Encyclopedia of Philosophy [EB/OL]. https://plato.stanford.edu/entries/moral-relativism/, 2008.

[4] Harman, G. and Thompson, J. J. (eds.). Moral Relativisim and Moral Objectivity [M]. Cambridge, MA: Blackwell Publishers, 1996.

[5] Kant, I. Groundwork of the Metaphysics of Morals [M]. trans. M. Gregor. Cambridge: Cambridge University Press, 1997.

[6] Mill, J. S. Utilitarianism, On Liberty, and Considerrations on Representative Government [M]. New York: Dutton, 1976.

[7] Murphy, M. "The Natural Law Tradition in Ethics", The Stanford Encyclopedia of Philosophy [EB/OL]. http://plato.standford.edu/entries/natural-law-ethics, 2011.

[8] Nagel, T. Moral Conflict and Political Legitimacy [J]. Philosophy and Public Affairs, 1987, 16 (3).

[9] Nussbaum, M. Perfectionist Liberalism and Political Liberlism [J]. Philosophy and Public Affairs, 2011, 39.

[10] Zhai, Z. The Radical Choice and Moral Theory [M]. The Netherlands: Kluwe Academic Publishers, 1994.

（原载《哲学研究》2014 年 4 月号）

第二部分

虚拟现实与人工智能

虚拟实在与自然实在的本体论对等性

一、何为虚拟实在

虚拟实在（Virtual Reality）常在电子技术领域被称作"虚拟现实"。从技术实践的角度看，这是一个由电脑作为中央协调处理器、把人工产生出来的对各感官的刺激综合起来从而使人进入浸蕴体验的系统。所谓浸蕴体验，就是一种与自然空间绝缘、在人造三维视场里被各种人造物体影像包围，而把自己的身体也看作此人造视场中的存在物的体验。需要提醒的是，现在有人扩充"虚拟现实"这个概念，把互联网上某些约定性的观念构造也包括进去。本文讨论的本体论问题与这个被扩充了的概念没有特殊的关联。

一个完整的人工感官刺激系统与遥距操作技术配合，以巨型计算机作为综合信息处理器，就能让我们随意调整空间距离，并像原先那样操纵物理过程，并维持人与人之间的相互交往。在这里，我们还可以在浸蕴环境中不断地重新创造自己的浸蕴环境。举个例子来说，假设我正住在美国宾夕法尼亚州的一个小城里，如果成熟的虚拟实在技术已在全球网络化，我就可以在这个小城里进入某个终端，这个终端的设施一方面检测我身体发出的信号，另一方面给我的身体感官施加恰到好处的刺激，从而让我进入赛博空间（Cyber Space）。在中国的参与者也可以用同样的方式进入同一赛博空间。于是，你我就可以在赛博空间里相遇了。这样，开国际会议也就不必越洋远行了。我们在虚拟的会议厅里台上发言、台下交流，与我们现在开会的情景没有多大差别。而且，我们可以随意设计自己的形象，高矮胖瘦，可以通过软件编程的不同而不同。不仅如此，如果有必要的话，通过遥距操作技术，我们在虚拟世界里的活动还可以在自然界里引起相应的物理运动，完成我们想要完成的任务。这里，与遥距操作相联系的那部分，我们称为虚拟实在的基础部分，不与遥距操作相连的那一部分，我们

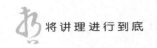

称为虚拟实在的扩展部分。

但是有人会问,这种完整的人造世界,是一种臆想,还是能真正被创造出来的世界?我的答复是,就当前而言,原始状态的虚拟实在技术刚刚进入应用阶段,不足为证。最早的是美国军方借用此种技术训练飞行员。最近的报告,是美国丹佛市的某大学医学院用虚拟实在技术训练学生做外科手术,极为逼真的三维立体人体形象和学生的手的形象同处一个浸蕴环境中,学生的动作被计算机检测到后即在浸蕴环境中实时显现,与此同时,学生手指上的触觉装置根据计算机发出的信号给手指施加相应的触觉刺激,使学生能感觉到手术刀切割皮肤不同深度的细微区别。此外,遥距操作技术已被试验用来让医生做遥距外科手术。医生浸蕴在三维环境里,面对一个虚拟的器官和自己拿着手术刀的手,进行手术操作,操作时远方的精密机械手同步在病人身上施行手术。这些应用技术,听起来也许新奇,但还只处在虚拟实在技术的原始阶段,作为哲学讨论的根据,意义不大。只有这种技术的极端状态,也即其潜在可能,对我们这里讨论的问题,才有意义。为了描述的方便,我曾向美国听众给出一个假想的从无到有的过程的年份时间表。但在这里,限于篇幅,我只能给个梗概,分为两个阶段。

1. **第一阶段:从感觉的复制或合成到赛博空间中的浸蕴体验**

2001:眼镜式三维图像荧光屏再加上立体声耳机被装在头盔上,用无线电波与计算机接通。

2008:人们戴上传感手套后,手臂、手掌、手指的动态形象在眼镜式荧光屏上出现,代替触盘和光标。

2015:传感手套获得双向功能,根据计算机的指令给手掌及手指提供刺激产生触觉;视觉触觉协调再加立体声效果配合,赛博空间初步形成:当你看到自己的手与视场中的物体相接触时,你的手将获得相应的触觉;击打同一物体时,能听到从物体方向传来的声音。

2035:压力传感手套扩展至压力传感紧身服,人的身体的视界内部分的自我动态形象在赛博空间中重现。人们感觉到自身进入了赛博空间,此空间以自己的视界原点为中心。

2037:传感行走履带或类似的设施与人的两腿相接,从而给计算机传送人的行走信号,也给"不出门而走遍天下"创造了一个必要的条件。

2040:整个人体的动态立体形象与环境中的其他物体形象相互作用,

由此产生相应的五官感觉输入。这样,我们身体的动作导致视觉听觉等的相应变化使我们感受到一个独立自存的物理环境:往前看是汹涌澎湃的大海,一转身是巍峨耸立的群山,回过头来一看还是大海,只是远方刚驶来一只让人痴迷的帆船……

2050:录触机进入实用阶段,利用压力传感服等装备,人们可以录制、重放触觉。

2060:赛博空间与互联网结合,上网即进入赛博空间,与其他上网的人进行感觉、感情的交流,远方的恋人可以相互拥抱。

2070:通过编程控制,人们可以在一定范围内选择自己的形象及环境的氛围,改变感觉的强度。

2080:通过感觉放大或重整,人际交往的内容、感情交流的方式得到巨大的充实、改善。

2090:在赛博空间中的交往成为人们日常交往的主要方式。

2. 第二阶段:从感觉传递的交往过程到遥距操作的物理过程

2100:遥距通信技术与机器人技术相结合,浸蕴在赛博空间的人的视觉、听觉、触觉等由远方机器人提供刺激源。一方面,机器人由计算机和马达驱动,重复远方浸蕴者的动作;另一方面,机器人通过与人的器官一一对应的传感器官与周围环境中的物体或生命体交往而得到远方浸蕴者所需的刺激信号。这样,浸蕴者就产生遥距临境体验,也就是说,我将可以即刻到达任何有机器人替身的地方,而无须知道机器人的存在,因为在我的氛围里,我自己的身体形象代替了机器人的形象。

2150:机器人不但给远方的浸蕴者提供感官刺激界面,而且重复浸蕴者的动作主动向遇到的物体或生命体施加动作,完成浸蕴者想要完成的任务,也即我们常说的"干活"。浸蕴者的行走动作是经过行走履带给计算机输送信号然后发射给机器人的,遥距操作初步实现。

2180:遥距操作发展到集体合作的阶段:由不同的浸蕴者控制的机器人替身一起完成复杂的室内或户外作业。

2200:遍布全球的机器人替身可与任何浸蕴操作者一一接通。人们无须物理上的旅行就可到达各个地方,完成各种工、农、商业的任务。

2250:机器人分成不同大小和马力的等级,浸蕴者可在这些不同等级的替身之间自动换挡连接,根据需要而达到功率或动作的放大或缩小。在浸蕴者的视场里,物体的形象可以放大和缩小。于是,我要穿针引线时,针孔可放到房门那么大，我可以拿着线走过去。我要把一架飞机用手拿起来，就可把飞机影像缩成玩具那么小，并利用自动换挡系统接通大功率大尺寸机器人替身，从而轻而易举地捏起飞机。

2300：人类的大多数活动都在虚拟实在中进行。在其基础部分进行遥距操作，维持生计；在其扩展部分进行艺术创造、人际交往，丰富人生意义，通过编程随意改变世界的面貌。

2600：在虚拟实在中生活的我们的后代把我们今天在自然环境中的生活当作文明的史前史，并在日常生活中忘却这个史前史。

3000：史学家们把2001年至2600年当作人类正史的创世纪阶段，而史前史的故事成为他们寻根文学经久不衰的题材。

3500：人们开始创造新一轮的虚拟实在……

在这个假想的时间表里，我们现今还不知道的未来的新技术没被包括在考虑的范围，这当然没有多少预测的意义。况且，未来如何，有赖于我们将要选择什么。但是从这里我们却把虚拟实在的抽象可能性具体化了，从而为我们的哲学探讨提供了出发点。真正导致我们进行哲学深思的问题可以从这样一个简单的诘问中产生：我们现在2001年生活于其中的自然实在与假想中3500年的虚拟实在有本质上的区别吗？或者说，既然3500年人们可以创造新一轮的虚拟实在，我们怎么知道现在2001年我们不是在已有的虚拟实在中（虽然我们称其为"自然实在"或"物理实在"）创造虚拟实在？

这样的本体论问题，与实践判据问题不同。在实践判据的层面，我们只关心如何判定自己是在物理世界还是在虚拟世界。而我们这里探讨的主要是物理世界表象的"背后"是否有比虚拟实在的"背后"更有本体承托的问题。首先，乍一看，赛博空间和物理空间之间似乎存在着明显的不对称关系：赛博空间只是物理空间中的小小物体与人的感官相互作用产生出来的，它怎么能与物理空间对等呢？小小的电脑加上外围设备，怎么能容纳一个与在其外的广大物理空间等同的又一个广大空间呢？这样的纯体积意义上的"小中有大"不是一个荒谬的悖论吗？其次，物理学中所揭示的基本粒子和各种作用场，是物理世界实在性的基础，而虚拟世界里明显就没有这样的基础，两者何以在本体论上等价？

第二部分 虚拟现实与人工智能

二、绕到空间"后面"去

康德哲学中的时空观常遭受来自不同方向的批评。在某些批评者看来，相对论时空概念宣告了牛顿时空观的终结，与此同时，也就宣告了康德时空观的终结，似乎康德哲学需要牛顿物理学来奠基。康德在他的批判哲学中论证了空间是心灵对外物的直观形式，这种形式框架使经验获得可认知性。我们要重新提出的问题是，难道这种论证在逻辑上要依赖牛顿的绝对时空观，而与爱因斯坦的相对论时空观发生冲突吗？对虚拟实在本体论问题的思考，给我们一个重新估价康德时空概念的机会。如果我们能证明，空间的构架是在感官运作之中形成的，而感官运作之前的终极决定性不具空间的形式，那么我们对自然实在和虚拟实在之间的本体论对等性也就不难理解了。

如果康德对时空本性的定位是正确的，那么心灵本身就不在空间中，而只有心灵之外的对象才被心灵赋予空间的存在形式。这里，让我们用思想实验的方法，展示为何心灵的自我认证的一贯性不依赖于空间构架的一贯性：当同一心灵对自己身体的空间定位已有了原则上的不确定性时，心灵对自我同一性的认定却不会受到威胁。也就是说，心灵本来就是在空间"后面"，只是由于我们错把从第三人称出发的对身体的空间定位当作人格同一（Personal Identity）的最后依托，才在从第一人称出发的心灵自我认证问题上走入歧途。下面的思想实验，就是要展示心灵的自我认同如何不依赖于外在观察者对这个认同者的空间定位。这里要首先提醒读者的是，这个思想实验展示的"交叉通灵境况"在技术上与虚拟实在没有必然的联系。我们只是试图搞清心灵自我认证与身体的空间定位之间的关系，从而为进一步分析讨论虚拟实在和自然实在的本体论对等性打下基础。

从其连接人的头部和身体其他部分的功能的角度看，人的颈项由两部分组成。第一部分维持正常体液循环，使人的头部及其内的大脑得到新陈代谢所必需的养分。第二部分是在人的头部和颈部以下的部分之间来回传递信息，使我们的大脑可以处理身体各个部分的信号而获得内感觉和外感觉，同时也发出各种信号控制身体各部分的动作。

现在假设有两个人，张三（简称 Z）和李四（简称 L）。在他们的颈部，第一部分的功能保持原样，而第二部分的功能，即传递信息的功能，作如下无线连接处理：Z 颈部的信息传输通路被割断，上下两个断口各接上一个微型无线电收发机后,再植回颈部。L 的颈部也做同样的处理。于是,我们可以把四个收发报机的发射和接受频率进行调制,使 Z 的头部与 L 的颈下部分来回传递信息,而 L 的头部与 Z 的颈下部分来回传递信息。这样,Z 与 L 之间就形成了一种"交叉通灵境况":原张三的头与原李四的身相结合为一个整体,原李四的头与原张三的身相结合为一个整体。

在这种交叉通灵境况下,Z 和 L 各自看到的仍是原来自己从头到脚的整个身体,但只能感觉和控制原属对方身体的颈下部分。整个情况如下表:

	张三(Z)	李四(L)
能看见(用镜子)	原来的 Z 的整个身体	原来的 L 的整个身体
不能看见	原来的 L 的整个身体	原来的 Z 的整个身体
能感觉和控制	原 Z 的头部和原 L 的颈下部分	原 L 的头部和原 Z 的颈下部分
不能感觉和控制	原 Z 的颈下部分和原 L 的头部	原 L 的颈下部分和原 Z 的头部

于是,Z 和 L 通过遥距通信手段被连接在一起,难解难分,行为上既相互依赖,又随时可能发生冲突。为了加深理解,我们考虑以下两种可能性。

第一,Z 和 L 间相互可以看见,并且是第一次在自己不知道的情况下进入这种状态。假设他们身处同一房间,坐在相距 3 米远的椅子上。Z 看着 L,L 看着 Z,一切如常。在他们任一方试图挪动自己的身体以前,他们看不出自己所处的状态与平时有什么明显的差异。现在 Z 试图站起来走向门口,内部的感觉是自己站起来了并向前走动,但却看到自己的身体没有反应,仍旧坐着没站起来。与此同时,他却发现 L 站起来了,并行走起来,方向与 Z 想要走的方向一样。另一方面,L 吃惊地发现自己的身体站起来并向前走动,而自己既没有站立行走的意念,也没有站立行走的内部感觉,觉得自己还是坐在椅子上。L 进而试图停住自己正向前走动的身体,但由于他的内感觉是自己还坐着,他必须先努力站起来,然后向相反的方向走动。当他进行站立行走的努力时,内部地,他感到自己站起来了,接着也感觉到自己在走动。但他发现自己的身体并没有按照自己的意念动作，倒是看到Z站了起来，并向相反的方向走动，与自己的内在感觉相一致。回到Z方，他此时发现自己的身体与自己的意愿和努力相反，站起来向相反的方向行走。这样一阵混乱过后，Z和L都有可能意识到两者之间的特殊关系，并开始相互配合，休戚与共。

第二，Z和L知道自己处在交叉通灵状态，但相互间不可见并且不能相互交谈。假设Z在北京的某个办公室里，L在纽约的某个办公室里，都坐在椅子上。现在Z听到电话铃响了，就伸手去拿听筒。如果没有L的配合，Z就不能拿到听筒，因为他在北京的伸手的努力只能导致在纽约的L的手向前伸，而对自己眼前的手无所作为。然而，如果Z和L之间先前有个约定，每当L看到自己颈下部分的身体有任何动作，他就试图做同样的动作。这样，当在纽约L看到眼前的手由于北京那边Z的意愿而向前伸出时，他就做同样的伸手努力使得在北京的Z的手向前伸。如果这种合作在训练有素的情况下做得非常及时准确，Z就会觉得好像眼前的手的动作真是自己努力的直接结果，与他进入交叉通灵状态之前没啥两样。但是L却总是知道自己是在配合他人，因为他是看到由Z控制的手的动作以后才学着去做同样的动作，意念总是在看到的动作的后面。如果L打算不按约定办，开始按自己的意念发起Z的动作，那就会一塌糊涂了。不久，他们双方都有可能撞到墙上，或更糟。

至此，我们描述了Z和L在交叉通灵状态下的两种不同的协调方式。我们之所以能够进行这种描述，是因为我们只是以第三者的旁观态度把"Z"和"L"作为纯粹的标签对应于外在地观察到的两个作为物理上的连续整体的身体。但是，如果我们还没忘记的话，"Z"原来是代表"张三"这个人，"L"是代表"李四"这个人。作为人，脑袋在北京的张三能内在地感觉到并能够让自己的意志力施加影响的是在纽约的身躯，这身躯与李四的脑袋相连接。另一方面，脑袋在纽约的李四能内在地感觉到并能够让自己的意志力施加影响的是在北京的身躯，这身躯与张三的脑袋相连接。如果我们用Z1代表在北京那个完整身体的头部、Z2代表其身躯，L1代表在纽约那个完整身体的头部、L2代表其身躯，那么，Z1+L2和L1+Z2这种组合就与上面所说的内感觉及意志力可及性相适应。这样，新的问题出来了：Z1+L2是张三还是李四？L1+Z2是李四还是张三？或者说，张三和李四哪个在北京、哪个在纽约？我们也许会说张三还在北京、李四还在纽约，这时我们是以大脑的所在为准。

但是按照张三和李四他们自己，他们的自我认证并不会发生问题。张三和李四都不会问自己：我是张三还是李四？他们各自都会毫无疑问地肯定：我是张三，我是李四。如果他们问："我在哪里？"张三很可能会说："我在北京。"李四会说："我在纽约。"也就是说，他们很可能认为自己的地理位置没有发生改变，尽管他们能内在地感觉到的躯体的触觉在对方那里。这里他们是以视觉的所及为准，而不是以大脑的所在为准。但是，无论采纳我们旁观者的意见还是张三李四他们自己的意见，得到的结论还有可能是一致的：他们或许还在原来的地方。

但是，现在让他们都戴上头套，头套内部双眼前方有两个小屏幕，紧贴双耳的是两个小喇叭。在头套的外面，与双眼相应的地方装上两个摄像机镜头，与两耳相应的地方装上两个麦克风。让张三眼前的摄像机及耳旁的麦克风工作起来，将拍摄到的影像和录到的声音通过电磁波在李四的眼前耳边综合播放成立体声像。李四那边的，则对称地倒过来发送给张三。这样，将有什么事情发生呢？

此时，原来交叉通灵状态下视觉与躯体触觉的倒错消失了：从视觉方面，张三即刻体验到自己从北京转移到纽约，李四即刻体验到自己从纽约转移到北京。由于双方的躯体触觉早就置换，现在他们的触觉和视觉就达到了统一。虽然我们外在观察者看不到 Z 和 L 间位置的调换，他们自己却感觉体验到了地理位置的完全交换（这里为了简化问题的讨论忽略了视听触觉之外的感觉）。现在，张三与李四可以各自在纽约和北京做自己想要做的事而不需要对方的配合了。但是，张三的大脑还在北京，李四的还在纽约，并没换过来。张三和李四到底在哪里？我们能以大脑的所在为标准吗？现在是相当可疑了。要张三认为自己还在北京，李四认为自己还在纽约，以大脑的所在为标准，恐怕说不过去。

其实，我们可以把张三李四撇在一边，拿我们自己做实验。设想你自己的大脑从你的头部分离开来，放在你面前两米远的地方。大脑与你的视觉神经也通过电波相互传递信号。在你的大脑旁边是几个别人的大脑，也与他们的头部以一样的方式连接着。假如没有人告诉你的话，你能知道哪个大脑是你自己的吗？靠外在的观察或靠内在的感觉，你都无从判断。现在，把其中的一个大脑从你面前拿开，你就无法断定拿走的那个是你的还是别人的大脑。事实上，就是将你的大脑拿去像足球那样踢着玩，只要它不被损坏并能维持与你的视觉的正常通信，你就根本不会感觉到它的位移。这样,你怎么还能坚持说你人所在的位置就是你的大脑所在的位置呢?此时,如果你问自己"我在哪里",这个作为问者的"我"是大脑还是眼睛?显然,没有大脑的眼睛不会以思维的方式发问,而没有眼睛的大脑不会对自身的空间位置做出判断。但是,你此时最合理的回答显然是以你的眼睛给你的直观为依据的:尽管你的大脑被人踢来踢去当球玩,如果你的眼睛的空间位置保持不动,你就会断定你自己一直都在视觉所及的那个环境的中心位置上,说:"我在这里。"但是,很显然,那发问的"我"一定不是眼睛,因为眼睛不会思维,也就不会有"我"的意识。这个"我"也一定不是大脑,因为大脑明摆着就不在你所说的"这里"。

回到张三和李四的境况,我们可以把原先的思想实验继续下去。刚才我们讨论到他们各自戴上头套后出现了地理位置的完整调换。现在,我们设想有更多的人(甚至所有的人)都在脖子上做了像张三和李四一样的处理,且戴上和他们一样的头套。并且,这些人脖子上和头套上收发的信息可以像电视一样通过调频和任何另外一个身体上的收发器接通。于是,任何一个参与者就都可以通过频道的选择即刻到达任何一个有另一个参与者的地方。这样一来,通过多次置换后,旁观者和当事人都有可能不知道谁的大脑在何处,自己原来的身躯已经挪到哪个地方。但是,谁都不会因此而忘记自己是谁。无论如何,每个人的自我认证还是保持着一贯性的,因为这里并没有什么特殊的事件能使他们怀疑自己变成了别的什么人。

由此看来,作为张三或李四自我直接认证的"我",哪儿都不在,心灵没有空间的定位。空间是用以视觉为主的感觉来组织感性世界的框架,而作为心灵的自我可以在空间关系被完全打乱的情况下仍保持自我认证的一贯性。"我"本来就不在空间里面,不用绕,我们就在空间"后面"了。不难看出,这是康德关于空间是感觉的直观形式的论断的印证。这个结论,对于我们理解虚拟实在与自然实在在本体论上的对等性,是至关重要的。稍后,我们将要深入这个主题。

不但作为心灵的"我"不能被空间地定位,用以牛顿物理学为空间框架的任何自然科学方法也注定不能解释心灵的运作。为简单起见,可以通过分析一只眼睛对二维平面里两个物体间的距离的感知过程,来说明问题。假设我们的一只眼睛看到面前的两个物体:M 和 N,相距为 2 厘米。

如何解释这样一个事实：我们能在一个统一的视场里同时看到这两个分离的物体，且感知它们之间的距离。

我们知道，眼球接收到光信号成像后投在视网膜上，视网膜再把影像转换成电信号（或许也有其他种类的信号）送到大脑的某个部位。我们要问的是，相对于 M 和 N，大脑最终接收到的是两个（或更多）在空间上分离的相应的信号，还是一个综合的信号呢？

先假设大脑最终接收到的是两个（或更多）分别的信号，m 和 n 分别对应 M 和 N，那么我们就不可能在同一瞬间认知到他们之间相距 2 厘米，因为在牛顿物理学的框架里，空间上或时间上相分离的两个信号的发生是两件相互独立的事件，它们不会在某一瞬间自己相互关联。又因为这是大脑认知过程的最终事件，设想 m 和 n 之间的距离与 M 和 N 之间的距离成正比也是徒劳的：再也没有什么高一层次的事件来把这两个事件综合成一个事件，进而完成对距离的判定。有人会问，我们为什么要假定这是最终事件呢？我们若假定有一个更高层次的综合 m 和 n 的过程，不就没问题了吗？但是，这样一来，我们只是把问题后推了一步，因为我们可以照样问：在这个更高的层次上，那个进行综合的地方接收到的是一个还是两个信号？如果答案是接收到两个信号，刚才的问题照样出现。这样的思路，只会导致毫无进展的无穷倒退。

那么，我们可以试试另一个选择，即，大脑最终接收到的是一个综合的信号。这样，大脑的某个部位处理这个唯一的信号。但是，大脑的任何一个部位都是要占据一定的空间的。按照牛顿物理学，在这个部位发生的任何事件都可以进一步分解成更多的互相紧挨的事件。这些事件如果是同时发生的，它们就互不相干，不会变成一个能够形成统一视场的不可分的事件。如果它们是历时发生的，不管它们有无因果关系，在原则上都不会形成同一瞬间的事件。也许通过记忆处理，历时的事件被认知为貌似同时的事件，但对距离的知觉却不可能在这种处理中产生出来，因为这种处理依然也是要在大脑的某个部位发生的事件，这个部位也同样可以分割成一组更小的部位，因而也就逃不脱同样的问题：一组在时间或空间上相互分离的事件，怎么会产生单个的瞬时的对广延的距离的感知？这里，我们似乎又要设定一个更高的观照者，也就是说，原来这里并不是原先假设的"最终"。然而，在这个观照者那里发生了什么，就又变成我们问题的真正所在了，因为我们关心的是心灵最终如何感知距离。于是，我们又回到了问题的出发点，继续下去，就会陷入无休止的恶性循环。显然，这样的思路不会给我们解答问题提供实质性的帮助。

这样，我们就可以进一步断定，对心灵的最终理解是不能在经典的时空框架内达到的。这是因为，像康德所说和我们所理解的那样，空间只是心灵将感觉材料对象化的框架，而心灵本身既不是它的感觉材料，也不能被对象化。也就是说，心灵先于空间，我们只有用非空间或超空间的非对象化的方式，才有可能理解心灵。如果量子力学或其他新物理学是摆脱了空间框架的科学，我们就有希望借助这种物理学理解心灵，但传统的生理学或脑生理学之类，只要还是建立在牛顿物理学基础上的，就不能最终解释心灵本身。

三、遥距临境和遥距操作、基本粒子和能量守恒

在上一部分，思想实验方法帮助我们理解了为何空间框架的形成有赖于感官的运作。并且，由于心灵不能在空间框架中被对象化，任何在牛顿物理学模型下对心灵的解释都不可能是成功的。这是对康德关于空间是心灵感性直观的固有形式的命题的印证。这样，以心灵为中轴，在自然实在和虚拟实在之间做出的空间框架的任一种选择，在本体论意义上是对等的。在此基础上，我们可以进一步讨论自然空间和赛博空间之间的距离关系了。

心灵对空间的建构是以视觉为中心的。上面我们关于张三与李四间交叉通灵状态的思想实验使我们清楚地看到，我们对空间的最一般性质的认知不是从感知对象的杂多中归纳而来，而是我们的心智对感官直观形式的直接断定，属于康德式的先天综合判断。这样，我们就可以理解为什么我们在只能观察到宇宙中极为有限的事物的条件下，却别无选择地在直觉中认为物理空间是没有边界、无限延伸的。类似地，如果我从小就被关在一个密室里，从来也没离开过，但却在虚拟实在的紧身服、头盔等装置中接受有特定规则的综合感官刺激，我就会与在密室外走遍全世界的其他人一样获得类似的没有边界、无限延伸的空间的概念，我也就会对一般的几何学有同样的理解。归根到底，空间的无限可延伸性就是同时发生的规律性事件的无限可能性的直观形式。

现在，我们可以理解作为虚拟实在背景的赛博空间为何是与自然物理空间对等的空间了。在我们进入赛博空间之前，我们在自然给定的空间框

架里理解世界，虚拟实在的硬件是这个框架中与其他物体并存的物体。但是，当我们进入赛博空间时，原来的物理空间已被完全替换，不复存在了，而赛博空间却是被整个地创造出来。因此，体积意义上的"小中纳大"悖论并不存在：任何时候，只有其中一个空间成为现实，作为感性直观的框架，这个空间始终都以感官的运作为其先决条件。

那么，什么是"遥距临境"呢？既然是"遥距"，怎么能在同一时刻"临境"呢？原来，我们在同时论及两个平行的空间框架时，语言表达就貌似出现了困难，因为同一事件在不同的框架内所涉的距离会不同。这里的"遥距临境"指的是自然物理空间里的"遥距"，人造赛博空间里的"临境"。在技术实用的层面上，这样的遥距临境能使我们在进入虚拟世界后克服人际交往及与自然界打交道时的距离障碍。浸蕴者在外面的观察者看来似乎哪儿都没去过，但他自己的体验却是每一刻都可以如愿置身他方。理论上，遥距临境也可以是相反的情形，即在人造赛博空间里的"遥距"和在自然物理空间里的"临境"。也就是说，在自然物理空间中伸手可触的东西，在人造赛博空间里却处在遥远的他方。因为我们在上面已经论证了空间对感官运作的依赖性，我们在这里就不难理解这两种互逆的遥距临境是在本体论上对称的：两个空间框架，没有哪一个在距离量度上占据优先的地位。

在遥距临境的基础上，通过机器人替身的配合，我们就可以进行遥距操作。当浸蕴者与人造环境中的各种物体相互作用时，自然环境里的远方的机器人替身就会按照意愿与自然物体或其他机器人相互作用，完成各种维持人们生存与发展的任务。如果我们能将时间的滞后控制在某个限度内，进入赛博空间的我们体验到的将是亲临现场操作的情境。这时，到底我们是亲临了现场在那儿干活了呢，还是仅仅实施了一种遥控？这样的问题，我们再也不难知道如何回答了：在没进入赛博空间的他人看来，我是在实施遥控；而在我自己看来，我是实地作业。

这样，在遥距临境和遥距操作概念中貌似包含的矛盾，就被化解了。但时，你也许会问，虚拟世界里没有基本粒子，怎么能获得与自然物理世界对等的本体论地位？如果我们追究到自然世界最基本的规律，即能量守恒定律，情况如何？在自然物理世界里，如果我们要用物理方法将物体破碎到分子水平以下，就要消耗很大的能量。但是在人造的幻象世界里，要让人们体验到类似的对撞机工作过程的幻象，所需的能量只是计算机模拟

第二部分　虚拟现实与人工智能

及人机相互作用所消耗的能量。这样的话，现实世界中的能量守恒定律似乎被打破了。那么，我们是否能用能量守恒定律作为识别真实物理世界与幻象的标准呢？

别忘了，我们所有对物理对象的知识都是经过我们对事件模式的观察而得来的，只要人造综合感觉世界里的事件遵循类似的规律，我们就会得出类似的结论。比如说，在虚拟的实验室里，如果我们操作虚拟的回旋加速器，做对撞实验，在虚拟的仪器设备输出装置上看到与现在的物理实验室里相似的结果，这个人造世界中的事件的行为模式就照样被解释成由分子、原子、电子、光子一直到夸克这些粒子的行为所引起。能量概念也和其他任何物理学概念一样，只是我们用来组织可观察的物理事件的规律性的一个工具。这样，关键是被观察的事件的行为模式如何，而不是其他——谁也不知道与事件相分离的所谓"能量"是什么。所以，只要我们把与能量守恒定律相对应的事件的规律性编进程序里，我们将会浸蕴在一个能量守恒的虚拟世界里。

于是，我们可以回到洛克关于第一性的质与第二性的质的区分问题上来了。洛克认为，有些性质为物体本身所固有的性质，完全没有与物体相分离的可能，如广袤、形状、大小、不可入性、运动状态等，属第一性的质；这些第一性的质作用于我们的感官，使我们产生各种感觉，这就产生了第二性的质，如颜色、声音、滋味等。贝克莱后来反驳了洛克的这种二分法，认为所谓第一性的质并不比所谓第二性的质有更多的实在性。虽然贝克莱由此得出的客观唯心主义结论没有逻辑的必然性，但他的反驳对洛克却是致命的。康德对空间本质的阐释、对认识主体先验范畴的解剖，终于使我们领悟到物质世界对象性对感知活动的依赖性。这样，感知框架的变换，就是整个对象世界的变换。而被认知之前的终极因果决定性，是不在空间框架中的，因而也就不具对象性。所谓第一性的质与第二性的质的区别，只是人的先验空间构架的性质与感官刺激具体内容之间的区别。对遥距临境的逆向对等性的认定，让我们不得不承认：自然物理空间与人造赛博空间一样依赖于感官功能的运作。因而，作为虚拟实在背景的赛博空间，与自然物理空间有对等的本体论地位。

对虚拟实在与自然实在本体论对等性的一个挑战貌似是：模拟的感觉永远不会逼真到完全乱真的程度。也许这是对的，但这并不构成挑战。试想，如果我们把虚拟世界中的物体设计成像在一半的地心引力强度中那样

· 107 ·

的行为，这种行为不会比物体在正常地心引力条件下的行为更少实在性或更多虚幻性，因为如果两个世界是本体论对等的，虚拟实在就不用依靠与自然实在的相似来取得其本来就有的地位：对等不是相等。至此，我们可以用以下两条反射对等律来总结讨论的结果。

（1）任何我们用来试图证明自然实在的物质性的理由，用来证明虚拟实在的物质性，具有同样的有效性或无效性。

（2）任何我们用来试图证明虚拟实在中感知到的物体为虚幻的理由，用到自然实在中的物体上，照样成立或不成立。

有了这两条，再加上遥距操作提供了操纵物理过程的手段，我们就能够在赛博空间中由里及外进行生产活动，虚拟实在与自然实在的本体论对等性就明确了。我们终于明白，所谓的本体论对等性，就是在经验世界后面找不到本体承托，真正的本体从别处才可能找到。

四、结　语

在本文，我们通过思想实验和逻辑分析等方法对虚拟实在的本体论问题进行了初步的讨论。在这里作为切入点，我们认识到康德关于空间是心智的直觉形式的命题是成立的。我们还证明，感觉框架的转换就是整个经验世界的转换。如果我们创造并选择了虚拟实在及赛博空间，就相当于在根底上重造了一个经验世界。其实，我们还可以从此出发对哲学传统中的许多的本体论、认识论、价值论和其他问题进行前所未有的澄清。这样的探究，在我未译成中文的专著 *Get Real: A Philosophical Adventure in Virtual Reality* 里，也仅仅是开始。哲学的道路是漫长的，岂止漫长，它其实是无止境的，因为我们在这里试图抓住的，是作为万物之源的太一。且看：

在斑驳陆离的世界中
她把自己裹住
在与阳光的对峙中
她将远处朦胧的真实
变成身边沉重的虚无

无限缩小

她领略回归本体的庄严
迅速扩展
她将整个世界
连同自身一起吞没

(原载《哲学研究》2001年6月号)

实在论的最后崩溃

——从虚拟实在谈起

一、引 论

虽说是"从虚拟实在谈起",但要引入正题,还得先粗略梳理一下当前有关实在论与反实在论之争的线索。往后,我们再进入一般的哲学实在论问题的讨论。

"实在论"是英语 Realism 的意译。作为哲学的实在论,经常被看成是对人们哲学反思前牢固的常识信念的一种系统的辩护。关于为何常识会强烈倾向于站在实在论的立场上,贝克莱、休谟、罗素、穆尔、胡塞尔、梅洛-庞蒂、帕特南等哲学家都曾有过讨论,后面本文也还要讨论。这里,首先应该指出的是,这种常识的观点之所以需要辩护,是因为哲学反思一旦开了头,只要我们按其内在逻辑执着地多走几步,常识中的这种实在论信念很快就会受到严重的威胁。这种威胁给我们带来的形而上冲击如此之大,以至于我们会竭尽全力企图守住防线。本文试图要表明的是,通过对虚拟实在本体论问题的系统讨论,我们会最终意识到这条防线是没法守住的。不过,当前有关实在论问题的争论,被关注最多的,并非直接从常识实在论引申出来的问题,而是在科学哲学领域中提出的科学理论与世界的关系问题。其中涉及的中心问题是科学理论中没有直接经验对应的实体性概念(如电子、夸克等)是否指称自足地存在的客观实体。对这个问题之肯定回答所做的理论辩护被称为实在论,做否定回答的被称为反实在论。由于不直接涉及终极本体问题,科学上的反实在论者有可能承认康德意义上的物自体,但否认科学理论与这种物自体的逻辑关系。有趣的是,科学实在论由于把科学理论中的名词的所指当作具有"实在"资格的东西,往往会倾向于对常识实在论的背离甚至否定,因为相应于日常生活中的桌子椅子之类的东西的所谓实在,在科学实在论那里并没有获得任何本体论地位。相反，对夸克、电子之类东西实在性的坚持，却很有可能导致对香肠、牛奶之类东西实在性的否定。这样的话，坚持实在论的最原初的为常识辩护的动机似乎已经丧失了。

关于科学实在论与反实在论的争论，张志林在他的一系列文章中做了清晰全面的介绍和有见地的述评。① 从语言分析的角度，张志林把科学实在论按其侧重点的不同分成"真值实在论"和"指称实在论"两种。这样的划分比较准确地概括了西方科学哲学界参加争论者的基本看法。正如张志林所指出的那样，实在论与反实在论者都相信他们对问题答案的寻求有赖于对科学理论中语句的意义的正确分析，而语言与世界的关系的分析，可以化约为这种语义分析。

真值实在论把命题的真值理解为命题与命题之外的事实之间的对应关系，因而并不即刻涉及可观察的事实后面是否有不可观察的实在的问题。但指称实在论却直接认定科学理论中的术语具有确定的指称，这被指称的东西就是"实在"。由于他们认定的这种科学理论中的纯理论术语所指称的实在是不可观察的，因而这里的"实在"是要与可观察的"事实"严格区分的。于是，"实在"就像哲学传统中的"实体"一样属形而上的范畴：作为可观察事件的原因，实在的本体论地位被理解为命题真值之可能性的必要条件。根据这种实在论，科学是一个发现真理和实体的过程：命题层次的真理依赖于概念能指与形而上所指之间的对应。一般说来，两种实在论都认为"实在"概念是"真理"概念的后盾，在他们看来，没有"实在"的本体承托，我们就会在认识论上陷入相对主义的泥潭。

但是，既然理论层次的术语和命题都没有可观察的对应项，我们为何能断定命题的真假呢？实在论支持者最为人知的辩护是所谓"没有奇迹"论证，即，若科学理论能像大家公认的那样成功地系统解释（Explain）可观察的事实，要不就是出现了奇迹，要不就是理论是真的或至少是似真的。但是，要是允许奇迹，任何理论一开始就是多余的了。所以，我们只能认为理论是真的或似真的。比如说，牛顿动力学和引力理论解释了可观察的有关行星运动的事实；量子力学解释了原子的行为，而借助原子行为

---

① 见张志林：《意义的分析：实在论与反实在论的争论》，《中山大学学报（社会科学版）》1996年第1期，第41—49页；《指称实在论评析》，《哲学研究》1995年第5期，第48—53页；张志林、雷四兰：《科学实在论的基本进路》，《华南师范大学学报（社会科学版）》2000年4月号。

的理论又解释了宏观物理现象；广义相对论解释了星光的偏移；基因学说解释了可观察的遗传现象，如此等等。这些理论解释的成功足以说明理论本身至少在某种程度上具有真理性，因而其中的理论术语各自指称相应的不可观察的实体。不然的话，理论的解释力就会像奇迹一样不可思议了。但是，我们将会看到，这样的辩护并不能让论敌信服。与几百年前的贝克莱一样，反实在论者在承认科学理论作为对现象进行预言的强有力工具的同时，并不以为理论"解释"了什么，因而也与"实在"无关。

正像张志林指出的那样，戴维森（D. Davidson）对意义理论的恰当性条件的阐述，基本上被争论的双方接受为共同的前提。他们之间产生原则性分歧的关键点在于是否承认理论语句必须具有确定的真值，如果有的话，是否应被解释为与世界某种独立于观察行为的状态相对应。

戴维森本人的实在论是由他的意义理论加上他的对真理对应论和融贯论的重新解释构成的。他把"实在"理解为语言整体（言语行为）——而非分离的语句——所表达的信念的本体承载，而这种承载的本性是什么在他那里是无关紧要的：

> 我们能够把真理看作一种特性，这种特性不是语句的特性，而是话语（Utterance）的特性，或言语行为的特性，或关于语句、时间和人的有序三元组的特性，而恰恰把真理看作语句、人与时间之间的关系，这是最简单不过的了。①

与这种真理观相应，戴维森式实在论所指的"实在"不是给单个名词提供现象背后的所指，这就使他在表面上避开了最棘手的贝克莱式的挑战。但贝克莱本人却不会同意他这样的真理观能导致有实质性意义的实在论。贝克莱不但完全接受，而且着重强调句子的赋值条件的确定性，因为在他看来，科学原理和定理都是理知上的观念，对它们的承认与对观念之外的任何东西的承认没有逻辑上的必然联系。语句表达的只是我们对经验事件规律性的认同，而"实在"是与单个的语词而不是与任何更大语言单位取得对应的。贝克莱在这一点上是切中要害的：如果实在论断定的仅仅

---

① Donald Davidson：*"Truth and Meaning" in Synthesis* (1967 vol. 17)，中文译文引自《二十世纪哲学经典文本——英美哲学卷》第344页。

是经验的规则性，那么科学实在论和反实在论之间就没有分歧了。反实在论者何其不知科学理论在处理经验规则性方面的辉煌功绩呢？他们的争论，是在承认了这种功绩之后才开始的。事实上，反实在论者正是把这种承认看成是唯一可以接受的，除此之外，别无其他，才拒斥对可观察现象而言的科学理论的解释说，而代之以预言（Prediction）说。他们坚持认为，科学理论不解释"实在"，而是预言现象，这就是反实在论的所谓"工具主义"的主要含义。

以达米特（M. Dummett）为代表的语义分析反实在论者虽然保留了真理概念，却摈弃了"实在"概念。达米特认为科学语句的真值与我们的赋值行为在原则上是不可分开的。我们的赋值有赖于我们对语句意义的理解，而理解一个语句的意义就是知道这个语句为真时的条件。他说：

> 我们必须弄清"一个语句的意义在于它的成真条件"这种说法的确切含义……关于意义的哲学问题可被最恰当地解析为理解的问题：关于某个表达具有什么意义的声言必须被看作是关于我们怎样才算知道了这个表达的意义的论点。于是，这个论点就变为：要知道一个语句的意义就是要知道这个语句为真时的条件。①

这里的关键是这样的一个论点：意义与我们对意义的知道是一回事。由于我们对一个语句的真值并不总是能在真与假之间择一，我们经常处在不可决定的中间状态中。当我们在自然语言中涉及无限域时，我们就有可能面对在原则上不可断定真假的语句，这时，我们就不能认为这类语句符合排中律的要求。鞠实儿的开放世界理论，在此处与达米特的分析异曲同工，也是把语句的真值与我们的赋值行为的历时性合二为一，并在此基础上建构一种三值逻辑体系。

帕特南（H. Putnam）在由"内在实在论"转向反实在论时，同样保留了真理的概念，但他那里的"真"与不可观察的"实在"的概念已完全分离。与贝克莱一样，他不认为对事件的合规律性的承认要以承认经验之外的"实体"为前提。撇开"实体"概念，帕特南诉诸"辩明"（Justification）概念。这样的辩明的可接受性，首先依靠的是认知主体间对

---

① Dummett, M. *The Seas of Language*. Oxford University Press, 1996, p. 35.

正当理由的理性共识，而不是经验"背后"的本体参照。

当然，反实在论者也不会无视科学语言区别于一般自然语言的特性。要对某一科学理论做出比其他作为竞争对手的科学理论更为强有力的辩护，正当的理由首先与这个理论预言经验事实的能力相关。科学预言都以可观察语句的形式出现，而可观察语句是用来与经验事实相对照的。作为对照的结果，我们得出真或假的断定，但这种断定只在经验观察范围内生效，不能回溯到理论本身。这里，真值实在论的某些要素仍被保留，而指称实在论却遭到全盘拒斥。我们在此可以看到，反实在论并不导致认识论上的相对主义。

以上有关科学理论的实在论和反实在论之争与传统的本体论之争相比显得有点错综复杂，是因为论者把实在问题转化成谈论实在的语言问题了。并且，如前所述，他们关心的是科学中诸如电子、夸克、弯曲空间之类的对象的实在性问题，而不是日常生活中石头、桌子、牙签之类的对象的实在性。日常语言中意指的对象起码有颜色、形状之类的可观察属性，而科学中的所谓理论实体却连这种可观察的属性都没有。可以认为，传统的哲学实在论涉及的基本上是日常用语所指的对象的实在性问题，也即贝克莱式的感知与存在的直接关系的问题，而今天的科学实在论却不认为理论实体的存在与感知有直接的关系，因为在由理论导出的观察语句中，指称理论实体的词汇已经隐居幕后了。因此，作为信念，在一种意义上的实在论者，在另一种意义上也可以是反实在论者。值得庆幸的是，由于我们将要进行的是一锅端的进攻，这两种实在论的区别对于我们并不重要，因此我们此时无须在这个问题上多费笔墨。

对实在论与反实在论的基本概念有了一个初步了解之后，我们可以开始看看虚拟实在问题如何能进入我们的论题了。人们会问，虚拟实在这种电子高科技的玩意与这种哲学上的实在论与反实在论之争有什么实质的联系呢？从虚拟实在谈起，果真能谈出个实在论的全面崩溃吗？如果实在论崩溃了，那么"虚拟实在"概念本身不也就成为不可能的了吗？原来，采用"虚拟实在"这个词，只是权宜之计，约定俗成，不管你喜欢与否，人们已经用它来指称我们此处要讨论的那种东西了。况且，"虚拟"这个修饰词，类似于"所谓"，对跟随其后的概念并没有肯定的承诺。要紧的是，我们要回到事情本身，而概念只是梯子。这里的玄机是，当我们能毫不含糊地看到，在原则上我们可以创造出一个与我们熟知的物理世界在经验层面不可区分的新世界,在这个世界中人们也在日常生活和自然科学中使用实体性词汇并给语句赋予真值,但作为创造者,我们完全知道这些日常生活和自然科学中的实体性词汇没有感觉经验之外的对应所指时,实在论者的最后堡垒能不坍塌吗?如果你愿意,可以把本文倡导的本体论称作"交互超越主义"。我们还将证明,实在论本身是导致认识论上的相对主义的根源,而交互超越主义却是防范相对主义的保证。那么,什么是虚拟实在呢?由于当今大众文化中有滥用和曲解高科技新词的趋势,在开始一步步揭开玄机之前,我们有必要进入"虚拟实在"中进行一次历险。

在上一篇文章中,我详细地阐述了何为虚拟实在,并通过"交叉通灵境况"的思想实验论证了对心灵的最终理解是不能在经典的时空框架内达到的,空间只能被理解为心灵将感觉材料对象化的框架,而心灵本身不是它的感觉材料,也不能被对象化。对遥距临境和遥距操作技术的简要介绍也可以在这篇文章中找到,在那里,为何我们可以在有限的空间里创造出另一个无限空间的"小中纳大"的貌似的悖论,也得到了解决。下面我们就转到虚拟实在与自然实在之间界限的判据的解构这一主题上来。

二、由虚而实:经验判据的解构

在不知虚拟实在为何物的情况下,我们在日常生活中似乎总是能够把真实的自然物体与人工的物体的幻象区分开来。比如说,尽管我们可以沉浸在电影故事中,并被故事中视觉形象加上音响效果造成的情景深深打动或惊吓,我们还是知道那不是真实世界中发生的事,最多只是对可能发生的事的逼真的模仿。不然的话,电影院中就不会有几个人能坐着从头到尾看完电影了。那么,到底我们是如何做出这样的区分的呢?这问题初看起来简单,但追究下去对我们这里的哲学讨论至关重要,我们不妨一步步往下走,试试能得出什么结论。

假想我乘飞机到某个陌生的地方去度假。我是近视所以我戴着一副眼镜。此外,我还戴着贵重的劳力士金表。旅途遥远,我很疲劳,在飞机上睡着了。趁我熟睡的机会,有一伙人把我的近视镜摘下来并换上另外一副眼镜。这副眼镜样子没什么不同,但两个镜片却是两个高清晰度的小荧光屏。左右荧光屏两方放映着为造成立体效果而稍有差别的影像,相当于让我看非常逼真的立体电影。

这伙人把一切都安排得滴水不漏,环环相扣。在我醒来睁开眼睛的同时，就开始在我的眼镜上放映一个持枪的暴徒威胁要我交出劳力士金表的场面，暴徒吆喝着，不给的话就要了我的命。我醒过来时，眼前的情形当然会让我吓一大跳。不过很快我就会定过神来，知道不是真的有暴徒要抢劫。我是根据什么做出这种判断的呢？

最明显的是，我发现自己身体的任何部分都不在视野之内。当我做了抬手的动作而看不见我的手时，我不假思索就得出这样的结论：这个看不到我的手的所谓"空间"只是幻象，因为在真实的空间里必定有我的手。紧接着，我还发现眼镜内的世界与稍有显露的镜框外边的世界不相协调。但我怎么知道镜框内外何为真实何为幻象？虽然眼镜是人造的用具，但人造的用具经常给我们揭示更为细致的事物真面目，例如夜视镜、显微镜、望远镜等，所以我们不能认为人造用具都是在歪曲世界的真面目。

其实，我区分镜框内外的真实或虚假的暗含的理由也许是这样的：任何真实的视界内必须允许我身体的大部分的形象在其中出现。这是因为，世界上其他东西都有可能不真实或是阴谋的一部分，但至少我不能轻易怀疑自己身体的真实性。如果看不到最真实的自己的身体在环境中出现，那么应该被怀疑的首先是环境的真实性，而不是身体。

但这条规则并不可靠。就算我身体在其中的出现是视场环境的真实性的必要条件，它并不是充分条件。所以这条判据可以被绕过去：假设某种仪器随时测量我身体的动态，把测量出的数据用来重造我的动态影像，并放映在我眼前的荧光屏上造成立体、逼真的我的身体应该出现部分的形象。这样，当我抬起手来看我的劳力士表的时候，我的手及表的立体动态影像确实出现了，如此等等。现在我如何知道镜框内是幻象呢？

在这种情况下，我就暂时无法做出真假的判断。所以，我为了保命试图摘下金表，并打算把表放在前边的一张桌子上。没料到，当我看到我的手接触到桌子时，却没感觉到与桌子的接触。我再拍拍桌子时，既没感觉到桌面的阻力，也听不到拍击的声响。我能触摸到自己的金表，所以我知道我并没有麻木。我能听到其他声响，所以我知道我没聋。因此，我必须做出这样的判断：我所看到的所谓"桌子"只是一个立体影像而已，不是一个真实的物体。也就是说，我看到的手和我触摸到的、听到的必须相互印证，才能确定对象的真实性。而单纯的视觉或任何其他一种感觉是不足为证的。

这条规则照样可以被绕过去。假设某种器具由计算机进行自动化控制，配合我看到的物体影像，在适当的时候给我恰到好处的触觉（机械手、压力手套、贴身压力服等都可以）。这样，当我看到我的手接触到桌面时，虽然桌子实际上并不存在，我照样感觉到触摸桌子。如再加上立体声的音响，我还能听到自己拍桌子的声音。于是，视觉、听觉、触觉同时都告诉我桌子就在那里，我怎么知道它不存在呢？

现在就得看看给我的综合感觉是否具有前后一贯性了。如果现在我能看到、摸到桌子，还能听到与桌子碰击的声音，但不一会，桌子自动消失了，而其他没料到的形象出现了：我摸到的东西也不是硬邦邦的桌子，而是软绵绵的什么东西。这一切都类似于电影蒙太奇的效果，所以我就会对这些物体的真实性大加怀疑。因为虽然我的视觉、触觉、听觉等具有同时性的相互支持，但对象物仍缺少历时的一贯性。或者，如果桌子自己飞起来了，而要让桌子飞起来的特殊条件，如龙卷风等，并不具备，那么我就断定所看到、摸到、听到的桌子为假。也就是说，真实的物体的行为应遵守一般常识范围内的物理规律。

但是，在原则上，像"桌子"这样的人造感觉综合幻象完全可以被设计成与自然法则相符，只要我们知道相关的法则是什么。我们只要把自然规律的数学等式编入程序中，或把某自然过程给人的感官刺激原样录制再按需要自动编辑后播放出来（录音、录像、录触等），"桌子"不就合乎自然规律地显现在我面前了吗？这时，我怎么知道桌子是假的呢？

这时，我就要诉诸行动了。现在我试图把桌子抬起来，搬到其他地方去。当我抬桌子时，我看不到的贴身压力服及其他设施（进一步假设开始时不单单是我的眼镜被换了，我还被连接上了其他必要的设施）让我感觉到重量，我也看到我的手把桌子抬起来了。于是我抬起腿来迈步向其他地方走去。此时，如果桌子跟着我走，整个背景连同枪手也跟着我移动，那时我就知道我所有的综合性感觉（被协调起来的视、听、触觉）都是附在我身上的，而不是来源于一个独立自存的物体。或者，桌子连同背景都随我的走动而消失，我也会知道，桌子不在真正的物理空间里面。总之，真实的物体在真实的空间中应该能够与我的身体相分离，不会依赖我的行为而存在。否则，所谓的物体就不是真实的。

但这要假定我的迈步动作能真的使我在物理空间中移动。如果我的脚被连接在类似室内练跑步的循环履带上呢？当我感觉到自己在走动时，我两腿的动作使循环带转动，传感器把我走路的信号送给计算机，计算机据此控制我眼前的三维立体画面。结合我抬桌子的动作传给计算机的信号，整个系统让我看到的画面变化正好像我抬真的桌子应该看到的画面一样。这样的话，我如何知道我没在空间中移动，也没把桌子搬走？

看来我还得进一步采取行动。我把桌子搬过来，要研究它的微观结构了。我要把桌子拆了，还要拿刀把它劈成小块。当然，我们假定在这个人工的三维综合感觉世界里，设计者能使我们经历到复杂程度与我们日常生活的境遇不相上下的各种事情。所以，我们可以试图对"桌子"进行各种试验。现在，如果我用在这个人造感觉世界中找到的利器猛劈"桌子"时，"桌子"的行为与物理规律相违背，劈下来的两块加起来的面积不与原来的大致相等，或者劈下来的碎块自己消失，等等，我还是会猜测，这所谓的"桌子"只不过是人造幻象。也就是说，如果所谓的"桌子"的行为不与力学的基本分割定律相符，它就没有实在性。

但是这条判定规则照样可被绕过去。如果我们的计算机处理能力足够大，我们就可以把所有已知的自然规律都编入程序。因为我们所有对物理对象的知识都是经过我们对事件模式的观察而得来的，只要人造综合感觉世界里的事件遵循同样的规律，只靠观察得到的知识就不足以用来区分真假。比如说，在虚拟的实验室里，如果我们操作虚拟的仪器设备能在输出装置上看到与现在的物理实验室里相似的结果，这个人造世界中的事件的行为模式就照样被解释成由分子、原子、电子、光子一直到夸克这些粒子的行为所引起。这样的话，我怎么知道我是不是在与人造幻象打交道？

这次我们要追究到自然世界最基本的规律，即能量守恒定律。我们知道，如果要用物理方法将物体破碎到分子水平以下，就要消耗很大的能量。如果我们要将基本粒子击破，所用的对撞机消耗的能量是巨大的。但是在人造的幻象世界里，要让人们体验到类似的对撞机工作过程的幻象，所需的能量只是计算机模拟及人机相互作用所消耗的能量。这样的话，现实世界中的能量守恒定律似乎被打破了。那么，我们是否能用能量守恒定律作为识别事物与幻象的标准呢？比如说，如果我们能把"桌子"无限分割下去却不必使用相应增加的能量，这所谓的"桌子"就是假的，可不是吗？

但是，这条规则照样可被绕过去，此时，引论中讨论过的指称实在论的真相昭然若揭了。在这个虚拟实在世界里，只要我们把与能量守恒定律相对应的事件的规律性编进程序里，我们将会浸蕴在一个能量守恒的现象的海洋中。生活在这个世界中的人，照样可以发展出他们的自然科学，在其理论部分采用实体性的名词。于是，作为实在论之对立面的反实在论的工具主义，在这里取得全胜。我们清楚地看到，能量概念正和其他任何物理学概念一样，只是我们用来组织可观察的物理事件的规律性的一个工具。这样，关键是被观察的事件的行为模式如何，而不是其他：谁也不知道与事件相分离的所谓"能量"是什么。

于是，我们可以让下列事件在这个幻象世界里发生。当我试图把所谓的"桌子"破成碎块时，我必须使上越来越大的劲。在适当的时候，我必须在这个幻象的世界里找到某种工具才能继续下去。当我把它破碎成粉末时，我必须启动某种机器，按下某个按钮，等等。最后，如果我要在原子以下的层次继续破碎下去，我必须写专项申请报告，使用虚拟的国家实验室的对撞机。申请报告被批准后，我将会经历使用对撞机的一系列事件，就像在真实世界的实验室里经历的一样。比如说，我将看到云雾室里基本粒子对撞后的轨迹，此轨迹的各相关参数符合能量守恒定律的要求。这样的话，我怎么能判定这些事件不符合能量守恒定律呢？

最后，我只能以身试"法"了。如果我举起铁锤砸向我的手指，这对我并没有伤害，纵身跳进火海，熊熊烈焰却不烧身，手指插进给对撞机提供电源的插座，却不受电击，那么我就可以继续怀疑，这些都是幻象。

但是，我们的人造幻象世界是与遥距操作技术结合在一起的。只有这样，我们才称其为基础部分的"虚拟实在"。因而，我们在虚拟实在中的行为完全可以引起自然物理世界中一连串的真实事件。如果我们愿意如此设计，我在虚拟实在世界中挥锤砸指时，我的手指头就会真的被自然物理世界中的某重物砸扁，让我痛不欲生。当我跳进火海时，我也真的会在自然物理世界里引火烧身，此大火能把我烧成灰烬。

至此，我们已把所有用来区分虚与实的经验判据穷尽了，到最后是看环境中的事件能否伤害我们以至威胁我们的生存。但是这一条判据也可以通过遥距操作被克服。经过上一部分的讨论，我们已经明确，在原则上，通过遥距操作我们可以在虚拟实在中操纵一切实际的工、农、商业过程。更进一步，当你在虚拟实在中与配偶做爱时，遥距操作技术还可以让女方的卵子与男方的精子相结合而开始一个传宗接代的生理过程，如此等等。

三、交互超越主义与本体论对等性

于是,我们可以回到洛克关于第一性的质与第二性的质的区分问题上来了。洛克认为,有些性质为物体本身所固有的性质,完全没有与物体相分离的可能,如广袤、形状、大小、不可入性、运动状态等,属第一性的质;这些第一性的质作用于我们的感官,使我们产生各种感觉,这就产生了第二性的质,如颜色、声音、滋味等。贝克莱后来反驳了洛克的这种二分法,认为所谓第一性的质并不比所谓第二性的质有更多的实在性,因为洛克用来拒斥第二性的质之实在性的理由,也完全可以用来拒斥第一性的质之实在性。虽然贝克莱由此得出的客观唯心主义结论没有逻辑的必然性,但他的反驳对洛克却是致命的。康德对空间本质的阐释和对认识主体先验范畴的解剖终于使我们领悟到物质世界对象性对感知活动的依赖性。这样,感知框架的变换就是整个对象世界的变换。而被认知之前的终极因果决定性,是不在空间框架中的,因而也就不具对象性。我们上面的解构过程表明,所谓第一性的质与第二性的质的区别完全是人为的。对遥距临境的逆向对等性的认定,让我们不得不承认:自然物理空间与人造赛博空间一样依赖于感官功能的运作。因而,作为虚拟实在背景的赛博空间,与自然物理空间有对等的本体论地位。这样,我们在虚拟世界里尽管可以像在自然世界里一样使用"椅子""锤子"这些日常的实体名词,也可以使用"原子""夸克"这些科学的实体名词,我们毫不含糊地知道,它们是没有可感现象之外的指称对象的。

对这个本体论对等的命题,还可能会有人提出这样两个理由进行反驳:①虚拟世界中的每个单个被感知的所谓物体在各感官的感觉被综合以前,各个感官的刺激是源于各自分离的实体起因;而物理世界中只有一个真实物体为各个感官提供刺激,这个真实物体是所有感官的共同刺激源。比如说,在虚拟世界中,视觉的刺激源可能是在遥远的他方通过无线信号抵达浸蕴者,而触觉却来源于近在咫尺的与紧身服相连的设备。②在虚拟世界中,由于各个感官要被分别刺激,我们就要用计算机来进行人工协调而得到一个合成的对象感觉,而物理世界里真实物体给我们的感官刺激时却无须进行协调就自然使我们形成单一对象的感觉。也就是说,在虚拟实在中的所有感官刺激都是人工产生并人工有意识地进行干涉后才起作用的,而自然实在给人类感官的刺激却是自动发生的,没有经过刻意的加工。这两条理由指向的是现象背后的单一承载的有无问题,而这样的单一承载体就是我们最关心的本体。反对者问:不涉及这样的真正本体,怎么能够妄谈本体论的对等性?

这两条貌似贴切的理由,其实是基于在上面的一连串讨论中已被推翻的自然空间本体论优先性的习惯性假设。所谓"单一""分离",都是空间性的概念。在一个空间框架中是分离的东西,在另一个空间框架里完全可以是相互紧挨而构成完整的单一;而在一个空间框架里各部分相互紧挨的单一对象,在另一个空间框架里完全可以分解成相互分离的离散体。我们之所以会以为在特定状态下我们在自然物理空间中得到的五官刺激来源于同一个实体,完全是感觉综合的结果。至于在我们的感官经验之前感官刺激是起始于一个还是多个源头,我们是无从判断的。因此,到底在现象的背后有无一个协调的机制存在,我们也是无从判断的。

休谟在讨论我们现在所称为归纳问题的逻辑问题时,还涉及因果关系是否依赖空间连续律(亦即接触律)的问题。与此相关的现代量子物理学中出现的非局域性因果作用的难题,也使人们迷惑不解。EPR效应及贝尔不等式的实验验证,更使实在与属性、逻辑与因果、过程与关系、观察与参与、能指与所指、符号与对象之间的区别和联系变得扑朔迷离。通过这里的讨论,我们发现了一条新的思路:因为空间上的连续与否是在感觉框架形成后才获得意义,所以破解因果律与局域性的关系之谜,对人的感觉和认知的先验结构的透彻理解也许是一个先决条件。如果这样,对这种先验结构的理解,也就不能在因果局域性的限制中进行。

对因果问题的考虑,似乎引出了这样的一个问题:虚拟实在和自然实在之间在因果关系上是否存在不对称呢?我们可以在自然世界中找到虚拟世界赖以运行的所有装备,从而可以有效地一举毁灭虚拟世界。但反过来,我们能否从虚拟世界内部找到自然世界赖以运行的所有"装备",并一举毁灭自然世界?只要我们没有忘记,虚拟实在分为基础部分和扩展部分,基础部分是专为遥距操作设置的,我们就不难找到答案了。虚拟世界与自然世界服从的终极决定力量是同一个,不同的只是这种终极决定力量与感官相互作用的界面效应,而此界面效应的总和就是整个经验世界。所以,所谓从自然世界摧毁虚拟世界,不过是摧毁了一个人造的界面。这样,从虚拟世界当然也可以在同样的意义上摧毁自然世界:通过遥距操作,把生活在自然世界里的人们的自然感官摧毁就行了。那么,在哪里进行这种毁灭性的操作？当然是到现场去——相互之间的"遥距临境"。

对虚拟实在与自然实在本体论对等性的另一个貌似的挑战是：模拟的感觉永远不会逼真到完全乱真的程度。也许这是对的，但这并不构成挑战。试想，如果我们把虚拟世界中的物体设计成像在一半的地心引力强度中那样行为，这种行为不会比物体在正常地心引力条件下的行为更少实在性或更多虚幻性，我们在航天飞机上度过日日夜夜的宇航员本来就没有因为自己失去体重而认为自己变得虚幻了。总的来说，如果两个世界是本体论对等的，虚拟实在就不用依靠与自然实在的相似来取得其本来就有的地位。

当然，本体论对等性所要求的空间构架的几何学性质的可通约性是必然地得到维持的，在这一点上，正像康德已证明的那样，我们不会有选择的余地。因而，浸蕴在三维的赛博空间里，我们的几何学并不需要任何实质性的改变。也就是说，我们的几何学教科书也许可以增加一些内容，但从自然实在世界中带过来的内容并不需要删改，欧氏几何与非欧几何照样作为自恰的公理系统并行不悖。

虚拟实在与自然实在的真正差别，是我们在某个层次上设计了前者，从而知道这个层次的机制，而后者是自然强加给我们的，我们只能用科学的方法研究其规律，却不能改写这些规律。此时，科学实在论者会说什么呢？回到他们平时所坚持的命题之前，他们首先会有这样的反对意见：在自然世界中，既然我们必须进行自然科学的研究来发现自然规律，一种在现象后面隐藏着某种未知的决定性的不可抗拒的感觉正是我们相信世界的实在性的主要原因。但是，这样的反对意见是不能成立的。设想这样一种情形：如果让我们的后代一开始就进入虚拟世界，用遥距操作的方式从事生产活动，但不让他们知道这个世界是我们设计出来的，他们面对的就是一个给定的自然物理世界。他们要或多或少地认识这个世界的规律（包括我们为虚拟实在编写的软件的逻辑结构），就要发展他们的自然科学，与我们现在的状况无甚区别。但是，在这个世界里的科学实在论者，也只会从语义或指称上为我们明知根本不存在的理论实体的实在性辩护！当然，在虚拟世界的日常生活中，人们也会方便地采纳常识实在论的态度，虽然他们中间的贝克莱之流的另类分子还会偶尔出来给他们懒惰的思维习惯吹吹冷风醒醒酒。罗素在《人类的知识》一书中，试图给"物理的"事件下一个比较精确的定义。他认为，物理事件是经过推理才知道其发生并知道它不是属于精神的事件,而精神事件却是不经推理就直接知道的事件①。现在,我们可以清楚地看到,罗素所说的推理,不过是一种没有根基的猜测。

胡塞尔的现象学还原,就是要我们悬搁包括实在论预设在内的自然主义态度,在现象的明见性中获得对本质的直接把握。弃掉基于文化约定的概念、弃掉基于理论思辨的推论、弃掉基于传统流俗的偏见、弃掉基于浪漫情怀的想象、弃掉基于七情六欲的冲动、弃掉基于感觉经验的习惯,让事情在没有主客对立的原初状态中展现自身,我们也就回到了事情的本身,在纷杂的偶然中分离出栖居于纯粹意向性结构中的必然。这里值得提醒的是,我们如果不能在生活世界(Life-world)和常识世界(Common-sense-world)之间、在交互主体性(Intersubjectivity)和社会性(Sociality)之间、在本质直观(Eidetic Intuition)和经验观察(Empirical Observation)之间、在先验条件(A Priori Condition)和主观偏见(Subjective Prejudice)之间做出清楚明确的区别,我们就会把现象学混同于通俗心理学(Folk Psychology)或粗陋社会学。一旦做出了这一系列的区别,我们就知道如何保持现象学分析的纯粹性。这样,我们就可以设想,在这个所谓的自然世界中和在虚拟世界中我们做出的现象学描述,如果是正确的,就不会有什么两样。而这两个世界之间的现象学对称性,恰好也就证明实在论缺乏自明的根据。至此,我们可以用以下三条反射对等律来总结讨论的结果。

(1)任何我们用来试图证明自然实在的物质性的理由,用来证明虚拟实在的物质性,具有同样的有效性或无效性。

(2)任何我们用来试图证明虚拟实在中感知到的物体为虚幻的理由,用到自然实在中的物体上,照样成立或不成立。

(3)任何在自然物理世界中我们为了生存和发展需要完成的任务,在虚拟实在世界中我们照样能够完成。

有了这三条,虚拟实在与自然实在的本体论对等性昭然若揭,"交互超越主义"本体论的含义也就不言自明了。原来,"虚拟实在"和"自然实在"都不是真正的实在,它们的"背后"更是没有什么东西能获得实在资格。只要我们以心灵同一的中性区域超越地审视两边,我们就会明白,任何一种实在论者的搜寻都落空了。无论是常识实在论,还是科学哲

---

① Russell, Bertrand. *Human Knowledge: Its Scope and Limits*. Simon and Schuster, 1948, p.229.

学中的真值实在论和指称实在论,都没有辩护的余地,上面介绍过的所谓"没有奇迹论证",也完全失去了说服力。奎因关于科学理论的"本体论承诺"的观点、克里普克形上实在论等,也都在这个对等性的揭示过程中不攻自破。况且,因为他们从语言分析出发根据选择理论模型的需要外推得出的形上学,本来就是派生的,与本体论作为第一哲学的地位从一开始就不相称。而我们这里对虚拟实在的讨论,不是以语言问题为中心,而是"回到事情本身",通过思想实验等手段让本体论的内涵自己显现出来。

四、实在论之最后崩溃

但是,既然经验世界本身不是本体,在其后面也没有本体,而心灵却始终保持着自己的先验同一性,这种先验的心灵不就是本体吗?我们能否认为先验心灵独立存在呢?

半个世纪以前,英国哲学家赖尔(G. Ryle)在《心的概念》一书中分析了笛卡尔式的心物二元论如何犯了"范畴错误"。① 在他看来,把身和心并列起来说它们在同一意义上"存在"着,就像说一个妇女同时生了孩子和脓疮两种东西一样搞笑。正如生孩子之"生"与生脓疮之"生"含义不同一样,心之"存在"与身之"存在"也是含义不同的。这样,说"不是身存在,就是心存在",就像说"不是吃了午饭,就是吃了官司"那样滥用词语。

赖尔对心的概念做分析得出的一个重要结论是,我们不能用因果关系的模式来理解心理事件。机械论的局域因果关系只适用于解释空间中的运动秩序,而心灵的非空间化活动却是与因果关系无缘的。赖尔的这种分析,与我们刚才阐明的对心灵的非对象化理解相吻合。遗憾的是,赖尔通过分析得出的对"机器中的幽灵"的否定,被很多人理解成是对先验自我的否定。其实,"机器中的幽灵"的概念之所以是范畴误置的产物,恰好就是因为先验的心灵被不恰当地赋予对象性的"属性"和"状态"。由此看来,那些认为可以通过对大脑进行牛顿时空框架内的因果分析就能理解心灵本身的自然主义认知科学家,正是犯了赖尔所说的"范畴错误"。

但是,人们会说,不具对象属性和状态的存在,毕竟也是一种存在啊。我们为何不能把对先验心灵的肯定叫作"心灵实在论"?接下来,我

---

① 赖尔:《心的概念》,刘建荣译,上海译文出版社1988年版。

们就要看看为何心灵实在论是不可能的，让我们从实在概念的历史渊源入手。

从古希腊前苏格拉底时期开始，早期思想家就不满足于对自然界进行就事论事的描述，而试图把现象的无限杂多归结为有限的一种或几种基元。这样的归结，就是要把最后的基元理解为最终的实在，而自然界斑驳陆离的外表，则被理解为终极实在运动变化或相互作用的结果。

当泰勒斯推断说水是万物的始基、万物生于水并且复归于水时，与爱奥尼亚学派把火看作基质一样，是把某种可观察的东西当作其他可观察的东西的始基，而这种始基就获得了实体的本体论地位。用今天的话来说，他们坚持的是一种朴素的实体实在论。然而，同一时期米利都学派的阿那克西曼德和阿那克西米尼，并不认为靠一种具体可感的东西来解释其他具体可感的东西是可能的。他们认为万物的要素必须与可感的现象界有一种垂直的关系，因而他们断定这种要素是不能被感性具体规定的"无限"，正是这种"无限"产生了一切可感的属性。这样，他们就向本体论的形上学迈出了一大步。毕达哥拉斯学派也根本不承认质料性的实体是万物的始基。在他们看来，形式和关系比质料更为根本。他们认定，数是世界杂多背后的终极根据。在他们看来，天体作为一个个的物体是第二性的，而真正的决定性力量是像音乐一样的和谐关系，行星的运行只是为了显现这种先定的和谐。也许，有人会把他们称作"关系实在论者"，但是，很难说他们会接受这种标签，因为"实在"的说法会使我们对数的神秘感丧失殆尽。

当赫拉克利特宣称万物的始基是"火"时，他其实是用"火"这种毁灭性的力量把质料性的实体烧成灰烬。或者说，他要让"基质"和"实体"被"逻各斯"取代，让规律以及能使规律显现的理性作为世界之杂多背后的终极统一性的起点。这样，赫拉克利特就为柏拉图的共相说定下了先验主义的基调。不过，柏拉图共相说的最后依托不是赫氏的规律和理性，而是实体化的理念原型。在柏拉图那里，共相虽不是可感世界的具体，却是理念世界的实体，因为共相不是理性抽象的结果，而是先于思维回忆活动的先验范本。感性存在是我们感官知觉的对象，而共相却是我们灵魂的理性部分追求的先在对象。于是，柏拉图的理念实在似乎使得实在论的对立面——理念论失去了其对立面的地位，因为这里理念直接就是实在。不过，与其说柏拉图克服了实在论与理念论的对立，还不如说是他自己的形上学陷入了不可克服的自相矛盾,对于这种矛盾他在后期的对话中有充分的自觉和反省。

严格来说,亚里士多德是第一个把实体当作一个哲学范畴来进行严格界定的人。亚氏在他的《形而上学》中对柏拉图共相说陷入的僵局进行了致命的揭露,不过他自己对实体的界定却是在《范畴篇》里做出的。他把"真正的、第一性的、最确切意义的"实体规定为个别的个体,而以一类个体为其成员的集合,即种和属,则是"第二性实体"。第一性的实体是其他一切东西的基础,而关于性质和关系的概念都是用来述说它们的,一切性质的存在也是以它们的存在为前提的。因而,作为第二性实体的属和种,属更具实在性,因为在"种—属—个体"的层级结构中,属与个体相挨,种却与个体相离。这样,亚里士多德的实在观就与柏拉图的相反,把最高的共相断定为离第一性的实在最远的东西。我们可以看到,假若我们要把亚里士多德的范畴系统做某种实在论的解释,那么这就是实体实在论。

实体实在论一直是形上学实在论的主要形式。不过,哲学史上还有过一般形上学之外的各种特殊的实在论:当有人相信某种东西存在,并且它们的存在不依赖于我们是否知道它们存在也不能归结为其他东西的存在时,这些人就会被称为相对于这种东西的实在论者。这里的"某种东西"可以是任何有语言对应的东西(或"不是东西"):外在世界、可能世界、过去、未来、心灵、上帝、奇迹、他人心灵、道德法则、美感对象、正义原则、数学定理、人权、友谊等,都可以有相对应的实在论和反实在论者。从这个意义上,可以说每个人都同时是某种实在论者又是某种反实在论者。显然,我们这里宣布其全面崩溃的,不是这些特殊的实在论,而是一般的形上学本体论的实在论。于是,我们关注的只是相对于与实体的本体论地位相当的东西之实在性,而非其他。

如果说近代理性主义传统中笛卡尔、斯宾诺莎、莱布尼兹等的实体实在论有很多的柏拉图主义色彩的话,当代科学实在论却是与德谟克利特的原子论一脉相承的。但是,原本意义上的原子之所以被称作实体,是因为它被设想成世界的最后的不可分割的"砖块",当现代物理学宣布这种"砖块"的想法彻底破灭时,实体实在论也就随之寿终正寝了。在这样的背景下,试图代替实体实在论的,就有过程实在论、关系实在论等。但"过程""关系"这些概念按定义就是第二性的,依赖于"实体"概念,因而它们在逻辑上就不可能代替实体的本体论地位。肯定了过程、关系这些第二性的概念的本体论意义，就必然要进一步肯定实体这个第一性概念的本体论意义，关于这一点，张华夏在批评怀特海的过程实在论时有比较中肯的分析。① 罗嘉昌总结了量子物理学、相对论及现代各哲学流派中物质实体概念的式微和关系概念的凸现，提出"关系实在论"，他的《从物质实在到关系实在》一书②，是他的关系实在论的系统表述。应该说，书中不乏对现代物理学涉及的哲学本体论问题的洞见，读后获益匪浅。但是，要把"关系"这个概念上第二性的东西在消除了"实体"之后上升为本体论上的终极实在概念，与其说是逻辑的必然，不如说是论者对"实在论"的心理需要促使他做出的一种牺牲理论一贯性的选择。张华夏的多维实在论倒是避免了逻辑循环，并且，与此相关的"七个世界"理论也为我们理解他的系统世界图景提供了有效的范畴体系。

从这个范畴体系出发理解万物，我们看到的是井井有条、层次分明的动态的世界，这确实是让人感到愉悦的。不过，这样的实在论在哲学本体论上并没有涉及问题的实质，因为它把所有可被描述的东西都一概放进"实在"这个大口袋里，不管它是第一性的还是第二性的、自然的还是人工的、客观的还是主观的、现实的还是可能的，如此等等，都是"实在"。因而，当我们在他的书中读到像"实践实在""抽象实在""现象实在""可能实在"这样的词句时，也就不足为奇了。但是，这样的话，"实在"这个概念就失去了它的对立面，变成无所断定，也无所否定的空概念。如此重新规定"实在"这个词的用法，也未尝不可，但从这样的实在观出发却演绎不出在本体论上与"反实在论"相对立的"实在论"。

不管是"关系实在论"，还是"系统实在论"，一旦离开实体概念这个内核，作为哲学本体论，它们就开始摇摆倾斜，再走几步，就撑不住了。但是，毕竟"关系""系统"等概念与"实在"概念之间还不是两极对立的。当我们论及心灵时，情况就极端化了，因为与"心灵"最贴近的概念是"观念"（Idea）、"情感"（Emotion）一类的东西，而这类东西在哲学史上从来都是与"实在"（Reality）相对立的。在胡塞尔和梅洛-庞蒂的现象学那里，"Ideal"和"Real"也是相对立的概念。因此，"心灵

---

① 张华夏：《实在与过程》，广东人民出版社1997年版。
② 罗嘉昌：《从物质实体到关系实在》，中国社会科学出版社1996年版。

实在论"就像"私有制共产主义"一样,是一个不可能的概念。如果谁要坚持它,只是暴露了他对"实在论"这个标签的强烈偏好,并且这种偏好造成了篡夺概念的乱纪企图。关于这一点,邱仁宗看得比较准确①,虽然他认为有维护实在论的必要,没有看到实在论面临崩溃的危机。

美国海姆(M. Heim)写了一本文化批评性质的书 Metaphysics of Virtual Reality 之后,又写了一本叫《虚拟实在论》的书。② 他把"虚拟"和"实在论"放在一起作为书名,看来好像提出了一种新的哲学实在论,其实不然。在书中,他要表明的无非是虚拟经验感觉起来与平常的日常经验可以无甚区别,并不是要论证经验背后真有什么"实在"。正如上边我提到的,"虚拟"这个修饰词是对紧跟其后的词的否定或至少是存疑,在英语中,像"Alleged""Putative""Fake""Seeming""Supposed"这些词都有类似功能,这一类的形容词叫作"Alinans"。总的来说,海姆的书没有深入讨论哪个有分量的哲学硬核问题,因而,我们对他的用词也不必像张怡③等人那样读出太多哲学本体论的含义。

至此,我们论证了虚拟实在和自然实在的本体论对等性,从而驳倒了哲学本体论意义上的实在论。这样,我们似乎不能继续把一个世界称作自然实在,把另一个称作虚拟实在,并用以这种区分为前提的语言继续讨论问题了。但是,由于我们没有一种跨越两个世界的中性语言,我们不得不继续采用以我们这个已有的世界为参照系的语言来说话。幸好,我们这里进行的不是对形上世界的直接描述,正像整个 20 世纪的所有主要哲学都告诉我们的那样,这样的描述是不可能的;我们毋宁是从自己偶然立足的地方开始切入,揭示这个立足点的偶然性及其他立足点的同等可能性。

我们已经通过从思想实验出发的反演得到了两条重要的结论:①我们没有理由认为自然实在比虚拟实在更具实在性;②不管心灵的本体论地位多么重要,"心灵实在论"都是不可能的。但是,还有一个严重的本体论问题不可避免,即:在虚拟世界里出没的完全由编程产生的、行为与人相似的且看似真人的对象,是否与真人也在本体论上具有对等的地位呢?

---

① 邱仁宗:《实在概念与实在论》,《中国社会科学》1993 年第 2 期。
② Heim, Michael. *The Metaphysics of Virtual Reality*. Oxford Univ. Press, 1993. Heim, Michael. *Virtual Realism*. Oxford Univ. Press, 1998.
③ 张怡:《虚拟实在论》,《哲学研究》2001 年第 6 期。

第二部分　虚拟现实与人工智能

　　如前所述，我们把虚拟实在分成基础部分和扩展部分。这两部分最重要的区别就是前者具有我们借以操纵物理因果过程的遥距操作功能，而后者却不具有遥距操作功能，因为我们在这个扩展部分里只进行创造性的艺术活动，这种活动与我们的基本生存需要无关，因而无须对自然因果过程定向施加作用。在基础部分，我们还可以通过各自操作相应的机器人替身进行相互合作，一起完成与我们的生存发展相关的工程作业。这样，可以设想，在基础部分，当我们遇到一个像人那样行为的形象时，这个形象一般来说与在虚拟世界中代表我本人的形象是同属一类的，也即，这个形象由一个有自我意识的主体承载着。因而，我们在基础部分碰到的似人对象，一般来说就是真正的人。如果我们在基础部分的虚拟世界里虚拟地杀死一个人，遥距操作设施就很有可能把现实世界里的某人真正致死。在这里，我们把与真人相对应的似人对象，称作"人替"（Avatar）。但是，在虚拟世界的扩展部分，我们遭遇到的，不仅有代表真人的人替，还可以有由纯粹编程造就的、不与真人相对应的似人对象，我们称这种似人对象为"人摹"（Agent）。如果以图灵（Turing）关于区分人机行为的判据为准绳，在虚拟世界里人摹的行为与人替的行为就有可能做到在经验上不可分辨。于是，刚才的问题就可以重新表述为：人摹与人替在本体论上是对等的吗？如果不是，那么如何将它们彼此区别开来？

　　在我们讨论虚拟实在的问题之前，关于"他者心灵"（Other Mind）的问题，就一直困扰着哲学家们。在现代的语境中，这个问题经常被转变为如何从外在观察者的角度区分有心灵的人和没有心灵的自动机的问题。占主导地位的人工智能理论以图灵（Turing）的判据作为讨论的基本参照，其中"弱人工智能"理论继承图灵的思路，只将人工智能的"智能"作纯逻辑主义的解释，撇开一般的心灵问题不谈；而"强人工智能"理论却宣称，人工智能的"智能"指的是与人的心灵等同的东西，且认为人工智能就是人造心灵。在他们看来，不存在与可观察行为的问题相分离的意识或自我意识问题，对心灵的解释，就是对我们语言中称作"人"的那种空间对象的行为与其环境相互作用的历时性模式进行的解释。

　　但是，在上一篇文章讨论"交叉通灵境况"的时候，我们已证明，以第一人称的"我"为出发点的心灵自我认证的一贯性不依赖于从第三人称观察者出发的对身体的空间定位的一贯性。在讨论的过程中，我们先从"我"对自身的直接认证出发，设定了张三和李四的心灵的存在以及他们心灵与身体在初始状态中的一一对应，然后再让他们进入交叉通灵状态，并以第三者的眼光追问如何从身体的空间定位做出心灵自我的定位，从而得出心灵没有空间定位的结论。我们还清楚地看到，虽然心灵没有空间定位，它的自我认证却是自始至终同一、毫不含糊的。其实，传统的对他者心灵问题的追究，比这样的空间定位问题更为彻底，因为它涉及的是：从一开始，我是否知道、如何知道除自我之外的任何存在物"内部"有心灵存在？如果一般地知道有他者心灵存在，我又如何一一确定哪个存在物具有心灵、哪个不具有？更具体些，如何区分真人和在外表、行为上与人相似的机器人？

有少数哲学家或认知科学家干脆否定心灵存在的确实性，包括自己的心灵在内。在这里，我们不再需要讨论为何这种观点是不可能成立的，因为我们在讨论心灵自我认证时已经把自我心灵存在之确实性进行了较为深入的揭示。于是，在我直接断定自己的心灵的确实性之后，在逻辑上，我可以就在环境中显现出来的各种对象与心灵的关系做出三种可能的判断：①所有对象都没有心灵；②所有对象都有心灵；③有一部分对象具有心灵，另一部分没有心灵。在我进行哲学反思之前，我未加选择地接受了第三种判断。现在，首先遇到的难题是，不管我的反思前判断发生学上的原因是什么，这第三种判断比起其他两种可能的判断，是否更有辩护意义上的根据？有些哲学家认为不存在这样的根据，另一些哲学家则认为这样的根据是存在的。持第二种意见的哲学家的典型辩护思路是基于由己及人的类推：我之所以断定在我之外的存在物有的具有心灵、有的不具心灵，是将外在对象的行为方式与我自己的行为方式对比后得出的。我知道自己的心灵活动导致我的某一类可观察的行为，而我也观察到我的环境中的存在物的一部分具有同一类的行为方式，另一部分则没有。于是，我就断定具有和我共同行为方式的那部分存在物的相关行为是像我一样由心灵活动导致的，而对没有这种行为方式的存在物，我就没有理由认为它们具有心灵活动，也就没有理由认为它们具有心灵。这样，如何一一确定到底哪个存在物具有心灵、哪个没有的问题，也就随之解决了。但是，对这样的思路，有一个严重的疑问，那就是，这种类推属于归纳的一种，而归纳的基本要求是从众多的例子推及个别的例子。但这里的类推是反过来了：从自身的一个例子推至自身之外的众多例子。这样的类推如何能够成立？按这样的思路划出的真人与机器人之间的界限哪有什么可靠性？

对待这些难题的思路，西方哲学家、认知科学家或人工智能理论家在不涉及虚拟实在哲学问题的场合中有过系统的讨论，但并没有令人满意的结论。但我们不能忘记，虚拟实在的本体论照样还涵盖这些实在论论题之外的复杂问题。只是，在虚拟实在的赛博空间里，如何区别真人与机器人的疑难被如何区别人替与人摹的疑难所取代。幸好，我们在讨论心灵的先验性和非对象性时已经知道，心灵的断定只能是第一人称的直接的自我断定，而第三人称旁观者的角度这种确认是无法达到的。但我们可以用归谬法这样的负的方法来断定，不管我们在经验观察的层面有没有可靠的判准，在原则上我们却知道人摹与人替在本体论上是完全不对等的：如果人摹与人替在本体论上对等，人摹就可以完全取代人替，虚拟实在中戴上头盔、穿上紧身服以获得浸蕴体验的人也就无须参与了。这样，虚拟世界就是自己在运行的软件程序，别无他物。但是，虚拟实在的编程完全是为了浸蕴者的体验、创造、遥距操作而设计编写的，没有浸蕴者参与，这样编出来的程序就完全失去了与虚拟实在的逻辑关系，因而可以被任何其他程序代替。这样，任何自己在运行的程序（甚至不运行的程序——有所谓吗？）都可以被看作一个虚拟实在的世界，既不需要人替，也不需要人摹，因为人替和人摹完全是按照浸蕴者的体验需要设计出来的。这不但是极端荒谬的，而且与讨论的前提直接冲突。显然，我们不可能把人摹与人替看成本体论上对等的。这里，我们触及了更深层次的形上学问题，但已大大超出我们关心的实在论与反实在论的对立的问题，因而我们只能在其他文章中讨论了。

五、结语：拒斥相对主义

在失去了坚持实在论的基本理由后，还有不少人不放弃实在论的立场，一个重要原因就是他们认为本体论上的实在论是避免认识论上的相对主义的唯一途径。在他们看来，如果没有外在于认知者的实在，我们的认识就失去了对象，也就失去了判断语句真假的根据。这样，认识活动似乎就变成随心所欲的游戏而与认识的要旨相背离了。库恩的非实在论的"范式"概念的泛滥，也似乎是相对主义流行的原因之一，不得不防。很显然，指称实在论与真值实在论支持者的动机是与这种防范相对主义的企图直接相关的。

但是，正像我们上面看到的那样，要防范相对主义，并不需要实在论作为靠山。经验论者贝克莱，就是在批判实在论的同时捍卫了知识的可能性。我们这里提出的交互超越主义也是以严格的论证，既驳倒了实在论，也拒斥了相对主义。只要我们承认经验的发生及其联结遵循给定的规律，这种强制的规律性就是知识的对象。这样，知识与谬误的区别就在于我们的判断是否与经验的规律性相吻合，而不在于是否有经验之外的"实在"对应。当然，酷爱"实在"这个字眼的人又会产生把规律性也叫作"实在"的冲动，这样的话，他们的"实在论"和"反实在论"的区别只是一个对标签的偏好问题，在进行实质性讨论时不必过多计较。

其实，考察一下实在概念的现象学根源，我们就会发现，实在论倒很可能导致相对主义。梅洛-庞蒂在《知觉现象学》① 一书中虽然没有专门讨论实在论与相对主义的关系的问题，但他对人的身体的"模棱两可"的本体论地位的分析，是很有启发意义的。其实，我们做的"交叉通灵境况"思想实验，使这种"两可"之"两"明朗化了。顺着这条思路继续思考下去，我们就会明白为何不具空间属性的心灵会被赋予"内"与"外"这种空间化的关系，因而也就会明白"心灵之外"这种实在论者的用语为何注定要陷入自相矛盾。以自相矛盾的预设出发，导出的任何结论只能与矛盾的一面相容，却与矛盾的另一面相冲突。这样，当判断力在不相容的两端摇摆时，相对主义就诞生了。

身体之所以处于主体与客体的模棱两可的地位，是因为它是直接无中介的"内"感觉和空间化的"外"部因果事件获得共时对应的场所。原本的"内"感觉，并没有"在哪里"发生的问题，因为空间方位的区别只有在以视觉为主的感觉器官对客体进行观察时才能获得，有了这种客观化的观察相伴，"内"感觉的差异才被赋予空间化的意义。假如你用两个拇指的指甲压迫两个食指尖，造成右手的食指尖和左手食指尖程度差不多的疼痛，并且用你的牙轻咬舌尖也造成程度差不多的疼痛，现在，你闭上眼睛尽量把记忆中手的视觉形象、脸部及口腔周围部位的视觉形象在意识中排除出去。这样，你能否可以把三个痛点排成一条直线？或者，先睁着眼把两个指尖和舌尖排成一条直线，然后闭上眼睛逐渐排除任何有关的视觉形象，你的三个痛点在一条直线上的感觉是否还能稳定地保持？这个操作的困难在于要把视觉形象真正排除掉是几乎不可能的。只要你试图内察

---

① 梅洛-庞蒂：《知觉现象学》，姜志辉译，商务印书馆2001年版。

三个痛点是否在一条直线上,视觉形象马上在想象中出现。这就是因为,不凭借对象化的形象关系,"痛"这种感觉本身是不能自足地构成空间关系的。但是,你确实又能够体验到一个指头痛和两个指头痛之间的差异,这就表明每个痛的感觉都伴随着某种额外的感觉。当你睁开眼睛时,这种额外的感觉就与观察到的空间对象化的身体方位发生共时对应关系了。正是这种共时对应关系,使得身体的"模棱两可"的本体论地位得以确立——在哲学反思之前,我们就很容易既把身体当作心灵主体的我,又把它当作非心灵的客体世界的一部分。

因此,当我们说世界是"外在于我的"时,最直截了当的解释应该是"外在于我的身体",而不是"外在于我的心灵",因为心灵是无所谓"外在于"的。但是,像疼痛之类的直接呈现的状态又与被对象化地观察到的身体共时地联系在一起,人们就干脆把前者看作后者的"内部"状态,虽然通过解剖活的身体看到的内部并不比解剖前看到的外部更接近疼痛本身。很显然,这里的"内部"的说法是又一桩"范畴错误"的公案。这还不要紧,一旦从这个范畴错误的"内部"出发返回来,把身体看作心灵的"外部",由于身体与世界的其他空间化对象明摆着就属于同类,整个空间化的世界就统统被当作"外在"的了。于是,各种各样的实在论就在范畴误置的舞台上纷纷出场了。

但是,当这种种实在论的信奉者走向认识论时,他们就不可避免地玩起了滑稽的、与爱犬转圈却永远咬不到自己的尾巴相映成趣的逆向游戏:每一次刚刚似乎发现有某种东西在"外边",那东西马上就闯进"内部"来了。做了几次这样的游戏,如果还发现不了一开始就陷入了的范畴错误,那就很有可能把"实在"也看成自己的创造,而变成彻头彻尾的相对主义者了。而我们从"交互超越主义"出发,既揭示和宣布了实在论的最后崩溃,又坚决拒斥了相对主义。这里,使我们有魄力拒相对主义于千里之外的坚强后盾是什么呢?是先验的交互主体性。上面那段关于指尖疼痛与空间感问题的描述,用的是第二人称"你"。其实,如果我们愿意用第一人称"我"或第三人称"他"代替之,描述也是照样成立的。这正是因为,在先验交互主体性的层面,个体化的主体还没在主客对立的剧场上登台。应该指出的是,先验交互主体性与"交互超越主义"是有紧密的哲学因缘的。不过,这种因缘的揭示已不属于这篇"靶子"文章的范围了。

参考文献

[1] Dummett, M. The Seas of Language [M]. Oxford: Oxford University Press, 1996.

[2] Russell, Bertrand. Human Knowledge: Its Scope and Limits [M]. New York: Simon and Schuster, 1948.

[3] [英] 赖尔. 心的概念 [M]. 刘建荣, 译. 上海: 上海译文出版社, 1988.

[4] 张华夏. 实在与过程 [M]. 广州: 广东人民出版社, 1997.

[5] 罗嘉昌. 从物质实体到关系实在 [M]. 北京: 中国社会科学出版社, 1996.

[6] 邱仁宗. 实在概念与实在论 [J]. 中国社会科学, 1993 (2).

[7] Heim, Michael. The Metaphysics of Virtual Reality [M]. Oxford: Oxford Univ. Press, 1993.

[8] Heim, Michael. Virtual Realism [M]. Oxford: Oxford Univ. Press, 1998.

[9] 张怡. 虚拟实在论 [J]. 哲学研究, 2001 (6).

[10] [法] 梅洛－庞蒂. 知觉现象学 [M]. 姜志辉, 译. 北京: 商务印书馆, 2001.

（原作为"靶子论文"发放）

赛博空间及赛博文化的现在与未来

——虚拟实在的颠覆性

以往的技术,基本上都是客体技术,即通过制造工具、使用工具来改造自然客体的技术,并且,这种被制造和使用的工具本身也是客体。一辆汽车、一把锤子虽然溶入了人的技术,但它们毕竟还是与制造者分立的物体。与客体技术形成强烈对照的是主体技术,这类新兴技术不是用来制造客体化的工具的,也不是用来改造自然客体的,而是用来改变人本身的。主体技术的诞生对人类文明的影响将是颠覆性的。如果主体技术成为我们的主导性技术,我们的生活方式将会从根基上发生巨变,这种变化的深刻程度是有记载的人类历史中前所未有的。我们都听过克隆人的传言吧,克隆人技术就是最纯粹的主体技术——它是用来造人的,而人作为工具所服务的目的,不是工具。如果把人的制造也首先看作是工具的制造,那么人类就大难临头了。遗传技术还可以用来改造人的本性,被改造过的人可以有与我们非常不同的欲望、需要和才能,如果我们把这种改变人性的技术首先理解成是为发展生产力服务的工具的话,我们也马上会由于迷失方向而掉进万丈深渊。因而,遗传工程一旦超出农业育种和医药学的范围,就越过了客体技术的界限而变成主体技术了。由于主体技术一开始就直逼人类生活的根基,我们不能用习惯的工具理性去理解它;相反,我们首先要用价值理性去系统地审视主体技术,在这里,伦理问题占据着绝对优先的地位。幸好,世界各国的学者已对遗传技术涉及的伦理问题有了较为广泛深入的讨论,在本文里,我们暂且先将其撂在一边。我们这里要初步考查的是目前基本上被人忽略的另一种具有同样颠覆性的主体技术:虚拟实在技术。由于许多人对虚拟实在技术比较陌生,另一些人则滥用虚拟实在概念,我们还是借用赛博空间和赛博文化这两个概念来切入吧。

一、作为隐喻的赛博空间（Cyberspace）：基于文本的网络冲浪

"赛博空间"一词目前主要在隐喻意义上使用，并且主要与互联网相关。当我们在电脑前坐定，打开它，接下来的事情往往如同魔幻一般。如果连接正确，我们可以借助鼠标与键盘起动开辟一个超文本环境。那感觉就好像在显示屏背后有一个潜在的巨大的信息存储库，而这信息似乎总是在不断再造的过程之中涌现。这个储藏库好像在某个确定的地方，就在那里。我们当然知晓，产生信息的人和信息所在的地方，不是在屏幕之后或硬盘当中，但这并不妨碍我们把电脑当作一种入口，通过这个入口与另外一个地方做着相似事情的另外一些人接触。这样，我们就在概念上倾向于想象在此处与彼处之间存在着非物理的"空间"，并相信借助计算机技术，我们可以进入这一"空间"。空间是把我们与他人隔开又联系起来的场所。我们以电子邮件的方式给别人发信息、在聊天室与别人聊天；在网上与人下棋，尽管看不见对手，他却像是就在面前；参加一些在线电信会议，我们却能体验到其他与会者的某种显现。但是，我们在哪儿？与我们交流的人又在哪儿？因为我们可以与他人以某种方式沟通，但毕竟又是从身到心都相互分离的，我们倾向于把这种电子关联的潜在能力赋予空间性（Spatiality），通常称此为"赛博空间"。在我们从事互联网电子事务时，它同时使我们相连又将我们分隔，而且这一"空间"随着电脑屏幕的开关而启闭。从这样理解的"赛博空间"中，我们得到的大都是基于文本加上一些视觉辅助效果的信息。

但是，正如 Zettl 所说，"空间性"概念是基于对"体积二重性"（Volume Duality）的理解。一个空间分有形和无形两个部分。有形的部分由物质实体构成，无形的部分则是空的，是由物质实体割划出来的。例如，一间房间，它的可利用的空间的体积，即无形体积，是由上下四围的墙的有形体积割划出来的。但是基于文本的网络却不属于这样一种空间。我们为了得到网页上的文本内容而在网上冲浪，我们知道空间上我们面对着有形的电脑屏幕，但我们不能进入屏幕内部，将文本内容的无形未知部分当作我们所处空间的延伸去探索。因而，我们知道"体积二重性"对文本资源并不适用。因为如果说屏幕自身属于空间有形的一方面，而屏幕和我们的距离间隔属于空间无形的一方面，那么，在我们涉及屏幕上的文本

第二部分 虚拟现实与人工智能

内容之前,二重性业已完成。因此,文本没有机会参与这种两重性的建立。至于一页文本中的两个词的距离,它的唯一作用是区分两个符号,而这两个符号也不是物质实体。

然而,当我们逐页阅读文本时,如果我们认为未打开的页面在别处某个地方,我们就可能把空间意义归于两页面之间的距离。选择"页面"(Page)这个词本身也形象地说明了对此空间的理解。此外,像"文件""文档""窗口""设置"这些词汇,似乎也在暗示当前屏幕背后似乎有某种空间动力过程在运作。但采用这些图像隐喻的唯一作用在于组织文本内容,而内容本身则不是空间图像性的。因此,"赛博空间"一词在这里不是指冲浪过程中读到的文本,而是指能使我们在不同的内容单元、页面之间冲浪的动态关联力量。我们将有形的空间结构投射到原本的符号关联上去,虽然我们清楚地知道这些关联并非有形的或真正空间性的。

因此,被理解为不是空间以外的其他事物而是空间的一种的"赛博空间",是隐喻意义上的空间。一些人称它为"非物理"空间,似乎空间允许非物理形式,但究竟空间如何在原初意义上成为非物理的这一点并未得到任何说明。空间这一术语在隐喻意义上的使用似乎是基于我们对电子关联性的理解,电子关联性以保存和发送符号性的意义为目的,是聚合与分割内容的一种方法。在这种情况下,"空间"一词暗示着一连串有形的和无形的集合体,或者意义之存在与缺席之间的相互作用。它引导我们把被传递的意义集合体看作被操作行为所分隔的意义集合体,操作行为本身是没有符号性意义的,它们只是与我们敲击、拉动、打字等动作相应而已。而这些动作在我们把一个单位的意义联结和另一个意义联结并列起来时造成了某种"间断"感,类似于物理空间的无形或缺对有形体的分割。

英文"赛博空间"一词的前缀为"cyber",是源自我们在控制论中把信息控制的过程理解为自我反制的动态系统,该系统能运用负反馈循环来稳定一个开放过程。在这里,赛博空间这一概念把控制论中所理解的自我反制过程应用到了超媒介(Hypermedia)的意义产生过程。这样,赛博空间意味着有无数的聚合与分离、在线与离线、创建与删除等情况发生。这一空间的开放性特征类似于对物理空间物象性的理解:我们似乎没有能力想象空间怎么会是有边界的。同样,赛博空间有最终的边界也是不可想象的,在网上冲浪过程中遭遇未知事物的可能性永远存在。这是一个永恒的互动过程。

在这样一个隐喻情景中，我们又该如何理解"赛博文化"（Cyberculture）这一概念呢？事实上，新闻媒体有把赛博空间与赛博文化等同的趋势，而忘记了赛博空间最核心的现象学层面的含义。当一些记者试图扮演网络文化批评者的角色时，他们不时地传递着这样一种信息：赛博空间等同于数码化社区或数码化城市。他们认为，社区、城市的数码化即刻使个人关系网络化，正是在这种密切的互联关系网上，参与者间的民主达到了多样性与统一性或一致性与开放性的平衡。但把赛博空间与网络化的人际关系等同，无助于说明赛博空间与赛博文化的可能性，因为在赛博空间里赛博文化如何兴起这个问题在这里变得没有意义了。它也不能帮助我们理解这样的事实——以文本为基础的赛博空间的隐喻特性已被移植到对赛博文化的理解，"赛博文化"也变成一种隐喻，而我们要讨论的是真正意义上的赛博文化，而不是隐喻。

在赛博社区（虚拟社区）概念背后有这样一个假设：作为文化实体的社区，仅仅依赖共同社会价值的交流活动就能形成。但在现实世界中，我们并不认为单是这种交流就能构成文化一体性形成的充足条件。似乎，地理或种族意义上的物理近性，对文化同一性的形成起着更为基本的作用。在有希望成为概念上的工具之前，赛博社区（虚拟社区）这样华丽的字眼如果没有经过严格的分析论证，对我们正确理解赛博空间与赛博文化是有害而无益的。

二、作为空间之不完全复制的赛博空间：动画游戏

在空间性意义上，动画游戏不同于以文本为基础的信息交流，因为屏幕上的"分隔"（Gap）代表游戏设置中的无形空间体积。影像是占有真实空间的有形形体，动画制作则是再现形体的运动。影像构成的有形体积割划规定了无形的空间。这些影像必须能在屏幕上移动，从而使玩游戏者所处的物理空间与游戏形象周围的空间通过屏幕得以连成一体。在意向性层面，玩游戏的人可以将自己身处的物理空间和游戏中的空间连成一气。

单个游戏本身还没资格进入赛博文化的隐喻当中。要获得这种资格，首先要能够吸纳更多的游戏玩家，然后允许玩家们在屏幕上选择自己的形象代表，让其他参与者不言而喻地把在屏幕上大领风骚和出尽洋相的你的形象代表当作你本身。我们通常称这些玩家形象替代者为"替身"（Avatars）。但因为一个替身代表一个客观现实中的玩家，玩家的真身与其

第二部分 虚拟现实与人工智能

替身之间所谓的同一性还只不过相当于一种临时的约定。在这种情况下，不存在本体论意义上的原始的空间构建，胡塞尔现象学意义上的意识构建活动（Constitutive Act of Consciousness）不会把替身周围的空间与玩家身体周围的空间当作一个相同的空间。

如果我们把作为玩家真实身体的象征性代表的替身四处活动的地方称为"赛博空间"的话，那么只与意义产生过程的无限开放性这个层面相关的隐喻用法将会过时。上面所讨论的所谓数码化社区中的成员势必要在网络中用替身来代表自己。然而，亲身参与的意识极大程度上依赖于参与者的自我认同的同一性，而主体与客观化的替身之间还势必产生临时约定无法填充的本体性断裂。代表只是代表而已，并不是自身。由于这个自我认同上的鸿沟得不到克服，非隐喻的真实意义上的赛博文化仍旧不能形成。

三、作为三维浸蕴体验环境的赛博空间：与人造物体相互作用

动画游戏不会停留在玩家加替身的模式水平上。一旦游戏设置成浸蕴环绕的，玩家就能与外在的自然环境分离开来，而完全进入赛博空间，并使赛博空间客观化。游戏中客观化的空间将与玩家自己的视角透视效果一致。这种人造空间将代替原初的自然空间，并且以游戏者的视野为中心，该赛博空间具备了无限扩展延伸的可能性，而且对于游戏者而言，除了在记忆中，不再有其他水平的空间存在，赛博空间成为唯一被经验到的空间。三维影像将模仿实境，并随游戏者的视角变化而变化，这样游戏者就会感觉自己的一举一动是在独立真实的世界中的运动。这个世界有使自身不断演化的潜能，并且能向未知领域无限延伸。它与我们进入赛博空间前所熟悉的那个物理世界在经验上是等同的。在我的 *Get Real: A Philosophical Adventure in Virtual Reality*（《有无之间：虚拟实在的哲学探险》）（以下简称 *Get Real*）一书中，我设计了如下一种游戏情景：

假设你和你的同伴准备首次尝试玩一种游戏，游戏开始前，要求你们各自戴上头盔（或眼罩），这样除了眼前两个小屏幕上的动画影像以外，你们什么也看不到；除了从紧扣在耳朵上的耳机传出的声音外，你们什么也听不到。由此，你们看到的是三维动画，听到的是立体声。可能还需要戴一双特制手套，从而监控你们手的运动，而且在游戏中，随着你们视听感觉的变化，能给你们的手掌、指尖施加不同强度的压力。你们站在一个

活动轨道上，这样你们就可以在原地做自由移动。你们身体的移动受严格的监测，信号会输入计算机，进行完善的视听信息处理。所以，当你与同伴以赛博空间为中介玩双打游戏时，全身与各种设施相连接。而同样的事情也发生在另一个房间里的你同伴身上。

当游戏开始时，你用你的眼睛看，用你的耳朵听，还用你的手和全身感受，一个自我封闭环境与现实环境隔离开来了。换句话说，你已置身于赛博空间。让我们假设下面一种典型游戏模式内容：你和你的同伴，每人都握着一支枪，准备向对方射击。三维动画实在是太真实了，你身体的运动与屏幕上的影像刚好协调一致，以致你几乎不能判断动画影像和肉身的不同。你的同伴看起来和你一样真实。在你和你同伴之间有一些树和石头，可能还有可以进出的房子或其他什么东西。你能摸到树叶，感受到坚硬的墙壁。因此，当你的同伴向你射击时，你跑、转身、躲闪、紧张、跳跃、受惊或激动；你听到来自不同方向的声音，感受到类似被子弹击中一样的撞击，你犹豫不决地扣动扳机，反击、进攻、反击……直到你们其中一个挨上致命一枪，血流满地，输掉游戏。游戏停止了，但即使你是失败者，也不会感到疼痛难忍或者奄奄一息。事实上，你将很快活着从设施中解脱，回到现实世界中来。

在这样一种游戏经历中，为了完全融入游戏过程，游戏者必须把赛博空间当作真实空间。他们必须对空间是"真实的"还是"幻觉的"这一判断进行悬置，而且要努力淡化记忆对当时游戏经验和真实情境的区分。他们必须对赛博空间的客观物体做出反应，就像他们在真实世界中所做的那样，因为他们在赛博空间中，以同样的视听与运动方式感知自身。与在现实世界中一样，构建性的意识同样必须进行胡塞尔式的非反思性的空间构建活动。此时，赛博空间才真正产生了，它摆脱了隐喻，按其原义实现了自身。浸蕴体验环境把游戏者从现实空间中分离出来，它就是虚拟实在有形和无形体积的总和。

当我们进入这样一个能使我们与另一个人相互作用的虚拟环境，构建空间性自身时，在非隐喻意义上预想赛博文化的样式才成为可能。如果我们出于交谈、分享价值、表达情感或策划合作等目的，用这种方式在赛博空间中与另一个人交流，那么赛博社区就能真正形成，赛博文化也将随之登台演绎自己的兴衰。

四、作为人类栖居地（Habitat）延伸的赛博空间：遥距操作（Teleoperation）

上面所讨论的赛博文化非常重要，但它在本体论水平上仍然无关宏旨。可令人兴奋的是，赛博空间和虚拟实在还可以有更深一步的发展。将之与遥距操作结合起来，我们就能够进入赛博空间，与人造物相互作用从而操纵真实的物理过程。例如，我在赛博空间中做捡石头的动作时，代表我身体的机器将会在真实世界中捡起一块真实的石头。因为我们为了自己的生存和繁荣同自然界的所有物理联系不过是对物体施加物理力量，推推这，拉拉那，所以，原则上机器人也能完成所有同类任务。如此，我们完全能够建立虚拟世界的基础部分，对物理世界实施遥距操作，不用离开赛博空间，我们就能完成所有工、农业的运作。

这样，有遥距操作功能的虚拟实在，将拥有真实世界的所有基本组成部分。而且，如果在我们对自然现实世界的事情一无所知时，父母就把我们放到赛博空间的浸蕴环境中，并且训练我们只通过遥距操作来做每一件事情，那么，我们将赛博空间当作首先给定的栖居地，而且再也不能在真实的自然环境中正常生活。结果，如果我们不是虚拟世界基础的设计者，也不知道虚拟世界的设计原理的话，我们就得发展一种基于这个未知虚拟世界的自然科学。我在 *Get Real* 一书中这样写道：

让我们想象在一个国家里，每一个人都处在虚拟实在的网络结构中。他们打从娘胎里出来就身陷其中。他们被赛博空间包围，并通过遥距操作维持生活。他们从没想象过生活会有任何不同。第一个像我们一样思考世界可选择性的人一定会被那里的大多数人耻笑，就如同柏拉图洞穴寓言里几个开悟的人。他们做饭或外出吃饭，商务旅行或旅游，进行科学研究，做哲学，看电影，读爱情、科幻小说，参加比赛，结婚或单身，有孩子或没孩子，变老，以及因交通事故、疾病或其他什么原因死去……同我们一样的生命循环。

因为他们完全被赛博空间包围，做着每一件对生存和繁荣必要的事情，所以他们不知道在我们这样的人看来，他们所过的生活可以被看作是幻觉。他们没有办法知道这些，除非有人告知他们或出示确凿无疑的证据。否则，他们不得不等待他们的哲学家帮助他们通过理性论证这样一种可能性，从而延伸他们的思维。

更有趣的可能是，他们的科技可能导致他们发展下一层次的虚拟实在，从而给了他们思考他们所处的"实在世界"的本性的机会，正如我们现在所做的那样，可能连他们所问的问题也会同我们相似。

如果存在着这样一个自由王国，我们能否说他们生活在一个"充满虚幻"的国度里？显然不能。因为如果你称他们虚幻，那就意味着我们知道我们的世界与他们的不一样。那么，接下来我就可以问："你如何向我们证明这个所谓的虚幻世界不是我们现在所生活的世界？"也就是说，我们如何知道我们不是那浸蕴在虚拟世界中自以为是的居民呢？

为了把我们的境况和这种可能性分开，让我们假设虚拟世界的基本物理规律不同于我们的世界。假设他们的重力是我们真实世界的两倍。因此，虚拟世界中与我们真实世界分子结构一样的"物体"将加速，也就是说，物体自由落体加速度是真实世界的两倍，而且当我们试图举起它时，重量也是两倍。他们可以同时看到红外线和紫外线，而我们却不能。他们的科学家根据他们的观察而推演重力规律的公式。由于两个界面协调得很好，他们能把真实世界中的事情遥控得有条不紊，并使他们的经济运作得很好。

从"外部"的观点得知这些之后，我们是否就能判断他们的科学家错了，而我们的科学家对了呢？当然不能。因为他们有充足的理由告诉我们，是我们的科学家错了。而且，根据他们的观点，他们没有做任何遥距操作，只是在正常地控制物理过程，实际上是我们，而不是他们在进行着遥距操作。如果我们告诉他们："你们虚拟实在的技术设施造成了你们对世界面貌的歪曲。"他们会用同样的逻辑告诉我们，正是我们缺乏这种技术设施，我们才不能像他们那样看到事物真相。他们甚至会反过来嘲笑我们："你们甚至不懂紫外线和红外线看起来到底像什么！"

当赛博空间发展到遥距操作阶段，在任何意义上的赛博文化，都能像真实世界中的传统文化一样，以相同的方式发展。因此，任何与传统文化相类似的事情都能在赛博文化中应验，没有必要去讨论这样的环境中赛博文化的每一种特殊模式。毕竟，如我在 *Get Real* 一书中指出的，基本理论是简单的：在本体和功能意义上，眼罩与我们的肉眼是对等的，紧身服与我们的皮肤也是对等的，没有什么相关的因素使得自然世界真实而人工世界不真实。它们之间的主要差别在于与人类创造力的关系：一个世界是完全地给予我们的，但另一个世界却是我们自己创造、选择的。

五、带来艺术创造力迸发的赛博空间:无实际后果的游戏

如果我们只拥有虚拟世界的基础部分以服务于实践目的,那么虽然我们的整个经验构架已被重建了,虚拟世界也还能在一定程度上被看作操作物理过程的有效工具。更使我们着迷的是虚拟实在的扩展部分。这部分虚拟实在将启发我们内在的艺术创造力,用我们自由的想象力建构出一个人造世界,与工具概念无涉。

这个扩展部分不具有与基础部分相同的本体论地位。首要的是,其中的虚拟物体在真实世界中没有基于物理因果性的对应物。在这个扩展部分,作为编程的结果,我们可能会遇到各种各样的虚拟物体:我们能感觉到有重量或没有重量的虚拟石头、能够随时消失的虚拟星星、发出音乐的虚拟风等;我们能拥有与以前在现实世界中所见到的相似或迥然不同的虚拟动物,遇到行为完全由程序决定的虚拟"人类",他们不是代理者,没有自我意识,也不能感觉或经验到任何事物。

因此,在这个扩展部分,事物既不与真实世界中的因果过程相关,也不能由外在的意识能动体发动。这是一个纯粹模拟的世界,或者一个终极的重建的世界。在这样一个世界中,赛博空间是意义的海洋,而且它是如此深邃以至任何一个可以想象的艺术模式或娱乐文化都有机会从那里产生出来。

从逻辑的极限上的虚拟实在和赛博空间的基础和扩展部分上,我们能看到赛博文化的无限可能性。如果我们回到隐喻的表达方式,那我们简直就要看到一个新的"创世纪"了。

六、结　语

我们终于明白,虚拟实在技术在最根本的意义上不是制造工具的技术,而是制造整个经验世界的技术。但人们也许会问,既然是制造世界的技术,那不就是最大的客体技术吗?怎么能把它归为主体技术呢?原来,按照制造工具客体的方式是造不出整个经验世界的。虚拟实在技术改变的是我们自己构建世界的感觉框架,而换了一个感觉框架得到的世界,是与自然世界在本体论上对等的。关于这个问题,笔者在《哲学研究》2001年第6期发表的《虚拟实在与自然实在的本体论对等性》中有详细论证。

这样一来,虚拟实在技术与遗传工程一样首先涉及的也是终极性的价

值伦理问题。这里立即显现出来的有如下几个具有强烈冲击力的问题：我们是否应该选择将我们的生活方式全方位地向虚拟实在推进？如果我们做了这样的选择，我们如何保证人类不会在过渡阶段由于分不清两个世界之间的界限而陷入全面的癫狂状态？如果我们真的自己创造了这样一个崭新的世界，我们的文明是向上飞跃了，还是向下堕落了？我们在多大程度上创造了新的世界，就在多大程度上对这个新世界上发生的事情负有责任。因此我们还要问：我们能否担当得起、如何担当这种责任？

当然，在本文里，我们已没机会深入讨论这些问题了。只是我们必须牢记，如果某种技术能够被归入"主体技术"的范畴，我们就要即刻警惕它对整个文明基础的颠覆性了。

参考文献

［1］Zettl, H. Sight, Sound, Motion: Applied Media Aesthetics (3rd. Ed)［M］. Belmont, CA: Wadsworth Publishing Company, 1999.

［2］Zhai, Philip. Get Real: A Philosophical Adventure in Virtual Reality［M］. New York/London: Rowman & Littlefield, 1998, pp. 82–83.

（原载《开放时代》2003年第2期。原文为英文，李文译，翟振明校阅增补）

关于虚拟世界扩展的伦理问题

——翟振明教授访谈

计海庆问（以下简称"问"）：最近中国政府提出"感知中国"的庞大计划，准备在建设物联网及其与互联网的整合方面占领国际前沿阵地。物联网到底是什么样的一个东西？它与互联网又有什么关系？还有人把网上的虚拟世界叫作人联网，物联网和人联网能够整合吗？

翟振明答（以下简称"答"）：一方面，我们试图建造物联网（IOT），把人造物甚至自然物的系统以有组织的方式进行电子信息标识和连接，同时接入互联网。另一方面，以美国 Second Life 和中国 HiPiHi（北京海皮士）为代表的虚拟世界平台，正在把全世界的人的身与心通过数码替身（Avatar）以实时受控三维形象的方式集结在一起，进行前所未有的交流与创造性活动。除此之外，主从机器人、遥距微创手术等的研究发展，则为我们将操纵物理世界的感性直观界面接入虚拟世界的环境提供了现实的可能。将上述技术整合在一起，把虚拟世界与现实世界融为一体的扩展现实（Augmented Reality，简称"AR"）就被建造出来了。要完成这样的一个整合，遥距临境（Telepresence）和遥距操作（Teleoperation）的基本构架都有赖于传感装置在人与物的领域的覆盖性应用和计算机网络的云计算（Cloud Computing）理念的全面实现。这里的传感技术，用于实时检测和操控的话，应该是双向互动的。一方面，计算机网络接收物体与人体的各种信息，另一方面，计算机网络还要把综合处理后的信息实时传向现场以驱动、操纵物体或引发刺激人体的信号。理论上，经过如此整合的人机互联互动系统，就能够允许我们完全沉浸在虚拟世界的环境里面进行各种维持基本生存和社会文化发展的实践活动。但是，这种整合需要在概念构架上理清各个关键环节的逻辑关联，还要在结构上从一开始就在伦理原则上保证维护人类个体作为掌控系统的主体的地位，以防止在这个无所不包的系统中人的主体性丧失殆尽，使人沦为信息流、物流和能量流自组织系统中的被动客体，或沦为掌控这个系统的寡头实现自己意志的工具。

问：在现阶段，物联网是用什么方式实现的，它与虚拟世界怎么结合？

答：物联网（IOT）是指通过射频识别（RFID）、红外感应器、全球定位系统、激光扫描器等信息传感设备，按约定的协议，把最多种类的物品与互联网连接起来，进行信息交换和通信，以实现智能化识别、定位、跟踪、监控和管理的一种网络。但是，要让物联网受制于人联网，我们还要在其基础上把所有的机器设备的操作界面与传感系统契合起来，再接收来自互联网的信号从而构成对物流和能量流的操作控制功能，这就是以互联网的终端为人机交互界面而实现的遥距操作。

问：在什么意义上，互联网上的虚拟世界是"人联网"？

答：虚拟世界（VW）是这样的一个人造世界，即在其中参与者通过各自的 Avatar 代替身体作为可感的标识，在共同创建的网络化的 3D 感性世界中进行交流互动；并且，这里的环境给人浸蕴其中的在场体验，视觉中的 3D 对象把听觉、触觉及其他感觉整合在一起，从而使通过 Avatar 浸蕴其中的人们形成身处一个独立的相对稳定的物理世界的感性体验。在完全的浸蕴环境下，Avatar 的视像将完全取代参与者自然身体的视像，由第三人称的对象性表征转化为第一人称视听场域中心的主体表征。因为现今的虚拟世界，是人与人交流的场所，还没被用来当作控制操作物的世界的感性界面，所以可以说是人联网。美国的 Second Life 就是这种人联网的代表，2010 年的总产值估计会超过 4 亿美元，许多著名大学、政府机构、金融机构、实业公司、文化团体都在里面设立总部，通过 Avatar 开展各种商业或非商业的活动。

问：那么，物联网与虚拟世界的整合如何实现？

答：作为物流操控系统操作界面的互联网终端，如果不与虚拟世界相整合，界面就是离散的。虚拟世界把这各自分离的界面连成一体，参与其中的个体也就结成联合体，与其相连的物联网就被置于这个联合体的监视操控之下。这样，虚拟现实就成了扩展现实，这个联合体创造出来的虚拟世界就不仅是交往与体验的世界，更是操控自然因果过程的实践空间，亦即他们为生存和发展而劳作的地方。

问：扩展现实（AR）将是什么样的现实呢？其中包括什么样的元素呢？

答：从理论的可能性上看，一个参与者通过自己的人替（Avatar）将可以在 AR 中遭遇如下几种对象：

（1）人替（Avatar），直接由用户实时操纵的感觉综合体，在完全的浸蕴环境下将与物理身体的视像在空间上重合，由第三人称的对象性表征转化为第一人称视听场域中心的主体表征。

（2）人摹（NPC），由人工智能驱动的模拟人，可以是系统创设的，也可以是用户创建的。

（3）物替，对应于物联网中的物体的服务于遥距操作的感觉复合体。

（4）物摹，该世界中各种不被赋予生命意义的"物体"。

（5）人替摹（Avatar Agent），用户脱线时派出的假扮真人的由人工智能驱动的模拟人替。

此外，考虑将来动物群体的加入，我们还会有：

（6）动物替（Animal Avatar），如果信号输入端使用了完全的传感技术进行实时动态捕捉而摈弃键盘和鼠标，我们就可以允许用户的宠物或其他动物进入虚拟世界，于是该世界里就会有这类对象活跃其中。

（7）动物摹，由人工智能驱动的模拟动物，如 HiPiHi 河源虚拟恐龙公园中的"恐龙"。

为了简洁明了，我们可以先不考虑动物，这样就有如下的扩展实在结构图（最下面的深色箭头表示用户实施遥距操作的路径，其他有向线路表示创造和被创造的关系）：

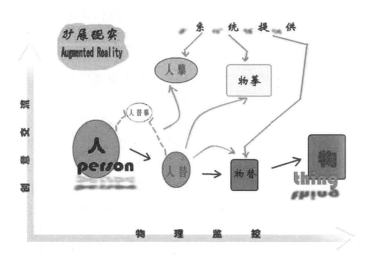

图中，人与人替之间、物与物替之间最终都需要实时传感技术进行连

接，箭头表示了信息交换关系的不对称性要求。

问：现在世界各国都在搞数字城市，与这里说的扩展现实会发生联系吗？

答：当前主要为城市规划和管理建造的数字城市，一方面可以转化为供人替居住的城区，另一方面又可以转化为物联网在虚拟世界中的映射框架系统，为用户通过人替对物联网中的对象实施监控和遥距操作提供有效的界面。

问：网络游戏呢，有人把这个叫作虚拟世界，对吗？

答：要把网游叫作虚拟世界，也未尝不可，但我看最好还是分开来谈比较好。网络游戏中的人摹可以释放到虚拟世界的大环境中，网络游戏的竞赛活动也可以转化为人替之间的一般交往和娱乐的内容，甚至用作军事训练。最后，游戏场景也可以转化成遥距操作的界面。

问：这样的整合，听起来好像要重建整个世界，那么我们人的地位，在这样的新世界里将会发生什么变化？

答："人是目的"，亦即，每个人都是目的，不能沦为他人的手段，也不能沦为技术系统的被动应对物。一方是作为主体的人，另一方是作为客体的物及技术系统，两方之间的信息交换的可通达性不应该是对称的（如上图所示）。因此，就像在现实世界中每个人都有一个不能被他人任意侵入的物理空间和信息空间一样，在虚拟世界里，每个人替（Avatar）都应该被赋予一个私人空间的硬壳，在正常条件下只有拥有这个人替的人才能决定让哪种信息从哪个方向通过。这个技术框架的设计，需要以某种深思熟虑的有关主客体关系的本体论为基础。

问：这样看来，这里产生的伦理问题，基本原则与我们现今世界的还是一样，就是要维护人的尊严和实现快乐等，是吗？

答：最高原则一样，但再下一层，就有很多前所未有的问题出现了。

首先，因为虚拟世界的"物理"规律是人为设定的，这就要求有一个"造世伦理学"的学术领域，在这个领域我们以理性的方式探讨和制定"最佳"的一套相互协调的"物理"规律。譬如，虚拟世界中的造物是否可以变旧？人替是否可以在与自然和他人的互动中被损坏？虚拟世界中是否允许"自然灾害"的发生？等等。要回答这一类的问题，有赖于一种前所未有的"造世伦理学"的诞生。如果我们不想把创建和开发虚拟世界这个将对人类文明产生巨大影响的事业建立在毫无理性根据的基础上，我们

第二部分 虚拟现实与人工智能

必须以高度的责任心创建这个学术领域并在这里进行系统深入的研究探讨。

其次，无论我们有怎样的造世伦理学，先撇开动物参与的问题，我们至少都还面临以下8个现实世界中没有出现过的基本问题。

（1）一个责任主体 vs 双重身份。在道德和法律层面的单个的责任主体，却在现实世界和虚拟世界各有一个不同的角色，最常见的就是性别和年龄的不同。如果一种道德或法律责任与性别或年龄紧密相关，在虚拟世界内部发生的纠纷要追到现实世界中的责任主体时，原来的适用于现实世界的规范的适用性就要求按照新的原则进行新的解释。这种新原则到底是什么，如何论证其合理性和普遍有效性？

（2）隐私 vs 隐匿。如何保证虚拟世界中以人替为中心的私人空间的界定既能有利于维护每个个体的基本权利，又不赋予用户以完全隐身的方式活跃在赛博空间中制造事端的能力？

（3）物理伤害 vs 心理伤害。原来用来区分物理伤害和心理伤害的标准已不再适用，比如攻击一个人的人替（Avatar）从虚拟世界内部看是"物理"性质的，而从现实世界的观点看却有可能只是心理的。如有相关的纠纷发生，如何决断？建立什么样的规则，才最符合普遍理性的要求？

（4）人工物 vs 自然物。虚拟世界里的山山水水等"自然"景观，都可以是用户创建的，当然，房屋居所等都是毫无歧义的人工物。于是，人工物与自然物的界限已经模糊不清，这也就要求我们对财产、占有等概念的内涵和外延进行重大的修改。我们根据什么原则来修改呢？

（5）人身 vs 财产。在虚拟世界中以及在一般的网络游戏中，攻击一个人替，一般是出于人身攻击的意图或冲动，但是如果这种攻击不与某种导向现实世界人身攻击动作的遥距操作相连接的话，实际的结果最多只能是让对方的财产遭受损失或尊严受到贬损。这种行动的当下意向和预料中的结果之间的必然的相悖，势必导致道德或法律判断的困境。我们要遵循什么样的路径，才能走出这种困境？

（6）意图 vs 后果，双重意图、双重后果。用户要在虚拟世界里活动，在虚拟世界内部要发生作用，就首先要形成意图并引起后果。但是，如果你在虚拟世界里的这一切行为只是为了向物联网施加遥距操作做准备，那么真正的期待的后果是在虚拟世界之外发生的。这样，我们也可以把遥距操作实施前在虚拟世界中做的事仅仅看成具象化的意图。再把一般情况下

· 149 ·

人替互动导致的在现实世界溢出的后果与遥距操作导致的后果归为一类，我们就要面对一个棘手的双重意图相对双重后果的问题。而意图与后果的关系问题，从来都是责任概念的一个关键点。问题是，效果与意图的4种组合将带来何种责任关联的新模式？

（7）人替、人摹、人替摹之间的识别及其不同责任关系的界定，在当事人无法区分时的责任问题。虚拟世界中的物摹和物替从原则上我们就没有将其设计成与人替不可分别的理由，这就不会存在原则上的区分问题。但是，衡量人摹与人替摹的设计之成功的最重要的指标，就是要使人替摹的行为表现无限接近人替的行为表现。这样，人摹与人替摹的逐日完善，就意味着用户逐渐失去区分这三种对象的能力。但是，人替是人的直接的感性呈现，是道德主体，我们对他也负有直接的道德责任；而人摹和人替摹却属于"物"的范畴，只是我们的工具而已。这样，我们就要回答这样的问题：如果用户不能在这三种对象之间做出区别，用户如何能够被要求做一个道德上负责任的人呢？

（8）虚拟与现实之间的终极越界问题。当技术上允许我们做到将虚拟世界和现实世界的界限在经验层次抹掉的时候，我们应该如何面对这种颠覆性的越界的可能？

问：这一连串的问题，确实让人困惑，回答这些问题，主要是哪个学科的任务？

答：以上提出的问题，事关人类文明发展的大方向，需要各学科学者的鼎力合作，其中涉及的学科，至少有哲学、计算机科学、传感技术、物理学、语言学、心理学、社会学、人类学、传媒学等。在此处公开发表这个研究纲领，是为了把有兴趣、有志向又有能力的人凝聚在一起，在这片基本还未开拓的处女地上耕耘以至收获。

问：一直以来，您都在证明虚拟实在和自然实在之间在本体论上都是对等的。从这个命题似乎可以推出，作为虚拟实在的人替和自然实在的人之间在本体论上也可以是对等的，"我们在（虚拟实在）的基础部分碰到的似人对象，一般来说就是真正的人"（《实在论的最后崩溃》，《求是学刊》2005年1月，第25页），但您又认为，人摹和人替之间在本体论上不是对等的，理由是人摹不是自我意识主体的承载。那么，是否可以说任何具有自我意识的主体都可以纳入伦理探讨的范围？如何判断自我意识的存在与否？谁能进行这种判断？一个自动运行的程序是否具有自我意识？

答：这个问题大大超出了虚拟世界哲学问题的范畴，但与传统的心物问题和他心问题没有太大的区别。在人工智能是否具有自我意识的问题上，除非我们能够说明在这个人工过程中自我意识是在哪个环节如何被引入系统的，我们必须假设这个系统不具备自我意识。但是，虚拟世界的概念预设了自动运行的程序必须为程序之外的主体体验才成为"世界"，模拟物体加人工智能只能造成"物"的世界。只在有意识主体参与时，才有被体验的世界，也才有主体间产生的伦理问题。

问：在造世伦理学制定的虚拟世界的"物理"规律中，有没有规律设定之外的意外和偶然情况发生的可能？在造世伦理学眼中有没有传统意义上的"自由"概念？人摹和人替有没有自由？

答：规律之外？如果随机因素是造世时允许系统以数学的方式产生随机性，不知算不算规律之外？这是首先需要澄清的概念问题。如果你指的是系统漏洞导致的意外，那就是另一个概念了。但无论如何，这些都与人的自由相容，因为这里自由的空间是以系统变量的方式对人开放的。当然，人在虚拟世界里以人替的方式显现，而人摹则属于物的世界，谈不上自由与否。

问：有一则真实的报道。韩国一对初为人父人母的年轻夫妇，热衷于网络游戏，他们在游戏世界里同样养育了一个虚拟婴儿。这对夫妇成天泡在网吧里照料虚拟宝宝，但导致了现实世界中的自己宝宝由于没有按时喂养而饿死的惨剧。在虚拟世界扩展的伦理看来，应如何理解这个案例？

答：这里的虚拟宝宝不是人替而是人摹，属于"物"的世界中的对象，与现实世界中的宝宝根本不同，所以这里并没有产生新的伦理问题。这样导致婴儿饿死，比如说，与热衷于养金鱼忽略了婴儿导致婴儿饿死的伦理责任问题没什么原则上的区别。如果将来有属人替的"婴儿"，伦理问题就会不一样，但人替的"死"与现实的死也远不是一回事。

（原载《哲学分析》2010 年第 3 期）

物联网与虚拟世界之整合前景及其基本问题

一、导 论

笔者在多年前曾论证，以往的技术主要是客体技术，即通过制造工具、使用工具来改造自然客体的技术，并且，这种被制造和使用的工具本身也是客体，像汽车、电脑等，都是典型的客体技术产品；与客体技术形成强烈对照的是主体技术，这类新兴技术首先不是用来制造工具的，而是直接用来重塑人本身、改造人的本性或重建人的整个经验世界的。像生殖性克隆技术、虚拟现实技术等，就是主体技术的典型范例。[①] 由于主体技术的效用无须中介就直接在人身上起作用，其首先涉及的就不是经济效用问题，而是人的生活的终极价值意义问题。我们这里要讨论的是某种客体技术与主体技术的全面融合，即以互联网为共同平台发展起来的人联网和物联网的可能整合带来的干涉人类文明前景的重大问题。虚拟世界是人们通过自己的替身（Avatar）沉浸在其中与他人交往并共同创造人工环境的三维感性世界，也就是我们这里所说的人联网，现以美国的 Second Life 为代表，中国的 HiPiHi（北京海皮士）曾经运行过类似的测试版，但正式的公众版一直都还没有发布。物联网则是将人工物全方位传感连接并通过互联网对物的系统实施监控和操纵的网络系统。目前，各种政府和非政府力量正在大力建设之中，温家宝总理 2009 年将江苏无锡的物联网研究院的任务规定为建立"感知中国"中心。据报道，仅在中国，2012 年由物联网带动的产业的规模将达 1000 亿元。[②] 人联网与物联网一旦整合起来，一个全新的生活方式就会形成，传统哲学中探讨的世界本性问题、人格同一问题、伦理和法理问题等，就会成为实践

---

① 参见本书第二部分《赛博空间及赛博文化的现在与未来——虚拟实在的颠覆性》一文。
② 数据来源：《光明日报》，2010 年 8 月 10 日。

第二部分　虚拟现实与人工智能

者必须直接面对的基本问题，而对实践问题的回答，必须以"人是目的"这条伦理学的铁律为出发点，不然我们就有可能本末倒置、彻底迷失。

二、作为人联网的虚拟世界

当前，"人联网"的概念还没有真正成型，偶尔被提及，也都是含义各异。但无论如何，使用这个词的人，基本上都着重强调通过移动互联网实现和导致的人与人之间的线下实时互动交往，以及由此带来的新的商业模式或人群聚合模式。① 英国评论家本·翰墨斯里认为，互联网给人际关系带来的影响，使得原来以地理边界和层级关系为结构基础的社会政治运作模式迅速过时。在互联网氛围中成长的新一代的生活和思维方式，与他们的长辈已有质的不同。他们的人际交往方式已经基本摆脱了地理空间概念和垂直等级模式，什么样的人在赛博空间形成群体，已经与地理意义上的远近没有确定的关联，而主要是以兴趣爱好、价值取向、关注焦点、个人习性等心理文化特征为标杆。并且，他们的聚散兴衰，基本不依赖于金字塔式的层级组织的运作，而依靠的是以网络化的方式形成的一种自组织能力。在这种背景下，翰墨斯里认为，主流权贵们习惯了的旧的社会控制模式，已经处在苟延残喘的挣扎期。② 尽管翰墨斯里有言过其实之嫌，我们确实也在现实中看到了不少这种断言的旁证。中东及北非革命与互联网的关联，伦敦骚乱对移动电话短信功能和互联网的依赖，"占领华尔街"运动从网络获得的动员力，都不同程度地显示了这种克服地缘障碍的网络化信息传播的自组织威力。伦敦骚乱后，英国首相卡梅伦认为新的社交媒体使反社会的分散人员能够在监管的薄弱地带积聚力量，威胁到主流社会的安全，曾提议"考虑禁止骚乱分子使用社交媒体"，但世界舆论似乎并不站在卡梅伦这一边。这就似乎说明，翰墨斯里的看法确实值得参考。

美国的 Facebook、Twitter、LinkedIn，中国的微博等都可以被看成翰

---

① *The Internet of Things Meets the Internet of People*，Harbor Research，2010。
② 参见 Ben Hammersley："British Counsel Lecture 2011：The Internet of People"，2011 年 12 月 11 日线上：http://www.benhammersley.com/en/2011/03/british-council-annual-lecture-2011-the-internet-of-people/。

墨斯里意义上的人联网。但是，翰墨斯里所说的由互联网的应用导致的人际交往方式的变化，与本文所要讨论的人联网将可能带来的颠覆性相比，只是小巫见大巫。与他不同，我们这里所说的人联网，是指以人的替身（Avatar）为核心理念的感性虚拟世界，在这里，每个单一的参与者都以主体的身份浸蕴在这个"物理"的3D空间里，并且独自或者与他人合作"物理"地建造和改造这个世界中的一切环境和对象。最为重要的是，这些参与者以"居民"的身份通过替身在这里交流互动、聚散离合，形成赛博社会和赛博文化。

基于美国的"第二人生"（Second Life）和基于中国的 HiPiHi 虚拟世界，就是这种"人联网"的雏形。"第二人生"由林登实验室（Linden Lab）于 2003 年推出，不久注册账号超过两千万，在线用户的高峰量为 88200 人，2011 年的活跃用户在 100 万以上。"第二人生"的用户可以随意选择自己的替身（Avatar）的模样，以走、飞、乘坐交通工具等各种方式移动，通过文字、图像、声音、视频等各种媒介交流。这个虚拟世界中的拟物环境及其中的物品都由用户创建，创建完成后既可以自用，也可以通过其中通行的林登币（Linden Dollar）进行交易。目前，进入商业流通的东西大致有如下种类：土地、房屋、车辆、各种用具、动画、衣服、皮肤、头发、珠宝、植物、动物、艺术作品等。用户也可以买卖任何种类的服务，从最简单的扎营（Camping）到专职的商业经营管理，服务提供者都可以赚取一定数量的林登币。这些林登币与美元随时可以在线上互换，汇率由市场供需决定自由浮动。仅 2009 年 2 月份一个月时间，"第二人生"中就有 64000 人赚取利润，其中 233 人各自赚取 5000 美元以上。2009 年的年度居民总收入为 5500 万美元。① 据"第二人生"官网公布的统计数字，2010 年"第二人生"的 GDP 超过 5 亿美元，美元与林登币的汇率在 1∶260 左右浮动。

之所以再也没有人把"第二人生"简单称作一款网络游戏，除了因为那里没有游戏中典型的竞赛积分等机制外，更为重要的，是因为传统的各行各业都进驻其中开展业务。各大公司如 IBM、Intel 等都在其中设有分支机构，将需要与顾客交流的部分业务转入其中。教育方面，包括哈佛大学在内的诸多著名学府在其中设立校园，如哈佛法学院就在其中建立模拟法

---

① 见 2011 年 12 月 13 日线上：http://en.wikipedia.org/wiki/Second_Life#cite_note-talksing-3。

第二部分 虚拟现实与人工智能

庭供教学使用。各种各样的培训机构,更是不胜其数。各种新闻机构、非营利组织也在里面办公,马尔代夫、瑞典、菲律宾等国政府在这里设有"领事馆",完成部分政府办公功能。在这种情况下,无论怎样定义"游戏",包括所谓的"娱乐游戏"和"严肃游戏",都不能刻画这种人联网的特性。这确实是一个无所不包的人工世界,虽被称作"虚拟",但里面的经济和社会文化活动,一点都不虚,与以华尔街为代表的"虚拟经济"风马牛不相及,也与"大话西游"和"魔兽世界"等网游相去甚远。在这里,平台设计运营者为"居民"提供包括"物理"法则在内的基本虚拟建设要素,利用它们,居民们可以在空无一物的"土地"上建造他们想要建造的各种东西。居民对其创造的虚拟财产拥有产权,由创造者决定他们的产品是否可以被复制、修改或者转手。同时,虚拟世界的生活与现实世界的生活在政治、经济、文化、教育等方面具有一定的平行关系。由于这个世界为其居民赋予了从内容到规则生产的最大自主权,也就成为社会经济和政治的实践和创新场所。这个场所,更是激发人们充分发挥创造力的艺术前沿阵地。

尽管像"第二人生"这样的网络感性世界已经让人耳目一新,但我们还只是将其称为虚拟世界的"雏形"。这主要是由于电脑屏幕和键盘鼠标的存在,用户还不能以第一人称的视角"进入"这个世界。但我们可以设想,只要计算机的威力足够,我们就完全可以将已经相对成熟的虚拟现实(Virtual Reality)技术中的显示和传感硬件代替现有个人电脑的人机互动界面,并且充分利用移动互联网通过手机与用户全天候连接。这样,每个用户的替身(Avatar)就在外部感觉层面完全替代了原来的身体而被虚拟世界中的场景环绕浸蕴。在此基础上加上听觉和触觉的实时配合,进入虚拟世界的我们,就在感觉层面与原来的自然环境隔绝,畅游在具有完整的物理感的赛博空间里,与他人像在自然环境中那样通过第一信号系统直接进行感性的交往互动。这样的虚拟世界与虚拟现实技术结合而成的以人的替身为原始节点的人工环境和内容,正是笔者在1998年出版的著作中设想的虚拟实在的"延伸部分"(Expansive

Part of Virtual Reality)。①

何为延伸?延伸部分是相对于基础部分而言的。因为以上描述的虚拟世界只是以诸多人替为控制源的施展个人创造力和人际交往的场所,而我们不能在这个场所里对自然物理过程实施控制和操纵,来为我们的基本生存和发展服务。亦即是说,在这个延展部分,我们不能在其中进行农业和工业的劳作。而只有当我们能够在这里完成所有的经济活动的时候,我们才可以将其看作一个完整自足的世界。因为我们的生存任务的基础性,笔者在上述著作中就把能够实施这种任务的虚拟世界部分称为虚拟实在的基础(Foundational)部分。那么,这个基础部分的建造何以可能?

三、物联网与遥距操作

在现阶段,物联网(IOT)一般是指通过射频识别(RFID)、红外感应器、全球定位系统、激光扫描器等信息传感设备,按约定的协议,把最多种类的物品与互联网连接起来,进行信息交换和通信,以实现智能化识别、定位、跟踪、监控和管理的一种网络。

在 IOT 的基础上,我们可以把所有的机器设备的操作界面与传感系统契合起来,再通过互联网给这个系统发出指令信号以实施对物流和能量流的操作控制功能,这就是以互联网的终端为人机交互界面而实现的遥距操作。在物联网的基础上实施遥距操作,有赖于遥感技术及主从机器人技术的发展。美国的 Intuitive Surgical 公司为医疗微创手术设计的 daVinci 系统,是遥距操作技术目前最成功的应用案例之一,中国已经有几大医院配置了 daVinci 系统。物联网的建设将使我们有可能把类似的系统扩展应用到人类活动的各个领域。

无论是对物联网中的物件进行监控还是借此对自然物理过程实施遥距操作,都需要一个人机交互的界面。作为物流操控系统操作界面的互联网终端,如果不与虚拟世界相整合,界面就是离散的。虚拟世界把这各自分离的界面连成一体,参与其中的个体也就结成联合体,与其相连的物联网就被置于这个联合体的监视操控之下。这样,虚拟现实就成了扩展现实

---

① Philip Zhai. *Get Real: A Philosophical Adventure in Virtual Reality* (Rowman & Littlefield Publishers, 1998),中文版,翟振明:《有无之间:虚拟实在的哲学探险》,孔红艳译,北京大学出版社 2007 年版。

(Augmented Reality)①，这个联合体创造出来的虚拟世界就不仅是交往与体验的世界，更是操控自然因果过程的实践空间。

由此看来，物联网与人联网的融合，相当于形成了虚拟实在的基础部分。有了这个基础部分，在原则上，我们就能够栖居于虚拟环境中，并在其中实施对物理过程的全面操控，无须离开这个虚拟世界就能完成我们的生存和发展的基本任务。也就是说，如果我们愿意，这样形成的扩展现实就可以代替我们现今所习惯了的自然现实。②

四、扩展现实及其中的存在物的种类

在我们按上述思路建造起来的扩展现实中，会遭遇如下各种对象：

（1）人替（Avatar），直接由用户实时操纵的感觉综合体，将在完全的浸蕴环境中与物理身体的视像在空间上重合，由现今的第三人称的对象性表征转化为第一人称视听场域中心的主体表征。

（2）人摹（Agent），由人工智能驱动的模拟人，可以是系统创设的，也可以是用户创建的。

（3）物替（Inter-sensoria），对应于物联网中的物体的服务于遥距操作的感觉复合体。

（4）物摹（Virtual Physicon），该世界中各种不被赋予生命意义的"物体"。

（5）人替摹（Avatar Agent），用户脱线时派出的假扮真人的由人工智能驱动的模拟人替。

此外，考虑将来动物群体的加入，我们还会有：

（6）动物替（Animal Avatar），如果我们在信号输入端使用了完全的传感技术进行实时动态捕捉而摈弃键盘和鼠标，我们就可以允许我们的宠物或其他动物进入虚拟世界，于是该世界里就会有这类对象活跃其中。

---

① "扩展现实"这个词源于英文的 Augmented Reality，但在现阶段，这个词的通行用法与这里的用法不同，一般被译为"增强现实"。扩展现实包含了系统对物理过程的遥距操作的基础部分，而增强现实通常只涉及虚拟影像与实在影像的融合。

② 本作者在上述1998年出版的著作中系统论证了虚拟实在与自然实在的本体论对等性，而从另一个角度，英国理论物理学家斯蒂芬·霍金最近在其著作《大设计》中讨论了将整个宇宙理解成虚拟实在的理论可能性，并以电影《黑客帝国》为例进行说明。参见 Stephen W. Hawking, Leonard Mlodinow. *The Grand Design*. Bantam Books, 2010.

（7）动物摹（Animal Agent），由人工智能驱动的模拟动物，如 HiPiHi 河源虚拟恐龙公园中的"恐龙"。

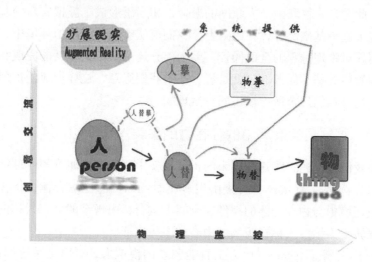

为了简洁明了，我们可以先不考虑动物，这样就有如下的扩展现实结构图（最下面的深色箭头表示用户实施遥距操作的路径，其他有向线路表示创造和被创造的关系）：

图中，人与人替之间、物与物替之间最终都需要实时传感技术进行连接，箭头表示了信息交换关系的不对称性要求。

我们进一步设想，如果我们将各种数字城市整合到虚拟世界，现有的数字城市就会很自然地成为人联网与物联网融合的界面，亦即实施遥距操作的界面。现今的数字城市，主要是为城市规划和管理建造的，这类数字城市，一方面可以转化为供人替居住的城区，另一方面又可以转化为物联网在虚拟世界中的映射框架系统，为用户通过人替对物联网化的城市实施监控和遥距操作提供有效的界面。此外，像美国的 City Cluster 项目，却主要用于历史文化名城的再现。

进一步地，我们可以把网络游戏中的人摹释放到虚拟世界的大环境中，网络游戏的竞赛活动也可以转化为人替之间的一般交往和娱乐的内容，甚至用作军事训练。最后，游戏场景也可以转化成遥距操作的界面。

五、前所未有的规范性问题

在上述扩展世界结构图的底部,有一组从"人"到"物"的箭头,那是用来指示其中所涉的最根本的哲学人文问题的,那就是,在这个无所不包的人工世界里,如何保证每个个体的人的生活意义,不被外在的力量奴役,保持人的基本尊严?

"人是目的",亦即,每个人都是目的,不能沦为他人的手段,也不能沦为技术系统的被动应对物。一方是作为主体的人,另一方是作为客体的物及技术系统,两方之间的信息交换的可通达性不应该是对称的(如上图箭头方向所示)。因此,就像在现实世界中每个人都有一个不能被他人任意侵入的物理空间和信息空间一样,在虚拟世界里,我们首先要关注的,就是每个人替(Avatar)都应该被赋予一个私人空间的硬壳,在正常条件下只有拥有这个人替的人才能决定让哪种信息从哪个方向通过。这个技术框架的设计,需要以某种深思熟虑的有关主客体关系的本体论为基础,而不能被一时的商业或政治考虑所左右。

在"人是目的"这条铁律下,我们一开始还会面对一种前所未有的"造世伦理"问题。因为虚拟世界的"物理"规律是人为设定的,这就要求有一个"造世伦理学"的学术领域,在这个领域我们以理性的方式探讨和制定"最佳"的一套相互协调的"物理"规律。譬如,虚拟世界中的造物是否可以变旧?人替是否可以在与自然和他人的互动中被损坏?虚拟世界中是否允许"自然灾害"的发生?等等。要回答这一类的问题,有赖于一种前所未有的"造世伦理学"的诞生。如果我们不想把创建和开发虚拟世界这个将对人类文明产生巨大影响的事业建立在毫无理性根据的基础上,我们必须以高度的责任心创建这个学术领域并在这里进行系统深入的研究探讨。

除了造世伦理之外,我们至少还要面临以下一组根本问题,这些问题亟须我们做出合乎理性的回答:

(1)一个责任主体 vs 双重身份。在道德和法律层面的单个的责任主体,却在现实世界和虚拟世界各有一个不同的角色,最常见的就是性别和年龄的不同。如果一种道德或法律责任与性别或年龄紧密相关,在虚拟世界内部发生的纠纷在追到现实世界中的责任主体时,原来的适用于现实世界的规范的适用性就要求按照新的原则进行新的解释。这种新原则到底是

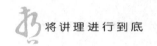

什么，如何论证其合理性和普遍有效性？

（2）隐私 vs 隐匿。如何保证虚拟世界中以人替为中心的私人空间的界定既能有利于维护每个个体的基本权利，又不赋予用户以完全隐身的方式活跃在赛博空间中制造事端的能力？

（3）物理伤害 vs 心理伤害。原来用来区分物理伤害和心理伤害的标准已不再适用，比如攻击一个人的人替（Avatar）从虚拟世界内部看是"物理"性质的，而从现实世界的观点看却有可能只是心理的。如有相关的纠纷发生，如何决断？建立什么样的规则才最符合普遍理性的要求？

（4）人工物 vs 自然物。虚拟世界里的山山水水等"自然"景观，都可以是用户创建的，当然房屋居所等都是毫无歧义的人工物。于是，人工物与自然物的界限已经模糊不清，这也就要求我们对财产、占有等概念的内涵和外延进行重大的修改。我们根据什么原则来修改呢？

（5）人身 vs 财产。在虚拟世界中以及在一般的网络游戏中，攻击一个人替，一般是出于人身攻击的意图或冲动，但是如果这种攻击不与某种导向现实世界人身攻击动作的遥距操作相连接的话，实际的结果最多只能是对方的财产损失或尊严的贬损。这种行动的当下意向和预料中的结果之间的必然的相悖，势必导致道德或法律判断的困境。我们要遵循什么样的路径，才能走出这种困境？

（6）意图 vs 后果，双重意图、双重后果。用户要在虚拟世界里活动，在虚拟世界内部要发生作用，就首先要形成意图并引起后果。但是，如果你在虚拟世界里的这一切行为只是为了向物联网施加遥距操作做准备，那么真正的期待的后果是在虚拟世界之外发生的。这样，我们也可以把遥距操作实施前在虚拟世界中做的事仅仅看成是具象化的意图。再把一般情况下人替互动导致的在现实世界溢出的后果与遥距操作导致的后果归为一类，我们就要面对一个棘手的双重意图相对双重后果的问题。而意图与后果的关系问题，从来都是责任概念的一个关键点。问题是，效果与意图概念的不同组合将带来何种理解责任关联的新范式？

（7）人替、人摹、人替摹之间的识别及其不同责任关系的界定，在当事人无法区分时的责任问题。虚拟世界中的物摹和物替从原则上我们就没有将其设计成与人替不可分别的理由，这就不会存在原则上的区分问题。但是，衡量人摹与人替摹的设计之成功的最重要的指标，就是要其行为表现无限接近人替的行为表现。这样，人摹与人替摹的逐日完善，就意味着用户逐渐失去区分这三种对象的能力。但是，人替是人的直接的感性呈现，是道德主体，我们对他也负有直接的道德责任；而人摹和人替摹却属于"物"的范畴，只是我们的工具而已。这样，我们就要回答这样的问题：如果用户不能在这三种对象之间做出区别，用户如何能够被要求做一个道德上负责任的人呢？

（8）虚拟与现实之间的终极越界问题。当技术上允许我们做到将虚拟世界和现实世界的界限在经验层次抹掉的时候，我们应该如何面对这种颠覆性的越界的可能？

六、结　语

物联网与人联网的融合，看似必然趋势。但这种融合带来的问题，具有一定的颠覆性，也就是把原来只有哲学家们才关心的问题带到了决策者的面前，成为我们实践上要直接面对的紧迫问题。我们依据什么对其做出决断，事关人类文明发展的大方向。因此，我们殷切希望各界学者达人鼎力合作，对这些问题进行严肃系统的研究探讨。这里涉及的学科，至少有哲学、计算机科学、传感技术、物理学、语言学、心理学、社会学、人类学、传媒学等。这里，只要我们把有兴趣有志向又有能力的研究者和思想者凝聚在一起，就有可能在这块处女地上开拓乃至收获。

（原载中国科学院《高技术发展报告》2012 年）

虚拟现实比人工智能更具颠覆性

2015年8月17日出版的美国《时代周刊》封面人物是虚拟现实眼镜公司 Oculus VR 的创始人帕尔马·拉奇（Palmer Luckey），封面还配以这样的文字，"虚拟现实的奇异惊喜以及它为何即将改变世界"。薄薄的一期杂志，竟然有超过20页的篇幅在评述虚拟现实技术。

一、智能机器人：无根基的幻想

其实，在我看来，对人工智能的热情或忧虑，大多基于缺乏学理根据的科幻想象或人们对自身的身份认同前景的恐慌。人工智能对人类生活的影响，无论从哪个角度看，都远没有扩展现实的实现带来的影响更具迫切性和颠覆性。

目前学界和业界对人工智能的理解遵循着两条路径。其一，强调人工智能及具有人工智能的机器人作为工具的高效性。按照这个思路，无论人工智能以何种惊人的效率代替我们人类的体力或脑力劳动，都不具有原则上的颠覆性。技术进步，从来都主要源于人们将自己从工具性劳作中解放出来的努力。其二，即所谓"强人工智能"，这是要人工制造具有人类的精神世界或"第一人称世界"的自由意志主体。这样的人造体，就不能被当作纯粹的工具了，因为他们具有人格结构，正常人类成员所拥有的权利地位、道德地位、社会尊严等，他们也应该平等地拥有。如果真能制造出来后者的话，那么他将具有某种颠覆性，但并不是像很多人想象的那样倒过来"消灭"人类。因为，他们本来就应该被看成我们自己进化了的后代，只是繁殖方式改变了而已。这样，后代取代了前辈继续生存发展，与人类以往历史并没有什么原则性的不同。

更为重要的是，经过多年的独立研究，加上近来与美国量子物理学家亨利·斯塔普（Henry Stapp）的讨论，笔者已经得出结论：物理主义和计算主义对人类意识的解释是误入歧途的，因为这些解释者都不可避免地陷入了"整一性投射谬误"（Fallacy of Unity Projection）之中不可自拔（见《哲学研究》2015年第6期笔者发表的论文）。这样的话，以计算机模仿神经元网络的方式造出来的人工智能就不可能具有真正的自我意识，只有按照量子力学原则建造出来的人工系统，才有可能具有第一人称视角的主观世界和自由意志。所以，除非有人以确凿的证据向我们证明如何按照量子力学的原理把精神意识引入了某个人工系统，否则不管该系统的可观察行为与人类行为多么相似，我们都不能认为该系统真的具有了精神意识。

总之，无论是从当前的紧迫性上看还是从终极可能性上看，人工智能问题都属于常规性问题，并且都是渐进呈现的，我们不必过于兴奋或担忧。

二、无智能机器人：虚拟现实和物联网的中介

什么是"无智能机器人"？看过电影《阿凡达》的人，都知道男主角有个替身在外星球归他实时操控。把那个培养出来的生物体换成人形机器人，通过无线连接，使得它能与主人的动作实时同步。这样，那个机器人就是无智能的"主从机器人"了。但这与虚拟现实或物联网有何关系呢？

作为物流操控系统操作界面的互联网终端，如果不与虚拟世界相整合，界面就是离散的。虚拟世界把这各自分离的界面连成一体，参与其中的个体也就结成联合体，这样，通过主从机器人作为遥距操作的中介，物联网就被置于这个由许多个体结成的联合体的监视操控之下。这样，虚拟现实就成了扩展现实（Augmented Reality），这个联合体创造出来的虚拟世界就不仅是交往与体验的世界，更是操控自然因果过程的实践空间，亦即他们为生存和发展而劳作的地方。在这个扩展现实人工世界里，将有如下几种存在物：

（1）人替（Avatar），直接由用户实时操纵的感觉综合体，在完全的浸蕴环境下将与物理身体的视像在空间上重合，由第三人称的对象性表征转化为第一人称视听场域中心的主体表征。

（2）人摹（NPC），由人工智能驱动的模拟人，可以是系统创设的，也可以是用户创建的。

（3）物替（Inter-sensoria），对应于物联网中物体的服务于遥距操作的感觉复合体。

（4）物摹（Physicon），该世界中各种不被赋予生命意义的"物体"。

(5) 人替摹（Avatar Agent），用户脱线时派出的假扮真人的由人工智能驱动的模拟人替。

此外，考虑将来动物群体的加入，我们还会有：

(6) 动物替（Animal Avatar），如果信号输入端使用了完全的传感技术进行实时动态捕捉而摈弃键盘和鼠标，我们就可以允许用户的宠物或其他动物进入虚拟世界，于是该世界里就会有这类对象活跃其中。

(7) 动物摹（Animal Agent），由人工智能驱动的模拟动物，如我们曾经建造过的 HiPiHi 河源虚拟恐龙公园中的"恐龙"。

这个世界中的人替，是由人的自由意志直接操控的视觉界面，与作为操纵物理世界的中介的主从机器人不同。这是任何人与其他人（由他们各自的人替代表）互动和建立人际身份认同的主要标识，相当于人体本身。

三、人替的本体工程与造世伦理学

由此建造出来的世界，必须以由分别的自由主体直接操控的人替为中心，它们各自的主体性必须具有绝对优先的权能地位。这就要求一开始就在技术标准中为每一个人替建立一堵防火墙，使得它们与外界的信息交换具有本体论上的不对称性。对于监视和操控性的信号以及信息的摄入和输出，决定权和控制权要完全落脚在人替端，这样才能保证每个人都可以通过人替认识和操纵外在世界，而来自外在世界（包括他人）的监视和操控信号、信息，则不能擅自进入。这样的不对称性，应该成为人替本体工程的第一原则。

这条原则，也就是"人是目的"原则的技术标准化，其功能与在我们现今世界的一样，就是要维护人的基本尊严和促进大家获得更多的幸福，等等。

此外，因为虚拟世界的"物理"规律是人为设定的，这就要求有一个造世伦理学的学术领域，在这个领域我们以理性的方式探讨和制定"最佳"的一套相互协调的"物理"规律。譬如，虚拟世界中的造物是否可以变旧？人替是否可以在与自然和他人的互动中被损坏？虚拟世界中是否允许"自然灾害"的发生？等等。要回答这一类的问题，有赖于一种前所未有的造世伦理学的诞生。如果我们不想把创建和开发虚拟世界这个将对人类文明产生巨大影响的事业建立在毫无理性根据的基础上，我们必须以高度的责任心创建这个学术领域并在这里进行系统深入的研究探讨。

四、其他规范问题及"虚拟世界大宪章"

无论我们有怎样的造世伦理学，先撇开动物参与的问题，我们至少都还面临以下几个现实世界中没有出现过的基本问题：

（1）一个责任主体 vs 双重身份。在道德和法律层面的单个的责任主体，却在现实世界和虚拟世界各有一个不同的角色，最常见的就是性别和年龄的不同。如果一种道德或法律责任与性别或年龄紧密相关，在虚拟世界内部发生的纠纷要追到现实世界中的责任主体时，原来的适用于现实世界的规范的适用性就要求按照新的原则进行新的解释。这种新原则到底是什么，如何论证其合理性和普遍有效性？

（2）隐私 vs 隐匿。如何保证虚拟世界中以人替为中心的私人空间的界定既能有利于维护每个个体的基本权利，又不赋予用户以完全隐身的方式活跃在赛博空间中制造事端的能力？

（3）物理伤害 vs 心理伤害。原来用来区分物理伤害和心理伤害的标准已不再适用，比如攻击一个人的人替（Avatar）从虚拟世界内部看是"物理"性质的，而从现实世界的观点看却有可能只是心理的。如有相关的纠纷发生，如何决断？建立什么样的规则，才最符合普遍理性的要求？

（4）人身 vs 财产。在虚拟世界中以及在一般的网络游戏中，攻击一个人替，一般是出于人身攻击的意图或冲动，但是如果这种攻击不与某种导向现实世界人身攻击动作的遥距操作相连接的话，实际的结果最多只能是对方的财产损失或尊严的贬损。这种行动的当下意向和预料中的结果之间的必然的相悖，势必导致道德或法律判断的困境。我们要遵循什么样的路径，才能走出这种困境？

（5）人替、人摹、人替摹之间的识别及其不同责任关系的界定，在当事人无法区分时的责任问题。虚拟世界中的物摹和物替从原则上我们就没有将其设计成与人替不可分别的理由，这就不会存在原则上的区分问题。但是，衡量人摹与人替摹的设计之成功的最重要的指标，就是要其行为表现无限接近人替的行为表现。这样，人摹与人替摹的逐日完善，就意味着用户逐渐失去区分这三种对象的能力。但是，人替是人的直接的感性呈现，是道德主体，我们对他也负有直接的道德责任；而人摹和人替摹却属于"物"的范畴，只是我们的工具而已。这样，我们就要回答这样的问题：如果用户不能在这三种对象之间做出区别，用户如何能够被要求做一

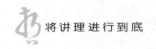

个道德上负责任的人呢？

（6）虚拟与现实之间的终极越界问题。当技术上允许我们做到将虚拟世界和现实世界的界限在经验层次抹掉的时候，我们应该如何面对这种颠覆性的越界的可能？

以上这些问题，从前主要是哲学家们在纯理论层面展开讨论，而随着扩展世界的到来，使它们变成立法者和一般参与者必须直接面对的实践理性问题了。

如果我们对以上各种问题进行深入探讨后达到了某种基本共识，我们就可以在此基础上制定"虚拟世界大宪章"了。不然，如果我们在人文理性还没充分介入时就直接进入扩展现实的世界，我们就很有可能变成某些寡头实现权力意志的工具，人类生活就有可能走向理想的反面，我们的后代就很可能在权力与技术恶性结合的倒置乌托邦中蒙难。

至此，我们终于知道为何网络化的虚拟现实与物联网整合起来以后，将即刻给人类生活的根基带来最深刻的冲击和颠覆，而人工智能在这里可以起到辅助的作用，但其本身并不具有同等的颠覆性。

（原载《高科技与产业化》2015 年 11 月号）

"强人工智能"将如何改变世界

——人工智能的技术飞跃与应用伦理前瞻[①]

2016年,是人工智能(Artificial Intelligence,英文缩写为AI)议题高度亢奋的一年。谷歌DeepMind团队开发的AlphaGo程序以4∶1的成绩战胜韩国棋手、世界冠军李世石,使这种亢奋达到了顶点。

AlphaGo程序利用"神经网络"来模仿专业棋手,并通过与其他同类程序比赛、程序自身的"对垒"进行"自我学习",从而进一步提高其性能。AlphaGo对阵其他围棋程序的胜率达到了99%,并在过去的一场巡回赛中以5∶0战胜了卫冕欧洲冠军樊麾。此番AlphaGo与李世石的对垒,五连胜还是负一赢四,并不妨碍我们对人工智能的发展做出进一步的评估。恰如本次赛前发布会上谷歌董事长施密特所表示的,输赢都是人类的胜利。因为正是人类的努力才让人工智能有了今天的突破,人工智能在围棋上战胜人类智能只是时间问题。

AlphaGo赢得围棋比赛,使得知识界科技界对待人工智能的两种典型态度再度引起关注:一种是霍金、比尔·盖茨式的"警惕人工智能",一种是雷·库兹韦尔式的乐观兴奋与期待憧憬。2014年12月,英国理论物理学家史蒂芬·霍金警告说,人工智能的发展可能意味着人类的灭亡。2015年1月,比尔·盖茨在Reddit的"Ask Me Anything"论坛上表示,人类应该敬畏人工智能的崛起。盖茨认为,人工智能将最终构成一个现实性的威胁,虽然在此之前,它会使我们的生活更轻松。库兹韦尔是"奇点论"和"加速回报定律"主张的代表人物,他曾经表示:"要成为一位发明家或企业家,你必须得是个乐观派。对未来所存在的风险,我并非浑然不觉,我只是对人类安然渡过奇点而无须以摧毁文明为代价持乐观态度而已。"[②]

[①] 本文与彭晓芸合作完成。
[②] http://www.thinkwithgoogle.co.uk/quarterly/innovation/transgressive-man.html.

自从被1956年的达特茅斯学院会议正式确立为一个学科以来,"人工智能"的发展经历了多次起伏。到了20世纪70年代,人工智能的发展开始遭遇更多的批评,随之而来的还有资金支持的锐减。研究者的过于乐观使得一些项目的承诺无法兑现,比较知名的诸如闵斯基(Marvin Minsky)对传感器技术的激烈批评,使得联结主义(即神经网络)近乎销声匿迹了10年。1973年,美国和英国政府更是严格控制对人工智能的投入,那些"没有明确目标的人工智能研究项目"被停止了拨款。

1980—1987年,人工智能重新迎来一个发展高潮,首先是日本投入了8.5亿美元研发机器人。受日本政府投资野心的刺激,发达国家进入了人工智能研究的竞赛状态,美国政府和企业再次在AI领域投入数十亿研究经费,但由于研究人员低估了人工智能研发的难度,进展有限,这些投资在80年代末再次受到质疑。1987—1993年,人工智能的发展又一次陷入低谷,美国研究机构DARPA(国防高等研究计划署)的主任甚至认为人工智能不再是研究的重要方向。卡内基梅隆大学移动机器人实验室主任莫拉维克(Hans Moravec)将这种挫败归咎于他的同行们不切实际的预言和承诺。①

从1993年到今天,人工智能进入了加速发展轨道。2012年6月23日,纪念图灵百年诞辰的图灵测试在位于米尔顿凯恩斯的布莱切利公园举行。一个被设计为拥有"高度可信度"的个性化机器人古斯特曼在竞赛中获胜。这次竞赛主要有5台机器人、25名人类成员和30名评委参与,是有史以来规模最大的一次竞赛。经过一系列的长约5分钟对话后,29%的评委相信古斯特曼拥有类人的人工智能。② 这次测试,使得人工智能乐观派相信,人工智能的飞跃式发展即将来临。早在2005年,雷·库兹韦尔在他的《奇点临近》一书中,就预言机器的智能将在2045年超过人类的智能。③

---

① Crevier, Daniel. *AI: The Tumultuous Search for Artificial Intelligence*. Basic Books, 1993, p. 115. Moravec explains, "Their initial promises to DARPA had been much too optimistic. Of course, what they delivered stopped considerably short of that. But they felt they couldn't in their next proposal promise less than in the first one, so they promised more."

② https://www.newscientist.com/blogs/onepercent/2012/06/bot-with-boyish-personality-wi.html?DCMP-OTC-rss&nsref=online-news.

③ *The Singularity Is Near: When Humans Transcend Biology* 是 Raymond Kurzweil 于2005年出版的关于未来学的书籍。中文译著已由机械工业出版社于2011年10月1日出版发行,译著书名为《奇点临近》。

在学术界,"奇点理论"遭到了强烈而持久的质疑。牛津大学哲学教授、人类未来研究院(人类未来研究院是一个多学科研究院,旨在帮助一些非常优秀的数学家、哲学家和科学家对人类大问题和全球大事务进行仔细的思考)创始人和主任尼克·波斯特洛姆(Nick Bostrom)在其2014年出版的《超级智能:途径、危险与战略》一书中认为:"'奇点'这一术语在很多不同领域被混乱地使用,并催生出一种不合理的技术乌托邦氛围,就好像我们会就此迎来太平盛世。考虑到'奇点'这个词所指的大部分含义与本文的论述不甚相关,我们可以去掉这个词并代替以更精确的术语。"① 波斯特洛姆使用"超级智能"(Super Intelligence)一词来描述机器"智能爆发"之后的智能状态。但是,波斯特洛姆的这个概念没有把工具性智能与人类的意识和自我意识等第一人称世界的内容区分开来。根据我们下面的讨论可以看出,这种混淆是误入歧途的,但这并不妨碍他的警示的有效性。

一、"弱人工智能"复杂化:人类的"超级秘书"

AlphaGo赢得围棋比赛,是不是像有些人惊呼的那样,人类智慧最后的壁垒即将坍塌,"人类应放下自己的骄傲"?② 其实,人类以这种工具性智能为傲,本来就是概念错置。况且,以下围棋的能力来代表人类智能,也站不住脚。说到底,这是在单一的抽象博弈智能方面,体制化的学术集体战胜了天赋极高的自然个体。这种博弈,无论哪一方赢,都是人类在赢。

围棋作为一种古老的棋术,其规则简单明晰,却因组合可能性的数据庞大而令一些人感到痴迷。围棋棋盘上每一点,都有黑、白、空三种情况,棋盘上共有 19 × 19 = 361 个点,所以可能产生的合法棋局数为 3 的 361 次方种。可能性的难以穷尽,催生了围棋朗朗上口的口诀式经验总结,其实就是快速对应胜负的概率计算,这与AlphaGo通过"深度学习"而减少计算量的逻辑是一致的。不同的是,计算机可以记住趋于无穷多的作为程序的口诀和案例,而人穷其一生,也只能记住有限的经验,很多时

---

① [英]尼克·波斯特洛姆:《超级智能:路线图、危险性与应对策略》,中信出版社 2015 年版,Kindle 位置:328/5236。

② http://sports.sina.com.cn/go/2016-01-30/doc-ifxnzanh0397466.shtml。

候就只能靠现场推算,甚至靠直觉领悟了。一些对围棋技艺痴迷且不愿意相信电脑能赢的人,陷入的恰恰是将围棋神秘化的有限经验当中。更有意思的是,有些棋手按照平时训练的围棋技艺来评价人机大战时,会认为 AlphaGo 哪招哪式在下"臭棋",哪招是"失误",其实,在以最终取胜为目的的电脑程序里,只要达成程序设定目标,就不能有所谓"臭棋"或"失误"之说。

那么,会"深度学习"、用"神经网络"打造的 AlphaGo 究竟算不算"强人工智能"或波斯特洛姆所言的"超级智能"呢?

波斯特洛姆在美国《连线》杂志 2016 年 1 月刊发表了看法。在他看来,这(指此前 AlphaGo 的发展)并不一定是一次巨大飞跃。波斯特洛姆指出,多年来,系统背后的技术一直处于稳定提升中,其中包括有过诸多讨论的人工智能技术,比如深度学习和强化学习。谷歌击败围棋大师不过是一项重大进程中的一部分。这一进程始于很久以前,也将延续至未来几年。波斯特洛姆说,"过去和现在,最先进的人工智能都取得了很多进展","(谷歌)的基础技术只是过去几年中的技术研发的正常延续"。[1]

看起来,虽然波斯特洛姆在总体上有关智能本质的理解是不成立的,AlphaGo 的表现也没有出乎他的意料。在《超级智能:路线图、危险性与应对策略》一书中,他曾经这样表述:"专业国际象棋比赛曾被认为是人类智能活动的集中体现。20 世纪 50 年代后期的一些专家认为:'如果能造出成功的下棋机器,那么就一定能够找到人类智能的本质所在。'但现在,我们却不这么认为了。约翰·麦肯锡曾不无惋惜地悲叹:'这种机器被造出来之后,人们就不称其为人工智能了。'"[2] 也就是说,能下棋能赢人类的机器,终究还是机器,与人类的心智本质无甚关联。感到不可思议或惊呼"聪明的人类输给了机器"的人,不是神化了下棋技艺的智力本质,就是给下棋程序横加赋予了"人性"特质。

初看起来,波斯特洛姆所谓的"超级智能",应该是能够全面取代人类智能的一种"强人工智能",区别于当前已经广泛应用中的"弱人工智

---

[1] Wired, "Google's Go Victory Is Just A Glimpse of How Powerful AI Will Be", http://www.wired.com/2016/01/googles-go-victory-is-just-a-glimpse-of-how-powerful-ai-will-be/, 2016.1.29.

[2] [英]尼克·波斯特洛姆:《超级智能:路线图、危险性与应对策略》,中信出版社 2015 年版,Kindle 位置: 518/5236。

第二部分　虚拟现实与人工智能

能"(包括自动驾驶、下棋技能、机器视觉、指纹识别、人脸识别、视网膜识别、虹膜识别、掌纹识别、专家系统、自动规划,等等)。但他并没有深入探讨人类的智能现象的本质究竟是什么,对经典的"他心问题"也无涉及,这又让人觉得他说的"超级智能"还是属于工具性智能的"弱人工智能"的范畴。

就这一点,他本人也有所认识,他说:"用超级智能来指代在许多普遍的认知领域中,表现远远超越目前最聪明的人类头脑的智能。这个定义仍然十分模糊。按照这个定义,很多系统具有迥然不同的性能特质,都可以被视为超级智能。"① 为了进一步解释他的构思,他试图通过区分智能层面的超级能力,将超级智能的这种简单定义分解。于是,他将超级智能分为三种形式:高速超级智能、集体超级智能和素质超级智能。由于未能把握人类意识现象的本质以及指出解释意识现象的方向,不管波斯特洛姆在展望超级智能时如何分类,都无法提供接近"机器人是人吗?人是机器人吗?"这个根本命题的方向乃至答案。

无论是谷歌的无人驾驶技术,还是如今的 AlphaGo 下棋程序,或者是更早前的"微软小冰",这些智能机器的发明,与人类从科技进步中期待得到的工具理性之间并无根本的内在冲突,复杂程度日益提升、智能的日趋强大,与人们惊呼的"人类将要被机器消灭"的后果之间,并没有什么必然的关联。

可以说,迄今为止,机器下棋技术的每一次重要进展,都可能是"弱人工智能"领域的路标,但其中涉及的主要并不是人工智能技术内部逻辑的断裂性突破。而这次 AlphaGo 赢了人类冠军所谓的重要意涵,是一些围棋爱好者把围棋和李世石预先设想为当然标杆后,标杆在某种光照中投下的张扬扭曲的影子。要超出这个,我们必须对人类意识的"整一性"难题和"他心问题"有了可操作的解释以后才有可能。就目前情况来看,玄机在哪里呢?不在棋局中,不在 DeepMind 的工坊里,也不在 AlphaGo 的"神经网络"里,而在我们自己心智的幻影中。就"弱人工智能"范畴而言,智能再强大的机器,再像人的机器,也就是人类的一个不闹情绪的"超级秘书"而已。

---

① [英]尼克·波斯特洛姆:《超级智能:路线图、危险性与应对策略》,中信出版社 2015 年版,Kindle 位置:1199/5236。

· 171 ·

二、价值失落：人类的身份认同危机与技术焦虑症

2014年，史蒂芬·霍金与麻省理工学院物理学家马克思·泰格马克（Max Tegmark）、诺贝尔奖得主弗朗克·韦尔切克（Frank Wilczek）、计算机科学家斯图亚特·罗素（Stuart Ressell）合写了一篇署名评论文章《在超级智能机器上超越自满》，该文引起了广泛关注。霍金在文章中表达了对人工智能的忧虑："可以想象，人工智能会以其'聪明'在金融市场胜出，在发明方面胜过人类研究者，在操纵民意方面胜过人类领导人，研发出人类甚至理解不了的武器。尽管人工智能的短期影响取决于谁在控制人工智能，而它的长期影响则取决于人工智能到底能否受到任何控制。"①

关于人工智能的忧虑中，最为值得关切的是人工智能的应用伦理及其价值植入的技术限度。

人类的价值系统，粗泛地区分，可以分为外在价值和内在价值，即所谓"有用"与"无用"之辨。当我们说什么东西有用时，是就这东西对于它之外的某个目标、目的或者功能而言的，比如钱可以拿来购买面包充饥，这叫工具价值。由于它把其他东西当作自己服务的对象，所以它没有内在价值，只有外在价值。外在价值即是那些工具性的价值，最终服务于人类的内在价值诉求。

那么，什么是内在价值呢？哲学家们或许会就某些含混地带进行争论，但无论如何，很少有人会把一些基本的要素排除出去，比如自由、快乐、尊严、情爱、创造、自我超越，等等。这些东西不是为了其他东西而存在，相反，生活中没有了这些东西，就等于失去了值得欲求的内容。当然，要有自由、尊严，需要一个最低版本的生存条件。这个条件，人和任何其他动物没有什么不同，不是人之为人的本质所在。如果我们谈论人类生活的内在价值及其意义系统，则必然集中在人所特有的东西上。康德的道德哲学已向我们表明，追求自由、尊严是所有理性存在主体的内在规定，鲜有其他哲学家会否认这一点。

---

① One can imagine such technology outsmarting financial markets, out-inventing human researchers, out-manipulating human leaders, and developing weapons we cannot even understand. Whereas the short-term impact of AI depends on who controls it, the long-term impact depends on whether it can be controlled at all. 见 http://www.huffingtonpost.com/stephen-hawking/artificial-intelligence_b_5174265.html.

第二部分　虚拟现实与人工智能

在谈论人工智能对人的侵蚀和威胁时，有一部分研究人员会使用丧失"人类关切"（Human-centric）来描述这种内在价值的亏损。比如法格拉（Daniel Faggella）采访了 12 位活跃在 AI 领域的权威专家和研究人员。其中，科尔奈（Kornai）博士和阿肯色大学的博尔林特（Daniel Berleant）博士都预见到了自动化金融算法被它们的所有者们用来作为赚钱工具所带来的潜在灾难性问题，他们说，这其中没有任何"人类关切"的目标。认知科学家巴赫（Joscha Bach）则说："近期的人工智能引起的危机最终可能成为现在社会中已经存在的同样的危机。如果我们不能走出基于工薪的经济模式的话，人工智能的自动化会提高生产力，却不会改善我们的生存条件。"① 这种忧虑不无道理，不过主要是基于财富分配的急遽变化而引起的社会阶层流动而言的，实际上，并不是技术进步和人工智能自身的问题。

如前所述，人类的内在价值并不在于谋生存的基本劳作，无论是体力劳动还是脑力劳动，都是为了解决问题来完成给自己设定的任务，这种设定源于我们的自我意识和意义系统。有了这种设定，才能知道什么是该干的"活"，什么是服务于我们的诉求的有效劳动。像下棋一类的智力活动，在人类这里刚好不是用来"干活"完成功利目标的技能，而是生活内容中的一部分高级游戏，这很有工具价值之外的意义。但是，这场人机大赛，引起哗然的并不是这个，而是人们感觉到的一种基于工具效能理解的自我认同危机。这种自我认同，其实是佣工思维，是一种价值上的自我贬损。

在单一的抽象博弈智能方面，体制化、学术化的集体战胜了天赋极高的自然个体。这令依赖这种禀赋的自然个体感到焦虑，正如有人马上反应过来："以后还带不带孩子学围棋了？大街小巷的围棋兴趣班还有生意吗？"围棋冠军们更是感受到一种职业性的惶恐：究竟我们此前对围棋的认知还有多少盲区？

其实，机器没有独立的意志，所谓"输"与"赢"的说法，都是我们人类单方面的投射，与 AI "自己"无关，因为 AlphaGo 根本就没有所谓的"自己"。没有独立的意志，怎么和人发生"大战"呢？相反，棋盘之外，人们的反应，比如无名的焦虑，不可克制的兴奋，更具体点，汉语世界的看客几乎异口同声地把 AlphaGo 称作"狗"，这却是要超出现今任

---

① http://www.huffingtonpost.com/danielfaggella/artificial-intelligence-r_b_9344088.html.

· 173 ·

何人工智能可以"理解"的范围的。

一些围棋资深人士感到困惑,他们认为 AlphaGo 给出选点的思维方式与人类很不同,还有一个流行的说法是,"最可怕的不是 AlphaGo 战胜李世石,而在于它能赢却故意输掉"。这本来是个玩笑,但这个玩笑引出的问题确实切中要害。什么叫"故意"输掉?AlphaGo 并没有自我意识,没有自由意志,如何谈得上"故意"?"故意"可是一种截然不同的能力。这就要求我们理解"弱人工智能"与"强人工智能"的原则区别了。

波斯特洛姆似乎会把机器的所谓"故意"描述为"超级智能的意愿",在他看来,智能大爆发将会导向一个叫作"背叛转折"的临界点。关于背叛转折,他这样定义:"当人工智能本来愚蠢时,变聪明是更安全的;但是当它本来就聪明时,变得更聪明则是更危险的。就像有一个轴心点,到这个点上,原来很有效的策略会突然产生相反的结果。我们把这个现象叫作背叛转折。"①

波斯特洛姆假想的人工智能厄运围绕的仍是人的动机,而不是机器真正有了意图。诸如他所列举的,机器为了使得开发人工智能的赞助者高兴,而"故意"表现得不那么"聪明"来蒙蔽人类,诸如在赞助者的大脑中植入负责快乐的电极,以使得赞助者被蒙蔽而不知觉,反而觉得很快乐。这里面涉及的,仍然是人与人之间的欺骗与控制。

只要没有出离人与人之间的关系,人工智能呈现的问题与危机,就没有超乎人类已经面对过的控制与反控制的议题。也就是说,人工智能的技术飞跃或者所谓"智能大爆发"带来的应用伦理问题,并不是新问题,而是一系列老问题的叠加。它会挑战我们过往的既有经验,却不是颠覆性的"消灭";它会改变社会学阶层分析的经典框架,却不会产生什么新型的劫难。

对人工智能的过度期待或深度忧虑,大多基于缺乏学理根据的科幻想象或人们对自身的身份认同前景的恐慌。出版于 1818 年的《科学怪人》②就描述了"弗兰肯斯坦"这个科学狂人,他以"科学"的方式使死尸复

---

① [英]尼克·波斯特洛姆:《超级智能:路线图、危险性与应对策略》,中信出版社 2015 年版,Kindle 位置:2416/5236。

② Frankenstein or The Modern Prometheus,又译作《弗兰肯斯坦》,后世有部分学者认为这部小说可视为科幻小说或恐怖小说的始祖。

活,结果那个被称为"弗兰肯斯坦的怪物"的人造人反过来控制了弗兰肯斯坦。文学作品展示人类的这种身份认同焦虑,已经源远流长,但今天的知识界科学界,如果还是止步于无的放矢的焦灼和恐惧,则无助于我们真正认识人工智能与人类意识的本质关系。

从人工智能目前的发展方向看,无论它再怎么"自动学习""自我改善",都不会有"征服"的意志,不会有"利益"诉求和"权利"意识。当前,无论从紧迫性上看,还是从终极可能性上看,"弱人工智能"问题都属于常规性问题,并且是渐进呈现的。如果说在可见的未来,技术发展领域有什么更值得担心、警醒、紧迫的事情,那么,或许基于虚拟技术的扩展现实的实现带来的影响将更具颠覆性。①

三、"强人工智能"的可能性与物理主义的困境

"弱人工智能"的机制比较清晰可控,那么,"强人工智能"会失控吗?这就要看我们究竟如何定义"强人工智能"了。

在学界和业界,早有与"强人工智能"相对的"弱人工智能"的概念。这个命名容易让人误认为两者只是强弱程度的差别,但这种区别具有分立的性质——如果我们把"强人工智能"定义为出现真正有自主意识并且可确证其主体资格的"智能",而不是 AlphaGo 这样仅仅比机械计算发展了更多层次的推理能力和学习能力的程序的话。这样定义下的所谓的"强",指的是超越工具型智能而达到第一人称主体世界内容的涌现,还包括意向性、命题态度,乃至自由意志的发生。

这样的"强人工智能"是可能实现的吗?有的科学家、哲学家说永远不可能,有的则说近在咫尺。

波斯特洛姆试图从"人工智能、全脑仿真、生物认知、人机交互以及网络和组织"等路径分析强人工智能或者他称之为"超级智能"的几种可能的实现方式,他详细评估了每种路径实现超级智能的可行性,并且认为"由于目前存在多条技术路径,因此至少有一条路径能实现超级智能的可能性很大"。②

---

① 翟振明:《虚拟现实比人工智能更具颠覆性》,《高科技与产业化》2015 年 11 月。
② [英]尼克·波斯特洛姆:《超级智能:路线图、危险性与应对策略》,中信出版社 2015 年版,kindle 版位置:685/5236。

波斯特洛姆的分析看起来庞大芜杂，但他给出的实现路径更多的是在人脑上的直接迭代或高仿真，这很可能混淆了"强大的弱人工智能"与拥有主体性的"强人工智能"，他把通往不同本质的路径视为同一种性质的多种可能性。

在他看来，"若有足够先进的扫描技术和强大的计算机能力，即使只有很少的大脑理论知识也可以模仿全脑。极端情况下，我们可以想象采用施罗丁格（即薛定谔）量子力学方程在基本粒子水平来模拟大脑。这样我们就可以完全依靠现有的物理学知识，而不用任何生物模型。这种极端案例说明，没有计算机技术和数据分析也可以制造人工智能。一个听起来更合理的仿真水平是，将单个神经元和它们的连接矩阵合并，连带着它们的树状结构和每一个触突的变化状态。我们无法模拟单个的神经递质分子，但是可以粗略地将它们的波动浓度模型化。为了评价全脑仿真的可行性，人们必须理解成功的评判标准。我们的目的不是精确模拟出一个大脑，用它来预测在受到一系列刺激后，原始大脑会做出何种反应。相反，我们的目的是获得足够的大脑的计算机功能属性，以使最终得到的仿真进行智能工作。因此，真实大脑的很多复杂的生物学细节就无关紧要了"①。

这段论述是波斯特洛姆《超级智能：路线图、危险性与应对策略》一书中唯一一处提及量子力学，但他后面的分析却远离了量子力学才是对意识进行物理学研究的可能进路这一方向，回到了一般的计算主义/物理主义的"牢笼"。

在心智哲学和认知科学领域，的确有不少所谓的"计算主义者""物理主义者"。他们认为，人的情感、意向性、自由意志等，以及意识与自我意识直接相关的内容，在牛顿力学框架下的物理因果关系模已具解释力，在人的第一人称主观世界与第三人称客体世界之间，也不存在最后的鸿沟。但是，也有一部分研究者持相反的看法，极力论证这种"计算主义""物理主义"的悖谬本性，只承认从量子力学原理才有些许可能解决意识和自我意识这个真正的问题。

美国量子物理学家斯塔普（Henry Stapp）、英国物理学家彭罗斯（Roger Penrose）、美国基因工程科学家兰策（Robert Lanza）都提出了人

---

① ［英］尼克·波斯特洛姆：《超级智能：路线图、危险性与应对策略》，中信出版社2015年版，kindle版位置：867/5236。

类意识的量子假设,中国清华大学副校长施一公院士、中国科学技术大学副校长潘建伟院士等也大胆猜测,人类智能的底层机理就是量子效应。对于这个问题,笔者在1998年出版的著作中尝试论证这个问题①,同样的看法日渐增强。

笔者也把这种论证进一步系统化,在《哲学研究》上发表了分析物理主义(包括计算主义)如何在研究中陷入"整一性投射谬误",并论证定域性假设为何与脑神经元细胞层次对意识现象的解释注定要失败的文章。②

也就是说,以定域性预设为前提的物理主义和计算主义,在原则上就不可能解释人类的意识现象,量子力学已经不得不抛弃定域性预设,这就在逻辑上打开了其解释意识现象可能性之大门。

包括计算主义在内的物理主义有一个基本预设,即设定任何物理系统都能够被分解为单个独立的局部要素的集合,且各要素仅同其直接邻近物发生相互作用。这是经典力学的基本原则,也是当代神经科学默认的前提,从而也是物理主义心智哲学的预设。计算主义则强调符号关系,它与其他版本的物理主义相比,主要是分析要素的不同,但这种不同却无关宏旨。这是因为,符号关系试图解释的,也是意识现象或心智事件的产生和关联的机理,而不是纯逻辑的关系。基于这种认知框架,他们倾向于认为,大脑的符号系统的状态,就是各个单一独立要素的神经元的激发/抑制状态聚合起来的某个区域的总体呈现。

这样也就不难理解,波斯特洛姆为什么认为"获得足够的大脑的计算机功能属性",就能最终使得仿真大脑进行智能工作。于是,在计算主义/物理主义这里,神经元系统有望实现的某个整一性功能,就被他们完全等价于各个分立神经元符号功能的关系的总和。

但是,笔者和斯塔普都详细论证过,这样的出发点,连最基本的意识感知现象(比如说双眼综合成像)都解释不了,因为这类现象中涉及的同一时空点的变量的个数远远超出在局域性预设中每个空间点可容纳的物理变量个数。他们无视这种困境的存在,正是他们混淆了"内在描述"与

---

① 翟振明:《有无之间——虚拟实在的哲学探险》,北京大学出版社2007年版。(Zhai, Philip, *Get real: A philosophical adventure in virtual reality*, Rowman & Littlefield, 1998.)

② 见本书第四部分《心智哲学中的整一性投射谬误与物理主义困境》一文。

"外在描述"功能而陷入"整一性投射谬误"的结果。①

尽管从量子力学效应解释人类智能的顶层机理尚未取得突破性成果,但意识导致坍塌这一原理似乎是量子力学与身心问题的最为接近的终极解释,研究者们正试图检测与物理事件相关的意识事件②,相对明确的结论暂时付诸阙如。

但无论如何,基于上述讨论,我们可以得知,所谓的"图灵测试"对判定"强人工智能"毫无用处,不能作为智能意识产生的推演依据,无论试验中的以假乱真效应有多么逼真。有鉴于此,本文拟提出一个"人工智能逆反图灵判据",陈述如下:

任何不以已经具有意识功能的材料为基质的人工系统,除非能有充足理由断定在其人工生成过程中引入并随之留驻了意识的机制或内容,否则我们必须认为该系统像原先的基质材料那样不具备意识,不管其行为看起来多么接近意识主体的行为。

这里说的"充足理由",在人类现有的科学视野中,按照笔者和斯塔普等人的论证,唯有量子力学才有可能提供。

因此,无论是图灵测试中的机器人还是新近由日本软银公司研发、富士康代工的所谓"情感机器人"Pepper,抑或如今被惊叹有了"深度学习"能力的AlphaGo等有了多么强大的所谓"超级智能",也无论它们及其未来的升级版看起来多么像具有人类的情感,除非有人确凿证明,在制造或升级这些机器的过程中,在哪一个关节点把人类情感、人类意识整合了进去,否则,我们就只能认为把Pepper称作"有情感的机器人"只是一种比喻。

四、结语:"强人工智能"与人类繁殖伦理前瞻

如上所述,没进入量子力学之前,所有的人造机器,包括AlphaGo,必然只是在某些方面具备高于人类的能力。这本来就是人造机器的目的,即人为了自身的内在价值实现同时不断改进人类的生存处境而做出的努

---

① 见本书第四部分《心智哲学中的整一性投射谬误与物理主义困境》一文。

② 见于:Dick J. Bierman and Stephen Whitmarsh, "Consciousness and Quantum Physics: Empirical Research on the Subjective Reduction of the State Vector", in Jack A. Tuszynski (Ed), *The Emerging Physics of Consciousness*, 2006, pp. 27–48. C. M. H. Nunn et. al. , "Collapse of A Quantum Field May Affect Brain Function", *Journal of Consciousness Studies*, 1994, 1 (1), pp. 127–139.

力。在现有条件下,人造机器不会失控,如果有所谓"失控"的话,这与我们对飞机、高铁、大坝、核能之类的失控基本上属于同类性质。

AlphaGo 的确有隐喻意义上的"学习"能力,自行调整累积迭代的能力,但说到底仍是一种工具能力,是"弱人工智能"。这种"弱人工智能"很可能通过图灵测试,但这与人的意向性(Intentionality)及主体感受内容(Qualia)不相干。

当然,基于人类理性和道德能力的限度,我们有理由相信,即便是弱人工智能,在其应用中也应当秉持审慎的人文理性态度。

不少比较理性的研究者提出,由于人工智能的发展呈"加速回报"的态势,人类既有的道德资源和伦理框架或许难以覆盖技术飞跃变革提出的新议题。他们提出应当发展一种叫作机器伦理(Machine Ethics)的道德态度,① 加利福尼亚大学伯克利分校计算机学教授拉塞尔(Stuart Russell)在美国《时代》杂志发表观点认为,为避免机器的不当使用而威胁人类的生存,就应该考虑如何把人类价值变成可编程的代码,把人类的道德转化为人工智能语言。他认为,在机器人领域,"道德哲学将是一个非常重要的产业部门"。②

归根结底,这些诉求跟当前的一系列技术推进所遭遇的伦理困境并无实质上的差异,就像我们已经提出的在虚拟现实、扩展现实领域应当引起重视的"大宪章"问题一样,指向的都是如何避免少数人掌控技术以防止他们使用更便捷更隐蔽的手段损害人的自由与尊严的问题。其中,需要的关键要素有两点:第一,如何更准确、更敏锐地分析科技推进中的结构性变革,以技术手段防范技术暗箱操作,这需要技术的发展始终在一个社会开放空间中进行,使技术不被少数人的权力和资本所垄断;第二,如何在技术推进中注入人文理性,这需要哲学家、艺术家以及社会科学各界在技术变革中积极参与,及时发现技术当中隐含的道德议题、社会议题,向科学界、技术界和企业界发出他们观察慎思后的最强音,以起到建立一个人文伦理防火墙的作用。

---

① Anderson, Michael, Susan Leigh Anderson, "Machine ethics: Creating an ethical intelligent agent", *AI Magazine* 28.4, 2007, p. 15.

② Stuart Russell, "Moral Philosophy Will Become Part of the Tech Industry", http://time.com/4026723/stuart-russell-will-ai-overtake-humans/.

此外，我们需要着重提出的是，弱人工智能和强人工智能之间，鉴于其生发机理性质的全然不同，在应对的伦理规则方面，也必然需要在认清本有的界限的基础上分别制定。①

如果让我们对"强人工智能"的可能实现做一点伦理前瞻的话，那么，基于上述分析，"强人工智能"实现以后的这种造物就不能被当作纯粹的工具了。这时，他们已经具有自主意识，具有与人类对等的人格结构，今日人类成员所拥有的权利地位、道德地位、社会尊严等，他们就应该平等地拥有。

与我们平起平坐的具有独立人格的"机器人"，还是机器吗？不是了，这才是真正的"奇点"和"智能大爆发"。但是，有人会认为，最为关键的问题是，这样的"强人工智能"主体，不就可以与人类对抗，毁灭人类了吗？

要理解这种担忧的实质，就需要我们从价值理性和科学理性出发进行自我反思。所谓的人类毁灭恐惧与人类身份认同焦虑，实际上是把基于个体经验形成的一己情怀，等价于有效的价值判断了。我们主动设计、制造了某种新型主体的存在，但并不对他们的个体特质进行设计，不就等于以新的途径繁殖了我们的后代吗？我们千万不要以一时的人文情怀来遮掩甚至拒斥可普遍化的人文理性，将人类引入迷途。

因此，如果真有"强人工智能"实现的一天，最合理的态度就是：承认他们是我们自己进化了的后代，人类进入了一种改变了繁殖方式的发展新阶段。后代取代前辈继续生存，实现更好的发展，这不是人类的灾难，而是人类的进化飞跃到了一个新阶段。退一万步讲，假如"后人类"真的联合起来向"前人类"造反并将前辈"征服"，那也不过就像以往发生过的征服一样，一批人征服了另一批人或新人征服了旧人，而不是人类的末日。

---

① 哲学家丹尼尔·丹尼特在其著作《意识的解释》（*Consciousness Explained*）里错误地认为，人也不过是一台有灵魂的机器而已，为什么我们认为"人可以有智能，而普通机器就不能"呢？有的哲学家认为如果"弱人工智能"是可实现的，那么"强人工智能"也是可实现的。比如西蒙·布莱克本（Simon Blackburn）在其哲学入门教材 *Think* 里说道，一个人的看起来是"智能"的行动并不能真正说明这个人就真的是智能的。我永远不可能知道另一个人是否真的像我一样是智能的，还是说他仅仅是看起来是智能的。布莱克本认为这个"他心问题"是一个主观认定的问题。本文引入量子力学解释方向，就是试图回答意识和智能的认定问题的可能途径的问题。量子力学中的遥距纠缠，很可能就是解决"他心问题"的有效途径，最后并不需要诉诸"主观认定"。这种认定的实现，也许才是真正的"奇点来临"。

至于以量子计算为基础的人工智能到底会给我们的生活带来何种冲击，恐怕我们的想象力暂时还是鞭长莫及。

（原载《学术前沿》2016 年第 4 上期）

第三部分

学术批判

直面罗蒂：交互超越主义与新实用主义的交锋

注：罗蒂于 2004 年七八月份来中国巡回讲学。上海华东师大举办了罗蒂哲学研讨会，给中国学者提供了与罗蒂正式对话的机会。哲学有着最古老的学术传统，而学术的最基本的任务，就是对特定命题的真或假做出判断，并为这种判断提供理由。不过哲学不是一般的学术，而是观念层面的学术，因而哲学家做出的判断，基本不属于事实判断，而是义理的判断。问题是，思想可以大大超出义理的范围，就是在义理的范围内，也不必就是对命题的真假的断定。这样，当哲学被理解成一般的思想时，就潜伏着背离学术的基本任务而独自轻舞飞扬的危险。轻舞飞扬者，很容易成为一时的明星，但他们激起的骚动，也许只能颠覆几朵过眼烟云。与许多"后现代"思想家为伍的罗蒂，作为一个抛弃哲学学术最基本任务的鼓吹者，就是这样的一个极具冲击力的舞者。我猜测，罗蒂的哲学之舞，不久就会在哲学的殿堂中隐退，只要哲学学术还没不会的话。我并不专门研究罗蒂，也无心与他对舞，只是应研讨会主办者的再三邀请，才迎上去给他吹了一股小小的冷风。

美国多年来最当红的哲学家理查德·罗蒂（Richard Rorty）于 2004 年 7 月 17 日至 18 日在上海华东师大的学术活动，主要是在"罗蒂、实用主义和中国哲学"研讨会上与中外学者就他的哲学思想进行研讨交流。就像罗蒂在 18 日下午的回应报告中所说的那样，我是他在这次学术活动中遇到的分歧最大的对手，这是因为，我的交互超越主义（Reciprocal Transcendentalism）与他的新实用主义针锋相对、势不两立。早在 10 年前，我就在我的第一本英文专著《本底抉择与道德理论》[①]中运用交互超越主义的基本原则开拓道德形上学的新领地，为从描述到规范的过渡做出了新的

[①] 见 Zhai Zhenming: *The Radical Choice and Moral Theory*, Kluwer Academic Publishers, 1994。

尝试。这次与罗蒂的直接交锋，就是围绕我对罗蒂认识论上的自然主义之内在矛盾的揭露而展开的。直面的交锋主要有两次，第一次是现场生发的质疑与应对，第二次是双方各自事先准备好的陈述与回应。

一

17日上午会议开始，罗蒂作了"Trapped between Kant and Dewey: Current Situation of Moral Philosophy"（困于康德与杜威之间：道德哲学的当前状况）的主题报告。报告结束，其他几位先提了几个问题后，我拿过麦克风告诉大家，我有十多个问题要问罗蒂，但由于时间不允许，只能挑其中三个问。

第一个问题是针对他对道德概念的重新解释而提出的。他在报告中说，康德式的道德哲学自以为可以为人们的抉择提供普遍的标准，那是一种错误。哲学家在道德问题上不比小说家或其他人文学者更能提供抉择的标准。道德哲学家能做的，只是把由自己的博学和深思而扩展了的想象力充分发挥，将人们面对的各种可能性展示给他们，从而为他们对自己的"实践身份"（Practical Identities）的抉择提供更广阔的空间。因此，在罗蒂看来，道德哲学的作用，是在抉择之前展示前景，而不是在抉择中提供指引。我的问题是，罗蒂对道德概念的重新解释，与康德及任何其他人所理解的道德毫无关系，谁会认为，在行动之前看到了更多的前景，不管最后做出怎样的抉择，就是更接近道德的要求呢？罗蒂不是用了"道德"这个词来指称与其本来的所指毫无合理的逻辑关系的东西吗？这样把概念偷换了，怎么能对康德的道德哲学构成任何反驳呢？对我这个问题，罗蒂做了最简单方便的回答：承认他的道德概念与康德的不一样。但是，罗蒂对他的道德概念是否与大家公认的道德概念不一样，采用与康德不同的基本概念是否能构成对康德道德哲学的批驳这些关键问题，没有做出回答。

我的第二个问题是针对罗蒂对康德 Prudence/Morality（慎思/道德）的两分提出的责难。他说，康德把慎思得出的规范看作有条件的，而把由绝对命令得到的规范看作无条件的，亦即，前者是手段，后者是目的。但是，在罗蒂和杜威看来，这种分法是任意的，从而是不能接受的。所有目的，都是由当前情景决定的，有条件的，无所谓终极目的或终极价值。我反问罗蒂，一切有条件的价值，都是指向它之外的，"有用"的东西，只有相对于它服务的外在目的才会"有用"。但如果这样一直指向外边，就会导致无穷倒退，从而使"有用"的说法变得毫无意义。因此，任何有条件的外在价值，在逻辑上必然要求最终导向某种无条件的自足的价值，像自由、尊严、幸福等，才获得意义。因此，抛弃了无条件的终极价值的概念，也就同时抛弃了有条件的工具价值的概念。罗蒂怎么能够拒斥其一而保留其二呢？罗蒂的回答是，这种在价值问题上的相对与绝对的逻辑关系，只要落入其圈套，就必定不能自拔。但是我们可以从一开始就拒绝这种语言游戏，问题也就不会存在了。但是，我要问罗蒂的是，当你说一切目的都是"有条件"的目的时，你不就已经承认了"有条件"和"无条件"的区别，从而已经在这个语言游戏中扮演角色了吗？你怎么能不落入圈套呢？不过当时没机会进一步追问他。多年前，杜威曾经试图绕开这个问题，告别康德，但并不成功。西方大学里用的伦理学教科书几乎没有把杜威当作道德哲学家的，而康德则是旗帜不倒。

我的第三个问题稍微复杂些，引起我和罗蒂几个回合的交锋。这个问题，是罗蒂回答来自美国的倪培民教授的有关康德道德哲学在大学伦理学教学中起的作用时的说法引出的。罗蒂认为，要教会学生懂得人的自由自律的精神、懂得不能把他人只当工具的道理，用援引历史事例的方法要比学习康德道德哲学有效得多。比如说，给学生们讲解黑奴解放、妇女解放等人的解放（Emancipation）运动的过程，要比叫他们学习康德哲学更好。我就问他，按照你的历史自然主义，不存在超历史的标准可以来衡量历史过程中的事件，那么你如何判断哪些历史事件属于"解放"的范例，哪些又不属于呢？罗蒂回答说，我就给学生讲解具体的事例，为何需要告诉他们跨越历史的原则呢？我说，你可以不告诉他们，但在你告诉他们实际事例之前，你在自己的思想中总要先做出区分吧？罗蒂即刻顿住了，好一会才含糊地说，你这是柏拉图式的想法，好像要区分哪些事例属于人的解放的事例，哪些不属于，就必然要应用某种原则才能做到。这种柏拉图式的观点并没有被证明是正确的，因而是可疑的。但是，有机会的话，我还要继续追问罗蒂：不管柏拉图是否正确，也不管你有没有明确地使用某条原则，难道"解放"这个词可以在每个事例中各有不同的含义吗？如果这样，那不就任何历史事件都可以被任意看作"解放"或相反吗？这样，所谓"人的解放的历史"的说法，不就变得毫无意义吗？你不把希特勒的种族灭绝行为拿出来当作"人的解放"的事例，难道是任意的、没有标准的？无论如何，这里必定预设了某种超越历史的价值标准。其实，会后，吴冠军告诉我，他在电梯里顺着我的问题继续追问罗蒂，罗蒂说，翟的问题问得好，而他的回答却不那么好，他承认自己的答复有点牵强。

二

第二次交锋，是在罗蒂认真阅读了我提交的会议论文后进行的。我在文中提出交互超越主义直接与罗蒂的实用论自然主义相对立。我的文章分三部分：

（1）讨论为何罗蒂把康德哲学归入表象主义的范畴是完全错误的。康德把知识的普遍有效性归结为理性主体间的范畴体系和感性直觉的共同性，根本就不涉及对物自体的"表象"。

（2）证明罗蒂的实用论自然主义是不可辩护的。罗蒂只承认因果关系并把理性辩护的过程仅仅看作因果过程，这样的话，他就不可能为他的哲学进行辩护，因为任何理论辩护都预设了与自然主义对立的交互超越主义原则，因而，罗蒂要为他的自然主义进行理论辩护，一开始就要站在反自然主义的立场上。

（3）罗蒂在价值规范问题上的历史自然主义，就是从他本人的实用主义立场上看，也会导致社会实践上的危险。罗蒂认为，以历史主义的态度对待实践目标的选择，能使我们相互宽容，获得更多的自由。但是，我在文中阐明，在某种社会条件下，罗蒂式的历史主义态度将会鼓励政治权力的自我膨胀，导致社会的大多数成员丧失自由。相反，如果我们采纳交互超越主义的基本原则，对每一个社会目标的选择，都通过理性主体间寻求超越一己偏见的共识的过程来达到，就更有可能在社会实践中实现人的自由、尊严等这些罗蒂推崇的价值。况且，哲学家的刨根问底，本来就有其自足的价值，并不一定要服务于某个特定的社会目标。最后，我对罗蒂的哲学取向做了一般性的评论。他说哲学家不对命题的真确性负责，只需为人们提供新的词汇来谈论他们的希望、恐惧、抱负和前景，以此来改善我们语言的描述功能。这样的话，我说，罗蒂可以随意变换他的词汇和他的论证，根本就无须为自己哲学的逻辑一贯性负责。这样，他对自己的新实用主义的任何辩护都是多余的，因此我们对他的任何哲学断言都不必过于认真。

罗蒂把我当作他此行的分歧最大的（Most Unsympathetic）对手来看待。由于他的哲学确实在理论上不可辩护，因此给出的回应比较空洞。他对我的文章第一部分提出的问题，即康德与表象主义的问题，没有正面回答，而只是在回答其他两个问题时对此有所暗示。一开始，他说，对于我的整篇文章提出的理论责难，他不知道应该如何从理论上进行辩护。他接着又结合第一次交锋时我提的第二个问题，即工具价值与内在价值的逻辑关系问题，一概说，历史上哲学家们寻找普遍原则的失败，是他认为这种寻找徒劳无益的唯一根据。从柏拉图到康德一直到现代，哲学家们并没有给我们留下什么普遍有效的原则，就算有，人们也不会太当一回事。所以，罗蒂认为，我们应该改变哲学的功能，放弃对超历史的普遍原则的追寻。我回应道，哲学史上没完成的东西，正是我们需要继续追寻的东西；如果已经完成了，我们还需要继续做什么呢？任何其他学科，都不会用过去的不成功作为放弃的理由，为什么哲学就相反？如果我的钱包丢了，找了一会没找着，就可以断定，我本来就没有钱包吗？哲学的历史，相对于人类历史可能的漫长程度，实在不算长，我们为何要轻言放弃？况且，哲学家们是否已找到了普遍原则，也不能以多数人的认同为准。在我看来，康德哲学中的主要部分，就是普遍有效的，尽管没有很多人接受其有效性。

对于我的文章第三部分提出的社会实践问题，罗蒂说，我似乎比他更相信哲学的社会政治功能。他反问我，你认为我们到底采纳实用主义还是交互超越主义，对社会历史的进程会有什么影响吗？真正影响社会进程的，是经济活动本身、社会政治力量内部张力导致的动态平衡等，而不是哲学家及其他人文学者们的话语。如果我们要想成为政治活动家，根本无须谈论哲学。他的意思是，我高估了哲学对现实的影响力。我的回应是，不管实际上哲学对现实有多大影响，我的问题是按照罗蒂他自己的实用主义思路提出来的，而不是基于对哲学思想实际上起的作用的猜测。据我的理解，罗蒂的哲学实用主义，是不顾逻辑的前设与外推中的悖谬、只讲实践的后果的。最后，刘擎的一个问题，把罗蒂问住了：人们不谈论哲学家的问题，也许说明哲学家的思想已经被接受而不是被拒斥，说明哲学已融入人们的生活之中起了很大的作用。比如说，罗蒂所反对的符合论的真理观，是否已被科学家共同体接受，使得科学成为现在这个样子？罗蒂说，这是一个非常有趣的思路，他自己还没认真考虑过。

三

总的来说，我这次与罗蒂的直面交锋，不是只停留在言词之争，而是涉及了罗蒂哲学思想的核心问题：罗蒂式的实用主义，是否有理论上自我辩护的内在结构？在与罗蒂讨论的同时，我首次在论坛上提出了我已实践多年的交互超越主义哲学，现姑且表述如下：交互超越主义哲学，就是在找到两个或两个以上的可言说对象以后，从其中一个的视角审视另一个，然后再反过来，发现过程的互为可逆性和逻辑对等性，从而挖掘出此种对等可逆性的前提条件，达到对言说对象之超越；如果这种超越达到了先验层面，在其逻辑极限处被最后表述的，就是哲学家们一直在寻找的作为理解一切的出发点的第一原则。我认为，任何要认真做哲学，决心要"将讲理进行到底"的人，都必须首先接受这种交互超越主义的原则。

这次罗蒂的上海之行由黄勇教授陪同，黄勇读过罗蒂的所有著作，是罗蒂最好的解释者。同时，黄勇也是我很好的朋友。黄勇和我也偶尔就罗蒂哲学有过讨论，他向与会者介绍了罗蒂的"进步"概念的含义，以及罗蒂对把人的自由作为衡量历史进步的标尺的论证思路。他认为，这个标尺的建立，与跨历史的普遍原则没有关系。但在我看来，对自由的终极价值的论证，只有通过康德的道义论道德哲学的进路才是可能的，而通过功利主义或实用主义的进路是不可能的。而罗蒂，既要反康德，又要承认自由的终极性，难为他了。

（原载《开放时代》2005 年第 3 期）

学术自主还是学术自杀？

刘小枫教授在组织翻译引介西方古今思想方面做了很多事情，促进了西方宗教思想与人文学术在中国的传播与影响，现在终于对中国学术的文化自主性问题给予关注，很发人深思。谈到学术的自主性问题，张志扬教授问，为什么要把基督教、一神教当作普遍的，把其他宗教、多神教当作特殊的？如果他质问的对象是将西方思想学术大量引介到中国来的中国西学界人士，倒是很有意思的。但是，现在看来，他质问的对象似乎是今日西方的学术界，这就有些偏颇了。

一、两种普遍性的区别与联系

拿西方基督教的观念当作西方学术的象征，是与现在的西方学术精神背道而驰的。西方现代人文学术的主要特征，就是以学理的力量对抗宗教神学和社会意识形态的力量，正是在此前提下，才有了独立的学术，自主的学术、追求普遍真确性的学术。所有的学术都追求学理上的以真确性为基础的普遍有效性，但这与张教授说的基督教、一神教的"普遍性"不是一码事。

学术上追求普遍性，讲的就是追求命题真假的确定性。研究地方性问题的学术，只要把地方性的限制条件放进陈述中去，这样的陈述也就变成了具有普遍有效性的陈述。张志扬教授所说的"普遍性"，指的是在实际上被大多数人认同，这与命题真确性意义上的普遍性不同。但这两种不同含义的"普遍性"，却是在逻辑上相关联的。一个命题或一种理论有了学理上的真确性，也就获得了要求所有人对其认同的资格。你一开始就不追求学理上的普遍有效性，你就没有资格要求任何人接受你的观点。以追求学理上的确定性为目标的学者，不可能不同时要求所有讲理的人对其学理上的判断的普遍认同。做学术的人不把自己的学术成果看成普遍可接受的，那就是把学术当儿戏。

二、以命题为基本单位的学术求证是学术的硬核

我强调,学术有个核心领域,那就是以对命题单位的真假进行论证为唯一任务的领域。陈少明教授把学术的特征只看成话语的可交流性或逻辑性,那是把学术的底线理解得太宽松了。诗歌也是可交流的,纯粹的同义反复也是合逻辑的,但诗歌和同义反复算不上是学术。学术不但要可以交流、要合乎逻辑,还要对命题的内容进行真假的判断并给出判断的根据。人们老说前提的设定无真假可争,所以哲学没法争论真假。其实那是一种对哲学学术的错误理解。哲学最主要的部分就是争论前提的真假,康德把这种判断的依据归结到自明的先天综合判断。最基本的哲学命题,涉及终极的无前提的真假判断,需要的是反思与直觉,而不是单纯的逻辑推理。在对立双方做出的真假判断都似乎有理的时候,还要决出雌雄,这就是哲学争论的前沿阵地。一般来说,你要做任何学术,就要去论证你以为具有真确性的命题,等待他方的挑战,随时保持开放的态度,不采用任何学理以外的方式强迫人家就范,但最终还是为了做出更加有根据的真假判断。这就是学术的核心部分,有了这个核心,才可能有学术批评,包括对伪装成学术的意识形态的揭露。

三、哲学学术的普遍性诉求

所以,我们做学术研究的时候,一定是奔着这个求真的方向去的,虽然最后也许别人发现我们不自觉地受到我们的意识形态或其他偏见的影响。这样的话,我们就要继续运用理性的力量剔除意识形态或其他的偏见,向无偏见状态接近。这种接近,就是学术本身的进步,就是学术的积累。学术就是这样按其内部的逻辑运动起来的,向着普遍有效性的内在目标迈进。别以为后现代主义对这种学术模式提出了挑战,学术就变成政治了。作为人文学术的哲学不但不是例外,反而是这种学术诉求的极端表现。你翻开任何一本西方的哲学杂志,与其他任何种类的学术杂志一样,都是在毫不例外地争论某些命题的真假,都是试图在剔除从宗教信仰、政治意识形态或逻辑混乱等方面带来的偏见。有了这种以判断事情本身的真假为己任的第一类的学术,大量以评价、解释他人学术为主的学者才有事可做。表面上,罗蒂、福柯、德里达们在引领潮流,好像哲学"终结"了,学理与政治等同了,概念和命题的意义都被"解构"了,但学术界的

大多数人还是一如既往地在一板一眼地小心求证，而正是这个坚固传统的延续，才使得后现代的造反者可以对其掀起造反的声势。我们中国很多搞西学的学者，或把学术评价、学术史、对学术的文化批评等第二类的学术看成学术的全部，或只在为大洋彼岸的那些造反者喝彩助威，那当然就不会有扎根于自身的学术自主性了。

　　由此看来，刘小枫教授说对了一点，那就是，在自然科学领域讲学术的文化自主性没啥意义，因为那里探讨的学理是普遍有效的。他还认为在社会科学领域的学术的文化自主性问题也不见得有很大意义，因为那是实证性的研究，学术标准基本有事实作为基石。关于这一点，在座的几位来自社会科学界的学者似乎并不太认同，并且听起来，好像在社会学和人类学领域讲学术的文化自主性还真有某种特殊的意义，并不像刘教授认为的那样意义不大。而刘教授认为，在人文领域特别是在哲学领域，提出学术的文化自主性最有意义，因为在他看来，哲学没有普遍性可言，都是区域性的思考，都是某种民族或集团的观念形态。在这一点上，我不敢苟同。

　　张志扬教授也说对了一点，那就是，只代表了某种特殊利益或特殊立场的西方意识形态经常伪装成普遍真理要我们去接受，我们没有理由买他们的账。但是，他把西方哲学学术等同于这种意识形态，把西方哲学家看作这种意识形态的贩卖者，把哲学的学术问题混同于话语权问题，我也不敢苟同。

　　按照我刚才说的那些可以看出，把西方的哲学学术等同于政治集团的意识形态或宗教神学信仰体系，一方面反映了我们对哲学学术的精神实质缺乏理解，另一方面反映了我们对学术自主的应有之义随便放弃。

　　刘小枫教授推崇古希腊哲学，这和我一样。但他把古希腊哲学的实质解释成在言词的意义之外，在他看来，我们要在字里行间去寻找，才能理解其真意，才能体会其中"秘传"的哲学内涵。不管这是源自施特劳斯还是刘小枫教授的独创，这种解释都是对希腊哲学的学术性的变相否定。我刚才已经阐明，任何学术都要求对命题本身真确性的论证，所以其真实意蕴不可能以隐讳的方式包藏在所谓的"微言大义"中。况且，按照亚里士多德的看法，哲学是最纯粹的为学术而学术的学术。硬要把柏拉图的对话《曼诺篇》中关于回忆说的论证及亚里士多德的《范畴篇》等看成隐喻反讽，看成其主旨是在于暗示别的东西，着实大胆，但大胆得有点让人尴尬。

刘教授认为，康德把哲学败坏了，因为康德把哲学技术化、逻辑化、理论化了。而在康德之前，哲学是以非技术化、非推理的内容占主导地位。这样的见解，听起来有点让人惊愕。柏拉图学园门上写的"不懂几何学不准入内"难道只是一个幌子？笛卡尔的"沉思"、斯宾诺莎的"几何方法"、莱布尼兹的"充足理由律"、休谟对归纳法的分析、贝克莱的"存在就是被感知"的论证，都是理论化、逻辑化的，与刘小枫教授理解的没被康德败坏的哲学很少有共同之处，且他们都在康德之前，难道这些都是当时哲学的旁门左道？如果是的话，刘小枫教授不知把哪些人看成当时真正的哲学家。

据刘小枫教授说，在康德之后，"启蒙理性"宣称理性是唯一的能够解决人生问题的途径。说这是一种社会心理趋向还有一定的道理，但说这是哲学学术的自我定位，却是有点语焉不详。恰恰相反，理性主义的哲学家的一个基本预设，是我们的理性思维能力太弱了。他们认为，如果不把我们的理性能力用到极致，简直就无望能对事物的真相有些许的洞见。笛卡尔的第一和第二沉思，就明确表明了他对理性能力的不放心。但是理性再微弱，要获取知识，也只能靠它了，因为除理性之外我们的其他官能是没有丁点认知功能的。当然，人生问题不只是认知问题，比如说，谁会认为理性主义哲学能够解决艺术创造的问题呢？哲学家哪有可能犯如此简单的错误？真不知刘教授为何会认为以康德为代表的哲学家曾经在学术意义上提供了解决人生问题的"唯一途径"。并且，刘教授还宣称他所理解的哲学学术的"普遍性"指的就是这个"唯一性"诉求，因此哲学的普遍性是没有的，是应该拒斥。拒斥的是这个？原来他的对手是一个连原型都没有的稻草人。

只有尼采、叔本华的意志哲学和时髦的后现代反叛性的言说，才有点符合刘小枫教授的"非技术哲学"的概念。但是，刚才我说过，这种反叛只有当面对一个追求普遍有效的"真"的哲学传统时才有意义。我们这里这样的传统很薄弱，却还跟着反叛，那当然就丧失了学术自主性了。

由于中国的近代历史还没有机会让我们进入学术面对实事本身的硬核，我们"西学"的研究者做的大都是附随性的学术史或学术评介翻译的工作，这种学术的确非常有意义，需要花大量的人力物力去做，但只按照这个进路搞学术，不可能获得真正的学术自主性。正像张志扬教授常说的那样，我们跟了这个跟那个，好像人家的都是普遍的、先进的，我们自己的都是特殊的、落后的。人家做的最基本的学术，本来就是奔着寻找普遍有效的真命题而来的，他们怎么有可能不以为自己的学术成果放之四海而皆有效呢？我们中国人的学术要获得所有人都接受的资格，第一步要做的，就是以原创性的思考探究，拿出有学理上的强大说服力的命题系统来，这样你就可以在学理的普遍有效性的基础上，争取被世界上很多人接受，这种被接受就是张志扬教授所说的"普遍性"了。如果你从来都不对自己的言说的学理上的真确性负责，认为自己的观念只是文化传统的产物，那你当然就没有资格让人们在事实上普遍接受你的观念了。

四、文化的两个部分及学术自主的症结所在

学术、文化凑在一起讲自主性，需要分析一下。在文化里面，有些可以讲自主，有些讲自主就毫无意义，需要区分开。比如说，经典有两类，其中一类是诗词、文学，音乐等，这些民族特征很强的东西应该大力提倡独立，也许需要加强保护不要让其灭绝。而把学术当作文化的一部分并笼统讲自主，就有点盲目。如果我们要用自己的语言写学术著作，把它说成语言的独立性行不行？讲学术的自主性很容易引起误解，好像学术的标准、真理、有效或无效，一群人凑起来就可以另定标准似的。

刘小枫教授以为自然科学中提这个自主性没啥意义，我非常赞成。但他认为人文学科的学术都是地方性的，哲学更是如此。上文我已经解释了，这样理解的人文学术，与学术精神偏离很远。我在美国大学的哲学系里教书多年，按照常规，一开始训练学生的哲学思维，就是教他们命题运算的简单规则，教他们运用真值表，然后才讨论实质性的哲学命题。这不是我们以前常说的"追求真理"，却是一板一眼地对每一句所说的话负责任，学会为其真确性进行辩护的基本技能。抛弃这些基本的东西谈哲学学术的特性，似乎就没有立足点了。

其实，我说的学术自主性，已经不是刚开始说的学术的"文化自主性"了。在这个更根本的意义上，学术的自主性是值得大谈特谈的。我强调的是，在第一类的学术核心部分里做出过硬的学术成果来，有了学理上的真确性，就可以理直气壮地要求东方人、西方人、所有人都接受你的理论和学说了。在思想观念领域，我们中国古代的大师，很少对自己的思想做出真确性的论证，那就只能在内部形成经学传统了。这一部分，我们理所当然认为就是自主的，无须专门提出自主问题。而以学理上的论证为特

征的思想大师都是西方的，柏拉图、亚里士多德、笛卡尔、康德、胡塞尔等原创哲学大师，都以追求普遍有效的学理为己任，而我们还没出现一批类似的原创性的哲学大师。自己没有专门论证事情本身真假的大哲学家，就没有一类的哲学学术，就只能做翻译和解释的工作。

刚才洪涛教授的说法比较奇怪，他不把被翻译的著作中的思想的影响力与学术自主问题联系起来，倒是与用什么语言文字来表达思想好像关系很大。到底是用大量的发自西方的概念解释事物显得不自主，还是用他们的语言文字来说话阅读更不自主？我觉得前者表现出来的不自主才是实质性的。我们现在开学术讨论会所说的话都是中国话，但那是表面的，从学术层面来讲，我们用的都是西方学界最先采用的概念。只要是和分门别类的现代学术有关的话语，几乎没有起始于中国的基本概念。所以在这种情况下，自主是什么意思呢？当然不是用中文来讲学术，而是在学术的最核心的地方做出原创性的研究，寻找事情本身的学理。

所以，我们需要一帮学者（数量上讲只能是少数）做一类的学术，形成学术的内核，带动其他学术活动，我们慢慢就自主了。这些学者无须把自主性当问题去研究，也不必专门讨论前人说过什么，只需"面对实事本身"自己进行学术研究，研究出来的成果就是基本独立的。世界上学术界看你有解释力、有说服力，就来研究你，翻译成洋文了，你就独立了、自主了。但是，我们在近代历史上，从救亡救国到强国崛起，学术都被要求为它服务，以至于我们讨论问题，都受学术外的力量主宰。学术独立性一开始就要和这些分离开来，我们只管真假、对错，不管有用没有用。而且，对何谓有用的问题的研究，即对价值评价标准的问题的探讨，从来就是哲学学术的重要部分，所以我们不能跟随一时的功用标准去搞哲学。我们做学问也不是和谁较劲、比输赢。在最基本的层面，引导我们的，只能是学术本身生发出来的问题。在此之后，再视具体学科的情况而定，或多或少进入考虑功用的领域。

总而言之，学术上的求真，是理论和观念体系要求在事实上被人广泛接受的正当性的根据。我同意韩水法教授的看法，在最基本的学术自由的条件都还缺乏的时候，在人文学术领域提倡"文化自主"，如果这种提倡真的生效的话，我们得到的与其说是学术自主，还不如说是学术自杀。

（原载《开放时代》2006年第1期）

从学术打假到学术打靶

有多少学术造假,就要有多少学术打假,谁在学术里造多少假,谁就该挨多少打,虽然这里的说法比较修辞化,但其中包含的道理是自明的。学术造假就其本身来说是绝对的恶,所以学术打假就其本身来说是绝对的善。如果有人是道德相对主义者,认为道德只是并且应当是随人们的社会文化背景不同而变迁的无原则的约定,因而在学术打假之是非问题上可以"见仁见智",那么我们就要质疑他们在学术界的身份资格了。

然而,到底什么算是学术造假?学术之真假与学术批评、学术争鸣之间有何种关系?学术打靶又指的是什么呢?在这个笔谈里,我不可能对这些问题有实质性的论证,但这也不妨碍我试着抛出引玉之砖。

一、两种假要穷追猛打

学术造假常见的有两种,第一种就是我们当今中国最熟知的剽窃抄袭之类的造假。这一类的造假,基本上属于偷盗行为,在盗窃的基础上再行欺骗。就其盗窃方面来讲,与一般的偷盗一样,其实质,就是将别人的东西趁人不知拿过来据为己有。只是,一般的东西被偷就成了赃物,被拿走了,原来的物主就失去它了。也就是说,原物主控制此物的使用功能和交换价值的可及性完全转移到盗窃者那里去了。而学术著作的著作权的错位基本不会造成其中学术内容的效用功能之可及性的转移,因为作为社会公器的学术,其知识或思想内容的价值的可及性与著作权本来就是相分离的。只要是发表了的学术成果,其学术上的价值效用谁也没能力独自主宰。所以,剽窃者在这里要得到的不是学术本身的价值,而是与学术创造活动相联系的社会身份价值。在身份认同方面的虚假,使这种盗窃附上了欺骗的性质。因而,学术上的偷盗,基本属于人对人的道义上的侵犯,而与学术内容的效用无必然的关联。由此看来,剽窃抄袭的恶,存在于假冒者与真实作者以及所有可能被假冒者的假冒身份误导的人的关系之中。比如说，俄罗斯总统普京升任总统之前为了获得博士学位抄袭美国匹兹堡大学教授著作的俄文译本，既不会对原来的学术成果的价值造成负面的影响，也没有任何人因此而被阻隔了对此学术成果的使用。但普京的抄袭行为，却是对原著作者的道义上的侵犯，也是对原来相信他的博士资格的所有其他人的道义上的侵犯。

第二种的造假不属于偷窃，而纯属欺骗：这就是以伪造或篡改的经验证据冒充真实的证据。韩国的"克隆之父"黄禹锡捏造实验数据，就是近期最为人知的例子。这样的欺骗，有不同的目的，可能是为了给某种预想的结论提供貌似的支持，或给公众造成当事人进行了原创性学术研究的印象，甚至干脆就是为了多写文章凑数，等等。在历史（包括学术史）学科、自然科学、社会科学、工程技术的各领域，经验证据经常是学术判断的主要根据，以编造或篡改的所谓"证据"或"数据"来造假，其直接的结果就是导致读者相信错误的或缺乏证据的结论。这样的欺骗行为，既从道义上侵犯了任何阅读其著述的人的尊严，也在功利效用方面损害了被其所谓的学术成果误导的人们的利益和与此相连的公众利益。

很显然，以上两种蓄意制造出来的学术之假，当事人都是不择手段地为了满足某种地位认同的标准或社会期望。刚才我举了两个国外的例子，但中国这样的造假行为在今日已近泛滥。所以我们要随时把这些造假者暴露在光天化日之下，让他们成为众矢之的。这样的学术打假天经地义，我们应该坚持不懈，不能有半点的含糊。

二、学术打靶：正常学术的应有之义

学术打假，是对破坏学术的人和事的反击。但是，为了学术的建树，我们还必须主动出击，这里我们打击的对象是学术内容本身的假。这种正常学术活动中的出击就不能叫作"打假"了，而应称作"打靶"。

因为学术研究的目的是求真，我们当然要排除学术中的假。正常的学术研究，就是发现假命题，发现并论证真命题。处在无限发展过程中的学术，必然存在假的成分要我们去发现、去纠正，因为我们的认识能力总是有限的，我们判断真假的过程总有可能出错，就是我们拥有了真理，我们也不能够确定地知道这就是真理。这种认识论的困境，哲学家们自古至今都知道的，正因为如此，认知意义上的彻底的怀疑论从来都困扰着我们。到了后现代思想家那里，这种困惑已不再是困惑，而是变成了一种理直气壮的姿态。但是，正如我以前说过的那样，不管后现代的认知相对主义喧哗有多热闹，大多数学术研究者还是在一板一眼地求证自己命题之真和对立命题之假，因为这个求真的传统是学术活动的灵魂，抛弃了它就等于抛弃了学术本身。当然，这里的"真"是各命题的真值，与我们通常所说的"追求真理"的终极性的"真"已很不相同了。

在实证科学领域，命题的真确性大都以观察和实验得到的经验数据作为判准，因而研究者之间的争论并不总显得必不可少。在人文学术领域，情况就大不相同了。这里是理念的王国，命题真确性的判准是论证过程的说服力，而此种说服力是基于前提的明见性和逻辑的自恰性。而明见性和逻辑性的强弱，只有在初看起来似乎具有同等说服力但又互不相容的命题系统之间的交锋论辩的过程中，才有望得到充分展现。真理不见得总是愈辩愈明，但在人文学术领域真理不辩是肯定不会明的，关于这一点，密尔在《论自由》中有过强有力的论证。因而，在人文学术领域，要形成一个有大作为的可持续的学术共同体，学者之间的常规性的相互间善意的学术批评，就是必不可少的了。这里涉及的，正是知识生产机制问题的关键所在。人文学术只有经过有来有回的"打靶"互动，才有学术的积累、理论的更新。真正的学术传统，也只有在此基础上才能形成。

我从美国归来的第二年，我所在的中山大学哲学系动员本人、张华夏教授、陈少明教授各写一篇"靶子论文"。在网上贴出后，在世界范围内专门征集"打靶文章"，反应强烈。张华夏教授的靶子论文和回应者撰写的打靶文章已结集出版，本人撰写的靶子论文《实在论的最后崩溃——从虚拟实在谈起》也已收到十几篇高质量的打靶文章，并已在网上公之于众。是的，我们不仅不怕挨打，而且一开始就主动"找抽"，这种行为是基于我们对哲学学术的内在要求的理解之上。

三、意识形态中立不是价值中立

在学术界流行一种对价值与学术关系的错误理解，即认为学术都是价值中立的。马克斯·韦伯关于实证科学（自然科学和社会科学）的价值中立的观点，被盲目地推广到所有的学术领域。这种盲目推广，主要是源于一种混淆，一种价值与意识形态的混淆。其实，意识形态中可以包含很多的价值成分，但价值并不一定都是意识形态。从古至今，柏拉图、亚里士多德、康德、密尔、罗尔斯、哈贝马斯等大学问家，都从事过价值系统的建立与辩护的学术工作。哲学理性可以分为两个部分，即理论理性和实践理性。实践理性就是专门用来为人类的行动寻找、建立和论证有学理根据的价值原则和价值系统的，这里大致包括伦理学、政治哲学、法哲学的大部分。正是为了把普遍有效的价值与意识形态偏见区分开来，这些理念领域的大学问家才坚持不懈地探究善恶判断以及个人和集体行为正当性的理性根据。所以，为普遍价值寻找学理根据的目的之一，就是使我们摆脱意识形态的陷阱。这样的话，价值与意识形态两者之间哪能混同呢？

不过，如果把价值中立理解成避免在没有任何学理根据的情况下任意预设某种价值前提，那就不成问题了。哲学中的实践理性的运用，虽然是为了寻求普遍有效的价值原则，但一开始并不能预设任何价值判断的有效性。这里所说的"价值"，不是社会学和人类学意义上的事实上正在流行的行为规范。哲学家对这些流行的所谓"价值"，首先采取一种批判的不信任的态度，因为他们要在最后对这些流行的所谓"价值"进行判决，保留有学理根据的部分，拒斥没有学理根据的属于意识形态或文化偏好的部分。

所以，学术批评应该包括对各种价值观的理性根据的批判性质疑，学术辩护也包括对某种价值原则或系统的学理根据的辩护。在这里，意识形态中立在任何领域都要坚持，而价值中立，在其完整的意义上，不适用于实践理性范畴内的学术研究。

四、真打靶、假打靶、打假靶

有了以上的分析，我们就知道什么是正常的学术批评范围内的真正的学术打靶了。在这里，打靶者经常用到的方法是，指出对方的推理错误、逻辑矛盾、前提偏颇、公设缺乏自明性、与更可信的其他原则相左，等等。这就是完全以学理为根据的对学术靶子中的可能的论据或论证过程的质疑，通过论辩来获得对命题真确性的澄清和认定。

于是，我们就知道，有些貌似学术打靶的言论，其实是假打靶。比如说：

（1）贴贬义标签、扣"主义"帽子等，大多数情况下，都是服务于特定意识形态的政治批判之举，不属于学术批评的范畴。

（2）直接把某种冒充成学术的意识形态教条当作学术真确性的标准，以宣布对方的观点不符合这些教条来代替学术批评，此乃又一学术批评的宿敌也。

（3）故意歪曲对方的观点，然后置之于死地而后快，更是我们常见的偷天换日的伎俩。

（4）此外，批评者首先预设另一种理论的权威性，然后说明对方的观点不符合所谓权威性理论的结论，但对该理论权威性的根据不做出学理上的论证，也是一种拙劣的行为。显而易见，诸如此类的所谓"学术批评"，属于假打靶，我们应该将其拒之于学术殿堂的大门之外。

当然，学术批评的范围要比学术打靶宽得多。像对某种学术活动的社会文化功能的评述，对学术成果的经济或政治效用的评估等，虽与刚才所说的学术打靶无关，但也都属正常的学术批评。但是，另一种与学术有关的话语，即对作者的动机的分析和批判，能否被看作正常学术批评的分内之事呢？

我认为，作为对学术行为的一般性的文化批评，动机分析是可以被允许的，但这种分析不能针对某个具体的人的某个具体的学术观点。对具体学术观点的学理范围内的学术批评，只应涉及表述此观点的命题本身的论据的可靠性。至于作者坚持此种观点的心理动机，属于不可被外人所观察或证实的第一人称的内隐世界，与观点本身的学理根据无关，不应牵扯。我们见过冒充学术批评的很多的人身攻击，就常常是在挖掘作者的"险恶用心"。

说到作者动机问题，还关涉到一类在人文学术领域中的特殊的假。这种假与作者的认识能力无关，首先也不是存在于作者与他人的关系之中，而是存在于作者的信念与他自己著作中的学术内容的关系之中。这里我所指的是，著作人故意说自己不相信的话，亦即说违心的话，而这种违心话却以学术的面目出现。这种假，并不是所说的话的内容必定为假，而是作者把自己断定为假的命题说成是真命题，或把自己断定为真的命题说成假命题。至于他自己的断定到底正确与否，在这里倒是无关紧要的。有时歪打正着，也是有可能的。这样的言不由衷之假，往往是出于对某种意识形态的维护或迎合，或对其他源自内心或外界的非学术力量的屈从。

还有一种类似的假，那就是列奥·施特劳斯所说的哲人的"高贵的谎言"。施特劳斯及其追随者提倡"隐微写作"，就是借"显白写作"传递字里行间的"微言大义"，让心有灵犀的同道读出隐喻中的所谓"真理"，而只让一般的读者读出文中的字面意义，亦即让他们相信"谎言"。

对于以上两种与作者动机相关的假，我们应该如何开展学术批评呢？

我们只好权把假话当真话了，如果其字面上的谬误确实值得关注的话。问题是，在原则上，这两类作者是不能参与我们的正常学术批评活动的，因为他们从事的主要是哈贝马斯所说的"策略性行动"而非"沟通性行动"，从严格意义上讲，他们做的并不是真正的学术。但由于他们的言说都以"沟通性"的姿态出现，我们如果不想对他们表达的具体内容置之不理的话，就只能以"沟通性"的方式对待"策略性行动"了。当然，这样的学术批评，是错位的批评，在这里我们只能无奈地将错就错"打假靶"了。

总之，在严肃认真负责任的学术批评中，我们要真打靶，不要假打靶，偶尔打假靶也还可以考虑。只是，从学术打假到学术打靶，我们都要有板有眼击中要害，千万不能"顾左右而言他"。

（笔谈，原载《中国书评》第五辑，有删改）

迷失在"诉诸后果"谬误中的中国哲学学术

常常有人问：

"什么样的哲学才能适应新时代的要求？"

"在现代化的物质主义浪潮的冲击下，中国人需要什么样的哲学来充实心灵？"

"要解决中国的问题，我们应该到哪里去寻找哲学资源？"

"中国要跟上世界的潮流，是否应该接受后现代主义的哲学？"

类似以上的问题，似乎都是些非常严肃的意义重大的问题。但是，尽管这些问题各有不尽相同的导向，如果提出这些问题的人是哲学领域的学者，他们还按照这样的提问来为自己的研究定向的话，就都犯了同样的错误，那就是，他们对哲学的理解都违背了哲学学术的基本精神。

中国哲学学术在这三十年发生的变化，头绪比较多。但是，我仅沿着一条很容易把握的线索，即哲学学术的传统诉求的线索，看看这里有什么事情在发生。在本文里，我要阐明这样的一个观点：在最近几十年里，中国哲学学界很多有影响的学人都犯了"诉诸后果"的错误，而在这个谬误的氛围中，很少人真正接触到哲学学术的内核。

一、一个标准的推理谬误："诉诸后果"

哲学学术，就其作为严格的学问来说，是以从古希腊开始的西方哲学为范型的。所谓"中国哲学"的提法的合法性问题，之所以时常有人提出争论，首先就是因为有这么一个哲学学科的原始范型的西方起源的历史事实。所以，我们在西方哲学传统中看看这个古老的学科的基本诉求是什么，再看看我们这里的"哲学"与其有多大的偏差，无疑是有些启发意义的。这样，我就先介绍一个在中国很少被人提及，但在西方学术传统中具有重要意义的标尺，并对此标尺稍做分析澄清。然后，我用这个标尺衡量一下我们的"哲学"，看看有什么问题存在。

我在美国期间教过一门类似于"批判性思维"的比较标准的哲学入门课。这门课的一部分内容是简单的形式逻辑的运用,另一部分是对常见的非形式谬误(Informal Fallacy)的剖析。我们最常见的非形式谬误,有"诉诸权威""人身攻击"等,这些我们中国学界之人都比较熟悉。这些谬误,之所以被称为是"标准"的,就是因为它们自古以来就很常见,所以哲学家们就把它们归纳出来,进行统一命名,以拉丁语为语言载体固定下来警示后人。比如,"诉诸权威"叫作"Argumentum ad Verecundiam","人身攻击"是"Argumentum ad Hominem"。这里我要介绍的,是一个在中国很少有人提到的谬误,叫作"诉诸后果",拉丁文是"Argumentum ad Consequentiam",即,以后果好坏的论辩代替命题真假的论证。

为了说明在什么意义上"诉诸后果"是一种错误,先让我举个明显的例子,看这样一段假想的对话:

甲:"明天会刮大风吗?"

乙:"那可不能刮大风,不然我们庄稼地里的水稻可就遭殃了。"

甲:"正是因为这个,我正担心呢。"

乙:"如果我们粮食收不上来,这日子还怎么过啊。日子还得过,明天不会刮大风的。"

甲:"我也相信明天天气会好转的,总得让人活下去啊。"

如果真有这样的对话,甲说的"相信"一般只是表达某种希望,这样的话,不会有很大问题。但是,很显然,如果有人试图真的按以上思路来论证"明天不会刮大风",那就显得荒谬了。再看下面一段文字上稍有不同的对话(如果被当作推理也照样荒谬):

甲:"明天会刮大风吗?"

乙:"无论如何我们都不要去相信明天会刮大风,不然你我都会放下生意抢收粮食去了,那不合算。"

甲:"是啊,虽然地里那点粮食值不了几个钱,真知道大风要来的话,我还是舍不得的。"

乙:"既然这样,咱就相信明天天气很好,如何?"

甲:"是啊,我也相信,明天不会有大风的。"

以上的两段假想对话,如果被当成从前提推出结论的演绎,都是不对的,都犯了"诉诸后果"的逻辑谬误。很明显,任何自然事件是否会发生,不会因为你对后果的喜好或厌恶而改变。但是,这是两种结构不太相同的"诉诸后果"。第一段对话，是把"明天刮大风"这件可能事件将会导致的后果作为论据，而第二段对话，则是把"如果我们相信明天会刮大风"将会导致的后果作为论据。这里的论据，都是用来为最后结论的"真"或"可信"提供唯一支持的。但是，这种所谓的"支持"是无效的，所以我们把这种所谓的"推理"称作"谬误"。

上面两段对话的模式，都是用不可欲的后果来否定某个判断的真确性。实际上，"诉诸后果"也可以是正面肯定的，即用后果的可欲性来肯定某个判断的真确性。限于篇幅，我就不再举例子说明了。一般来说，"诉诸后果"具有如下两种形式：

1. 指向真值的

1a. 正面肯定：

如果 P 为真，则 Q 会发生；

Q 是可欲的；

所以，P 为真。

1b. 负面否定：

如果 P 为真，则 Q 会发生；

Q 是不可欲的；

所以，P 为假。

2. 指向信念的

2a. 正面肯定：

如果相信 P 为真，则 Q 会发生；

Q 是可欲的；

所以，我相信 P 为真。

2b. 负面否定：

如果相信 P 为真，则 Q 会发生；

Q 是不可欲的；

所以，我相信 P 为假。

有了例子和一般的形式展示，我们就立即明白，为何以上的两种"诉诸后果"是逻辑谬误了。关键是，所有这些格式中的第二个前提，都是关于某种事情可欲还是不可欲的断言。但是，我们知道，什么事会不会发生、任何命题是真还是假，如果不与你的决定导致的后果相关的话，与你的欲求是没有必然的逻辑关系的。不过，上面举的例子都是关于经验领域的事情是否会发生的推理，而在哲学这个非经验学科的领域内，涉及的都只是理念领域内的关系。这样，第一类"指向真值"的情况就很少与哲学问题发生关系，而第二类"指向信念"的情况，则在哲学领域时时可以看到。在下面的案例中，我们就此进一步分析。

不过，在我们进入更加具体的分析之前，我们先要对两个容易发生混淆的区别有所注意，以免在进一步的讨论中发生误解。

第一个，就是做决定时的慎思与对命题真假的判断之间的区别。如果我是在做一个决定，并且我唯一要考虑的就是后果的话，考虑后果就是合理的，这里不可能犯"诉诸后果"的推理谬误。与以上句式 1b 相应，举例来说，就会有这样不同的句式："如果我做 P，则 Q 会发生；Q 是不可欲的；所以，我不应该做 P。"对应于其他的句式，可以由此类推。我们在本文将要讨论的是理论哲学的学术范式，是对命题之真假的判断，而不是实践理性的运用问题。伦理学中的"后果主义"，在哲学层面，是要论证我们行动之前做决定要以什么标准来衡量"应该"与"不应该"，这种论证，不是靠"诉诸后果"，而是像讨论所有其他哲学问题时一样，论证"后果"是我们采取行动前唯一应该考虑的因素。与此相对照，实践推理中的后果考量，与"后果"相连的是行动前的决策慎思，而不是哲学命题。

第二个，就是实证研究（如社会科学中的因果分析）中对社会历史事件的因果关联的分析与哲学学术中对各命题间的逻辑关联或意向性关联分析之间的区别。实证的社会科学的主要任务之一，就是对事物的因果关联本身做出真假判断，在这个领域，对后果的讨论，并不一定与"诉诸后果"的推理谬误有何关联。在这里，对应于上边 1b 的格式，有效推理的模式是这样的："如果 P 发生，Q 就会发生；如果 Q 是不可欲的，我们就要防止 P 发生。"显然，这是一种有效的实证推理格式，不属于我们讨论的推理谬误的范围。

总之，哲学属于理论思维，要阐明的是义理关系而非因果关系，要论证的是观念问题而不是事实问题，与上面所举的两种后果式思维没有直接的关联。那么，哲学论证中的"诉诸后果"的谬误，为什么会在中国流行，其根源和要害在哪里呢？

二、"诉诸后果"与意识形态的特性

哲学是"爱智慧",从古希腊开始,这种"爱智慧"的活动的意义就是基于这样的一个前提:命题有真假之分,信念有知识与意见之分。理论哲学的目的,就是在其特定的论域内寻求真命题、拒斥假命题,获得知识、排除意见。按照亚里士多德的说法,相对于那些为"有用"而学术的学术,哲学是标准的为学术而学术的学术。这就是说,哲学提出、思考、讨论问题,质疑我们基本信念的根基,最终是为了搞清楚其根基本身是否牢靠,亦即,搞清楚根基据以推出的理由是否成立,表达这些理由的命题是否"真"。我们考察一下两千多年来的哲学史,伟大的哲学家不是竭力证明自己的命题和/或信念系统之真,就是驳斥其他人的命题和/或信念系统之假。这正如政治哲学家罗尔斯在其《正义论》的开篇将社会制度的正义与观念系统的真做比较时所言:

> ……一种理论,无论多么精致和简洁,只要它不真,就必须加以拒绝或修正……允许我们默认一种有错误的理论的唯一前提是尚无一种更正确的理论……作为人类活动的首要价值,真理和正义是绝不能在其他考虑面前退让的。[①]

因此,作为非经验的观念系统建造者的哲学家,必以追求自己的哲学的真确性为直接目的,亚里士多德的《形而上学》、笛卡尔的《第一哲学沉思录》、斯宾诺莎的《伦理学》、休谟的《人性论》、莱布尼兹的《人类理智新论》、康德的《纯粹理性批判》等,无不如此。没有哪个哲学家在其哲学著作中认真讨论如下问题,即,如果我在这里论证的某个真命题成立或一旦我们相信了这个命题,将会有什么样的历史事件随之发生?哲学家之所以不讨论这样的问题,并不一定是因为他们不想知道这类问题的答案,而是因为就他们的工作性质而言,他们缺乏有效的手段进行这方面的探究。哲学家,就其哲学家的身份而言,是纯粹的思想家,是不做系统的实证研究的思想家。他们都知道,不做实证性的研究又要做出以实证为根

---

① Rawls, John. *A Theory of Justice*, Harvard University Press, 1971, 正文首页, 此引文为笔者自译。

据的断言,是一种不负责任的僭越。

其实,哲学家是否想知道其哲学传播的后果,在我们的论域内并不重要,顺便说起,也可以算是稍有关联的题外话。讨论至此,我们也基本明白,一个哲学学说传播之后到底会产生什么后果,是与哲学本身的内在目的没有必然联系的。所以,就算哲学家关心这种后果,这种后果的预测也不能成为其哲学论证的一部分。不然的话,哲学家就犯了"诉诸后果"的论证谬误了,这才是关键。与此相连,我们也要注意到,哲学家都希望自己的学说被他人接受,并由此影响人们的生活,在这个意义上,他们都关心自己哲学理念的传播后果。但是,他们靠什么来达到这种后果呢?一定不是靠承诺接受自己的学说以后实际上会发生什么事情,而是靠证明自己哲学的"真",靠说理论证的透彻。只要读者认为一个理论是真的,他就会采信这个理论。几乎没有人会严肃地宣称,"这个理论是真的,但我不信",或者:"这个理论是假的,但我还是相信"。

在现代中国,改革开放之前的几十年的时间里,唯一能流行的对"哲学"这个学科的定性,是把其当作一种意识形态,或者是一个更大的意识形态体系的核心部分。那时候,"意识形态"被赋予完全的正面意义,其"阶级性""代表无产阶级利益""代表先进生产力"等与"真理性"相去甚远的特性,被堂而皇之地加在"哲学"的告示牌上。但是,在有雄厚的学理传统的西方,这些与求真的方向相违背的东西是不可能以正面肯定的方式被加在任何观念体系之上的。确实,中国流行的关于"意识形态"的功能的描述,与其在西方的出处相差不远。但是,在其与真理性的关系的理解上(先不管是否出于马克思),却与西方学界原本的理解大相径庭。本来,你一旦承认了你的观念体系是为那些意识形态功能设计的,你就放弃了对真理的追求与坚持,但我们的"理论家"们却宣称,正因为我们建造了这样的意识形态,我们才拥有了最后的真理!

恢复到它的应有之义,意识形态指的是这样的一个充满内在张力的观念体系。一方面,它的目标与真理的获得或维护无关,而是试图用从这个观念体系生出来的言谈方式引起或阻滞某种社会事件的发生,以哈贝马斯的语言来说,这是一种"策略性"的言语系统。另一方面,它又不能宣示自己的目标,它必须将自己冒充成一个代表真理的体系,以理论的形态出现,即以"沟通性"的语言形态出现。关键的一点是,这套"策略性"语言的策略,恰好就是以真理化身的姿态用貌似"沟通性"语言来遮蔽其策略性。于是，在这个结构性的谎言机制里面，意识形态语言有时也会策略性地或碰巧地包含一些真确性，但真确性本身绝对不会被当作对各种"说法"的一个独立要求。更进一步地，这种体制的掌门人，由于机制的暗示作用，即便说真话在实际上更有利于达成其既定目标，也盲目地编造谎言，导致策略本身的失败。

至此，我们只讨论到意识形态机制的一般特征。在现代中国，意识形态还在这所有之上再加上一层自欺的外套，因为在这个机制中的人宣称并且还"相信"意识形态就是真理，"辩证法"可以使他们满怀信心而"实事求是"地宣布："为了真理，让我们将谎言进行到底。"可想而知，把"哲学"摆在这样的意识形态语言的核心位置，我们当时的所谓"哲学"，完全就是在"诉诸后果"的谬误中操练。所以，我们就应该明白，为何本文开篇时列出的那几个看似重大的"哲学问题"，其实是在要求我们靠"诉诸后果"来定夺哲学的命运，按照一种哲学被接受时可能导致的后果的可欲性来作为对其取舍的标准，是把哲学纯粹当成了一种意识形态。

与此同时，中国的许多学者，把所有进行价值判断的学术当成意识形态的一部分，把"意识形态中立"等同于"价值中立"。基本的倾向是，如果一种学术不以经验证据作为基本的支撑，不是"让事实说话"，就会被许多中国学者称作"意识形态"。很明显，这样的意识形态观是不能成立的。

我们这三十年的转机，正是在这样的背景下开始的。但是，这种转机至今还没有引导我们走入哲学学术的正轨。"诉诸后果"的论证方式，还是充斥在大量有关哲学的出版物里，并有压倒其他一切的话语优势。在我们对此现象做进一步分析之前，让我们先看看具体的案例。

三、案例：启蒙的反思和自由主义的辩护

启蒙理性问题和现代性的问题，合在一起讲是比较正常的，而且大部分都可以联系起来思考。但是这里面有一个陷阱，那就是，启蒙理性里边的哲学理念的哲学价值，和现代化或者启蒙运动以来发生的现代性事件及社会政治后果，首先应该是相互独立的两个问题，如果一开始就用对后者的评价代替对启蒙理性本身的评价，就即刻犯了"诉诸后果"的错误。这里的逻辑关系，经过我们以上的理论分析，已经比较明白了。

历史上发生的任何事情，都有一定的后果，这里的关系，是因果关系，启蒙运动作为一个历史事件也必然有其后果，历史学家对这种前因后果做出某种解释，是无可非议的，虽然像我说过的那样，由于历史现象的不可重复性，这种因果解释很容易陷入众说纷纭的局面。不过，在这里，我们讨论的焦点很明白，那就是，启蒙运动并不是一般的历史事件，而是由哲学家发起的关于人的生活怎样才更有意义的学理性事件，而像上面的分析所揭示的那样，哲学家们关心的，首先不是这种学理探究最终会导致什么历史事件发生，而是这种学理究竟包含了多少真确性。根据以上我们对"诉诸后果"谬误的分析，我们就知道，这样的义理和逻辑层面的问题，跟事件之间的因果关联的问题，是不能混为一谈的。任何人陈述一个命题或提出一个理论，首先有正确还是错误、真还是假的问题，至于做出这个陈述或提出这个理论后，到底会引起哪种事件发生，与理论内部的逻辑是没有必然联系的。

  然而，在今日中华文化圈里，大部分讨论过现代性和启蒙理性的人，包括杜维明、李泽厚、朱学勤、许纪霖、甘阳、刘小枫等有影响的学人，都基本只从历史事件的因果关联上来做文章。当然，这些学人中，有一部分属于历史学科领域的研究者，这种把一种哲学理念的出现只当作历史事件对待的做法，在他们学科范围内是正当的。问题的关键在于，中国哲学界内部的大部分学者，在讨论我们应该接受哪种哲学时，也只是问哪种哲学给世界或给中国提供了"解决"社会政治抑或经济问题的有效工具，而很少去追究启蒙哲学家们原本的学说（以哲学"为求真而求真"的目标来看）是否成功。换句话说，在中国，在对启蒙进行反思的文字中，对启蒙哲学的理论的真确性的研究几乎完全被对启蒙思想与后来的政治历史事件的关联的议论所代替。更有甚者，这种因果关联的反思模式，似乎是解答启蒙哲学本身的学理问题的唯一根据。这样的思维定式，就造成一个"诉诸后果"谬误的典型案例了。他们先试图用历史教训的方式举出现代性出现的种种问题，并把这些问题主要归结为启蒙理性的影响所致。由于他们认为任何理念若要影响世界，必定先要有人相信这些理念，他们就在是否应该接受启蒙哲学与某种不可欲的社会历史事件之间设立了一种因果关联。这样，按照我们在第一部分归纳出来的基本格式，这里的推理是这样的：

  如果我们相信启蒙哲学的某些理念（a、b、c…）为真，现象

(x、y、z…) 就会发生；

这些现象 (x、y、z…) 是不可欲的；

所以，我们相信启蒙哲学中的理念 (a、b、c…) 为假。

这样的思路，刚好符合我们第一部分讨论的"诉诸后果"谬误的 2b "负面否定"的格式。所以，我们就明白，这种所谓的推理是无效的。有鉴于此，对于启蒙思想的研究，我们先要对如下两点有所认识：

第一，我们先要反思启蒙理念本身的内在逻辑有没有缺陷，其哲学方面的论证是否在学理上成立。因为这方面很少人去做，我们就看到了最为明显的混乱。比如说，很多人把启蒙理性本身提倡的价值和现代性视野下的工具理性泛滥混为一谈，把以工具理性冲击价值理性看成启蒙思想的主要特征。但是，事实上正相反，启蒙理性刚好就是以高扬价值理性，以价值理性统摄工具理性为主要特征的。无论是康德的"人是目的"的道义论，还是穆勒的"最大多数人的最大幸福"的功利论，都是绝对的价值理性。我们想想看，如果有某种哲学提倡要把人当工具，这种哲学还有可能属于启蒙思想的一部分吗？如果我们真的以为启蒙运动以后工具理性压倒了价值理性，而我们不愿意看到这样的状况的话，只能说明启蒙的理念没有被实现，而不是启蒙理念本身的学理上的过错。如果我们要质疑启蒙理念本身的话，质疑的对象首先应是"人是目的"等原则的学理根据，而不是相反。

第二，按照启蒙思想家的理念，理性的启蒙本身就是价值，不管后果如何。所谓"本身就是价值"，可以用一个简单的例子来说明。比如说，我是人，这是一个事实。而作为人要有基本的尊严、基本的自由，不然的话，我就沦为任人使唤的牲畜了。当然，对这些价值的强调和坚持会产生很多后果，有正面的，也有负面的。仅对当事者来说，在某种社会环境下争取这些东西，还有可能导致毁灭性的负面后果。对严重后果的估计，会使我有所让步，但这并不说明我一开始就不应该坚持这些做人的基本原则或者说这些原则是错误的。类似地，启蒙哲学家提出的人要用自己的理性把握自己的命运的原则，就是要从学理上说明，如果一个人的生活与这条原则相违背的话，这种生活就是不值得过的。至于大家都持这种观念或过这种有内在价值的生活会在制度层面导致什么样的社会历史变革，那不是哲学家在其哲学学说中关注的问题。否则，他就会很容易犯"诉诸后果"的错误。

关于从启蒙运动那里发展起来的自由主义的讨论，我们也看到了类似的情形。本来，作为哲学家的自由主义思想家，首先并不是承诺只要相信自由主义就能导致什么样的社会后果。自由主义的政治哲学首先关心的，是从理念自身去证明个人，而不是任何意义上的集体，才有可能是所有价值的最终承载。如果不把个人当作所有价值的载体，在学理上是说不通的，必然会导致逻辑上的自相矛盾。把某种社会整体当作幸福、尊严、自由等价值的承载，是一种理论上的谬误，而对谬误的拒斥，是理论本身的要求，与个人的偏好无关。也许，提倡自由主义会导致很多不良的后果，但这与自由主义是否正确没有必然的关系。并且，反自由主义的谬误的流行最终反而导致自由主义原则的实现，也不是完全不可能的。

所以，作为从事哲学研究的学者，如果不同意自由主义的理论，你可以提出你认为对方所犯的理论错误，而不是把这只看成意识形态偏好的争执。所以我觉得，对于现代性的理解，还是要从理性和人的自主性上来看，看它本身是否是人值得去追求的一种状态。然后，再去关注这种理念客观上导致了什么样的后果的问题也不迟。而现在的讨论，在一开始就没有抓住理论思维的要害，不去讨论评判一个社会历史进程好坏的判准问题，就直接谈论后果的"好"与"坏"。但是，如果你一开始就不认同启蒙哲学中"人是目的"的基本思想，你为何对所谓的工具理性兴盛价值理性式微表示不满呢？要对我们实际看到的所谓"现代性"的弊病进行批判，恰好就要借助启蒙理性中"人是目的"的基本原则才有说服力。

四、我们为何还在外围徘徊

谁都知道，在当今中国，意识形态的力量还是时时制约着人文学术的发展，这必定也是中国哲学学术迟迟不能步入正轨的重要原因。但是，也不可否认，自"文革"结束以来，其实我们的哲学学人已经有相当大的学术自主的空间了。但是，我们并没有看到哲学学术在这个相对自主的空间里迈出坚实的步伐，为什么呢？这个问题的答案，我曾在其他文章里有所论及，在这里，我试图再次做出一些简单的猜测性归纳，供大家参考。

首先，是中国古代学统中求真精神的缺乏。我们知道，中国的"国学"中"真理"问题并不占据什么显赫的地位，曾经出现过的有些与西方哲学的求真倾向比较接近的学派，还没机会成气候就被正统打压下去了。我们所说的"知行合一"的态度，不管其原意如何，客观上，很有可能从一开始就导致我们拒绝把"知"的问题与行动及其后果的问题分开,这样,"诉诸后果"的谬误就不可能被发现。近代西方学术被引进的时候,基本也是着眼于其中的"术",亦即其无可争辩的巨大的实践上的威力。对"物竞天择"的认同也好,对"坚船利炮"的威慑力的震惊也好,对"救亡"的紧迫感和对"解放"的渴求也好,基本与哲学学术的本来诉求没什么关系。某种"真理",是"一声炮响"送来的,所谓"启蒙与救亡的双重变奏",也就这样开始了。自此以后,直到"文革"结束,意识形态中立的人文学术基本没有机会公开出现。直到现在,一些很有影响力的年轻学者,还满怀信心地说:"我们搞哲学的,要有一个最基本的共识,那就是,我们的一切讨论,都是为了解决中国的问题。"按照这种逻辑,像亚里士多德的《范畴篇》、康德的三大批判,因为与他们自己国家当时要解决的"问题"没有特殊的相关性,都不能算是哲学了。这样的哲学观,如何能够引导我们进入哲学?

其次,是有直接的现实政治诉求的知识分子,在"文革"之后,出于对原来强大的意识形态的具体内容的反感,把西方学术中的观念当作原来的意识形态的替换力量。这样,西方哲学学术中的观念性内容,不管其学理根据是否成立,都被强行进行意识形态的解读,亦即,都被放在对中国的"灾难"与"前途"的讨论的语境中,按其对原来的意识形态的冲击力的大小加以取舍。在这样的背景下,以与宗教和政治相分离为前提而发展起来的西方人文学术,在中国的很多"西学"学者那里,被看作只能在其宗教和政治背景下才能被理解的"思想史"中的片段。换句话说,人家的学术,在与宗教和政治分家了之后才确定了自己的独立身份,而我们的"西学"学者偏偏要将其塞回到其对立面的怀抱里才给它一个身份认同。这样,当西方哲学家在追求普遍必然的学理时,我们的专家学者看到的却只是"话语霸权"之类的东西。用新引进的哲学观念来冲击旧观念,本身的社会政治后果可以很好,但是,这不能被当成对哲学进行评价的学术根据,不然就犯了"诉诸后果"的错误了。

再次,是一帮西方学术的追随者,刚摆脱了国内的"桎梏",就碰到了西方的轰轰烈烈的"后现代"的对传统学术的造反期。刚才我说我们的西学专家们只看到了"话语霸权",其实这个提法本身就是来源于西方后现代主义者那里。后现代的"学术"其实就是试图颠覆学术的基本原则,这种热闹的"好事",让我们中国的知识分子赶上了。被西方正统哲学界所不屑的造反式学术泡沫，在我们这里成为"西方哲学"的正统。再加上美国的实用主义思潮，也把传统哲学学术的基本精神弃置一边，而自胡适以来，实用主义在中国的影响不可小看。值得一提的是，后现代思潮和实用主义思潮都是在理念上故意打破"诉诸后果"这种谬误和正当的哲学论证之间的界限的。我们从强大的意识形态那里转过来，不巧"与国际接轨"接到造反派的舞台那里去了。我以前说过，在西方，表面上，罗蒂、福柯、德里达们在引领潮流，好像哲学"终结"了，学理与政治等同了，概念和命题的意义都被"解构"了，但学术界的大多数人还是一如既往地在一板一眼地小心求证，而正是这个坚固传统的延续，才使得后现代的造反者可以对其掀起造反的声势。我们中国很多搞西学的学者，或把学术评价、学术史、对学术的文化批评等第二类的学术看成学术的全部，或只在为大洋彼岸的那些造反者喝彩助威，那当然就不可能进入哲学学术的核心部分。

我要说的最后一个负面影响因素，是我前面提到的学术界流行的一种对价值判断与学术的关系的错误理解。这个流行观点，就是认为学术都是价值中立的。马克斯·韦伯关于实证科学（自然科学和社会科学）的价值中立的观点，被盲目地推广到所有的学术领域。这种盲目推广，主要是源于一种混淆，一种价值与意识形态的混淆。我们刚才讨论了很多人把哲学混同于意识形态的问题，现在我们遇到的问题则是，由于把价值判断一概当成意识形态，为了避免意识形态的陷阱，人们就避免对道德价值判断的学理根据进行探讨。但是，自古希腊以来，价值判断和道德原则的理性根据问题、政府的权力的正当性等"规范问题"，都是哲学家们在纯学理上进行探究的对象。哲学家不能预设价值判断的有效性，但价值问题、道德问题是有理可讲的，我们当然可以在这里"将讲理进行到底"，试图得出有理性根据的价值判断的原则，并依此为根据做出各种价值判断。哲学家们要保持意识形态的中立，但不必保持价值中立。无论如何，价值问题是大家要谈论的最重要的话题之一，如果你不按理性的要求去探讨这些问题，这种谈论就真的会蜕变成意识形态的争执，最终也就只能"诉诸后果"了。

以上我试图猜测性地归纳出中国哲学学术还没步入正轨的原因，一定有很多遗漏，抑或还有错误，所以很希望大家一起讨论。最后我还要说的是，在中国的哲学圈里，也有一小部分人已经在严肃、认真地做哲学学术，这包括一些海外归来的优秀学人和部分在国内踏踏实实做学问不声张的年轻人。只是，除了在很小的专家范围内外，他们的学术活动几乎还没有引起注意。

（原载《学术月刊》2007年第10期，有删改）

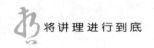

为何"工具教育"与大学精神相违背

不少人都在提倡"素质教育",痛斥"应试教育",这当然反映了人们对当前中国教育状况的不满,并且,这种不满是正当的。不过,人们也许还没有充分注意到,"素质教育"的对立面首先还不是应试教育,而是"工具教育"。因为,正确理解的"素质教育"中的"素质",是指作为目的主体的人的素质,而不应该是把人当作工具的所谓"有用"的素质。人要掌握工具为己所用,但人本身是目的。就是那种纯技能性的教育,也只是为了让我们的学生掌握有效的工具,而不是把他们培养成为工具。当然,"素质教育"在哪种意义上都不是"工具教育",这样的符合教育理念的"素质教育",就是我们常说的"博雅教育",而这种教育,一般是在大学阶段进行的,与我们常说的"应试教育"不在一个时间段。

一、陷入困境的大学精神

博雅教育的主要内容大致包括科学和人文,这里所说的科学和人文,其目的是培养人的自由和理性的精神以及对非人性力量的抵挡力,是独立的知识和理念领域,而不是为技术或经济活动服务的预备学科。但现实的情况是,这种原本意义上的博雅教育正在遭受来自两个方面的夹攻,一个是从上到下的国家意志,另一个是从下至上的市场和风俗的力量。两者之间各自独立,还好对付一些。一旦它们整在一起,我们就更加艰难了,这就是博雅教育要面对的问题。有人以为我们现在大学里的"通识教育"就是博雅教育,其实恰恰相反,这种所谓的"通识教育"基本上体现了刚才所说的两种对博雅教育的夹攻力量。我们现在处在夹缝中,气都喘不过来。

不仅仅是我们国家,整个世界的大学教育都有背离大学教育原本意义的倾向。既然现代社会都是倾向背离它的,我们为什么要守住这些东西呢?因为在现代社会,不管是社会主义也好,资本主义也好,都是工具主义、经济主义的，用经济的语言来定义社会制度，这就是我们的博雅教育处于守势的原因。我们不是要学哪个制度，也不一定要经济自由主义，我们唯一的根基，就是人类生活固有的内在价值。这些内在价值是什么呢？就是生命的价值、快乐的价值、自由的价值、尊严的价值、求知的价值、创造的价值、爱的价值、自我超越的价值，这些价值不是被其他外在的目标所规定的，而是构成人的生活的目的的内容。如果生活中没有这些东西，人是活着还是死去就没啥区别了。并且，任何作为工具性的"有用"的东西，也要服务于这些内在价值，才获得工具意义。但是，任何社会制度，任何现实的力量，都有背离人类基本内在价值的倾向，从而总要有一部分人担当守护者的角色，这与古代、现代、后现代、东方、西方都没特殊的关系。我们的任务不是去顺应一时的潮流，而是要防止此起彼伏的潮流变成泛滥的洪灾，守住和激活人文内在价值的永恒的源流。

我们都认为，美国是最商业化的社会，一切讲求实用，教育也不例外。确实如此吗？我们看看哈佛大学的校长是怎么说的："学生们一代接一代，如同海水一浪接一浪冲击着陆地，有时静静地，有时则是带着暴风雨的怒吼。不论我们认为历史是单调的还是狂暴的，有两件事总是新的，就是青春和对知识的追求。"这几句话，是对大学精神的精辟概括。但是，正如我刚才所说，这样的对大学精神的理解，必然遭受到来自社会各个方面的反弹。面对这样的压力，耶鲁大学的校长小贝诺·施密德特有这样的回应："我先谈谈知识的态度问题，知识像我们周围的宇宙以及我们内心的世界一样，多层次多棱面，而且绚丽缤纷。我们有千万条理由尊重知识，但我们用人文学科去教育人们渴求知识的感人价值在于我们坚信知识是工具，是力量，而最重要的是它本身就是价值。我们渴求知识，坚持青年必须用文明人的好奇心去接受知识，根本无须回答它是否对公共事业有用，是否切合实际，是否具备社会价值等问题。如果仅仅以'有用'来解释我们对知识的忠诚，就无异于认为人性已经泯灭了。"他说得很严重，如果不把人文和科学知识直接当作实现人的内在价值的内容，而仅仅当作实现其他目的的手段，就是人性的泯灭。

二、人文的"无用"胜过工具的有用

我们中国人可能不太接受上述两位美国校长的观点，不太理解这种不讲社会实用价值的纯粹学理的追求。但无论如何，如果对工程技术学科确实还是要问其是否有用的话,那么哲学、历史等人文学科的价值明显不是以"有用"为准绳的。我在因特网上搜了一下,美国有个网站是专门回答人家的哲学问题的。在这里回答问题的不是某些教授,而是一些学生之类的人。即使是这些初出茅庐者,对这些问题都有比较清晰的理解。有人问:"哲学有用没有,如果没用的话,那么你搞哲学不是浪费时间吗?"好!回答是这样的:这个问题问得非常好,去做所有那些不浪费时间的事,去做有用的事,它的目的是什么?是让你最后有更多的时间不去考虑有用与没用,去享受生活本身的内容,而生活本身的内容是没有进一步的用处的。这就是做有用的事情的目的,"有用的"是相对其他目的而言的,单单作为工具,任何东西都不会对自己"有用"的!所以"有用的"合起来,它的目的是什么呢?就是使人有更多的时间去做无用的事情:去爱、去审美、去理解宇宙的奥秘、去哲学玄思、去获得幸福。在解决了人的基本生存需要之外,剩下的目的就只有这个。在美国这样的发达国家,生存问题基本解决了,那它研究这些是为了什么?为了有时间去追求"无用"。这样的回答非常的妙,这是一个普通的学生的回答。所以可以看出,无用的东西是目的,有用的东西是手段。但是我们在目的里面还在问有用没用,这不是本末倒置吗?这是我从网上看到的一个非常不起眼的话引申出来的,人家对哲学的"用处"的解释,也就是我们理解博雅教育的意义的基本参照。

由此看来,人文教育是具有自足价值的,关乎人类的终极目的、终极追求。其他的一些涉及终极价值或终极目的的东西也是这样。你问幸福有没有用?当然我们要得到幸福,不是为了拿幸福来做"有用"的工具。但我们追求有用的东西,至少部分地是为了得到幸福。目的是得到幸福却还在问幸福有没有用,这不有点神经错乱吗?爱情有用吗?爱情是拿来用的吗?你问爱情有没有用,不是亵渎爱情吗?这都是生活本身的内容,其他东西是为了这些目的来提供服务的。

有些人说人文的东西要继承传统、读经典,我觉得基本是对的。我在美国的大学教过多年的哲学课,现在我在中山大学教一年级本科生使用的《哲学引论》,用的全是经典。但是以经典为教材,要怎么教?让他们背吗?不是的,不理解的时候不如没有,要有理解,这是人文精神最基本的一条。如果说趁小孩年轻记忆力强让他背下来再说,这对我们的后代太残酷了,虽然这里所背的内容是有关人文的,但是这种背经典的做法是反人文精神的。你说古代圣人的东西都是正确的好东西，但各路"圣贤"的思想有很多相互对立的内容，相互对立的东西不可能都正确，所以，每个人要自己判断，而阅读经典就是培养他们理解力和判断力的途径。这样，就算最终判断错误，也不会沦为他人意志的工具，失去基本的尊严。如果趁小孩没有理解力、判断力和防护力的时候，权力在手的成年人把自己偏好的内容强行灌输给他们，就是不把他们看成将来可以自我担当的作为目的的人了，这不是对人类生活的内在价值的否定又是什么？

三、人文与科学

关于人文精神与科学的关系，有人认为是对立的。但在博雅教育这个概念之下，人文与科学恰好是统一的。人文精神是什么？就是在理性加上情感的基础上对生活内在价值的确认，就是内在潜力的自我认同、自我认识，这就是人的主体性的确认，这当然包括科学理性的教育。作为人文的科学，与作为应用的科学是很不一样的。我们习惯把科学技术联在一起讲，其实科学精神和技术精神是对立的而不是统一的，科学精神和人文精神是统一的，因为它判断的最终根据不是有没有工具价值，而是对人本身的主体性的发挥和充实的内在要求有何直接的关系。这个东西为什么要坚守？因为人的生活本身就要求有内在价值，这些东西不是社会变了就会跟着变的。我们搞博雅的人就是要唱"招魂曲"，让灵魂回来，回来不是说我们要新发现什么东西把它逮住押回来。灵魂原本就在这里，在家里、在精神家园之中。但社会总要偏离这些东西，社会也好，风俗也好，政治也好，经济也好，总要往别的地方走。所以我们从始至终要守住这块园地，回家吧，回到精神家园。不要说社会趋势怎样我们就要跟着怎样，我们不能笼统提教育为社会服务，在终极层面不能这么提。

要把道理说到底的话，社会本身是没有需要的，人才有需要。社会需要是一个简化的说法，是为了说话方便或其他临时的目的造出来的一个概念。如果它变成一个实质性概念就会有危险了，大学生教育出来为社会需要服务，就有可能被理解成是为雇佣者、为老板的需要服务，这样就本末倒置了，与我们人文教育想要达到的东西是相反的。难道老板是目的，毕业生是工具？

还有一个观念上的错误，就是我们看到主要的人才都是有学位的人，就觉得我们的专业教育很有成果。想一想，这些人是我们教出来的，还是我们筛选出来的？我们把他们筛选出来，就让他们干别人没有机会干的事情。教育制度很多时候起的是这种作用，筛选出来的人就可以干重要的事，别人再有本事也没有机会干。特别是在中国，学非所用是很普遍的情况，所以很可能在我们现在的状况下，职业上的技能主要不是大学教出来的，而是大学把他们筛选出来，然后他们就获得了自我造就的机会。在这样的背景下，以人文精神和科学理性为目标的博雅教育就更显得重要了。

诚然，正像本文开篇所说的那样，在博雅教育之外，一定的职业性训练也是必要的，这是另一种意义上的"工具教育"，即教给学生实现生活内在价值的工具。虽然大学对这种职业性的训练而言不是最好的场所，但一定的技术性、技能性知识也可以在这里获得。只是要时刻牢记，这是要学生获得掌握工具的能力，而不是把学生变成任何意义上的"工具"。我们要批判的，正是把学生当工具的"工具教育"。

四、博雅教育与人类生活的内在价值

人文精神、人文内容、通才、素质教育这些词不要混在一起。素质教育现在被理解成人力资源的挖掘，这是反人文的。说"人的问题抓住了，事情就好办了，效率就提高了"，以效率来衡量人文教育是反人文的。把人才当成资源的说法与我们的理念是相对立的，以人为本如果搞错了就搞成这种概念——管理的概念。管理的概念说：其他的问题解决了效率不高，把人的问题解决了事情就好解决了，人的问题是个瓶颈问题。人文的基本要求不是这样的，它有内在价值，比如说爱的价值，你不能说你干吗爱我？爱我有啥用？爱完有什么好的后果？没后果或有坏的后果还得爱，因为它是生活的内在要求。

我们常说人文教育和科学理性教育缺失了以后会有社会危机，这也没错，但这是第二层面的事情。在第一层面我们不应该考虑这些事情，就是博雅教育多了造成危机，能过得去的话，我们还是要搞博雅教育。刚才我说过，人之为人是有他内在的生活意义的，所以那些内在价值是终极的价值，定义了我们生活的目的，弘扬这些价值，并不是出于避免社会危机的考虑。从时间的维度看，每个人在他生活的每一刻都有同样的价值，不是为了将来有什么后果才需要现在有所作为，内在价值的实现是当下的，它是最终要求的东西，这是我们在理念上要搞清楚的。

谈到博雅教育和"工具教育"的区别,很多人会自然想到精神追求与物质追求的对立问题,好像博雅是追求精神需要,而工具则是追求物质需要。其实,人的生活的内在价值,包括生命的维持和繁衍、包括快乐等,这当然需要物质材料的支撑,所以我们不可能排斥物质需要。我们反对把人当工具,恰好就是要维护人的所有正当需要。把人当工具,就是无视人的任何需要,让你活着,只是因为你不活着,就不能被当工具使用了。这样的话,只要你拒绝当工具,你的物质需要和精神需要就会被一起剥夺。

所谓精神需要与物质需要的对立,也许并不像人们常常以为的那样绝对。只是,单纯的物质需要并没有多少。你想想看,一个人有钱了喜欢买名牌,那是物质需要还是精神需要?我看是后者。名牌给人的主要是符号意义,其次才是它的物理功能。有钱买车,有些人是为了车的物理功能,但有车的人并不总比没车的人更加来去自由,在交通拥挤的大都市则刚好相反。所以,有一部分人买车,是为了身份地位的确认,成为"有车族"。而身份地位的需要,首先还是精神需要。再比如说,音响发烧友、摄影发烧友把钱花在昂贵的器械上,也是为了满足精神需要啊。真正的物质需要,你再俗气,也不可能有多少。除了吃家常饭和基本的居住条件,加上医疗卫生,就没有什么其他的了。所以,"物欲横流"的说法很成问题,因为那是不可能的。人们习惯把钱都看成"物",但钱是最不具物性的符号。我的钱在哪里我都不知道,是在银行的计算机里吗?谁都说不清楚。从个人的角度看,钱只是代表你对各种可交换折算的欲求的满足的允许程度,而这种欲求归根到底还是精神方面的需要占了大多数。只是,精神需要有高有下,而这种高与下的区别以什么为标准,倒是比较难以决定的,需要我们深刻反思。

最后,我们还是寻求一下榜样的力量吧。很多人都认为美国的哈佛大学是世界一流大学的典范,因此对大学精神的体现比较充分。那么,它的校训是什么呢?是这样的:"以柏拉图为友,以亚里士多德为友,更以真理为友。"短短的一句话里面包含两个哲学家的名字。这里也许可以从另一个侧面看出,大学精神和哲学精神是紧密结合在一起的,但哲学是什么呢?不管你对哲学有什么样的定义,你都不会否认,它最集中地体现了人文精神和理性精神的结合。由此看来,虽然美国是一个遵奉实用精神的国家,但在它的最好的大学里,博雅教育的火炬还是被高高举起的。

如果在培养学生的人文精神和科学理性的意义上来理解"素质教育",那么"素质教育"就基本等同于博雅教育。这样,"素质教育"的目的就不是"有用之才",而是"卓越的人"了。这样,就是在中小学教育的阶段,如果我们一时还没法扭转"应试教育"的大势,在学生所学的内容上,我们也可以将其先调整得与"素质教育"更为相容一些吧。

(原载天涯社区"学术中国"论坛,2007年10月)

第三部分　学术批判

"索卡尔诈文事件"的启示：
把学术意识形态化是旁门左道

日前，我正在准备写一篇长文分析为何海外 80 多名学者会联名担保汪晖没有抄袭，在网上却看到了郑也夫先生题为《比抄袭更恶劣的学术丑闻》的文章。在文章接近结尾处，他表达了一个独到的观察："我们注意到，签名者中很多人是以批判西方文化霸权、西方中心论、后殖民主义闻名学术界的。遗憾的是，他们的公开信体现的恰恰是他们一贯批判的那种丑陋行径，他们言行的分离恰恰是老殖民者的惯常表现。"这个观察很贴切，但关于他们是否言行分离的问题，还是需要多费点心思加以斟酌的。

一、"索卡尔事件"及其主角

首先要提请大家注意的是，在这批来自大洋彼岸的公开信签名者中，有三位大名鼎鼎的人物，他们都在 14 年前的"索卡尔诈文事件"中被弄得声名狼藉。这三员大将的名字是：洛宾斯（Bruce Robbins）、罗斯（Andrew Ross）和詹明信（Frederic Jameson）。其中的詹明信在中国学界最为著名。

那么，这个震撼西方学界的"索卡尔事件"到底是怎么一回事呢？索卡尔（Alan Sokal）是纽约大学的理论物理学教授，同时也自认是一个政治上的"左派"，女权主义的同情者。但是，受到一本题为《高级迷信》的书的启发，他觉得他政治上的同盟，特别是被称为"学术左派"（Academic Left）的那些人，竟然日益趋向否定学术的内在标准，在理论上竟然把学术话语都化约为以争夺社会地位或话语权为主旨的政治之争。他们甚至把数学公理、物理学规律也看成"社会建构"的产物，甚至大肆提倡对"科学话语霸权"进行文化政治意义上的抵制。女权主义者中的某些理论左派，在认识论上把以求真为主旨的自然科学当作男性话语霸权的极端表现，或者把自由公正等概念看成男权社会压制女性的话语工具。索卡尔宣称，他对这种将理性混同于偏见、将学术论证归结为意识形态争执的"后现代"时髦，深感焦虑和困惑，但对这种困惑是否源于自己对人文学术的误解又不太有把握。于是，他就做了一个实验，给当时学术"左派"的阵地《社会文本》杂志投了一篇稿子，在这篇稿子里，他按照这个杂志中的文章的风格，将量子物理学中的术语、后现代领军人物的常用术语，还有他自己恣意捏造的词句，模仿"后现代"的风格拼接在一起。在结尾处，他则直接迎合这些人的意识形态取向，宣称量子物理学的发现完全支持关于科学真理的"社会建构"论和文化多元论。此外，为了检验杂志编者在审稿过程中的责任心，他还在文中间或插入一些凭常识就能看出来的低级谬误，看看编辑是否会放行。结果是，这样的一篇毫无学术内涵的"诈文"，竟然被作为正式论文全文发表！紧接着，索卡尔在另外一本杂志上抖了包袱，宣称他的实验足以表明，《社会文本》杂志的编辑们已经放弃了有学术水准的真学术，而代之以冒充学术的意识形态话语权的争夺战。索卡尔认为，他向公众抖搂出这个"实验"的结果，是为了将自己认同的政治左派和女权主义者从迷途中拯救出来。只有回到摆事实讲道理的正道上来，才能真正把左派政治实践和女性解放运动建立在坚实的基础上。

这件事即刻以丑闻的方式进入纽约时报头版，震惊了学界内外。随后几年，从包括诺贝尔奖获得者在内的学界名流到一般的公众都卷入了激烈的争论，结果是，以《社会文本》为代表的那种"学术"在很多人的心目中成了笑柄。时至今日，相关的评论和辩白仍在进行，"索卡尔事件"成了讨论学界职业伦理问题的经典案例。

二、意欲颠覆学术的"学术"

最值得我们玩味的，是索卡尔戳穿西洋镜后，《社会文本》的责任编辑洛宾斯和罗斯发表的回应文章的内容。他们避而不谈他们评判一篇论文学术质量的标准是什么，也不解释他们为何连最基本的科学常识错误都发现不了，而是在索卡尔的动机问题上大做文章，还反讽说，索卡尔的做法为他们研究科学家的行为提供了一个新的样本。文中还强调，他们最不愿意看到的，是他们政治左翼的内部倾轧。用中国人的话来说，就是，"这种让亲者痛、仇者快的事，大可不必啊！"

最具恶搞效果的是，澳大利亚莫纳什大学的一名软件专家编写了一个程序，叫"后现代文本发生器"，放在网上，让任何人都可用一个点击的动作完成一篇所谓的"后现代论文"的"创作"。在他看来，用他的程序自动生成的"后现代"文本与《社会文本》上发表的论文几乎不可分别，都是由生涩而不知所云的语句拼凑而成。

其实，在我看来，"索卡尔事件"揭示的，与其说是以"解构"为基调的后现代哲学的一般性学术品质问题，还不如说是以"文化研究"为旗帜的一个貌似的学术群是否采纳了一个基本可靠的非政治的自律标准的问题。人类"文化"当然很值得研究，但这些人中的相当一部分并不是以求知探索的态度去破解文化之谜，而是先把所有与人的活动相关的东西贴上"文化"的标签，然后以文化相对主义的解释来排斥化解任何普适的学理和价值判断的标准。这就难怪，他们对索卡尔关于圆周率 π 和万有引力常数 G 都具有历史相对性的荒谬陈述都可以表示欣然接受。

所以，当索卡尔试图揭露他们抛弃了传统的学术标准的时候，也许他们正躲在墙角发出阵阵冷笑呢。他们可能心里在想：你傻呀，我们要颠覆的正是你们自然科学家这个独霸天下的"文化"群体奉为神圣的所谓理性原则，只是出于策略的考虑我们不便明说而已。这些人都持有反启蒙理性的基本态度，把对普遍理性持有信念的人当作他们的意识形态对手，而不是学术论争的对手。所以，他们表面上看起来是在促进"多元文化"的学术发展，其实是在争夺话语权。团结一致占领阵地，这就是他们共同遵循的唯一行为宗旨。

三、另一种言行分离

在经过"索卡尔事件"洗礼后的西方学界，恐怕没有人会在自己的学术声誉遭受质疑的时候，把当年《社会文本》一方的主角洛宾斯和罗斯两位还有其领袖人物詹明信请出来为自己担保。因为不管你自己站在哪一边，他们的担保，在大多数听众面前，就相当于抹黑，适得其反啊。

只是，这次对汪晖涉嫌剽窃的指控发生在中国，而中国学界对索卡尔事件印象深刻的人并不多，而对于这些"大腕"们为何联合签名挺汪，为何能在这时凝聚在一起做出违反常理的奇怪举动，更是不易找到破解的线索。

现在，我们有了以上的背景知识，就可以解开郑也夫教授关于他们怎么"完全不像是西方学术背景的人"这样的困惑了。原来，这是一帮摈弃了西方学术传统中的认知标准和价值诉求的造反者。你去看看他们大部分人的学科取向,就知道他们是为何走到一起的了。他们反西方文化霸权、反欧洲中心、反男性中心的原本正当的政治诉求,在"解构""多元""文化批评""社会建构"等名目的渲染下,变成了拒斥所有理性原则的价值相对主义和认知相对主义的呓语。但是这种所谓"理论"是不能在学术的意义上被直接宣称的,因为一将其说出就会导致自相矛盾。认定了这种境况之后,只要这些人达成中国的汪晖是"自己人"的共识,认为保护他在中国学界的地位对于他们的意识形态阵地战具有重要性,他们就会挺身而出。至于汪晖到底在"事实"上是否抄袭了,按照他们的"理论",那并不需要通过调查研究去发现,而只需要站在"正确"立场上去"建构",并能在声援信上找到有力量的托词就行了。这样,他们的联合签名之"壮举"很是符合他们的意识形态化的"学术"主张,但这种主张本身内在地应承了某种"言行分离"的正当性。就这点看,不管是左还是右,所有意识形态争夺战的任一方从来都是把编造谎言的行为正当化的。

四、结语:我们的底线

西方的"左派"们想要改变现状中的非正义,这个我赞成,但前提是先要理性地研究一下现状的哪些方面属于真正的非正义。女权主义者要抵制男权社会的压制,这一点我也坚决支持,因为男女本就应有对等的尊严,但这个论断已经预设了人的尊严是一个跨文化跨性别的普适价值。我们知道人类的认识活动难免受文化习惯的干扰,但我们在学术规范上的严格要求就是为了克服这种干扰和减少由此带来的偏见,而不是干脆宣称认知本身就是最大的干扰,规律本身就是最大的偏见。

最后,我们学界中人,作为自律的最低要求是不抄袭、不编造,而最高的要求呢,还是我的那句老话:"将讲理进行到底。"

(原载《南方周末》2010年8月12日)

"诉诸传统"何以毁坏学术传统

——兼评刘小枫、秋风等的学术伦理

一、使学术论证失效的典型谬误之一：诉诸传统

传统文化给予我们许多养分，也给予我们身份认同的参照，"与传统决裂"的荒诞闹剧已成为历史。近年来，中国学者对中国古代文化遗产的挖掘，取得了显著的成绩。对于作为一般生活方式的传统文化而言，如果不涉及义理判断，只涉及私人领域的生活品位习惯的取舍，在这些方面对传统的挖掘和保护，可以给我们的生活内容提供更多样化的选项，无疑是值得提倡的。

比如说，一个当代中国人到底是喜欢京剧还是昆剧，抑或是西方的歌剧，是欣赏水墨画还是油画，都是个人的偏好或情感归属问题，不会涉及任何谬误。

学术活动也是靠传统来积累的，但在这里，与传统的其他要素不同的是，这种积累有其特殊的内在逻辑。这个内在逻辑决定了这样一条规律：如果在学术活动中被"诉诸传统"等各种谬误侵袭，学术就会走上一条自我败坏的歧途。在更坏的情况下，这种败坏还有可能祸及学术之外的社会生活的方方面面。

学术论著以命题为基本单位[①]，从事学术活动的直接目的，就是对命题的真确或错误做出判断，并且对做出此类判断的根据给出充分的论证，从而给人们推荐具有坚实理性基础的信念，亦即知识。何谓知识？大致来说，知识就是以坚实论据为支撑的正确信念。

对于一个命题的陈述，若有任何一个在理智上成熟并诚实的人判断该

[①] 关于何谓命题的问题，存在着定义上乃至实质上的争议。本文将可以被赋予"真假"或"对错"判断的陈述中的内容，都称作命题。为了行文方便，本文又将"真假"和"对错"统称为"真确或错误"。

陈述为"真确",他就必然将其纳入自己的信念体系之中;相反,他若判断其为"错误",就必然将其排除在自己的信念体系之外。这里,对于什么才算最有效的论证的问题尚存争议,特别是涉及价值判断的理性根据问题,也存在不同的进路。但是,在已经形成的学术传统中,关于存在哪些常见的推理谬误的问题,学者们却达成了基本共识。

正如笔者在本书第三部分《迷失在"诉诸后果"谬误中的中国哲学学术》(以下简称《迷失》)一文中已经指出的那样,在西方,人们对这种种谬误以拉丁文来将它们进行标准化的命名。这些谬误有两大类,一类完全是形式逻辑上的错误,另一类是非形式逻辑上的谬误,其中,"人身攻击"(Argumentum ad Hominum)、"诉诸权威"(Argumentum ad Verecundiam)等比较为人所熟知,而像"诉诸后果"(Argumentum ad Consequantium)、"诉诸传统"(Argumentum ad Antiquitatem)等,则不但常常被忽略,还经常堂而皇之被当作对重大问题进行回答时的主要论证手段。关于"诉诸后果"的谬误在中国学界的流行,可参看《迷失》一文。而对"诉诸传统"谬误在中国学界的泛滥及其危害,还未见到有系统的论述。

何谓"诉诸传统",为何这是一种谬误?这里有两种不同的情形:一种是实然判断上的"诉诸传统",另一种是价值判断上的"诉诸传统"。

关于实然(包括模态的)判断,请看如下一个假想的对话:

甲:"美国科幻电影《星际穿越》中,科学家说他们穿越者所在的星球上的一个小时等于地球上的七年,这在现实中有可能是真的吗?"

乙:"《圣经》上,我们的先知早就有过相似的说法,当然有可能是真的啦。"

甲:"为何《圣经》上的说法都是可信的?"

乙:"你我都是基督徒,你不信《圣经》还算是基督徒吗?"

甲:"……"

这里,我们知道,不管《圣经》是否真有类似的说法,也不管《圣经》里边包含了多少真理,对话中的乙的这种言说方式,没有任何论证的效力。如果有谁把这种言说当作学术论证的一种,就是犯了"诉诸传统"的谬误。

让我们再看如下一例关于价值判断的假想对话:

甲:"女人应当裹小脚。"

乙:"你是说,女人裹小脚比不裹小脚好?拒绝裹小脚的女人都该被人们唾弃?"

甲:"那当然,这在中国已经形成传统了啊,你总不能抛弃传统价值观吧?"

乙:"某种价值观是否值得接受,取决于它是否属于自己的传统吗?"

甲:"当然啦,你是中国人,你就不能否认中国人的传统价值观。"

在这个假想的对话里,我们不难看出,甲的辩护是无效的,因为他靠"诉诸传统"来为某种陋习叫好,是蛮不讲理的。

以上两个例子中的"诉诸传统"谬误,比较容易鉴别。但是,当学界之人以貌似渊博的方式引经据典,并在他们的宏大叙事中用隐秘的方式以"诉诸传统"来代替或排斥有效的学术论证时,一般读者就难以识别了。更有甚者,因为这种倾向契合了一部分人的怀旧复古情结,还能引起相当强的情感放大效应,使人们失去对事物的正常判断能力。

那么,什么样的论证才是有效的论证呢?或者,学术中有效论证的最小预设是什么呢?

二、学术论证的有效性和普适性

随着学科的日益细分和学术机构的科层化(Bureaucratization),在现代人文及社会科学学术的发展进程中,关于学术论证"有效性"和"普适性"的问题,往往被限定为各个学科内部使用何种分析工具的方法论讨论,而不同学科之间应当共同遵循怎样的论证逻辑的问题,则被视为无须再讨论的预设——成为预设的命运往往是被有意识或无意识地搁置和抛弃。

于是,我们考察到,不同学科之间的对话越来越困难,甚至同一学科之内不同研究方向,不同研究材料的同行之间也越来越自说自话,不仅跨学科对话难以开展,就是同一学科内"西方 vs 东方""传统 vs 现代"的言说,也陷入对话困局当中。最终,仅存的对话企图也被演绎成为"西方中心主义""东方优越论""传统经典论""现代虚无论"等互贴标签的阵地游戏,越来越脱离学术研究的本来诉求。在这样的一种局面下,一系列抢夺话语权的论战此起彼伏,其中最具规模的一波,正在以"弘扬传统、复兴古典"的名义在中国刚有起色的学术传统中日益败坏。

基于对上述状况的观察,本文认为,我们有必要回到学术研究和表述的内在逻辑，摒除那些非学术的立场和目标，防止其干扰学术活动的独立性。我们必须阐明使学术论证得以成立的内在规律，对"有效的"学术论证的基本特征进行一次重申，并指出一些遭到忽视却能被证明为无效的假冒的学术论证方式的基本形态及其要害所在。

需要预先特别指出的是，有人会认为，古人做学问很强调尊重传统，甚至"述而不作"，因此也不能全盘否定。但是，"述而不作"是阐释性的"经学"，基本属于学术史的范畴，何止古代，现今以至未来任何时候都是学术的正当部分。而"诉诸传统"，指的则是以传统的归属之强调来代替命题本身之真确性的论证，这在古时今时和未来都是谬误，没有包含任何可以肯定的东西。

那么，何谓"有效的"学术论证？最早和最卓有成效的关于论证推理有效性的探索是在逻辑学中发展出来的。作为逻辑学的开创者，亚里士多德列出了在所有学术探讨活动中可能存在的十三种典型的推理谬误。后来，随着逻辑学科的发展，被指出并加以论证和标准化的、形式的和非形式的推理谬误多达一百多种。

马克斯·韦伯（Max Weber，1864—1920）对社会科学的价值中立问题有过系统的讨论，但是，他对专门以运用价值理性对价值判断做出裁决为任务的哲学伦理学、政治哲学等领域的论证方式问题，却甚少涉及。在韦伯那里，社会科学应有的价值中立，并不等同于认定学术可以彻底弃除一切前提预设。

他在《学术作为一种志业》① 中这样说："现在人们往往倾向于说学术'没有预设的前提'。果真如此吗？这要取决于如何理解这种说法。在学术研究中，逻辑法则和方法的有效性是指引我们存在于世的方向性的一般基础，这都是有前提的，只不过这些前提至少对于我们的具体问题来说是学问中最不成问题的方面。"②

这就是说，任何学术都不可能完全无预设，只是，有些预设是必不可

---

① 韦伯这篇演讲德文原文题目为"Wissenschaft als Beruf"，英译为"Science as A Vocation"，英译中的"Science"如果直接翻译成中文的"科学"就容易引发歧义，德文的"Wissenschaft"源自"Wissen"，而"Wissen"在德文中是"知道、认知、理解"等义，即以追求"系统知识"为目的的认知活动，在德语里都可称为"某某科学"，中文译为"学术"或"学问"，可能是最为接近的。

② Max Weber, Hans H. Gerth, Wright C. Mills, *Science as A Vocation*, 1946, p.56.

少的。比如说，康德哲学中的先验演绎，就是以理性的方式寻找到人类经验和思维不可或缺的预设，亦即"最不成问题的"预设。我们要避免的，只是作为偏见的预设，而不是作为先天综合判断的预设。

正是这"最不成问题"的必要条件，极易在实际的学术实践活动中被忘却或弃置，从而让人们在一开始就偏离正轨。因此，本文将对那些做出命题判断却又明显违背学术要求的伪学术给予揭示。在此之前，让我们先对学术论证有效性的一般性原则做出一些界定。

排除那些事先声明是审美赏析的艺术品鉴活动中的审美感悟性的话语（因为审美感悟本来就是主观的、个性化的），也排除那些对单一事实的简单报告，在进行有关是非对错的实然和应然判断时，谁要声称一个命题成立并期待他人接受，该命题至少要满足如下两个要求：

（1）其概念所指基本确定。
（2）其由之得出的论证推理过程有效。

概念所指的确定性，说的是概念应当具有明晰的指向，语义不含混，不易引发歧义。如果概念是新创的或者有别于过去的约定俗成的用法，应当在给出概念的同时予以特殊说明和界定。譬如，当人们使用"同性恋""异性恋""双性恋"这些原本指向生物学意义上的性取向区分的词汇时，如果有人宣称要在心理学意义上使用它们，那么，他就应当在给出命题之前，对概念的使用予以重新界定，并说明理由。

论证推理的有效性指的是论证推理的过程首先不违反一般性的形式逻辑规则，如矛盾律、排中律、同一律等，遵守肯定前件或否定后件的演绎规则，等等。其次，推理演绎过程不发生已经被反复论证和既成共识判定为错误的典型的非形式逻辑谬误。本文着重讨论的"诉诸传统"，就是这种种非形式谬误中的一种。

当然，学术研究，仅仅满足以上要求，并不能保证就不犯错误或卓有成效。除了正确的逻辑，发现问题的能力、洞察力、想象力等，都可以起到更实质性的作用。但在最低的逻辑要求都不能满足的情况下，我们得到的只能是不及格的习作或伪学术。

总之，概念所指确定和推理论证有效虽然不是学术研究能够富有成果的充分条件，却是学术对话的最低要求。以"诉诸后果"的方式来为任何命题进行辩护的人，就不满足进入学术共同体的最低要求。

三、"诉诸传统"谬误在中国的变种及其成因

"诉诸传统"谬误在学术领域产生了各个变种,典型的诸如以经学或学术史代替或排斥原创学术,以文化比较代替学术命题的论证,以身份认同政治代替价值理性对合理规范的辩护,以文人情怀的抒发代替人文精神的弘扬,等等。认识到"诉诸传统"是一种标准的逻辑谬误并不困难,重要的是搞清楚为何在学术领域的话语中广泛出现此类谬误。以下的讨论,就是尝试对该逻辑谬误在学术领域的表现特征及其可能的成因进行一番并不完全的梳理归纳。

(一)古风崇拜:"古典"与"经典"之纠结

在英语中,与此相关的单词有好几个:Classic、Classics、Classical、Classicism、Classicalism,基本囊括了中文"经典"和"古典"的意思,在这里,我们不必过分追究两种语言互译时必然遇到的困难。

在艺术鉴赏活动中,我们常常听到"古典音乐"与"流行音乐"的说法,尽管有不少人已经同意,古典乐中有为数不少的经典音乐,但一般而言,在概念的使用上,并没有人把古典音乐直接称为经典音乐,在不"古"的现代音乐中也有不少经典佳作。

本来,如果不涉及学术著作的指称问题,我们不去刻意区分"经典"与"古典",也许并无大碍。但是,在学术领域,一部学术著作被称为"经典",是表示人们对其质量和重要性获得了大致的共识,这可以与时间上的"古老"毫不相干。此处,若把"经典"称作"古典",那就容易造成混淆。当然,如果把"古典"解释成"古代经典","经典"当然包括了"古典",但绝不仅仅限于"古典":出自现代学者之手的可称之为典范的学术成果,完全可以是某一学科的"经典"。

"古典"与"经典"概念在学术领域中被有意无意混用,就可能导致这样一种结果:在学术领域推崇古典、扩大古典研究的比重的同时,在价值上独断判决古代经典优于现当代的经典,成了"复古优越论"。"复古优越论"使得一部分学者陷入盲目的古典迷思而不能自拔,丧失了学人应有的学术理性和开拓精神。比如,刘小枫在接受《南方周末》访谈时甚至宣称:"在我们这个行当,'富于独创性的学者'其实是骂人话,等于说

他在胡说八道。"①

但是，中国哲学领域的学者陈少明却不会同意刘小枫这种看法，他在反思中国的哲学研究"重哲学史而轻哲学"的倾向时说："近现代中国的文化大势，导致哲学研究中哲学史研究的动力压倒了哲学创作兴趣，同时也导致哲学史研究中非哲学性倾向的发展，这很可能是今日中国哲学创作先天不足的历史根源……实际上，哲学史研究对中国哲学创作的促进作用不大。"② 我们可以看出，陈少明对谁在"胡说八道"的判断与刘小枫非常不同。

"复古优越论"既有提倡复西学之古的，也有热衷于中国传统文化即所谓"国学"或"儒学"之古的，还有提倡西学之古以兴中国之古的中西古典相逢论，比较有代表性的是刘小枫及其主张的"重返古典"，他说："引介施特劳斯的古典政治哲学，与现代中国的学术命运息息相关：一为借古典学问摆脱对西方现代各种'主义'的追逐，二为借古典学问涵养中国读书人的性情，三为借古典学问学会重新珍视中国传统。施特劳斯进入中国，是重塑古典心性的努力，也是对西方现代启蒙理想的超越，正是这一超越引发了国内外的争议和关注。"③

施特劳斯所谓"隐微写作"的说法，本来就是对西方学术传统的一种背叛。撇开施特劳斯的问题，刘小枫的迷误对中国学界的影响也不可小视。上述的那段话是一种有明确价值倾向的判断，他连续采用了"性情""心性"这两个诉诸情感的词汇。他在"诉诸传统"的逻辑谬误之中，还包含着"诉诸情感"（Argumentum ad Passiones）的谬误，即以情感、共情作为话语策略来激起他人的情感响应，诱导人们支持自己未加论证的主张。

关于这一点，陈少明也有比较清醒的认识。在检讨中国哲学研究的弊端时，他归纳的几个问题，除了"立场优先""范畴错置""以考据代义理"之外，就是"空谈心性"："心性之学是研究道德生活的内在体验问题。它有一大堆专门辞语用以摹状相关复杂的精神结构。这类辞语有别于那些描述自然、社会或历史的形而上的哲学范畴，即其含义缺乏客观的可

---

① 《天不丧斯文——"经典与解释"主编刘小枫访谈》，《南方周末》2007 年 5 月 27 日。
② 陈少明：《中国哲学史研究与中国哲学创作》，《学术月刊》2004 年第 3 期。
③ 刘小枫：《施特劳斯与中国：古典心性的相逢》，《思想战线》2009 年第 2 期。

验证的特征……这种经验的沟通，有一前提，就是交流者同处于特定的共同体中，往往是思想家及其学生或崇拜者所构成的生活圈子，才能一起'展开他们的教训、智慧、学问与修行'。离开相关的生活圈子或者缺乏相应的精神信仰，这些观念的交流就会变得困难。"①

陈少明没有明确指出"空谈心性"实际上就是"诉诸情感"的逻辑谬误，但根据他这段表述来看，他所批评的，就是典型的以"诉诸情感"来代替说理论证，并且以此来弘扬传统。"诉诸情感"往往用在社会动员的场合，希望以"共情、煽情"调动某一部分共同体的情绪，以服务于某种特定目标。但是，不管该特定目标是否具有正当性，这种现象一定与学术的目标不相干。在这里，由于刘小枫们诉诸的是人们对古代传统的情感认同，在"诉诸情感"的同时也就落入了"诉诸传统"的窠臼。

（二）归因情绪化：将古人生活方式浪漫化

近年来，随着媒介技术的发达和无孔不入，它对公民生活方方面面的窥探和展现日益迅捷，于是很多人未加思索地认定当代一定是世风日下、礼崩乐坏、道德败坏的一个时代，喟叹道德堕落的声音泛滥于公共舆论当中，学界也不乏此类说法。结合对西方"反思启蒙"等后现代思潮的附和，有一部分知识分子开出的药方便是"诉诸传统"，其貌似的理由不外乎"老的就是好的"或"古的就是美的"。

比如，近年来极力推崇儒学的学者秋风就有如此说法："在现代中国可以看到一幅奇异的文化场景：一方面，没有受过多少教育的一般平民，尤其是生活在与现代性相对隔绝状态下的农民，似乎还一直过着一种儒家式生活，他们对子女的人生观教育还是儒家式的，所谓'礼失而求诸野'，尽管其并无敏锐的道德、文化自觉意识。另一方面，知识人倒很敏锐，但他们所具有的乃是反儒家道德伦理的自觉意识，他们的知识活动也与儒家完全脱离了关系，根本颠覆了儒家的知识活动范型。因此，在现代中国，知识人的生活，尤其是其中知识精英的生活，与普通民众完全断裂，甚至陷入冲突中。"②

以上文字，作为一种描述是否可信，有待进一步的实证研究来定夺。但是，秋风的用意根本不在描述，他是要提倡"儒家式"生活，贬抑

---

① 陈少明：《中国哲学史研究与中国哲学创作》，《学术月刊》2004年第3期。
② 秋风：《儒家转型与当代中国的道德重建》，《文化纵横》2010年第2期。

"反儒家道德伦理的自觉意识"。他做出了这样一个判断：乡野之人比发达都市市民更良善或更文明，当代知识精英的生活脱离了儒家，当代中国亟须"礼失而求诸野"，即重返传统和儒家式的道德伦理规范。

他将儒家的、传统的作为一种无须审视和论证的"好的"价值进行推销，并以此为据来提出制度设计的主张。然而，我们为何要接受他所推崇的主张？秋风并没有承担学理证成的责任，而总是以"我们都是中国人，儒家是中国之正统"之类的断言为最后说辞。就是这样，他诉诸的"儒家传统"到底有什么内容，也似乎是由他随意取舍的。

如上所述，陈少明指出了由"空谈心性"引起的"交流困难"，但是，通过以上的讨论，我们不难看出，当今部分以儒家传人面目出现的劝政派人士，并不十分在意学术上的交流。

我们看到，无论是以秋风等为代表的"儒家宪政"派，还是以刘小枫等为代表的"传统资源"派，都是要把他们偏好的古代思想派系当作政治制度设计的全部或部分的信念基础。而有可能为这种制度设计提供信念基础的，不可能只是关于"心性"或"灵修"的私人言说，而必须是一套命题化的实然或应然的判断系统。

诚然，我们都相信，在儒家的传统学说当中，必然存在不少经得起学术推敲的各种命题述说，所以，我们对儒家传统经典的解释与理解意义重大。但是，我们要将这些有深厚学理根据的内容甄别出来，并非易事。这需要我们避开各种可能将人引入迷途的无效的甚至毁灭性的思维习惯，有板有眼地小心求证。而这些"儒家宪政"派或"传统资源"派却绕开这种学理上的求证，不为儒家"讲理"，只为儒家"说情"，就是在学理上犯了"诉诸传统"的标准错误。

是的，为了对人生与世界的基本问题进行系统的梳理反思，古代思想家的成就不可忽略，我们应该有人去挖掘、诠释、理解他们留给我们的经典。但是，这些工作，最后都要落实在我们对其进行理性的甄别，对其中包含的命题内容的真确性的判断上。如果我们把挖掘出来的古代思想作为理所当然的"真理"，我们可能就又再次需要鲁迅式的人物出来给我们当头一棒了。

德国社会学家诺贝特·埃利亚斯（Norbert Elias，1897—1990）对人类文明的进程有过这样一段论述："倘若今天西方国家的文明人能够回到他所处社会的过去阶段，比如回到封建的中世纪，那么他会所见甚多，他所看到的正是在今天被他斥为'不文明'的那些社会中所常见的。他从自己所处社会的过去阶段得到的印象，肯定会与他在当今西方国家之外那些封建社会中所看到的人的行为方式相去无几。由于个人的喜好和所处环境，他可能会时而被这一社会上层虽未开化，但却无拘无束、充满历险的生活所吸引，时而又会对在这一社会中所遇见的'野蛮'风俗、肮脏和粗鲁感到厌恶。不管他对自己的'文明'作何理解，他肯定会非常清楚地感到，在西方国家历史上已属过去的这一阶段，同任何一个已达到当今西方文明程度的社会相去甚远。"①

这段论述的贴切性并不局限于对西方国家的文明史的考察，拿来审视中国社会的传统和古代，也照样适用。人类共同经历过历史上茹毛饮血的野蛮时代，人类把和平共处而不是征服当作普遍提倡的原则，也就是近百年之内的事情。秋风所宣称的被他"看到"的貌似乡野有更纯正的道德风尚的现象，其实很有可能是熟人社会和陌生人社会的结构差异给人产生的错觉。

通过社会学和人类学的实证研究，更多的证据倒是似乎支持相反的结论：在乡村社会，妇女自杀率更高，侵害个人权益、罔顾个体自由和尊严的事情也更为多发。把当代遭遇的道德危机归咎为乡村和传统的失落，归因理据付诸阙如。宣称只有在传统的儒家学说中才能找到济世良方，更是犯了"诉诸传统"的逻辑谬误。

这样的"学术追求"注定会走向"伪学术"，因为它并不打算遵循使学术论证得以有效的一般性规则。我们甚至可以说，以一己情怀出发为暂时缺席的后代设计制度，是对后代的尊严的最大侵犯，是在对后人作恶。我们不禁要问，既然你对某一古代传统的偏好只是出于你的一己情怀，你推崇的理念体系根本就未经过学理上的论证从而不具备普适性，你凭什么要把它强加给我们的子孙后代？凭你偶然获得了某些话语权，你就可以跃跃欲试、渴望着恣意主宰尚未降生的未来人的生活方式吗？

考察过文明史的人不难了解，对传统、对古代生活的怀旧并赋予某种浪漫情调，往往作为一种艺术上的审美情结而存在，如果作为建构当代社会生活的真真切切的价值主张，将是不得要领，甚至相当危险的。并且，

---

① ［德］诺贝特·埃利亚斯：《文明的进程——文明的社会发生和心理发生的研究》，上海译文出版社2009年版，第1页。

所有制度建设都主要是为我们的后代创造超越我们生活方式的条件，是面向未来的事业。设计未来，就是在现实限制许可的范围内对以往遗留下来的负面价值加以否定，按照可以得到理性辩护的普适价值尺度给后人创造更好的生活条件。

如果我们认定以理性为基础的价值原则根本不存在，我们就只能放弃一切改善社会结构的企图。这是因为，如果我们不承认普适价值的可能性，我们"改变世界"的愿望就只能是个人偏好对他人生活的非法僭越，除了对一己权力意志的抚慰，没有其他意义。

更严重的问题是，对现状的任何批评，都预设了某种公理的存在。这样的话，以个人偏好为基础来设计未来，就是对公理的公然蔑视，企图使我们的祖孙后代的生活成为这种偶得个人偏好的注脚，这无疑是无视学术理性的霸道行为。

（三）借古喻今：现实政治的需要

如果说，因"滥用归因、归因不当"而"诉诸传统"是认知偏差发生的错误，那么另一种"诉诸传统"的方式则毫不掩饰地背离意识形态中立的学术原则，以学术的面貌服务于特定意识形态的需要和特定的现实政治诉求。

这里，我们并不是反对知识分子关切现实政治，而是重申学术与现实政治的关系，应当首先以学术的内在逻辑和学术的内在进路来追求真确性；然后，如果你探讨的问题与现实社会和政治本来就紧密相关，你当然有责任对现实社会或政治指点迷津。那就是，以独立的学术研究为基础，对现实社会和政治进程中的偏差进行理性客观的辨析，并在此基础上提出建设性的真知灼见。

这是以独立在先的学术研究来指导抱残守缺的现实。如果这一进路是反过来的，先有来自现实政治的工具性需要或参与政治的愿望，再把学术扭曲了来迎合现实政治的工具性要求，那都不符合学术以探求命题的真确性为直接目的的原则。最为致命的是，这种人为扭曲一个有效的学术论证或道德命题判断应有的学理基础的行为，将对学术的自由和学人的尊严产生持久的破坏力，严重妨害学术传统的建立。

让我们看看以下两段"儒家宣言"。

"归根到底，儒学就其本质而言，不是为知识而知识的学术，而是修己治人之学，是道德实践之学，是社会治理之学。而道德实践、社会治理都需以具有儒家自觉的新士人群体为主体，以新的伦理学体系为先导，以相应的制度、组织为依托，通过公共服务呈现自身。由此，儒家的治理之美才能被人看到，儒家才有可能参与中国的现代社会秩序之再造。"①

"归根到底，制度变革需要价值支撑，全面改革须依托仁义礼智信等中国核心价值，新建制度须有助于恢复和维系普通中国人想象的美好生活。五千年来，中国圣贤思考、揭示了社会治理之大道，中国人积累了丰富社会治理经验。对这些应以温情与敬意予以发掘、创造性地转用。如此，全面改革才能嵌入文明复兴框架中，才有坚实的价值支撑，才有明确的方向，也才有可能成其事、见其功。脱离中国文明的所谓制度创新，不可能带来良好秩序。"②

在这里，宣称以复兴儒学为己任的学者直接宣布与"为知识而知识"划清界限。"为知识而知识"，其实是从"为学术而学术"一语转化而来，其原意乃为求真而学术。反其道而行之，则抛弃了学术却又冒充学术。

如此这般行为，得到的结果可能是一种以"心性"为出发点的没有经过理性考究的文化社会运动攻略，既没获得以学术的名义被认可的资格，也没展现被用来指导公共生活的正当性。尽管他似乎在大胆断言"脱离中国文明的所谓制度创新，不可能带来良好秩序"，很有可能，他们是想借古人之口来贯彻自己的霸权式政治诉求。但是，当这种借古喻今、暗度陈仓的策略性话语被当作与其他学说相抗衡的观念系统时，就成了"诉诸传统"谬误的又一案例了。

借古喻今，还经常涉及一个严重的学术伦理问题。诚然，对古人的学说进行解释，必定是尝试性的，不同的研究者有不同的见解，只要是真诚的，就没有很大的原则问题。但是，我们必须看到，有些所谓的学者，故意曲解古代思想家的思想，只是为了塞进私货借以传播自己的偏好，实现自己的目的，有时还以什么"微言大义"或"政治智慧"为托词来美化自己的行为。这样的行为，是对传统的大不敬，更是对古代思想家的大不

---

① 秋风：《儒家转型与当代中国的道德重建》，《文化纵横》2010年第2期。
② 秋风：《全面改革须扎根于文明复兴》，《人民论坛》2014年第24期。

敬。从学术伦理上看，其对古代学人人格侵犯的程度比抄袭剽窃有过之而无不及。

（四）认同焦虑：何谓"主体性"

复古何以成为一种思潮？这不得不回溯中国当代学术史的几个关键节点来考察。在20世纪80年代的改革开放思潮中，西方学说的大量译介使得中国学人犹如久旱逢甘露，吸收的过程中既有囫囵吞枣式的不求甚解，也有问题意识嫁接的错位与牵强附会。

如汪晖把西方左翼学者对全球化和资本的反思拿来观照中国当代的体制性腐败，认为"就中国的情况而言，由于日益深入地加入生产和贸易的全球化过程中，国际资本与民族国家内部的资本控制者相互渗透又相互冲突，一方面使得国内经济关系更加复杂，另一方面也不可避免地导致了体制性的腐败。这种腐败渗透到政治生活、经济生活和道德生活的各个方面，已经产生了深刻的社会不公"①。

实际上，中国并没有按照理路来参与全球化。也许，恰恰是全球化的不够彻底，才为权力寻租提供了更大的空间。汪晖在这里草率地把外来影响当成体制性腐败的主要原因，就暗藏着将传统中国的政治文化当作在道德实践上优越于现代西方传入的以权利为中心的文化的指向。但是，这种价值判断本身，并没有被作者当作需要求证的学术问题来探讨，而是被语焉不详地暗自预设。这就是比较隐晦的在价值判断上的"诉诸传统"，由此得出的结论，也就不具备被宣称为具有真确性的资格。

一方面，有人生硬地嫁接西方后现代理论；另一方面，则是从事传统文化研究的学者对所谓"文化主体性"的呼吁，标志性的事件则是大学不顾条件限制建立"国学院"，使得沸沸扬扬的"国学热"在大学机构设置中有了实质性的载体。2009年11月1日，清华大学宣布成立国学院，而此前，北京大学、中国人民大学已先期设立了国学院，如此等等。

对国学院的态度，陈来的发言有一定代表性："今天的清华大学国学研究院当然是清华的老国学研究院的继承者，是它的精神上的延续；我们沿用'国学'为标志，就是要突出民族文化的主体意识，突出文化的主体性。外国人研究汉学虽然有其成就，但不会有中国学人这样的主体意识，

---

① 汪晖：《当代中国的思想状况与现代性问题》，《文艺争鸣》1998年第6期。

甚至可以说,西方的汉学是西方学术的一部分。今天的中国人研究中国文化、中国历史,必须突出我们中国人的主体意识、主体理解,坚持中国文化的主体性建构。"[1]

在这里,"诉诸传统"的理由是需要"突出民族文化的主体意识,突出文化的主体性",这源自一种身份认同焦虑的情感,却很可能和学术的论证逻辑南辕北辙。

按照陈来的逻辑,"西方的汉学是西方学术的一部分",那么,也可以这么说,"中国的西学是中国学术的一部分",这样的话,无论是以西方史料为研究资料还是以中国文献为研究对象,只要是中国人在中国的学术体制内或体制外做的,都算是中国学术的组成部分。那么,为什么一定是中国人用传统的方法研究中国古典文献才算是"突出我们中国人的主体意识、主体理解"呢?用发源于西方的逻辑或学术的分析工具做学问,比如,用三段论来分析推理判断是否有效,就像是用微积分来解决力学问题,难道这里还必须刻意要找到某种"主体性"吗?

其实,"主体性"一词本身就是个源于西方的术语,对应的英语是"Subjectivity",而"Subjectivity"是一个重要的哲学概念,与意识、观念、个体、人格等有联系又有区别,指的是由一个人自我的身份认知和意志自由等要素组成的一个涵项。如果深刻理解"主体性"(Subjectivity)一词的哲学意涵之后,再引申应用到学术研究活动中来谈论所谓"主体性"的话,指的应是在研究活动中所能达到的自主性、创造性。如果找一个中国的说法,陈寅恪先生的那句"独立之精神,自由之思想"倒是一个不错的诠释和回响。

此外,"主体性"(Subjectivity)本来指的是个体的自由自决和自我意识,讨论某个群体的"主体性"是很不得要领的事情。"群体"不是一个给定的"人",它不像一个个的个体那样各自具有独立不可分的人格结构,按照该词本来的含义,"群体"天然地就不存在"主体性"的问题。如果非要谈论群体的所谓"主体性",那么最多只能指某种活动的自主性,亦即,指的是不成为其他群体的附属。这样的话,学术共同体的"主体性",当然就首先指向在学术硬核部分的原创性,与刘小枫等所说的诠释性学术

---

[1] 陈来:《近代"国学"的发生与演变——以老清华国学研究院的典范意义为视角》,《清华大学学报》2011年第3期。

完全相反。

同情地理解，我们姑且把这种"主体性"诉求解读成是对原创学术的追求，那就是，我们要有自己的问题意识，确立独立的研究方向，而不是只满足于对西方学术成果的引介、吸收或反抗。这种诉求，本来就是任何一流学术活动的任务，要得到实现，那就要在学术探求中面对实事本身，而不是仅仅满足于各种学术史的研究。

这样的话，你有了原创性的学术成果，西方就会有学者来主动将你的成果引介到西方去，相应的诠释者群体也就应运而生。这样的学术成果，当然不是靠像成立国学院那样来"弘扬传统"就能完成的。相反，在"弘扬"的过程中不小心犯了"诉诸传统"的错误，就有可能落得个前功尽弃的结局，刻意以"弘扬"的方式来对待学术传统，是很容易败坏学术传统的。

四、结　语

一般地，尊重传统，或像我们这里特别强调的那样尊重学术传统，是我们学人的基本义务。但是，"诉诸传统"的谬误，却常常在"尊重传统"的外衣下肆虐。本着尊重传统的原则，就让我们看看东西方历史中几个重大历史变革，有哪一个是当时的思想领袖们靠"诉诸传统"或挖掘他们本民族的古代思想资源而推动的？

欧洲著名的新教改革运动，当时主要是由对罗马天主教的赎罪券制度的抵制开始的，当时参与辩论的人，并没有什么重要人物拿"传统"说事，没有到他们古老的宗教传统中寻找所谓的"思想资源"。相反，他们倒是在对现实困境的讨论中发现了传统的弊病，而发动了轰轰烈烈的宗教改革，推动了社会的进步。

英国的光荣革命，是靠"诉诸传统"作为理念支撑的吗？不是的。支持议会的辉格党人与部分托利党人并没有从任何传统的"经典"中或在任何古代圣人的言行中去寻求理念上的根据。相反，《权利法案》的确立和君主立宪制的实行，在相当程度上也是新教理念对古老的天主教教义的胜利。

日本的明治维新，更是脱亚入欧运动的肇始，没有哪位当时有影响的思想家或运动领袖试图到古代日本的圣贤那里寻找"传统"的思想资源或道义力量作为社会变革的支撑。

中国的辛亥革命，虽然在事实上与中国的儒家传统文化有深厚的关联，但是，孙中山等领袖人物，并没有以"传统"作为旗帜，而"民主共和"的理念，恰恰是在与传统思想的对照中彰显其价值和力量的。

人们经常说，"我们不能割断历史"，这有两种可能的含义：其一是历史是割不断的，割断历史的企图注定要失败；其二是割断历史是可能的，但却是不可欲的，所以，我们要时刻防范企图割断历史的人。这两种含义，其实是互不相容的。

按第一种含义，我们无须刻意去弘扬或继承历史传统，因为无论如何，传统都会被保留下来，不以人的意志为转移。按第二种含义，既然选择以与传统不同的价值观为生活的基础是可能的，那么我们就需要论证如果未出生的后人选择了某种与传统诀别的生活方式，为何那就是灾难而不是福音。①

无论按哪种方式理解，"不能割断历史"的说法，都不可能给"诉诸传统"提供任何支持。当然，"诉诸传统"的另一端，是"诉诸新奇"，"诉诸新奇"如果在学术领域蔓延开来，照样是一种败坏学术传统的谬误，只是在这里，这种谬误不是我们讨论的主题。

其实，刘小枫、甘阳、秋风等人经常强调的所谓"中西之争"和"古今之争"，至少在一定的语境中看，几乎都是生造出来的伪问题。说到"中西"，其实中国的新生代与中国的爷爷一辈之间的分歧，比他们与西方同龄人之间的分歧还要大，也就更有可争性。

说到"古今"，其实，古人世世代代不知有多少，而今人就是这些，那么多不同时代的古人不可能达成基本共识来与这些个今人争论，古人之间的分歧并不比今人之间的分歧小。把"古今"和"中西"交叉起来考虑，那就更为复杂了，基本不可能存在什么可靠的线索。其实，这些争论，最后基本都是中国的一拨今人和中国的另一拨今人之间的争论。也许，甚至连争论都不是，只是争夺话语权的阵地战。果真如此的话，什么"弘扬"，什么"复兴"，大体上都是幌子。

假如真的都是幌子，学术论争的有效性当然不会是他们所真正关心的。于是，尽管"诉诸传统"是完全无效的学术推理并且持续下去可能败

---

① 在笔者看来，第一种理解是正确的，亦即，历史是割不断的，因而，"割断历史"的企图是徒劳的，正因为如此，我们对这种尝试者不用过多担忧。

坏学术传统，但只要好用，能够引起很多人的附和，他们也许还是会乐此不疲地继续把玩下去的。要紧的是，有志于从事学术探索的学界新人，不要被引入歧途。

（原载《中国社会科学评价》2015 年第 2 期）

第四部分

形而上学

第四部分　形而上学

论构成的主体性与意动的主体性[①]

我们在第 2 章中提到，石里克最终放弃了对知识断言进行辩护这一任务。事实上，维也纳学派的实证主义者们陷入了石里克的"现象主义"与纽拉特的"物理主义"之争的困境中。使逻辑实证主义者们结盟的一条基本原则是经验命题的可证实原则，即所有的非分析的命题，只有可以通过观察证实的才是有意义的。但紧随而来的问题是在界定证实如何能够通过观察完成时所遇到的困难。对于石里克来说，我们可以通过观察证实的东西只能是在不同时刻发生于我们感官的现象，而永远不是综合的、有组织的对象。也就是说，依石里克之看法，通过观察我们能够证实诸如"此时此地是蓝的"之类的命题，而不是那些"金属是蓝的"之类的命题。因为"金属"一词指的是作为所有时空属性之综合的金属类对象，这些时空属性将金属类对象与其他种类的对象区别开来，而这块金属只不过是该类对象的一个例示而已。这样一种综合显然超出了对当下给予的现象之知觉，而有悖于证实的直接性。因此，依石里克之看法，我们关于物理对象的经验命题并不是证实的合法对象。

石里克没有认识到即便诸如"此时此地是蓝的"之类的准命题，如果是可理解的话，也早已是观念化了的。只有在观察者明白什么东西被观察时，观察才能发生，因而只有有意义的现象才能在观察命题中得到表述。换言之，被观察到的东西必须被体验为有意义的东西。"构成性的主体性"一语所指的正是主体性的这样一个方面：它补足了不在场又必不可少的东西，从而构成世界的物理客体性，并使我们超越我们感官当下所感知的东西。这一点在藉与否弃在场的东西而建构合目的的人造物的"意动主体

[①] 本文译自翟振明（Zhai Zhenming）著，*The Radical Choice and Moral Theory: Through Communicative Argumentation to Phenomenological Subjectivity*. Kluwer Academic Publishers, 1994, 第 4 章第 7 节，译者胡城。

性"的区别中便可得到理解。

在我们着手进一步阐明客体性是如何与主体性相牵涉之前,先让我们对比一下两段通常被视为相互对立的哲学家之引文。这两位哲学家是"客体主义"的热心倡导者安妮·兰德(Ayn Rand)与被英美哲学家广泛视为应为"主体主义"负主要责任的马丁·海德格尔(Martin Heidegger)。

兰德:

> 客体性的概念包含着为什么"谁决定什么是对抑或是错?"这样的问题是错误的理由。没有人"决定"。大自然不做决定——它存在,仅此而已;人不决定,他观察存在的东西,仅此而已……主体主义相信实在不是绝对的,而是流动的、可塑的、不确定的领域,可以被感知者的意识亦即感情、希望或念头整体地或部分地加以改变。①

海德格尔:

> 唯当此在存在,才有真理。唯当此在存在,存在者才是被揭示被展开的。唯当此在存在,牛顿定律、矛盾律才在,无论什么真理才在……这种关联刚好意味着一切真理都是"主观的"吗?若把"主观"阐释为"任主体之意的",那真理当然不是主观的。因为就揭示活动的最本己的意义而言,它是把陈述这回事从"主观"的任意那里取走,而把揭示着的此在带到存在者本身前面来。②

乍看起来,这两个段落的调子明显相互抵触。兰德主张人是真理的纯粹观察者,而海德格尔则坚持此在的存在是真理的绝对条件。但仔细审视一下他们所要说的,我们就会发现他们有一点是相同的,即认知者没有决定什么是真的。兰德所反对的认为人的"感情、希望、念头"可以"改变"实在的那种"主体主义",也是海德格尔所反对的。对于海德格尔来

---

① Ayn Rand, "Who Is the Final Authority in Ethics?" in *The Voice of Reason: Essays in Objectivist Thought*, ed. Leonard Peikoff (The Penguin Group, 1990), pp. 18–19.

② Martin Heidegger, *Being and Time*, trans. John Macquarrie and Edward Robinson (Harper & Row, 1962), pp. 269–270. 中译文采自海德格尔著、陈嘉映、王庆节译:《存在与时间》,三联书店1987年版,第272–273页。

说，真理不是"任主体之意的"。

兰德"观察"的观念与海德格尔的"揭示"之间确实存在着真正的分歧。对于兰德来说，"主体性"只是与"感情""希望""念头"等诸如此类的事情或"改变"事物的东西相关。如果一个人不能随意改变一个真理，那么，他的"主体"存在对该对象的在场就不起任何作用，因而才有被动的"观察"的概念。而对于海德格尔来说，此在在其与世界关联中的积极地位并不单纯在于其"改变"其中事物的能力。只要"真理"显示自己，此在就早已参与进使之发生的活动之中了，因而才有主动的"揭示"的概念。或者，更强的说法是，如果得到真正理解的话，观察必已是某种主客无法分离的揭示活动了。

兰德的客体主义带有传统经验论的质朴性。如前所述，老练的逻辑实证主义者如石里克已意识到所谓"观察陈述"是知识的基础之主张的不可克服的困境。石里克实际上发现，对物理对象在场的任何经验都早已牵涉主体一方的综合过程了。作为一个经验论者，石里克不能够允许科学知识建立在受到如此主观染污的"对象"的命题之基础上。与以为可以观察到物理实在的物理主义者相反，石里克留下的只能是无形式的"实在"观念。但是，当他讨论到"观察命题"的时候，他又的确提到物理对象。只这一点就实际上使他超出了经验论了。

兰德没有认识到她所称的"主体性"只是我们意义上主体性的意动的一面。在我们感知对象时，这种主体性在范畴上就不是内在于该对象之中，并且它的效用可能使我们产生"改变"某一事态的欲望，就此而言，与"感情""希望"及"念头"联系在一起的主体性是"意动的"。这一主体性的意动一面涉及世界中发生的东西与我们的意愿、欲望、动机、评价、决策之间的关联。主体性的这一面相之功效可能会导致人造物的形成。用亚里士多德的术语说，意动的主体性是我们所称的"文化作品"的"终极"因。

如果我们认真研究一下意动主体性的内在结构，我们就会发现，在兰德的意义上将它称为"主观的"可能会使我们面临传统哲学至今未能清除的混乱。"客观的"在这里指的是与客体有关的任何东西，而"主观的"则指的是与主体有关的任何东西。但是，"念头""希望"及"情绪"在传统中是归属于我们的身体官能的，而与属于我们心智的"意愿"与"良知"相对立。如果是这样的话，"主观的"东西是更接近于我们的身体存在的机体性，而"客观的"则更接近于我们心智的无实体性。仿佛"主观的""念头"等比理性更接近物理实在一样！"客观的"理性概念在哪儿装配进这一兰德框架呢？看来并没有什么答案。

但这里有主体性的另一面相可以为文化的以及任何自然的对象的在场规定条件。在兰德认为是远离任何非"客观的"事物影响的客体性的独有的领域内，主体性这一面相依然在起作用。一个信念的真伪并不依赖于有意的思考，在这一点上我们和兰德是一致的，但我们意识到客体性本身与主体性的另一面相即构成性的主体性有着内在的关联。因为它是在构成的层面起作用，所以它与兰德认为的主体性一词所蕴涵着的有意的思考无关。相反，理性或合理性——依兰德的看法，它总是以"客体性"为旨趣的——毫无异议地隶属于构成的主体性的领域。

现代欧陆的哲学家如胡塞尔、海德格尔及萨特，尽管他们之间存在着重大分歧，但都曾致力于探究构成性的主体性是如何在人类生活的不同面相、不同层面起作用的。在《逻辑研究》与《观念》中，胡塞尔专心致力于意识结构与世界形态之间的先天相关性。海德格尔在《存在与时间》中致力于描画与人类于世中生存的给定状况（"被抛状态"）相连的生活—经验的意义结构。萨特则在其《存在与虚无》中，尝试通过分析作为自由与责任的源头的意识结构而刻画出人之存在的独特性。将他们依次置于一起，我们就会发现，他们都关注出自主体性的人类认知和/或生活经验的构成性状况，不过他们依次越来越接近于意动的主体性发挥作用之处。这一次第从先验自我对知觉对象性的构成开始（胡塞尔），中经当下由过去向未来对此可能性上的筹划（海德格尔），而以自为存在的自我肯定与自我实现结束（萨特）。我们在这里可以看到一条主体性之线，它贯穿于从"生活的牢固的面相——知觉的对象性"，经"中介性的基础——在世中存在的生存结构"，到"软性的面相——作为有意行动之条件的虚无性"这一全过程之中。当我们实际介入有目的的行动中时，我们就进入了意动的主体性的领域了。

在这一点上，我们可以回顾一下 Gewirth 关于行为的目的性及其与规范伦理学之关系的讨论。作为意动的主体性的一个特质的目的性，它本身并不必然受构成性的合理性之统辖。我们既可以有合理的目的，也可以有非理性的目的。因此，即便从人们的内在的立场看，一个目的在伦理道德或权衡的意义上可能是好的，也可能不是好的。事实上，正是在如此好与坏的目的之两难选择的基础上，规范的要求引导着人们的抉择。那么，什么是规范伦理学的本性？它尝试将意动的主体性置于构成性的主体性的制约中，这样一来，只有在理性上可以辩明的目的才被视为善的或正当的，在理性上遭反驳的则被拒斥为恶的或错的，而那些既不可辩明又不可反驳的行为则被悬置为中性的。

在我们特别关注的范围内，我们可以把自笛卡尔到黑格尔整个理性主义传统看作对构成性的主体性之探究。笛卡尔对揭示他所称的"第一原则"的"自然之光"的谈论，莱布尼兹对人类单子之间的"预定和谐"的歌颂，康德对先天综合"范畴"的表述，黑格尔对"意识种类"（Shapes of Consciousness）的自我展开的诠释，等等，皆是尝试将人类认知的给定结构和/或它们与实在之间本质及固有的关联视为一种真正的、在理性上可以解释的系统。在传统经验论者简单地定为"实在"或"客体性"的地方，这些理性主义者发现的则是一个非常复杂的世界，在这个世界中，客体性绝不能够与主体性分开。当某些相对主义的经验论者试图诠释理性主义者的哲学时，他们将自己的主体性观念读进所读的文本之中，并从中杜撰出一种相对主义的主题。于是，无知的听众便成了概念扭曲的牺牲品。

我们知道，胡塞尔精心思考其现象学，以阐明时间性与空间性是如何被建构成为客体性的框架的。当然，这一客体性的构成不应与当代谈论的实在的"社会建构"混为一谈。依据现象学，此处所指的构成，是就发生对象感知本身而论的，与社会的特殊状况无关。例如，如果说把一张桌子理解为一张桌子而不是一把椅子，或者一只树上的小鸟而不是一棵鸟-树，会牵涉到社会的或语言的或任何别的建构种类的话，那么，"桌子""树"等在其中得以被建构的先验的时空框架，乃是此等建构的先决条件。但是，这一先决条件也是另一个层面上建构的产物吗？我们并不知道。可以确定的是，当你在捍卫这种会必然导向认知相对主义的彻底的建构主义时，你会再次无望地陷入践行矛盾（Performative Contradiction）之中，其理由我们在前面已经指出过了。

构成性的主体性范围不限于胡塞尔现象学中讨论过的对物理对象的感知过程中。海德格尔将现象学的探究延伸进人类状况的理解之中。依海德格尔的看法，世界的基本结构只有通过它与此在的生存状况的相关联才是可以理解的。或者，用更一般的术语讲，世界中的存在者是通过此在的存在得到领会的。这样，与此在于世之中的存在样式——烦——相关联，世界中的存在者要么是作为上手状态，要么是作为在手状态而呈现自身的。说白一点，就是我们要么把事物感知为在功能上是可用的（上手的），要么感知为在物理上持久不变的（在手的）。这一区分既不是我们任意决定的结果，也不是物理实在结构的显示，毋宁说它属于作为"被抛状态"的人类状况的实际性，用我们的术语表达即属于构成性的主体性。

海德格尔对人类状况的诠释学的阐释体现在他的"筹划"概念中。这一概念首先要求筹划者是自觉的存在者，他会把自己的存在当作一个问题。这一存在者必然藉领先自身中筹划自身，而将自身向未来的可能性敞开。用我们的话讲，人类的主体性把所经验到的东西当作并勾连为观念性领域内意义，并因此而达到一种反思性的自我领会：

> 此在的实际性却在本质上有别于现成事物的事实性。生存着的此在不是作为一种世内现成事物向它自己照面的。①

由此，即便海德格尔将此在领会为在世中存在，只要在世中存在是独一无二的"此在的实际性"，我们也就不必把它解释成是和我们的主体性论题相抵触的。

萨特在思考他所称的"人的实在"中特别强调了筹划的目的论特征，人之为人，在于超越他在某一时刻之所是，而成其所不是，亦即成一在意向性中筹划的目的，这一目的在生存论上界定着未来的可能性。于是，萨特便将人称为"自为的存在"而与无能进行意向筹划的"自在的存在"区别开来。

对筹划进行的这样一种目的论的诠释可以作为从构成性的主体性通向意动的主体性概念之桥梁。我们在构成论上就注定了要进行意动的筹划，或者用否定的语言讲，既然我们是人，我们就不能不作为主动者（Agent）而有所选择地去行动。什么是行动？不管它会是什么别的东西，行动必须指向一个意动筹划的目的之实现。这是源于人类意识本质结构的自为存在的含义。在行动中，意动的主体性可以对象化于（但并不总是）诸如艺术作品、建筑等之中。至少行动旨在改变世内或人之思维内的某些事态。既

---

① ibid., p. 321. 中译本，第 330 页。

然我们不相信蜻蜓之类的昆虫会拥有什么目的，那么我们也就不相信它们会行动。我们也就不会把它们的巢视为文化对象，不会把它的形成归于任何种类的意动主体性。

但是，我们能够协辩地证明萨特式的自为存在的主张吗？我们肯定可以。首先，协辩的论证（Communicative Argumentation）以普遍共识为目标。我们是协辩共同体的成员这一事实本身早已建立在协辩合理性（Communicative Rationality）的目的论特征之基础上。其次，既然所有的有效性主张都需要经过论证性的证明，那么，证明的过程就是一个连续的对未来可能性的筹划。换言之，如前所述，在论证的每一刻，我们都努力超越现实并使尚未被确立的断言转化为被确立的断言。因此，否定意动主体性即是违背了践行一致原则（PPC）[①]。

因此，作为自由与责任根基的意愿性（Voluntariness）[②]绝不应与随意性混为一谈。同样，规范的证明属于意动的主体性，但它与支持任意规范主张的道德相对主义是不相容的。如果价值不是外铄的或者不是对应于某个"实在"的东西，那么它们就肯定可以依我们的"感情、希望或念头"随意"改变"（用兰德的话说）——我们前面已经拒斥了这一观点。规范的证明是协辩共同体成员之间自我决定的事情，这个共同体中的每一个成员被自由地确认为一个个体，并在制度上被别人尊为一个自律的行事者。用萨特的话说，每一个"人之实在"（Human Reality）都凭其共他存在（Being-with-others）而成为一个自为存在。

当海德格尔讨论到筹划概念时，他曾强调向未来敞开与过去的给定性的整合性。人类生存的历史性话题，或者说存在与时间之间的关系话题由此而来。诸如伽达默尔之类的诠释学哲学家使历史性论题成为他们思考人类理解的关键。一些批判理论家往往将之诠释为马克思历史决定论的新版本。但是，历史性不必是他律的决定。因为这里的筹划概念在意识结构的视角下是被领会为主体性的中心的，所以世界的外在秩序并不是理解人性的出发点。只要我们是意义的源头，我们就是人。但是，意义只能在延伸至遥远的过去的境域之中得到勾连与表达。于是意识的时间性凸现出来，

[①] 即 "The Principle of Performative Consistence"，意为 "在论证过程中，参与者所做出的主张必须与他做出这一主张的行为中业已承诺的前提保持一致"。

[②] 翟著第 5 章 "Radical Choice Fulfilled and the Normative Ought" 对此有进一步论述。

而历史性亦因而与意识流不可分开：通过我们对世界以及在世的我们自身的有意义的领会，我们在自身内保留了整个历史，我们所保留的东西形成了我们得以在其上筹划我们将来的可能性之根基。这一类型的关联至少在以下两方面意义上不同于外在的决定。

（1）它不是通过见于物理对象情形中的任何种类的物理的"力"或"能"实现的。自然的"力"或"能"是在独立的物理项之间客观地发生作用的东西，如一事件由另一事件而来。在因果作用的过程之中，只有"能"从一个对象转移到另一个对象之中，而对象本身则不进入另一个对象之中，如此，继续的事件绝不能够保留先前的事件。而在意识流中，记忆不过是过去的保留，正是记忆本身使得人类活动以及内在于其中的被勾连的领会成为可能。此外，"现在"会把整个过去的历史交给未来，如此，过去与未来会统合进同一生活之计划之中。因此，历史的关联性并不是实现于对象之间的外在过程之中，而是实现于主体的内在意识之中。换言之，我们的历史意识乃是这一关联性寓居之地。

（2）通过自然的因果性，一个实在的事件产生了，未来可能性中的一种得到了实现。相反，在意识的时间性之中，当新的要素从最近的过去发生作用之际，一种可能性的新领域向人之自我创造敞开了。如果一个人的自我创造会通过与自然因果性的交互作用而对物理世界有所影响的话，那么，显示于内在经验的意义结（Meaning-complex）之中的历史性仍然是远离此种影响的一个环节。我们能够超越历史，是因为历史不仅通过塑造我们而制约着我们，而且通过超越我们之所是而使我们的自我肯定成为必要，我们亦因此而参与历史之创造。但是，这一通过超越的自我肯定与参与的方式必须以历史性所已敞开的可能性领域为基础。显然，这不属于任何类型的历史决定论。

总之，主体性拥有一个多层结构。与传统的"客观的"知识领域相对应，构成性的主体性构成着客体性。与目的及价值相对应，意动的主体性向可能性筹划着自身。由于构成性主体性的无人称之本性与其相关的理念的可支持性（Sustainability）并不取决于任何现实存在的个人的经验个体性，而就意动的主体性乃是一种为行动建立目标的筹划能力而论，它是扎根于但又不限制于个体的生活经验，在理性主义传统中的不同哲学家发展出对构成性主体性及其理念之不同解释，但是，只有存在主义哲学家尝试过把构成性的与意动性的主体性联系在一起。既然构成性的与意动性的主体性两种样式皆在理念性中显示自身，那么它就超越了经验的事实性，并因而也超越了人类经验与行动中的时空定位。意动主体性的超越性论旨会引导我们采纳一种非经验的、超时间的人格观念，这样一种观念对于我们领会人之为人的独一无二性至为关键。①

（原载《现代哲学》2002 年第 1 期）

---

① 翟著第 5 章 "Radical Choice Fulfilled and the Normative Ought" 对此有专题展开。

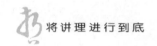

哲学分析示例：语言的与现象学的

在今日的哲学语境里说到分析，人们首先想到的是英美分析哲学。这里的"分析"几乎就是"语言分析"的简称。至于现象学，人们似乎只承认它的"描述"，并且由于它长期被许多人看作与分析哲学截然不同的哲学流派，我们一说"现象学分析"，就似乎略微有混淆视听之嫌。不过，我们也不至于忘记，像胡塞尔、海德格尔、梅洛-庞蒂这些现象学的代表人物，是时常宣称他们自己在做现象学分析的。我们都知道，据说语言分析是要"澄清概念"，而现象学却要"面对实事本身"。在本文，我不打算系统讨论语言分析与现象学分析的共同点与不同点，也无意在概念上澄清这两种分析的适用范围。我试图要做的，只是以示例的方式让读者见证一下这两种分析的过程，在对照中领会各自的旨趣。为了使这种示例对照清楚明白一些，我将把"赝品"当作两种分析的共同主题，虽然这样的主题算不上是哲学家关心的典型问题。

一、对赝品的语言分析

语言分析，至少可以包括句法分析、语义分析和语用分析。但我们在进行分析的实践时，并不一定要时时关注自己进行的分析属于何种。此处，我们在对赝品概念进行语言分析时，主要的任务是找出一件东西能被称作赝品时的充分必要条件。我们是以语义分析为主，辅以其他，并且时有混合。基本程序是：从最明显的必要条件开始条条列出，并权将已经找到的必要条件之总和当作充分条件，然后寻求反例。如找到了有效的反例，则说明已列出的必要条件的合取还未构成充分条件。这样下去，直到找不到反例为止，充要条件确立。

作为开始，我们要对大多数人如何使用"赝品"这个概念有个估计。因为赝品概念是在自然过程中形成的，它带着固有的模糊性。"赝"字明显地指示着背后有人进行伪造活动。至于被伪造的东西可以有哪些种类，并不是非常明确的。除了那些典型属于赝品的假画假古董之外，总有一些东西我们无法最终决定赝品概念是否涵盖它们。比如说，一个艺术家自己制造的模仿自己原先有特殊象征意义的作品而冒充原来的作品，冒充品算是赝品吗？一个名画家让别人模仿他的风格作画，然后签上自己的名字，这样的画算是赝品吗？木刻画、篆刻作品等，如果用的是原本的模子但不是原作者印制的，算是赝品吗？模仿自然形成的石画的人工"石画"有可能成为赝品吗？有没有与商业牟利目的毫不相关的赝品？赝品本身能否以赝品的资格成为艺术的一种？这些问题都有可能为我们深入分析赝品概念带来麻烦，也带来乐趣。但是，在以示例为目的的本文里，我们只能从简单明了的地方着手，浅尝辄止。

我们把以赝品的内在性质为基点的关系作为切入点开始分析。一件赝品是相对于某件真品而言的，前者与后者在概念上对立，但在可感性质上相似。于是，这里，我们似乎发现了赝品概念的近乎悖论性质的内涵：一件完美的赝品就是在所有物理可感性质上与一件相应的真品没有差别的物品。最典型的范例性的赝品，对应着一件物理上确实存在的真品，但是，这种典型性并不代表着必然性。由于赝品从来就以真品的名义出现，相应的真品的物理存在并不是赝品出现的必不可少的背景。相反，只要有关的人相信有一对应的真品存在，也就可以了。甚至条件可以更弱：只要赝品出现时有人开始相信与其对应的真品有可能存在，就满足了赝品成立的初始条件。比如说，有人模仿扬州八怪的画风自己画了一幅叫作《夕阳下的含羞草》的水墨画，宣称那是扬州八怪的作品。尽管在此之前没有任何人听说扬州八怪作过这样的画，只要现在有人开始相信这种可能性，那也无碍这幅《夕阳下的含羞草》的赝品资格的形成。由此看来，作为开始，我们可以列出一件东西属于赝品应该满足的第一个条件，即第一个必要条件：

B1：这件东西（记作 X）与另一件存在着或被认为正存在着的东西（记作 Y）在可感性质上相似。

用这一条必要条件，显然不足以判断一件东西是否为赝品。"相似"关系是一种反射对称关系，如果 X 与 Y 相似，Y 也必与 X 相似。这样，知道两件东西之间相似，并不能让我们把赝品与真品区别开来。逻辑上，赝品概念与真品概念相互依赖，但在物理上，赝品的存在依赖于真品先在存在的信念，反过来则不成立。因此，我们有了第二个必要条件：

B2：有关人士相信 Y 的存在先于 X 的存在。

值得注意的是，这个 B2 并没有规定 Y 必须是真品，这是因为，一方面，单从 X 和 Y 的进入存在的先后顺序及它们内在性质的关系上，我们只能对什么是赝品有所规定，而不能对什么是真品有所规定。因为赝品既可以与先在的真品相似，也可以与先在的赝品相似，还可以与其他任何东西碰巧相似。这样，我们马上可以看到，以上两条自然客观层面的必要条件，不能构成赝品成立的充分条件，因为在自然界和人类生活中有很多符合 B1 和 B2 的例子，却与赝品概念毫不相干：一粒葡萄长得和稍早长出的另一粒葡萄极其相似，但这粒新长的葡萄绝不是赝品；妹妹长得酷似姐姐且行为举止习惯爱好与姐姐雷同，但要把妹妹说成"赝品"只会贻笑大方。另一方面，毫无疑问，可以成为赝品的东西至少分为艺术的和古董的两种。这里最显著的差别是：不能被称作赝品的那类东西是在自然过程中生成的，在这个生成过程中人的意愿没有起作用。相反，能被称作赝品的东西，都是人们按照自己的意愿模仿制造出来的。这样，我们就有了以下第三个必要条件：

B3：X 是有人模仿 Y 制造出来的。

一个琴师模仿一把名琴，制作了一把新的小提琴。这把新琴看起来拉起来听起来与那把名琴相比，皆是毫不逊色，从其使用价值看，起码是不相上下的。这把新提琴马上就能被断定为赝品吗？显然不能。但这把新琴却是满足以上三个赝品判定的必要条件的。至此，在这把新琴与那把名琴的关系中还缺少了什么，使得它们之间缺少赝品与真品之对立的品性呢？现在进一步设想，这个琴师将他制作新琴的事实隐瞒起来，而宣称他新制作的琴是那把名琴并标价出售。在这种情况下，这把新琴是否可算作赝品？这时，这个琴师作假了，可以算是伪造了一把琴，因为他把一件东西伪装成另一件东西并公之于世。或者，这个琴师没有作伪的打算，而后来的这把琴的所有者把它当作名琴推出。这样，考虑一下将这把琴称为赝品，就没那么离谱了。看看假名画假古董这些赝品，它们都是冒充真品后出现的。尽管这位琴师的新琴是否可算作赝品还没有定论，我们起码发现了某物成为赝品的第四个必要条件：

B4：X 被人冒充 Y 在流通过程中出现。

之所以以上例子中新制作的小提琴是否算赝品的问题的答案还不那么明了，是因为被仿造的名琴的价值有可能承载在两种不同的性质上：其一是完全由其物理性能决定的作为乐音发生器的功能；其二是由其年代久远或制琴人的声誉或其他特异因素造成的独特意义。如果新制作的琴在物理性能上接近或超过名琴，而仿造者宣称新琴是那把名琴的目的只是获得让演奏家试用他的琴的机会，随后使演奏家仅从质量上认可他的琴从而用高价购买，这把琴就不能被称作赝品，虽然这个仿造者的行为仍属欺骗行为；相反，如果这个仿造者将仿制的小提琴冒充那把名琴是为了使仿制的琴获得名琴的除物理性能之外的独特意义，那么这把仿制的新琴就是不折不扣的赝品了。这样，我们就会明白为何古董的真品比赝品贵得多，尽管从作为用具的功能上看，赝品很可能超过真品。至于名画与其赝品之间的价值的巨大差别，很少是基于审美层面的差别，而主要是基于原画的作者的名气或与原画紧密相关的历史事件或其他特异因素导致的独特意义。由此看来，真品与赝品的差别必须基于物理性质之外的象征意义。这样，我们就可以理解，为何当一件东西获得"文物"的资格时，它就可以成为赝品制造者仿制假冒的对象了。于是，明显可以出现相应的赝品的东西除名画和古董之外，可以是任何具有纪念意义的人造物，例如，限量发行的纪念邮票，重要历史文献的签字用笔，重要历史人物的日常用品和办公用品，等等。也只有这样，我们才能理解为何一件完美的赝品是在物理可感性质上与真品不可分别的仿制品："赝"与"真"之差别在可感性质之外。因此，我们有如下第五、第六个必要条件：

B5：Y 所具有的（真实的或想象的）物理可感性质之外的象征意义是 Y 的价值的主要承载。

B6：X 缺乏作为价值主要承载的象征意义。

在理想状态下，X 与 Y 之间这种象征意义的落差是极端性的：一方的完全占有与另一方的完全缺乏。虽然，X 象征意义的完全缺乏是无条件的、注定的，从而使得一件赝品的赝品本性与仿造同一真品的同类赝品的数量大小没有关系；但是，一件真品要完全占有其特定的象征意义，就要求此件真品是此象征意义的唯一承载物。如果有众多的具备同样象征意义的承载物在世流行，任何一件真品的独特性就基本丧失，因而被仿制而造就赝品的条件也就基本丧失。如果一件艺术作品是由某个艺术家借助软件在电脑上完成并以数码的方式保存的，由于此作品的承载物——磁盘的物质材料——从一开始就没有与作品的内容建立独特的、排他的关系（任何一个拷贝磁盘都像第一个磁盘一样可以承担完全一样的物质承载功能），这个艺术品就没有资格变成作为赝品模仿对象的真品。由此看来，能够造就赝品的真品必须被认为是稀有的，其物质形态的存在与作品象征意义的关系是独特不可代替的。于是，我们得出第七个必要条件：

B7：Y 所承载的象征意义，被认为是不能被与组成 Y 的物质之同类物质的其他个体所承载的，即被认为是稀有的或独特的。

汇总以上七个必要条件，初步看来，似乎构成了赝品成为赝品的充要条件。但是，寻找某个概念的充要条件并非这么容易。进一步的讨论很可能会找出反例。如果能够找出符合以上每一个条件但明显不属于赝品的例子，就说明以上所列条件的集合不构成充分条件。或者，我们若能够找出明显属于赝品但却不符合以上列出的一个或一个以上条件的例子，就说明以上所列的一条或多条不是必要条件。如果能举出这两类例子，我们就必须对这些条件进行修改、增加或删除，直至满意为止。

但是，维特根斯坦的反本质主义却提醒我们，也许我们永远都不能令人满意地列出赝品的充分必要条件，因为被称为"赝品"的东西可能并没有一个共同的"本质"，而有的只是"家族类似"。这样的话，我们就只能分析个大概。不过，无论如何，以上的分析，给我们理解"赝品"的含义做出了有益的尝试。作为语言分析的示例，我们到此为止。

二、对赝品的现象学分析

有了以上的语言分析，我们就对赝品这个概念的内涵和外延有了基本的把握。但是，概念并不是实事本身。按照胡塞尔的看法，对象被还原后在意向性结构中的显现，就是其本质的显现。这种自我显现出来的本质，是可以分析的。这里的分析，面对的是实事本身，而不是语言，虽然分析的结果还要借助语言来传达。下面我们就试图对赝品进行这种现象学的分析，并用语言传达。

1. 赝品的本质规定

一个完美无缺的赝品，具备这样的本质特征：它在可感的物理性质上与真品完全相同，我们之所以能用技术手段鉴定赝品，只是因为赝品制作工艺在事实上不可能达到完善。完善的赝品只是现象学描述分析的意向性对象，不是一个概念，也不是一个物理上的可感对象。不完善的赝品只有在其不完善性还未显露的时候，才能履行其赝品的功能。赝品完全缺乏真品所具有的象征意义,却被观赏者或持有者当成真品而赋予它只有真品才具有的象征意义。于是,赝品的本质规定就要通过现实运作的过程达到对自身本质的绝对否定。这种否定,同时也就是对作为其对立面的正品的本质的肯定。既然完美的赝品与真品具有完全对等的物理可感属性,这种完全的对等性必须成为两者之间的本质对立的独特媒介。于是,一个赝品的可感属性与这同一赝品的本质规定性也就完全相互背离。完美赝品与真品的唯一差别就是为他之在与自为之在的差别,而作为自在之物却无任何差别。这里的"自为"就是对自身本质的肯定,"为他"就是通过对他者的肯定而否定自身。一幅达·芬奇《蒙娜丽莎》的最完美的赝品,就是与达·芬奇原作的当前的物理属性完全一样,在履行赝品的职责时激起人们完全对等的审美反应,但又不是原作的一幅画。在假想的理想状态下,就算完美的赝品制作完成之时真品就被毁灭,完美的赝品也不会就此获得丁点的真品地位。

这样的深潜于赝品内部的吊诡,只有在悬搁了自然主义态度之后才能被揭示。以自然主义的眼光,我们完全不能在原则上厘定赝品与真品的差别,因为这里根本就不存在自然主义的差别。

2. 赝品与意向性

如上所述,赝品的在场必须以真品的缺席为依托,其本质的获得,是完全以"他者"的身份附属于真品,赝品意义的自我充实完全依赖真品意义的先在充实。这样,由于在赝品与真品的关系中,赝品本质的规定性与它的物理属性完全分离,此分离却又以独特关联的假象为依托,这种关系我们既不能以因果的范畴去理解,也不能以逻辑的形式去框定。既非逻辑的亦非因果的,它却是在意向性结构中被造就的。由于意向性是先验地决定的,因而其运作的方式在前反思状态中不在个体意识的内容中显现。于是,赝品的本质不能在它得到实现的主体的意识内容中被找到:把赝品当作真品的人与把真品当作真品的人的意识内容之间完全没有差别。这很符合意向性的本性,因为意向性只是意识内容的先验条件,这种先验条件只有在反思状态中才有可能在意识的内容中显现。这里,赝品只要还以赝品的方式存在,它就只在非对象化的意向性结构中栖身,从而具有超越个体意识内容的准客观性。正是在赝品与真品对立两端之间的意向性鸿沟中,赝品的悖论性张力在超越的层面肯定了自身的本质。

赝品的赝品地位之确立有赖于人们在意向性格局中的某种紧张关系，是意向性自我超越活动的结果：赝品永远是意识的潜在内容，却也永远是作为意识的超越者外在于意识的。这就好像作为整体的宇宙永远既是意识的潜在内容又超越意识一样。进一步地，赝品的意向性实现依赖于赝品持有者或欣赏者对其赝品本质的无知。赝品与真品的对仗关系在超越层面被建立，而在对象性经验层面被抹杀，这种抹杀对于建立是完全必要的。以否定自身形态出现的赝品是对象性的客体，而以肯定真品形态存在的赝品是非对象性的象征意义。

3. 赝品与超越的交互主体性

赝品能成为赝品，在它的背景中至少要涉及两个意识主体的运作，但这里涉及的多个主体又不必有认知方面的沟通，赝品的制作者并不必然要向任何人宣布他的杰作是真品或赝品。很明显，作为赝品意向性居所的是超越的交互主体性，而不是经验层面的交互主体性。也就是说，赝品的本质规定并不是一开始就带有通常意义上的"社会性"。所以，如果某物为一赝品，就是所有知道其为赝品的人都已离开人世，一切可能揭示其为赝品的信息也不复存在，只要还继续被至少一个人视为真品，此物作为赝品其赝品本质就没有丧失。意向性在交互主体性中形成了超越的意义结，赝品的赝品本质就是这个意义结中的某个结点。由于意向性在其原初状态就是悖论性质的，赝品的悖论特质也就是顺理成章的了。

并且，像本文前半部分已经澄清的那样，作为赝品的对应，真品是否在物理上存在，甚至是否确实有过那一个作为真品作者的艺术家，是无关宏旨的。只要在交互主体的意义结中有如此这般的特定真品的一个位置，就足以为与其对应的赝品的出场提供先在的条件。只要某个拍卖行以常规的方式把一幅出自广州美院一位研究生笔下的《三虾戏蟹》当作齐白石35岁生日时的作品进行拍卖，假设圈内人的基本共识是，齐白石在35岁生日那天画过一幅《三虾戏蟹》，不管齐白石是否事实上有过此作品，被拍卖的《三虾戏蟹》就属于赝品。更为极端，假设历史上从来就没有过齐白石这个画家，只要圈内人的共识是有过这样一个画家，也不妨碍人们炮制"齐白石"作品的赝品。其实，何止如此，就算圈内人的共识已经丧失，只要某种社会机构或习惯的运作预设了这种共识，赝品就还可能在这种社会背景中产生和流行。之所以如此，正是由于赝品与真品的联结是在超越物理和个体意识内容的超越的交互主体性层面达成的，作为赝品出席时之缺席者的真品和真品作者的自然存在就是可有可无的了。

4. 赝品本质的实现与丧失

赝品向自己祈祷："让所有的人把我当作真品吧，把真品的本质加之于我吧！"但是，正因为赝品在原则上就永远得不到真品的本质，它的赝品本质才得以确立。赝品使命的履行不正是在于对自身赝品本质的极端异化和极端拒斥吗？

赝品的现实本性就是以指向真品的本质来抹杀自己的本质，可以说，赝品是自己之所不是，不是自己之所是，正像萨特关于人的规定性所说的那样。不过，人的自我否定立即导向自我超越之肯定，而赝品的自我否定导致的是对真品之肯定，这种肯定永远不能返回到赝品自身。由于赝品的实现必须借助对自身本质的遮蔽，其天职就是向世人宣称："我不是赝品。"

就其本质实现的意义而言，赝品是不可能在意识中显现为赝品的。能够以赝品的资格被观看的"赝品"，其实已经丧失了它的赝品本质。以赝品的名义出现的"赝品"，就不是有实质意义的赝品。赝品的制造者通过移植真品的物理属性而造就了赝品的与自身属性对立的本质，而赝品的持有者则由于与赝品本质的隔绝而让赝品的本质得以保持。只有当人们把赝品当作真品来欣赏或占有的时候，赝品才在实现它的赝品本质。在持有者那里，赝品的赝品本质昭然若揭之时，就是赝品的赝品本质丧失殆尽之日。这情形正像海德格尔对死亡所说的一样，死亡永远不能被体验，因为在死亡来临的瞬间，体验同时终结。因此，就像我们不能描述在自己身上发生的死亡一样，我们也不能描述在自己这里实现的赝品。这样看来，要对赝品进行现象学描述和分析，并不能也无须面对一个已经被确定为赝品的物理存在物。面对实事本身，要求我们在实事本身不是物理存在或感觉材料的时候，将物性和感性内容悬搁起来。在这里，我们必须摆脱自然主义态度而进入智性直观状态。

5. 赝品与人的度规

"人的度规"（Humanitude）是笔者在《本底抉择与道德理论》（*The Radical Choice and Moral Theory*, Kluwer Academic Publishers, 1994）一书中的专有名词，用来指称在非经验层面使人成为人，只与人类事物相关的意义网结，由指向实践筹划的意动主体性与先验的构建主体性及协辩主体性相互作用而在先验交互主体层面形成。这种意义网结的最大特征是它起源于人的意识活动又超越人的意识活动。比如说，张三的一个愿望是在他死后一百年至少有一个人读他在世时写的诗。如果他离开人世一百年后果真有人读他的诗，他的愿望就实现了，否则就没实现。"愿望实现了"这个短语所指的东西就是在这种超越的意义网结中栖身的：尽管张三本人不可能知道或体会到自己愿望的实现，或许也没有任何其他人知道张三有过这种愿望，从而也不可能知道他的愿望实现了，张三的这个愿望还是不折不扣地实现了。正是由于这种意义网结的超越性，其内在联结的逻辑并不依赖于任何个体意识的概念化认同。人的度规，就是在与每个意向性据点的特殊关联中被理解的这种意义网结。经过以上对赝品的现象学分析，我们知道真品之"真"及赝品之"赝"正是在人的度规中直接实现的。在先验交互主体性的平台上，赝品与真品的对仗关系超越意识的经验内容，而正是这种超越经验内容的意义网结的无限开放性使我们在经验层面有限的生活超越经验而获得某种独特的不朽性。在这个意义上，赝品的出场与流通直接介入了真品创作者（如果曾经存在这样一个创作者的话）的人的度规中的意义网结的重塑，不管这个创作者是否还活在人世。与此同时，赝品作者也在以真品作者的意动主体性为总纲的意义网中织入一个新的节点。在先验交互主体性的意义网结中，真品之"真"和赝品之"赝"形成了相互间的镜面对称关系。借助赝品，真品在原有的内在固有的不朽上多加了一层外在化的关系性的不朽。这正像以上所说的，赝品的"为他之在"通过绝对的自我否定来绝对肯定真品的"自为之在"。并且，这种肯定—否定的关系不依赖于任何具体的个人有意识的认可：它是在人的度规之交互主体的超验维度中自行建立的。

至此，我们对赝品的现象学分析虽然还不完全，但至少已涉及了"实事"的核心。我们注意到，这种现象学的分析与鉴别赝品的技术是没有必然联系的。其实，我们已经明白，理想的赝品就是在技术上与真品无法区别的物理存在对象。只有不完美的赝品，才能在技术上加以识别。技术鉴别，预设了现象学上的差别，却不能触及现象学意义上的"实事"。技术鉴别的对象是经验主义意义上的现象，而不是现象学还原后的本质就在其中的现象。

三、结　语

这里通过对赝品的讨论而做出的语言分析和现象学分析的对比示例，不是对分析哲学和现象学方法的理论概括。理论概括和澄清是必要的，但以对照的方式进行实际操作的演示，或许也有它特殊的不可代替的功用。在某种意义上，做哲学和谈论哲学是非常不同的：前者基本属于哲学研究，后者则基本属于研究哲学。虽然赝品不是典型的哲学讨论的对象，由于这样的分析对象在篇幅很短的文章里处理起来比较容易上手，这里就只好试着拿非哲学问题做哲学文章了。至于到底此处的示例是否起到了预期的作用，那只能由读者自行判断了。

（原载《哲学研究》2003 年第 3 期）

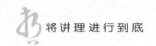

意义是如何超越经验的

大概不会有多少人会对此觉得大惑不解：有些事情在某一个人对它们无所认识和经验的情况下发生，但是因为影响了这个人往后的生活历程，这些事对这个人而言是有意义的，甚至可以说是非常重要的。但在本文中，我关注的不是此类显而易见的问题，而是想要阐明一种初看起来难以接受的见解：某些事情即使对某个人的整个生活历程不造成任何物理或心理的影响，对这个人而言同样也可以是有意义的。也就是说，某事物对一个人有意义，不一定要在这个人的经验中造成真实的差别（Real Difference）。意义能够超越经验，因为现象学意义上的意识的意向性结构是意义的最终源泉，而意向性的观念性（Ideality）并不依赖于相关经验的现实性（Reality）。我将进一步论证，这样理解的与人的真实经验无必然联系的"有意义"的概念独独在人类事务领域中起作用，并且对理解诸如成功、所有权、道德责任等只适用于人类事务的概念必不可少。

一、假想的例子

假设迈克是我最好的一个朋友，他很爱他的猫，但他不幸得了癌症，自知将不久于人世，他请求我在他死后照顾他的猫，我答应了他的请求。上周迈克离开了人世。若不考虑流行伦理和宗教中的关于守信与死后生活可能性的信念，除了这只猫本身的福利以及我是否喜欢这只猫的问题以外，我是遵守诺言照顾迈克的猫，还是他一死我就把猫炖了下酒，对于已经去世的迈克而言，有什么相干吗？

许多游客专程到卢浮宫欣赏达·芬奇的《蒙娜丽莎》。现在假设原作不小心给毁了，而公众对此一无所知。博物馆私下保存了一幅复制品，仿造得相当好，以至于用肉眼判断不出它与原作的区别。如果在公众一无所知的情况下将复制品代替原作展出，对于那些长途旅行至此，只为见一眼《蒙娜丽莎》的游客而言有什么关系吗？

詹妮花多年前相信（而且现在依然相信），是山姆把她从强奸犯手中救了出来，而正因此她以身相许，嫁给了山姆。昨天，他们家着火了，为了救山姆，詹妮花受了重伤，危在旦夕。但是，詹妮花很欣慰，她相信自己舍身救山姆是很值得的选择，因为山姆也曾在危急的关头救了她。但是，实际上，山姆正是那个试图强奸她的恶棍，而真正救她的人被山姆暗算了。山姆对詹妮花耍了手段，使詹妮花错误地以为他是英雄，引诱她嫁给了自己。但婚后，山姆成了一个十足的好丈夫。现在，如果詹妮花对真相一无所知，欣慰地死去，与山姆是真英雄的可能事实相比，这种欺骗给詹妮花的生活经历增添了瑕疵吗？也就是说，在两种可能性之间，詹妮花的生活有任何正面或负面的不同吗？

杰夫和娣娜是夫妻，亨利和海娣也是一对夫妻。杰夫和亨利是好朋友。娣娜非常爱杰夫，以至于一想到与其他男人做爱，她就会觉得无地自容。但杰夫和亨利对对方的妻子都有欲望。所以一天，他们商量交换性伴侣。如果知道他们的企图的话，娣娜（也许还有海娣）就会觉得荒唐透顶。于是杰夫和亨利开始练习对方的做爱方式，以便在某个晚上漆黑一片的时候能骗过娣娜和海娣。经过一个星期的练习，他们最终铤而走险并成功了。在交换伴侣后的第二天早上，娣娜甚至说，她觉得昨晚的性生活比以前的更让她兴奋，她觉得自己更爱杰夫了。如果娣娜永远不知道杰夫和亨利的计谋，她算不算被他俩亵渎了？换句话说，不考虑对社会的可能影响，仅从娣娜的角度来讲，当晚是杰夫还是亨利给娣娜带来了性快感有什么价值上不对等的差别吗？

假设一个独裁者酷爱政治权力，并乐于炫耀他的权力。他撤销了立法系统整个重来。除了颁布其他一些必需的法律以外，他还要宣布一项新法律，这一切仅仅是为了炫耀他专断行使权力的能力。他这样写道："公民们不应该_____，违者必须受到统治者想施行的任何惩罚。"然后，他通过电视直播，以抽签的方式，专断地确定_____的内容，句子填补完整之后即成为一条法律。很偶然地，抽签填空的结果是："公民们不应该吻自己的鼻子，违者必须受到统治者想施行的任何惩罚。"假定没人能吻到自己的鼻子，在不考虑对未来立法的影响的情况下，有没有这条法律对公民们的政治自由有任何差别吗？

二、"有意义"比"真实"更根本

对以上五个例子中关于有无差别的质问的回答是一样的：没有真实的差别，但有意义上的差别。这里的关键在于意义与真实的区分。值得提醒的是，我们这里所用的"真实的"（Real）一词，和通常所理解的真实与虚假比较意义上的"真实"无关。那么，在这种新语境下，与"有意义的"（Meaningful）相对的"真实的"是什么意思呢？

当然，我所说的"没有真实的差别"并非指两个事件在其自然过程中没有差别。很显然，我在每一个例子中都隐含了对已发生的事与另外一个可能发生的事的对照。因而，我实际上指的是，事情以何种方式发生，没有在某个人（或某些人）那里导致真实的经验内容的变化，或者说经验的内容在两种可能性中给人的心理感受的可接受性不相上下。与通常所讲的"真实的"不同，这里的"真实的"是指当事人具体经验的真实。

所以，无论我是否照看迈克的猫，在迈克的经验内容中不会形成任何真实的差别，因为死了的迈克不能再经验任何东西；伪造的《蒙娜丽莎》作为真实的心理事件，不会在游客心理中激起少于原作的审美回应；等等。真实的经验差别只是在一般意义上自然世界秩序中的真实差别的一个特殊类型。

真实差别可以在自然世界以及人类生活的任何地方发现，但只有意义差别为人类事务中所独有。一个真实的差别可以有或者没有意义，相反地，一个有意义的差别也可以是真实的或者是不真实的，它们之间有时也会重叠。哪一种差别对人类生活更为根本？是有意义的差别。如果一个真实的差别不是有意义的，我们就不必对它关心；但如果一个有意义的差别不具有也不引发真实的经验内容，我们却仍要对它予以关怀。

在前面的每一个例子中，我们都倾向于支持其中一种状态，尽管两种情形没有真实上的差别。我是否像我允诺的那样照顾迈克的猫，尽管对迈克没有经验内容上的影响，确实对迈克而言有意义上的影响。如果博物馆拿伪造的《蒙娜丽莎》蒙骗我们，即使我们不知道真相，或没感到被触犯了，在美感与愉悦感上也未有损减，但我们的尊严的的确确是被触犯了。詹妮花如果没有嫁给强奸犯山姆，而是嫁给了救她于危难之中的那个真正的英雄，她的生命确实可以更为完满。类似地，尽管在实施性伴侣交换阴谋的过程中，亨利给娣娜欲仙欲死的美妙感觉，但杰夫和亨利的谋划确实给娣娜的生活带来了极大的瑕疵。在最后那个例子中，公民们的政治自由确实被专断制定法律的独裁者侵犯了，虽然没人可能违反这条法律，而造成真实的影响。

相反地，我们知道我们想欣赏的《蒙娜丽莎》与达·芬奇当时画的那幅画已有了真实的差别，因为画作经历了几百年的风雨，已有了许多物理和化学的改变。但因为这不是意义上的差别，我们作为达·芬奇的仰慕者，会忽视这种真实的差别。我们所举的娣娜的例子也是同理，她清楚地知道她丈夫杰夫的身体每天都在发生物理变化，但作为一个忠实的爱人和妻子，她不会在乎这些变化。

因此我们可以看到，一个意义的差别并非一种心理体验上的差别，前者是超越经验的，后者则属于经验的范畴。所有五个例子，除了第五个，不管潜在的可能性为何，并没有相关的心理差别介入现实。

但有人会争辩说，虽然相关的心理事件没有现实地发生，但至少正是这种心理事件的潜在可能性造成了意义的差别。如果没有相关的心理差别作为至少是潜在的结果，就不会有所谓的意义差别。我必须指出，这样的论点实际上是本末倒置的。正是因为某物是有意义的，才给我们造成正当的心理上的影响，而非相反。否则，我们就无法将合理的（常态的）心理反应同不合理的（反常的）区分开来了。如果娣娜无论什么时候一看到她丈夫口渴就喝冰水，她就暴跳如雷毫无根据地非要他喝冰茶，这种情形下，娣娜便是精神异常的，因为喝冰水还是喝冰茶之间的实际差别是没有夹带多少意义差别的。但如果当娣娜知道她丈夫与亨利的换妻计谋，心理上受到极大伤害，这就不能看作精神异常，而应看作她对意义差别的一种正当的反应，因为这个伎俩确实给她的婚姻和性生活带来了负面的意义。这种意义先于也不依赖于她是否知道这个计谋，更先于她对此计谋做出的任何心理反应。因而娣娜的心理反应不是一种无根据的自造的烦恼，而是出于对超出经验之上的负面意义的直觉性理解。

很明显，人类生活最基本的东西，与其说是真实的事物，不如说是有意义的事物。因为这种"有意义"的意义性与任何经验上的真实（包括心理事件）相分离，它不必与任何人的实际经验相对应。因此，比如拿快乐这种经验而言，我们完全可以过一种非常快乐却没有意义的生活，或者一种很有意义但并不快乐的生活。这也就不难理解，为何做个痛苦的苏格拉底比做一只快乐的猪更有意义。

三、几个基本概念的意义要素

但如果意义不是基于现实性,那它又基于什么呢?在胡塞尔之后,对应于"现实性",我们把意义的基础称为"观念性"(Ideality)。实际上,所有的仅独独适用于人类事务的基本概念,都在某种程度上与我们这里讨论的意义差别的概念相关联。现在让我们来考察三个仅适用于人类事务的基本概念:成功与失败、所有权、道德责任。让我们来看看,对比真实的差别,意义的差别在这里是如何成为人类生活方式所独有的要素的。

1. 成功与失败

什么是成功或者失败?一个人完全意义上的成功是目标的实现,加上这个目标是他自愿设定的并且其最终付出的努力不大于他预计付出的努力。一个人完全的失败是没能实现他竭尽全力去实现的目标。在两个极端之间,一个人可以部分地成功或部分地失败。一个人的成功或者失败并不依赖于他人对他的评价,也不依赖于他人设置或承认的目标是否与这个人的目标相同。如果其他任何人想成为百万富翁,并以此为生活目标,只有我以成为一个发表诗作的诗人为目标,那么我成功的唯一标志即是无论如何至少发表过一首诗。假设其他每个人都发表了一首乃至几百首诗,但竭尽全力没有一个成为百万富翁,而我不留神捞了几百万,殚精竭虑却一首诗也没有发表,那么尽管我与他人之间很可能会相互嫉妒,实际上我与其他人都无任何成功可言,我们都完全失败了。

但由于一个人是否事实上达到了自己设定的目标并不依赖本人的判断,考虑到任何人都可能对自己的成功或失败形成错误的判断,问题就变得复杂了。某本杂志可能在我不知道的情况下发表了我的诗,或者我精神错乱导致我相信我已经发表了诗作,虽然实际上我并没发表;或者我持的股票暴涨,但我的经纪人错误地告诉我相反的消息而我相信了他;等等。而且,我可能在我知道真相前就一命呜呼,或者可能我一辈子活在错误的信念中。因此,假定我打算成就 X,并把它当作我人生的目标,我们可以用一个表格(见表1)来表示我的信念与事物实际状况之间的成功或失败的关系。

表 1　意图与成功

一个想要成就 X 的人	没有成就 X	成就了 X
相信没有成就 X	失败	成功
相信成就了 X	失败	成功

因为信念是心灵的真实状态，那很明显经验与每一信念是相对应的。如果成功的信念给你以快乐，失败的信念未给你以快乐（也许给了你痛苦），那么我们可以用表 2 来表明这种修正了的关系。

表 2　快乐经验与成功

一个想要成就 X 的人	没有成就 X	成就了 X
没体验到成就 X 的快乐	失败	成功
体验到成就 X 的快乐	失败	成功

在表 1 和表 2 中，我们可以清楚地看到我是否成功依赖于目标实际上是否达到，而不在于我是否知道我的成功或经验到成功的心理反应。因此成功或失败本来是一件意义范畴的事，它给人造成的差别是意义上的，而非真实的，虽然它要以与个人体验相分离的客观事态作为依托。你可以相信和觉得你是个失败者，但实际上你确实是成功者，反之也一样。

可能有人会对我的讨论提出异议。他们也许认为我对成功或失败的定义并不完全，或者认为只要与经验内容没有必然联系，是否真的成功或失败没有人会关心。可能他们理解的"成功"不仅隐含预设目标的实现，而且包括对这种实现的知晓和感觉，而"失败"则是两者的缺失。因此，会有人反驳说，在成功与失败之间，对个人而言，真实的差别比意义的差别更为根本。但我要指出的是，对"成功"或"失败"的定义是否恰当是语言上的问题，不需要我们过多考虑。问题的要点是，那种认为人们只在乎真实的差别而不关心意义差别的断言却是站不住脚的。如果我们能达到目标并体验到成功的陶醉，这当然挺不错。如果因为一些错误的信息使我们感到了等量的陶醉感，但实际上并未达到目标，这当然是不完满的。这至少已经表明，除了真实的差别之外，还存在意义的差别。不过我们仍然可以追问的是，究竟是真实的经验差别还是意义的差别更重要呢？

为了进一步讨论，让我们假设只能两者择其一，也就是说，因为错误信息或者精神错乱，我或者达到目标但没感到快乐，或者没达到目标，感到了快乐。假设我想成为一个能发表诗作的诗人，如果（1）我的诗发表了，但我不知道它发表了（也因此不能感到知道这个消息后的快乐），或者（2）我没发表任何作品，但自以为发表了并且快乐得好像自己的诗发表了一样。仅仅为我着想，你觉得我更应该处在哪种状态呢？

确实，选择（1）有不完满的地方，但至少我所希望发生的事已经发生了，这与我的期望是一致的。但选择（2）能给我的生命提供任何积极的价值吗？如果我是一疯子，或被洗了脑，或完完全全是一醉汉，有可能相信并感到我已成就了许多事，虽然实际上我什么也没成就。如果只包括经验内容，那最值得向往的就是一种精神错乱的生命状态，在这种状态中你相信并感受到任何你希望的东西。所以我设想你为了我的好处更倾向于为我选择（1）。如果你为我选择（2），让我拥有成功的感觉，你也同时会认为我在实际上没有达到自己设定的目标是一个不小的缺失。也就是说，虽然我深信并且强烈地感觉到我的诗被发表了，但这与我所渴望的实际上的发表相比，还有着重大的缺憾。何止如此，也许，由于我的确没达到目标，那种经验到的虚幻的成就感比全无感觉更可怜，这种所谓的"成功"的愉悦比基于对事实正确理解的挫折感更为糟糕。由此可见，意义的差别确实与经验的（真实的）差别相区别，而且区别很大。

2. 所有权

所有权概念是所有人类事务独具的概念中最世俗化的一个，并且听起来很物质主义。不过，你拥有还是未拥有什么财产，最根本的是意义上的差别，而非你作为所有者的真实经验的差别。

在前面我们关于成功概念的讨论中，我们已经明白，一个人可以实现了百万富翁的目标，但完全没有意识到，并且由于错误的信息，他感到的完全是破产的痛苦。在这个例子中，不管所有者相信或感到什么，或者这个世界上其他人相信或感到什么，只要他持有的股票暴涨，以至于他的资产达到了一百万，那么他确实就是一个百万富翁。或者反过来，即使我在牙买加度蜜月，相信自己是并且举手投足俨然是世界上最阔绰的人，但实际上我的股票已经跌得一文不值，即使谁也不知道，我在一夜之间也确实成了穷光蛋。因此我拥有多少并不依赖于任何人的判断或经验内容，它只依赖于法定的所有权概念。自然灾害或意料之外的事故也会造成你所实际拥有的与你相信你所拥有的财富之间的巨大反差。当然，精神错乱也会导致如此。这种认知的差错还可能一直伴随着你，也许到死都不会有人知道。这里，你没有机会经历真实的差别，但是与所有权概念相关的意义的差别并不会由此消失。

3. 道德责任

我对我所做的事在道德上负有责任。如果我过去做过什么道德上为恶的事，现在，在道德上我也是有过失的。假设昨天我杀了一个无辜的孩子，凭道德理由法律要判我有罪。为什么？当然不只是因为我是造成那孩子之死的一个原因；否则，那把我用来杀人的枪，至少也是造成孩子死亡的原因之一，也会像我一样，是邪恶的、有罪的，但谁也不会认为那把枪和我这个人一样有罪。也许有人会说，我过去的谋杀行为预示着我现在和将来再做同样事情的极大可能性，而对那把枪却不必有同样的顾虑。但这种可能性的考虑与道德责任无关，因为我们不会基于同样的可能性的考虑把道德责任归于危险的动物。由此看来，道德责任的概念并不一定直接指向人类行为中任何可以作经验描述的方面。

那么换一个思路试试：我有意杀人，也知道那把枪带来的后果，因此，我是杀人行为的实施者，而那把枪不过是一个被动的工具。如果这种回答对路的话，那剩下的问题即是，为什么现在的"我"要对过去的"我"负责任。当然，我昨天蓄意杀人是事实，但这并不表明我现在或将来仍会蓄一样的意杀更多的人。而且，我现在的意图不可能对以前的意图造成任何影响。因此，如果我的企图使我负有道德责任的话，那当然我受到惩罚的理由不是因为这种惩罚可以在受害者那里造成真实的差别，因为现在对我的惩罚改变不了过去的悲剧。所以，如果我的蓄意仅被看作孩子死亡的原因之一，而不再进一步说明为何这种蓄意使得我在道德上应该负责，那么我们对道德责任概念的理解就仍然是一团迷雾。但如果认识到，在关系到我蓄意做什么和我在此意图下做了什么这一点上，惩罚是为了造成意义的差别而非真实的差别，那么道德责任的概念也就不那么费解了。因为意义的差别不像真实的差别那样属于自然因果关系的序列，我们完全可以说，我负有道德责任的，不仅是我过去所做的，而且还是我将来可能会做的。因为我的过去、现在与将来的行为都属于一个人，属于这些行为意义关联的单一承载者。没有人会为我还没做的事情在现在就来指责我，因为现在没有人知道我将来会做什么，但我现在必须要对我未来要做的任何事情负道德上的责任,因为我将走哪条路现在即对我造成意义上的差别。时间的先后在这里是不重要的,正如我前面所举的迈克、迈克的猫与我的例子。我在迈克死后,对迈克的猫所做的一切对活着的迈克确实有意义的差别,虽然我的作为不可能使时间倒流而对他造成实际的影响。你可以沿着同样的思路,进一步分析诸如尊严、敬重、诚实、正直、公民权等概念,看它们如何原初地基于意义差别的观念。

四、现象学与意义差别

上面的思想实验,在揭示意义对经验的超越时,最后的根据是我们对实验情境显现的意义的直接观照。问题是,我们一般地也有一种与此种观照相冲突的强烈信念,那就是,意义不能离开人们对意义的经验。于是,我们应该自问,在这种相互冲突的态势中,我们有何理由偏向一方呢?幸好,上面对几个人类事务中的重要概念的讨论,已使我们明白,对意义的超越性的认定,是理解人类独特性的钥匙。正如笔者在文章开头所说的那样,所有对理解人类个体或人类社会甚为重要的概念都与超越经验的意义差别息息相关。因此,任何否认这种独立于经验差别的意义差别之核心地位的人,为了逻辑上的一贯性,将不得不得出这些重要概念全无意义的否定性结论。但既然谁都知道这些概念是意义重大的,所以这种否定是错误的。这种错误的根源,是我们倾向于把人的主体性和交互主体性从一开始就作自然主义的理解,对于这种自然主义的悖谬,我们还要稍作讨论。不过,在此之前,我们需注意到另外一个相关的道理:我们通常只把人类个体或群体当作成功或失败、所有权、道德责任等的可能承载,如果我们要把这些概念运用到人类以外的其他存在者,要依据某种准则把他们看作与我们人类是对等的。这种准则是什么呢?当然是他们对意义差别区分的能力。换句话说,他们的生命不仅是真实的,而且是有意义的。因此,他们不是行尸走肉(Zombie),而是真正意义上具有人格的人。

意义的差别正是对两个或更多并列的可取之道进行意义对照的结果。至此,我们理解了为何意义观念是人类生活基本概念的核心。但是我们还会问,如果这些概念不根植于人类生活的经验内容,那它们根基何在?我们当然记得胡塞尔在他的《逻辑研究》中对心理主义所做的经典批判。按照胡塞尔的观点,纯粹意义直接起源于意识的意向性,因此它们属于观念性领域,在逻辑上先于现实性领域。意向性必然指向它自身之外的领域,这种外在性是不受主体生活实际内容的范围限制的。因为意义不属于因果关系范畴，它超越经验所属的时空秩序。意向性也可以在社会结构，法律系统，语言等中被制度化。因此，像道德责任、所有权等我们前面讨论的概念，虽然固着在真实与经验中，却清楚地与个人的经验内容相分离，即使仅仅对一个具体的人而言。所以一个人的人格（Personhood），远远超出他的生物意义上的生命，在他死后世界上发生的事情也能对他的人格产生影响。这就是为什么今天我们如何理解柏拉图的《对话》，或多或少可以对柏拉图的生命有正面或负面的意义，虽然他没办法经历到任何差别。这种把意义理解为超越于经验的观点其实是植根在普通人心中的。例如，许多年前，在北京，某报记者以问卷的方式对一些人进行了调查。问卷中有一个问题："什么是能告慰你亡故父母的最重要的事？"在几个供选答案中选择率最高的是："尽力去实现父母未实现的心愿。"显然，这些人不必认为他们的努力会给他们的父母的生命经验造成任何真实的差别，他们也不一定相信有什么死后快乐的生活。一个更有说服力的解释，即是，他们怀着一种信念：认为他们的努力对他们的父母有着内在的意义，这种意义超越了经验。

现象学还原，就是要我们悬搁自然主义态度，在现象的明见性中获得对本质的直接把握，让事情在没有主客对立的原初状态中展显自身。这样，我们也就回到了事情的本身，在纷杂的偶然中分离出栖居于纯粹意向性结构中的必然。这里值得提醒的是，我们如果不能在生活世界（Life-world）和常识世界（Commonsense-world）之间，在交互主体性（Intersubjectivity）和社会性（Sociality）之间，在本质直观（Eidetic Intuition）和经验观察（Empirical Observation）之间，在先验条件（A Priori Condition）和主观偏见（Subjective Prejudice）之间做出清楚明确的区别，我们就会把现象学混同于通俗心理学（Folk Psychology）或粗陋社会学。一旦做出了这一系列的区别，我们就知道如何保持现象学分析的纯粹性。应该指出的是，现在很多所谓的现象学研究者，就是将生活世界等同于常识世界，将交互主体性等同于社会性，因而使他们的所谓现象学研究沦为抽去理论模型和实证材料的空泛浅陋的社会心理学。在有关意义与经验的关系的问题上，那些认为只有在社会关系中或在文化传统中才能找到生活的意义的老生常谈，是没有多少哲学现象学内涵的。这样的以张扬"社会"概念的优先性为己任的准社会学或准心理学的东西，只是一种经理论包装过的媚俗的意识形态。但这样的东西却常常以某种革命性的哲学现象学的面目出现，未免让严肃的思想者警觉。为了系统认识超验的意义在人的生活世界中的内在规定性，笔者在 *The Radical Choice and Moral Theory*（Kluwer Academic Publishers, 1994）一书中，造了一个新词"Humanitude"（人的度规），来描述人类生活与这种超验意义的特殊联系，从而与传统的自然主义意义上的"Human Nature"（人的本性）概念划清界限。但由于篇幅所限，这个新概念的丰富内涵就不在这里详细讨论了。

（原载《中国现象学与哲学评论》2003年特辑。原文为英文，李文译，翟振明校）

第四部分 形而上学

康德伦理学如何可以接纳对功利的考量

一般认为，康德的道义论伦理学不接受基于幸福概念的关于功利的后果论考量。但是，R. M. Hare 说"康德本来可以是一个功利论者"，因为，"他的形式化的理论确实能被解释为在一定程度上允许他——甚至可能要求他——成为某种意义上的功利主义者"。① 我并不认为，Hare 关于康德的道德哲学会要求他成为某种意义上的功利论者这个论点是正确的。但是，我也不认为康德的形式主义伦理学要求我们在具体的道德抉择中拒斥功利考量。在本文里，我将证明，我这样的对康德伦理学的解释与康德总体上的实践理性概念相符合。

一、康德的形式主义及其难题

在进行更进一步讨论之前，我们先来看看康德对绝对命令的第二种表达："要这样行动，对待 Humanity，无论是你自己人格中的还是别人人格中的，都要作为目的而不能仅仅作为工具。"②

康德所谓的"把 Humanity 作为目的"究竟是什么意思？这里的含混主要来自德语词"Menschheit"（翻译成英语是"Humanity"）的多义性。这个德语词常常用来指人这种实体的集合（人种），但是康德在这里显然不是在这个意义上使用这个词，不然他就不会用子句"无论是你自己人格中的还是别人人格中的"来限定它了。此处，对康德用词的含义似乎至少有两种可能的解释，即，①任何单个的个别的人，或者②人的能力，也就

---

① 见他的"Could Kant Have Been a Utilitarian?"收集于他的 *Sorting Out Ethics*（Oxford University Press，1997）。

② Immanuel Kant，*Foundations of the Metaphysics of Morals*，trans. Lewis White Beck（MacMillan Publishing Company，1959，以下简称 FMM），第 47 页。

苗力田译本 第47页译为："你的行动，要把你自己人身中的人性，和其他人身中的人性，在任何时候都同样看作目的，永远不能只看作是手段"。

是使每个个人以人的资格得到本质规定的诸多能力的集合。

第一种解释，在康德自己的论说中有直接的支持。在他的《实践理性批判》中有这样的句子：

> 于是，在目的的秩序里，人（Man）（或任何理性的东西）自己就是目的，即，他从来不能被仅仅用作谁的工具（即使是上帝的工具），除非同时把他自己又作为目的，而在我们人格中的 Humanity 对我们来说本身必然是神圣的，因为人服从道德律并由此服从本来就是神圣的东西，也正是由于这并且符合这，某东西才能被称为神圣的。①

这里，目的就是"他自己"，是个别的人。尽管如此，由于人（或任何理性的东西）在行动之前就已经存在，因此我们不可能以让他进入存在的方式来把他作为目的，虽然反过来，我们能够通过消灭他而把他当作工具。那么，要把某人当作目的，似乎仅有的可用方式只能是以某种方式对待此人。

那么，我们能够直接提出一个问题来进一步增进我们对问题的理解：是什么使得人本身成为目的，并以此区别于那些只能作为工具的东西？康德首先用他的先验回退论证方法（Transcendental Regressive Argument）证明，只有某种自在的绝对价值，才能使得工具—目的关系成为可能，而这些具有绝对价值的东西是存在的。并且，按逻辑要求，那些有条件的价值也是存在的，这些有条件价值的存在依赖于那些具有绝对价值（无条件价值）的东西的存在。康德说："……因为，若非如此，就不会有绝对价值，并且，如果所有价值都是条件性的并由此都是偶然性的，那么就不可能会有理性的最高实践原则。"②

---

① Immanuel Kant, *Critique of Practical Reason*, trans. Lewis White Beck（MacMillan Publishing Company, 1993, 以下简称 CPR），第 138 页。韩水法译本第 144 页，邓晓芒译本第 180 页。

附邓晓芒译文："在这个目的秩序中，人（与他一起每一个有理性的存在者）就是自在的目的本身，亦即他永远不能被某个人（甚至不能被上帝）单纯用作手段而不是在此同时自身又是目的，所以在我们人格中的人性对我们来说本身必定是神圣的：这就是从现在起自然得出的结论，因为人是道德律的主体，因而是那种自在地就是神圣的东西的主体，甚至一般说来，只是为着道德律并与此相一致，某物才能被称之为神圣的。"

② FMM, 第 47 页。

这也可以理解为终止了一个潜在的无穷倒退的间接验证。但是这样的论证最多只能说明我们必须把某些确定的东西作为价值上绝对的（无条件的），并不能说明为什么应该承认是人而不是其他东西具有这样的最高价值地位。对这个问题的回答部分依赖于一个描述性规定，这个规定是使我们必须去承认人具有绝对价值（无条件价值）地位的那个独特的东西。

无论我们将要把这样的描述性规定建立在怎样的基础上，我们都将得到这样的结果：个别的人被设定的绝对价值（无条件价值）被证明为是在于人的某种特定能力（Capacities）或特定状态（States），而不是在于作为绝对实体的个别的人。因此，"作为目的的 Humanity"的第二种解释才是关键，而第一种解释只能在某种引申含义下才有意义。也就是说，为了把人作为目的来对待，考虑到行动对此人的影响，我们必须采取某种行动而不采取其他行动。

问题是，康德的先天形式主义似乎并不允许他把在人中的任何经验性要素确认为绝对价值（无条件价值）的成分。实际上，他的道德哲学是被设想为适用于所有可能的理性存在的，而不仅仅是适用于作为经验性被确认的人。只要一个东西既具有理性的能力又具有非理性能力的其他动力在起作用，那么绝对命令就是他的道德原则。这样分析下去，我们能够确认的在人中承载绝对价值（无条件价值）的能力似乎只能是形式的，我们似乎只能把自律这种能力——这是理性的东西所唯一特有的——作为他具有绝对价值（无条件价值）的理由，即，把他作为目的来对待的理由。但是，他的自律反过来也就是施加于他自己的绝对命令。现在"把人作为目的来对待"似乎意思就是"把人作为一个'把人作为目的来对待'的东西"。这样的话，短语"把人作为目的来对待"就留在了子句里未加解释，为了澄清，还需要将子句继续进行替换，无穷地进行下去。这样，康德似乎在他的形式主义里否定了自己，并且似乎从一开始就陷入了一个无止境自指的游戏之中。他会怎样去处理这个表面上的逻辑困难并使他的绝对命令在实践上有所作为呢？

二、支撑在意志上的主观性目的和客观性目的的关联

当然，康德关于"目的王国"的观点不是一个自指的空洞观点，并且我们能够试着去看看他的观点能否帮助我们走出这个困境。抛开他的形式主义不论，我们现在可以认为康德用"把人作为目的来对待"表达的不仅

仅是"承认人是把人作为目的来对待的东西"。对康德来说，当把人作为目的来对待的时候，我们应该走得更远，要假设他作为具有自己的特殊目的的主体，而不仅是把他作为有能力把人视为目的的主体。我们能够从康德的文本里获得对这个论点的支持吗？答案是肯定的。我们看到康德有下面的说明："对于任何人——这个人本身就是目的——的目的，如果本身就是目的（自在目的）（an end in itself）这个概念对我完全有效的话，那么，这些目的就必须尽可能地成为我的目的。"①

虽然康德是在讨论对他人可嘉许的责任的概念时说这些的，但是，按我的看法，在对他人不可推卸的责任的概念里他已经预设了这个原则。例如，他认为不能对他人做不可兑现的承诺，也不能侵犯他人的财产，理由是，他人"本身不可能同意这种违背他自己的行动方式并且不可能容忍这个行动的目的"。② 因此，我们看到康德那里"目的"这个词有两个含义。但是，为什么康德能够在这里引入目的的第二个含义来加强第一个含义呢？康德在前面已经讨论了这样的概念架构："因此，就有了区分：主观性目的，这来于动机；客观性目的，这来于对每一个有理性存在都有效的动机意愿。"③

我们必须注意到，康德是承认实践原则既有形式的也有质料的方面，尽管他不让质料部分来污染道德。这是可能的，也是合理的，因为实践原则所植根在其中的意志不仅仅是道德立法的因由，而且也是进行审慎考量做出技术性决断的掌控者。"意志被认为是依照某种律法的概念自己规定自己的行动的能力。"④ 这里，"某种律法的概念"指的是人能够根据自然律或者自律性的理性律——康德称之为自由律——考量正确行动的能力。因此，意志通过自律（相应于道德性）和他律（相应于自然因果性）发挥其全部作用。在另一个语境里，康德也把意志定义为"一种能力，或者是实现相应于概念的对象，或者是规定它自己，即，规定去实现这个对象的因果性"⑤。如果意志一开始就设定一个目的，它也就必然会在行动中通过使用各种工具努力地去实现这个目的。一旦获得绝对命令，意志就必

---

① FMM，第49页。
② FMM，第48页。
③ FMM，第45页。
④ FMM，第45页。
⑤ CPR，第15页。

然会诉诸一定的假言命令去完成任务。

因此，目的王国的观念依赖于所有实际的或者可能的个别理性存在者的主观性目的的系统关联。但是如果没有一个普遍性原则（正是基于这个原则，每一个个人在系统里被赋予了一个位置），那么在个别人格中这些主观性目的就是互不相干的，在存在论上就是相互分离的。而此处所需要的这种目的性定位必须把每一个个人同等地作为目的来对待，从而避免所有的主观性目的都沦落为纯粹的工具。因此，对康德来说，目的王国是："在系统关联中的目的整体，作为本身就是目的（自在目的）的理性存在者的整体以及每一个理性存在者为自己而设定的特定目的的整体。"①

在这里，康德十分清楚，主观性目的和客观性目的是如何支撑在意志上的，而这正是实践理性的两个方面的来源：所有个别意志相互把对方作为客观性目的，同时，每个客观性目的又投射自己的主观性目的到这个经验世界上。

1. 道义论和功利

我们现在看看关于主观性目的和客观性目的在下面的语境中做出的区别：

> 那些东西——其存在依赖的不是我们的意志而是自然——如果不是有理性的东西，它们就只是具有作为工具的相对价值，并因此被称作"事物（Things）"。而有理性的东西由于其本然地自身就是目的（自在目的）——即，是不可仅仅作为工具的东西——所以被称为"人格（Persons）"，这样的东西因此是尊重的对象，并在此意义上限制了所有（任意的）选择，他们不仅仅是主观性目的——作为我们行动的结果其存在只对我具有价值，而且也是客观性目的——其存在本身就是目的。②

在这里，我们看到所有纯粹的主观性目的只能指向非人的事物，而前面我们已经知道了目的王国为什么必须被主观性目的所充盈，以及主观性目的在其主体（人格）被仅仅作为工具时是如何不再成其为目的的。现在

---

① FMM, 第51页。
② FMM, 第46页。

让我们来看看主观性目的在康德的道义论伦理学中究竟扮演了一个什么样的角色。我们已经不必惊讶于认识到能够把功利概念——就其公认的与幸福概念的关系而言——兼容进康德的伦理学了。但是，康德是如何理解幸福的呢？对康德来说，所有质料性原则都涉及自爱或者自己的幸福："所有质料性原则（把选择的决断基础建立在从某种对象的实在性那里获得的快乐或者不快乐上）都属一类，它们无一例外地属于自爱或者自己幸福的原则。"①

因此，幸福的原则是质料性原则。当然，对于康德来说，一个质料性原则不能作为道德律的基础。但是康德正是根据主观性目的和客观性目的之概念来区分"形式"和"质料"的："实践原则就其不受主观性目的影响而言是形式的，就其以主观性目的即刺激为基础（Basis）而言是质料的。"②

既然康德承认实践原则可以是形式的，也可以是质料的，但是又不允许任何质料性成分（以及主观性目的）被包含在道德第一原则里，而幸福原则正好就是质料性的，难道康德不是在他的伦理学里完全拒绝了功利考量么？或者可以给康德本人提出一个问题：就主观性目的是主观性的而言，我们如何能够引入目的王国的观点（它密切相关于幸福的质料性条件）而又仍能保持住形式主义的纯粹性？

在处理这个问题之前，我们先来看看这个问题的当代意义。现代道德哲学家比如 John Rawls 和他的社群主义（Communitarian）对手常常把好（Good）和不好（恶）（Evil）的概念放在质料性这边，把它的内容归于以相对主义方式所决定的文化传统里。对他们（包括许多自称是康德主义者的人）来说，实践理性对好生活的内容无话可说，这些相互竞争的理论家首先是有了共同的前提［即，承认什么是对的（Right）和什么是好的（Good）之间有着严格的分野］之后才显出分歧的。尽管有诸多不一致的地方，但双方都同意前者（即什么是对的）的规范标准至少是可以理性地讨论的，而后者（即什么是好的）根本就不是哲学推理可以干涉的事情。

我们有理由把欲求（Desire）和厌恶（Aversion）理解为质料性的，而不是形式性的，因此将好和不好理解为主观性的，而不是客观性的。此

---

① CPR，第22页。
② FMM，第45页。

外，如果我们沿用康德那个众所周知的关于理性意志（Rational Will）和偏好（Inclination）的对立，我们就会把欲求和厌恶归在后者而不是前者。如此分析下去，由于康德是基于快乐来理解幸福的，因此他似乎并不能在他的道义论伦理学里给幸福留个位置。然而，康德自己说的与此却非常不同，他说："实践理性独有的对象是那些好的（善的）The Good 和不好的（恶的）（The Evil）东西。依据理性原则，我们将前者理解为欲求能力的必然性对象，将后者理解为厌恶的必然性对象。"① 在这里，我们看到康德的立场似乎和他自己的道义论的形式主义相冲突，也和当代争论的前提预设相冲突。不仅关于好与不好，康德关于幸福本身甚至有下面的说法："就我们本性中的感性存在而言，幸福是唯一重要的东西——如果这种判断，如理性所要求的那样，不是根据转瞬即逝的感受而是根据它对我们整个生存（Existence）以及我们对我们生存的满意所产生的影响所作出的。"②

幸福是唯一重要的东西，但仅就我们本性中的感性部分而言，这就指出幸福相应于偏好的他律性。于是，我们要问：如果加进了对幸福的关注，康德伦理学还怎么能够是完全的形式主义，从而是完全的道义论？

但是对此我们没有必要再引更多的东西了，因为我们不会忘记对康德来说，道德对我们有意义当且仅当我们既属于智性世界又属于感性世界。仅当纯粹实践理性有东西需要努力去对抗的时候，它才能发出绝对命令。当然，这并不意味着爱好总是和责任对着干，它们也能和责任相一致，产生合理的主观性目的。正因为我们不知道什么会使任意一个人幸福，所以我们不能让任何经验内容贸然进入第一道德原则即绝对命令里。只是说我们要把 Humanity 作为目的来对待，那些作为幸福的内容的每个人所独有的主观性目的，只要和客观性目的相兼容，就必须得到尊重。这样，本文第一部分提到的困扰我们的问题——表面上看来的自指之空洞——现在看来就好解决了。这里还是看看康德自己说的："因为，虽然幸福概念一直是对象与欲求功能的实践关系的基础，但是它只是决定力量（Motives 动机）的主观基础的一般称谓，在一个给定的实践问题里它其实对要做什么并没有决定特定的东西，而在任何实践问题里这才是唯一重要的，因为没

---

① CPR，第60页。
② CPR，第63–64页。

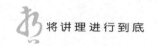

有特定的决断问题就不能被解决。"①

每个人都认为康德的道义论伦理学是形式主义的，但是没有人敢忽略康德在他的著作里用了很多具体例子（尽管在我看来有些容易让人误解）来阐明他的观点这个事实。有了这个事实，如果还有人认为康德的伦理学在需要做出实际决定的时候不能就该怎么做告诉我们很多东西的话，那就很奇怪了。在这里，我们终于认识到康德形式主义常常被人误解了，关于这一点，我们能够回到康德第一次给出绝对命令公式的地方并且看看我们如何完全合理地对幸福给予关注。即，我应该："仅依据这样的原理去行动，即，通过这原理你同时能决意（Will）它应该成为一条普遍定律。"②

我怎么能做出这样的行动呢？当我考虑某准则应该成为普遍定律时，我必须在这样的方式中把这个原理质料化。也就是说，必须把所有相关的人的幸福——所有会被影响到的客观性目的（人格）所具有的主观性目的——带进考量中，虽然行动是否道德并不立足于这个考量。让我们引用康德自己的话来结束这节："例如，假设这个质料性内容就是我自己的幸福。如果我把这赋予每个人——正如在事实上我可以赋予所有有限者那样——它能够成为一条客观性的实践定律仅当我把他人的幸福也包含在它里面。"③

2. 对功利主义一个广泛的曲解：密尔和康德

让我们从这个引文开始："行动的道德完全依赖于意图（Intention）——即，依赖于行动者（Agent）决意去做（Will to Do）的东西。"我猜很少有人会相信这是功利主义伦理学最著名的经典著作，即密尔（John Stuart Mill）的《功利主义》中的观点，如果他们没有很仔细读这本书的话。现在让我们引用他这个说法的语境：

> 如果 Davies 先生是说："救溺水的人这种行动是对还是错非常依赖于——不是动机（Motive），而是意图（Intention）"，那么功利主义

---

① CPR，第 24－25 页。

② FMM，第 39 页（act only according to that maxim by which you can at the same time will that it should become a universal law）。附苗力田译本译文：要只按照你同时认为也能成为普遍规律的准则去行动。（第 39 页）

③ CPR，第 35 页。

者和他并没有什么不同。Davies 先生在这里混淆了动机和意图观念之间严格的不同，这个疏漏太过普通以至不可原谅。在功利主义思想家（特别是边沁）那里没有什么比这点更被尽心地阐释了。行动的道德完全依赖于意图——即，依赖于行动者（Agent）决意去做（Will to Do）的东西。但是动机——即，使他决意如此去做的感受（Feeling）——当它在行动中没有引起不同时它在道德上也就没有起什么作用。不过动机在我们对这个行动主体进行道德评价时有很大的不同，特别是当它指示着好的或者不好的习性（Habitual Disposition）时更是如此，因为这是一种品性上的偏好，从它很可能就会生出有用的或者有害的行动。①

这是密尔脚注的一部分，用来批评他的对手 Rev. J. Llewellyn Davies——他在使用上把"动机"等同于"意图"。让我有很深感触的是，在你来我往的哲学争论中，脚注这一部分的重要性几乎没有引起功利主义伦理学的诠释者们重视。大家几乎达成这样的共识：功利主义是典型的完全拒绝考虑意图的后果主义（Consequentialism）。在这里，我的最后证据说明，这完全是诠释者的错误。用我们的术语重述密尔的区分，"动机（Motive）"——与对康德术语的英语翻译不同——是指导致行动的心理原因，行动者可以意识到也可以没有意识到它；而"意图（Intention）"指的是行动者表象给自己的可欲求的事态，非常类似于康德关于意志的"(Conceptions) 表象的"的观点。这样理解，密尔的后果主义仅仅关注的是意图中的结果而不是实际后果，这两者有时可以是完全不同的。

归根到底，如果道德理论首要的作用就是告诉我们在行动之前如何做出决断，而不是行动之后再对行动做出评价，又如何能不关注意图呢？如果我们持有通常归给功利主义的排除意图的立场，我们就似乎不可能有任何道德理论。

此外，密尔关于动机和意图的区分有点平行于康德关于自然律和自由律的区分，虽然密尔自己没有认识到这种平行关系。密尔最大的错误就是把道德的决断基础从智性世界移到了感性世界，这正是康德所指出过的问题。

---

① Mill, John Stuart. *Utilitarianism*. Hackett Publishing Company, 1979, p. 18.

功利主义所关心的结果是行动带来的幸福，密尔用幸福指的就是快乐的总和，这些不必怀疑。但是密尔有一个概念性问题，当他用这样的方式来扩展快乐的概念域时——那些凡是从道义论观点来看是好的（善的）东西就作为某类"更高的快乐"——就破坏了他自称的经验论，例如，康德道义论中人的尊严概念就能够被密尔解释为某种"精神快乐"，因此是幸福的一部分。即使是康德关于意志对普遍定律的尊重的观点，如果一味牵强的话，根据密尔的逻辑，也能够塞进快乐或者幸福的箱子里。

因此，回到 R. M. Hare 认为康德本来可以是一个功利论者的观点，我们能够说，如果密尔允许他所谓的经验论让位给他把所有的好（善）都接纳进来的愿望，那么他就可能会是一个道义论者。这样理解的话，因为我们讨论的功利指的是意图的结果而不是实际的后果，所以在意图里康德理论可以调和功利的考量，只要他把他的原理普遍化并去考虑他人的主观性目的是什么。但是，这并不会把康德理论变成功利论。

二、结　语

对康德来说，人的道德仅仅在于他具有把 Humanity 作为客观性目的来对待这样的能力，但为了做到这点，他必须要把他人的主观性目的作为他自己的主观性目的——只要这些主观性目的和客观性目的不冲突。因为大部分主观性目的关心的是个人的幸福，所以康德的道义论一定是可以兼容功利考量的。关于这一点我完全同意 R. M. Hare 下面关于康德道义论的说法，只要他把"功利主义（Utilitarianism）"一词换成"功利考量（Utilitarian Considerations）"："他的理论和功利主义是兼容的，但是在他的某些实践道德判断里他的僵化导致了一些他的理论并不真正支持的论证。"①

对被我修改过的观点，Hare 给出了相当多有说服力的论证，但是没有一个论证支持他所谓的"康德可能就是一个功利论者"的观点。康德出名的僵化——例如在反对撒谎、反对自杀等时——常常被引来作为一般性地拒绝他的道义论伦理学的理由。但是我同意 Hare 说的，即，康德自己在分析那些例子时曲解了他自己的理论。

从哲学上看，康德的绝对命令学说有更为严重的困难：在许多场合，当我们把一些人作为目的时，我们不得不把另一些人仅仅用作工

---

① Mill, John Stuart. *Utilitarianism*. Hackett Publishing Company, 1979, p. 18.

具。我还没看到康德理论走出这个困境的可能，不过这可是另一篇论文的主题了。

参考文献

［1］ Hare, R. M. Sorting Out Ethics ［M］. Oxford：Oxford University Press, 1997.

［2］ Kant, Immanuel. Foundations of the Metaphysics of Morals ［M］. trans. Lewis White Beck. London：MacMillan Publishing Company, 1959.

［3］ Kant, Immanuel. Critique of Practical Reason ［M］. trans. Lewis White Beck. London：MacMillan Publishing Company, 1993.

［4］ Mill, John Stuart. Utilitarianism ［M］. Indianapolis/Cambridge：Hackett Publishing Company, 1979.

（原载《哲学研究》2005 年 5 月号）

哲学的内在精神

有些听众估计下午已经参加了我们的讨论（很热闹），所以可以说我们现在是继续讨论。对那些下午没来的，我们可以说是讨论现在开始。刚才，就是在我来之前（我是七点钟到的），我打开过我的 E-mail，是联合国负责这个项目的人发过来的。E-mail 说了什么呢？是他在巴黎的致辞，庆祝哲学日开幕式的致辞。他说了一下去年的情况，去年有 51 个国家参加，那是第一次庆祝哲学日。哲学日定在每年 11 月份的第三个星期四，去年估计中国基本上没有什么庆祝活动。今年呢？大概北大也在庆祝这个节日，其他地方我还没有听说。刚才联合国给我的 E-mail 说了，今天有 130 多个来自不同国家的哲学家被请到巴黎联合国教科文组织总部，与当地的群众，当地的一些对哲学有一点感觉的人，一些门外汉或是一知半解的人进行交流讨论。这些哲学家来自 36 个国家，可以说这是一个非常隆重的联合国教科文组织定的节日。你看看，大概没有其他哪一个学科在联合国有节日的，哲学可能是唯一的一个。这是刚刚才开始的，去年是第一次，今年是第二次。所以往后每年我们都要庆祝这个哲学的节日。这次我们主要是在校内活动，但是联合国的宗旨还不是这个，是要我们面向社会。这个活动的中坚力量是谁？靠什么人来带动呢？是我们搞哲学的人。今天在场，虽然也有很多是哲学界之外的人，但是我们还没有达到最主要的目的，那就是到校园外去讲哲学。他们在巴黎有什么活动呢？在咖啡馆，在书店，在图书馆，这些公共场合，还有其他一些地方，有（哲学书）书市，还有在这之前就发布论文竞赛的公告，让人写论文，评出来好的，就在哲学节的时候宣读，等等。另外，也有音乐会。这是一个真正很有意义的节日。特别是我们中国，在联合国享有重要的地位，我们想想看，如果我们都不参加，不庆祝这个节日的话，大概不太相称吧。刚好我们和联合国有直接的联系，和他们直接联系上的，大概只有我们这里。他们寄来一卷海报，是他们印好的，中文简体和英文两种。主体是一幅抽象画,文字是"联合国教科文组织哲学日",英文的也是这个意思。

一、哲学日的理念背景:自由、自律、尊严、权威、普遍性

这里先讲讲哲学日的一些背景,弄清它到底是什么东西。他们这个E-mail给我发来一些原来小册子上的内容,基本上是关于哲学与人类尊严的关系问题。文中说,无论我们身处任何环境,就是不管遇到什么艰难困苦,即使是在失去任何人身自由的处境中,如果我们保持了这种哲学思考的能力或者这种活动状态,我们的尊严就保持了一大部分。这是联合国的主持人说的,也是我们这次庆祝活动要领略到的第一宗旨。

他还提到,第一,哲学追求思想自由,第二,哲学是自由心智的运演。这是两个不完全相同的东西:思想自由是思想内容本身的无限制,而自由心智的运演是自由自在地进行思考。还有,哲学是唯一把思想本身作为自己的主宰的一种探讨,它不承认任何思想之外的权威。这是哲学最根本的基点。所以,不能问哲学有没有用,因为"用"是思想之外的东西,也不能问它的社会效用如何,这也是思想之外的东西。哲学思考是思想本身的内在要求,不是对其他外在要求的回应,坚持这种要求,是人类尊严的最基本的要素。至少在这个哲学节的发动者看来,哲学思考是体现这样一种精神的。自由不是胡思乱想,所以还特别强调哲学精神当中的普遍主义,即,你的自由思想要按照严格的学理要求达到普遍的有效性。普遍主义很容易被误解为大家统一思想,其实不是这样的。普遍主义是说大家要反对专断,反对用思想之外的力量来统一大家的思想,把没有普遍性的东西强行灌输给人家。我们要用思想本身的力量来看它自己能达到什么地方,走到哪里就是哪里。我们试图达到普遍共识,达到理性的沟通,但没有达到理性共识的地方,就让它悬而不决。这就是普遍主义,没达到普遍性,绝不罢休。

哲学讲的普遍性,不是一般所说的"大家统一"的意思。它同"大家"这个词没有多大的联系。比如说逻辑的普遍性,是由理性本身的自明性得出的,不是说非得大家都懂逻辑,才能得出来。就是只有一个人懂,它照样是具有普遍性的。不是说大家都接受的东西,大家都相信了,它就具有学理上的普遍性。它要求理念本身具有自明性,不可置疑性。如果它达不到这种不可置疑性的话,就要继续往前走、继续探索。之所以哲学给我们的印象是它永远达不到一种结论,是因为哲学是不轻易接受结论的。

哲学精神是怎么样的呢？理性以为自己做出的判断有疑问，就诚实地把它当成有疑问的。其他人说它没有疑问，真正的哲学家还是不买账，他要用思想本身的固有原则加以检验才算数。所以，总是在正方和反方听起来都同样有道理或同样没有道理的地方，哲学问题才冒出来。如果大家觉得倒过来也一样，反过来也一样，说先有鸡也一样，说先有蛋也一样，说鸡生蛋也一样，说蛋生鸡也一样，看不出对立双方谁更在理，就说这无所谓了，管它呢，不管了。哲学家如果碰到这类问题，如果是重大的（鸡和蛋的问题不一定很重大）、最基本的问题，发现好像这个也对，那个也可以，就不会服气，他就在这里进行探讨。所以说，由于哲学追求绝对的确定性，导致人们看起来它在任何时候好像都是无定论的，没有什么确定性。其实哲学的精神是一定要追究到它以为理性能过关的理由，它才能够放下来。不然的话，它继续追究。人们在那里觉得可以放弃了，认定是说不清楚的问题，哲学家认为这么重要的问题说不清楚就把它放了，这怎么行呀！这就是思想本身引导思想，不是其他东西引导思想。正因为如此，哲学经常是有理有据地向人们证明：我不知道，我真的不知道。走向极端，就是苏格拉底说的："我唯一确定知道的就是我的无知。"

　　说到哲学和人类尊严的关系，如何理解？比方说你坐在牢里或者说你快要死了，你没有其他东西做了，不能进行其他活动了，但如果你还在思考着最基本的哲学问题的话，你是否觉得你的尊严被保持了一大部分呢？大概是的吧。所以说，人类尊严是和哲学精神紧密联系在一起的。自由自律，就是说按照自己内部的要求来行动，自由也就是这个意思。自由不是乱来，不是说爱做什么就做什么，那不是自由。康德的自由概念就是说人有一个理性的自觉的自我主宰，那是自由的，如果说人是由欲望或一时的冲动主宰或者说你吸了毒、喝了酒之后干任何事情，没有人阻碍你，好像你挺自由的，其实那是最不自由的。被自己身上的盲目力量主宰，与你在别人逼迫下做事情是同样的不自由。而有一个真的我在控制自己，就是自由的，这是理性要求做自己认为值得做的事，而不是让自己的一时冲动去主宰，更不能让别人牵着鼻子走。这就是康德所说的理性的绝对命令，是对行为的自我把握。这个命令不是别人发出的，康德又把它叫作心中的道德律（而非其他地方来的道德律）。假如你命令我做什么，我不听的话就有什么惩罚性的后果，所以我要跟着干以避免惩罚，这样就和自由精神相违背了，也与道德的终极要求相违背。这个终极价值本身的根据在什么地方？现代的人大部分都觉得这是相对的，不同的民族，不同的文化都有自己各自的价值，理性只能处理别的东西，而在这里，理性似乎就起不了什么作用。但是哲学在开始的时候偏偏不以为这样，以为道德的原则不是这样由传统或其他偶然因素来主宰的。苏格拉底问的全部是关于价值的问题：哪个是真的价值？哪个是假的价值？哪个是有效的价值？哪个是无效的价值？他所问的就是这类问题：什么叫神圣？什么叫正义？这些都是最典型的苏格拉底的问题。这些问题，如果没有经过考究，没有经过审思的话，在苏格拉底看来，我们就白活一辈子了。因为这些问题决定了你一辈子要干什么，不干什么。价值是决定你一辈子要干什么的基点，决定你的人生取向。在你面前有无限种可能性，你只选择其中的一种。一个人的生活道路是唯一的，但是可能性不止一个，你要挑一个。根据什么呢？根据你的价值判断。这价值判断，如果你就随随便便，碰到什么就是什么，就这样去做抉择的话，一辈子你就被出卖了。所以他就说没有考究过的生活，在价值层面没有进行思考过的生活就是无意义的生活，就是对生活毫不负责任，一笔勾销。

如果你出生在某家庭或者有某样的宗教背景，或者在某个社会阶层里，你偶然得到一种观念，或者你父母告诉你某个东西，或者在你的周围的这些社会环境里偶然听到某个说法，就这样盲目地加以采信，接着在你的整个生活当中就以这种东西为支点过下去，这样的话，在苏格拉底看来，你过的这种生活是没有价值的，也就是说从一开始就失去了尊严。这就好像你在垃圾堆里捡到一个头像，是人家扔掉的一个破东西，你却把它当神来崇拜，一辈子就跟着它。说这个头像就是我的偶像，其实是别人家丢掉的一个玩具。如果你真正要找到自己的价值基础的话，就一定要想通了它到底是什么，为什么要坚守它。很多现代人倒觉得这是做不到的，理性做不到这个。人家就说我的价值是中国人的价值，你是西方人是西方的价值。东方价值、西方价值、儒家价值、基督教价值，这种种分法，在道德哲学家看来是不能苟同的。因为这是传统，而传统是思想之外的东西，所以我就不能够以它为价值的根据。如果这价值找不到理性的根据，但就是因为大家都这么信，传统就这样，从来就是这样子，你就也照样认可了。哲学家却认为，正是因为从来就是这个样子，但又看不到其理性根据，我才要挑战。不然，作为观念源头的哲学就不存在了。

当然，这种以思想本身的力量来挑战传统和权威的哲学行为，是与用思想之外的力量来进行"文化革命""思想改造"的政治行为截然不同的。哲学如果要影响大众的话，必然要经过受方自己的理解，通过讲理的方式，让人自觉自愿地接受新的观念，才能做到。这里的前提是，必须把听众首先当成自由自主的有理性的人，最终由他们自己做出判断。因此，这样挑战传统和权威，不但与社会工程式的"文化革命"或"思想改造"不同，而且还是与其两极对立的制衡力量。强权的对立面是讲理，而哲学就是最彻底的讲理。

其实，哲学并不一定要时时计较被多少人接受。张华夏老师今天下午提出了一个命题，接着有学生问："你这个说法能不能得到社会的承认呢？"张老师没有回答得多复杂，他就一句话："哲学追求的是真理，人家承不承认和我没关系。"他回答得很好，因为这里追求的是普遍性，而真理的普遍性，与大家接不接受没有必然的联系。虽然"真理"这个词现在看来有些过于强烈，但是普遍性并不是随便能丢弃的。我们讲数学的普遍性，比如说数学命题的普遍性，这是明摆着的，它是普遍有效的。但数学不能说是哪个数学家的数学，不能说这是华罗庚的数学，那是纳什的数学，等等。数学就是数学，和具体的人是没有多大关联的。普遍性是针对普遍有效而言的，只有一个人懂的数学定理，只要没搞错，就具有最大的普遍性。价值本身也存在这样的问题。人家说那个启蒙理性不是失败了吗？那么长的时间一直找不着理性的根据，所以就说没有这个根据了。这个思路很牵强，找不着就说没有，哪有这么傲慢的。找东西找了一会儿没找着，就宣布它不存在，这不能说是哲学。哲学是那么难，那么根本的东西，即使是一般的东西也不能这么说。你的钱包掉了，找了一会儿没找着，就说我本来就没有钱包嘛。不能这么说吧，是不是？后现代哲学中的某些人认为理性根本就不能达到什么目的，他们的证据是近来没看到什么成功的例子。但是，当他们宣布哲学终结的时候，我们为什么不认为哲学才刚刚开始呢？一两千年在人类的历史中并不算什么，哲学的道路是极其漫长的，因为它是最终极的追求，它怎么能就完成了呢？完成了才怪，没完成才是正常的。这些就是哲学的内在要求。当然，有些人不同意这种见解，他可以出来挑战。通过这样不断的挑战，一来一回，哲学就这样向前发展了。除了自由、尊严、理性之外，这样理解的普遍主义是哲学节的另一个主题。

也许有人会说自由和普遍主义是相冲突的，讲普遍主义就不能说自由，讲自由就不能提倡普遍主义。其实，这是概念混乱导致的误解。康德早就向我们表明，自由就是自主，是理性本身给自己立法。这个立法不是随心所欲，而是说它是理性直观到的先验必然性。这也可以帮助我们理解倪梁康教授研究很多年的胡塞尔现象学的"回到实事本身"，这就是理性把它自己带到实事本身面前。这个理性可以是直觉的理性，不一定是推理的理性，不一定是演绎的理性，这就是传统上理性主义哲学最关键的一点。大家现在一般把理性理解为工具理性，说是科学主义代表了理性主义，这是一种误解。真正的理性主义者要坚持的是理性直观，然后直达到原则本身的先验的自明性，这才是理性主义的特点。所以说在这点上，科学主义的那一套不是代表理性主义的，它基本上是代表经验主义的传统。所以，在哲学意义上讲，科学主义不是理性主义。现在人们似乎忘记了理性对价值问题可以言说，可以判别，可以有板有眼地讨论其根据，而不只是感叹道德"没有了宗教怎么办""上帝死了怎么办"之类。

　　后现代主义哲学好像都是有关解构的，在这里，好像没有什么具体的标准，也没有什么主客之分，这怎么办呢？好像它能把哲学一扫而空，其实这只是浮在面上的热闹哲学。就像逻辑实证主义在那时候是热门的话题（大概有四五十年吧），现在除留下了一些它有道理的东西外，就都慢慢消退了。现在那些"理性的终结""哲学的终结"等说法，不知是否会有这么长的热门时间，也不知是否能留下有价值的东西。中国学界的很多人在研究外国的思想时就追着那种最看得见的、最热的、最响的东西，以为那样就走在前沿了。其实，你到西方哲学系去教书或去攻读博士，就知道，这些热门话题在主流哲学界那里只是一点点浪花，没有什么。我在美国教了七年书，没人教我很多后现代主义，也没有人让我教他们这些东西。其他的一些教授也没有几个是教这个的，他们觉得这些东西有很大的颠覆性和文化批判功能，但其正面的建树似乎很薄弱，基本上是上不了教科书的，因而教给学生这些东西是不负责任的。这些不出名的教授，他们是坚持在那里，而那些有名的教授、外面的人可以看得到的教授就引领时髦。因为那是热门的东西，所以他们就容易被外面的人所知道，也就是容易出名。

　　联合国虽然是一个政治性的国际组织，但它并不宣扬这种比较热门的东西，它在这个哲学节所宣扬的是哲学传统中最实在、最核心的基本精神。后现代主义是法国人首先搞出来的，负责这个项目的人也是法国人，但他并不因为现在法国国内表面上都在说"后现代",他也跟着在这里宣扬"后现代"。以上所说的,都是他给我寄来的东西中所讲的,主要是讲他的宗旨,他的精神指导是什么。哲学思维制衡的是什么东西呢?它所谴责的或说它的对立面是什么呢?那就是以各种形式出现的非思想的权威。只要是非思想的强制力量,它就要抵制,包括传统、礼俗、习惯、自然、意识形态等。这些以非思想的形式出现的东西就是它要制衡的东西。哲学的精神在这里就体现了尊严,因为在我们看来,有独立思想的存在才是最有人性的,或者简单地说:只有人才会有思想。如果不这么简化的话,也许其他东西有思想,那就说那种有思想的东西是最有人性的。所以,哲学以思想的力量去追求普遍的原则,"将讲理进行到底",就是与作为自由对立面的强制性力量抗争。在此基础上去设计自己的人生,实现自我超越,就是真正的自由了,就有了尊严的大部分了。

二、哲学精神与大学精神

这里还有一个关于哲学精神和大学精神的关系的问题。现在大学里哲学系是最不热门的,大部分来哲学系的学生都是调配过来的,自己志愿报哲学的人不多。但是,在大学里面,和大学精神最吻合的恰恰是哲学。这里有哈佛大学的校长和耶鲁大学校长说的东西,他们本身是要讲大学的精神的,但强调的似乎是哲学精神在大学里的重要地位。哈佛大学历任校长科南特是这样说的:"学生们一代接一代,如同海水一浪接一浪冲击着陆地,有时静静地,有时则是带着暴风雨的怒吼。不论我们认为历史是单调的还是狂暴的,有两件事总是新的,就是青春和对知识的追求。"耶鲁大学历任校长小贝诺·施密特是这么说的(这是他在 1987 年迎新典礼上的讲话):"我先谈谈知识的态度问题,知识像我们周围的宇宙以及我们内心的世界一样,多层次多棱面,而且绚丽缤纷。我们有千万条理由尊重知识,但我们用人文学科去教育人们渴求知识的感人价值在于我们坚信知识是工具,是力量,而最重要的是它本身就是价值。我们渴求知识,坚持青年必须用文明人的好奇心去接受知识,根本无须回答它是否对公共事业有用,是否切合实际,是否具备社会价值等问题。……(如果仅仅以"有用")来解释我们对知识的忠诚,就无异于认为人性已经泯灭了。"这是耶鲁大学的校长说的大学精神,但听起来好像是讲哲学的内在精神。刚才我们所说的关于人的尊严问题和这里所说的"人性的泯灭",是多么合拍啊。从这些讲话当中就可以看出哲学精神是与大学精神最相吻合的。

也许他们讲得有些过分,在我们国家很多人不太接受这种不讲社会价值的纯粹学理的追求。如果工程技术学科确实还是要问其是否有用的话,哲学、历史等人文学科的价值就明显不是以"有用"为准绳的。我在因特网上搜了一下,美国有个网站是专门回答人家的哲学问题的。在这里回答问题的不是某些教授,而是一些学生之类的人。即使是这些初出茅庐者,对这些问题都有比较清晰的理解。有人问:"哲学有用没有,如果没用的话,那么你搞哲学不是浪费时间吗?"好!回答是这样的:这个问题问得非常好,去做所有那些不浪费时间的事,去做有用的事,它的目的是什么?是为了让你最后有更多的时间不去考虑有用与没用,去享受生活本身的内容,而生活本身的内容是没有进一步的用处的。这就是做有用的事情的目的,"有用的"是相对其他目的而言的,单单作为工具,任何东西都不会对自己"有用"的!所以"有用的"合起来,它的目的是什么呢?就是为了让人有更多的时间去做无用的事情:去爱、去审美、去理解宇宙的奥秘、去哲学玄思、去获得幸福。在解决了人的基本生存需要之外,剩下的目的就只有这个。在美国这样的发达国家,生存问题基本解决了,那它研究这些是为了什么?为了有时间去追求"无用"。这样的回答非常的妙,这是一个普通的学生的回答。所以可以看出,无用的东西是目的,有用的东西是手段。但是我们在目的里面还在问有用没用,这不是本末倒置吗?

所以,哲学本身是具有自足价值的,关乎人类的终极价值、终极目的、终极追求。其他的一些涉及终极价值或终极目的的东西也是这样。你问幸福有没有用?当然我们要得到幸福,不是为了拿幸福来做"有用"的工具。但我们追求有用的东西,至少部分地是为了得到幸福。目的是得到幸福却还在问幸福有没有用,这不有点神经错乱吗?爱情有用吗?爱情是拿来用的吗?你问爱情有没有用,不是亵渎爱情吗?这都是生活本身的内容,其他东西是为了这些目的来提供服务的。这是我从网上看到的一个非常不起眼的话引申出来的。以前我也说过类似的话,但是我引用别人的嘴说出的话好像更有说服力。我对我的学生也说过类似的话,开课的第一天我就是这么说的。所以不是什么东西都能够问它有用没用。如果你坚信哲学有它的内在价值的话,哲学和人类的基本尊严是合在一起的话,就不能老问哲学的用处到底是什么。这是哲学内在精神的另一个方面,和有用的东西的关系就在这里。这与前面说的哲学的内在精神关乎人的自由精神是密不可分的。这也是联合国本身举办一个哲学日的宗旨之一。

前面说了哲学精神与大学精神最相吻合,这里重提一下。以前我写了一篇文章——《大学改革的八大戒律》。文中说了大学改革一定不能够把像哲学这些刚刚摸到些眉目的基本的人文学科给改歪了。如果把这些给改掉的话,那么改革就一定是被改坏了,而不是改好了。包括对知识本身的追求的精神也不能改。至少有一部分东西我们不能质问它有没有用。这些和哲学的内在精神是密切联系的。哈佛的校训是什么,你们知道吗?美国是个实用的国家,经济很强大,很多人都以为那是个尊奉强权的国家。但其最著名的大学的校训却是:"以柏拉图为友,以亚里士多德为友,更以真理为友",短短的一句话里面却包含两个哲学家的名字。这里也许可以从另一个侧面看出,大学精神和哲学精神是紧密结合在一起的,这些著名的大学在阐明大学的精神时都把哲学点亮的精神火炬高高举起。

三、最能概括哲学内在精神的几个警句

这是一个公众性的演讲,所以我不打算以学术论文的方式来论证哲学问题。今天这个讲座不是以理论论证的方式,而是通过对一个个哲学名言的点评,来阐发其中体现的哲学的内在精神,也就是把各个名言警句的亮点向大家做个介绍。当然,正式讲课是不能这样的,我在学术讨论会上也是另外一种讲法。在这里我们采取的是一种庆祝节日的做法,讲的是精神的亮点。我在这里举出几条最能概括哲学精神的警句,然后以松散的方式逐一阐述其大致的内涵。前边已经讲过苏格拉底的"未经考究过的生活是不值得的"这个至理名言,现在转至笛卡尔的名言。

笛卡尔的名言是"我思故我在"。很多人就把它理解为只有我思才能够在社会上竞争,争得一己的生存,如果你不思,你就失去了竞争力,就可能没有办法生存。这样的理解与"我思故我在"是没有多大联系的。他问的是"什么东西具有确定性",答案是思想本身是第一个能确定的人的本质属性。经过一系列的怀疑沉思,最终无可置疑的东西是什么呢?是"我在思考",而我在思考说明我存在。其他东西在不在呢?不知道,要慢慢才知道。所以这个"思"确立了自己的在。而人家说"我吃饭故我在"或者是"我喝水故我在",不然的话就都要死的嘛,医生也是这样说的嘛。干吗就不这样说,偏偏说"我思故我在"呢?"我吃故我在"是自然的力量在起作用。"我思故我在"是思想的力量在肯定自己。"在"与吃喝的关系是因果律，因果律在哲学看来是研究自然的强制性，属于实证科学的事情。而"我思故我在"是说我要想清楚哪个东西是最有确定性的，思想本身说：我在思想，这是不会错的，而"思"的发生必然要求一个作为思者的"我"存在。其他东西之存在的确定性有没有？这我还不知道呢，要慢慢来才知道。哲学的内在精神在这句话里也就体现在这里，以思想的力量主宰思想。既然思想的能力是第一个能够确定的人的本质属性，坚守它的独立自主，不就是获得了人的最基本的尊严吗？

还有"面对实事本身"这句话，前边已有所涉及。这是胡塞尔的名言。有一次，我们在开现象学研讨会的时候，有人问我说："'事实'和'实事'有什么两样呢？两个字对调一下又有什么要紧呢？干吗要这样加以区分呢？"实际上，"实事"这个词是倪梁康教授的译法，是胡塞尔现象学中的特有术语；而"事实"是我们的一般口语，也是经验主义哲学传统下的一个关键词。在经验主义当中，感官观察得到的事件叫作"事实"。"事实"指的是一个事件，比如说，"下雨了""没下雨"这些都是一个具体的事实。描述事实要依赖于概念，有些概念是必不可少的，是一些康德式的必然范畴，是我们不可避免的；有些概念是临时约定的，如"计算机"概念，就是有了这种东西后，用一个较为固定的概念来指称这类东西比较方便，人们就发明了"计算机"这个概念。不给它命名也可以，就这样一种东西摆放在那里。就是把桌子与椅子拼凑在一起，另外给它一个命名，也可以成为一个新概念。这些概念都是为了方便临时约定的。比如，在中文里，"兄""弟""姐""妹"是四个各有所指的概念，而在英语里把这些放在一起，用一个概念来指称，叫 sibling，在中国就没有这样的一个对应的概念了，但也没造成很大的问题。这些东西本来就是一种约定，有非常大的任意性。要描述"事实"，需要这种东西。讲"事实"需要概念，包括范畴性的必不可少的概念和临时约定的概念。而现象学的对"实事"的把握，是试图摈弃一切概念，错误的概念不要，正确的概念也不要，剩下的就只有"实事"本身。这就是胡塞尔说的"面对实事本身"，也就是智性直观所得到的东西。不过，无论你直观到什么样的"实事"，要描述出来，要传递给他人，还是要运用概念。这就遇到一个很困难的问题了。哲学的困境就在这里，现象学的难懂也部分地源于此处。从这个名言可以看出，哲学试图追求的是绝对的无偏见、无预设，是要把握未受任何偶然因素干扰过的本真状态。如果真能达到这种状态，普遍主义当然也就实现了。

我自己也有一句常说的话，虽不算名言，但对哲学精神的概括力也不小。这就是："将讲理进行到底。"原来是"将革命进行到底"，后来的新新人类就说"将爱情进行到底"。现在我们讲哲学的时候，我说"将讲理进行到底"，这也是哲学的内在精神。人都会讲理，有时讲理，有时不讲理，有的人讲的是半截子的理，讲到这个事情能够通过就行了，就不继续讲下去了。哲学不一样，哲学要求讲理要讲到底，没讲到底的要继续往下讲，一千年没讲完还要接着讲。一千年不算什么，讲理不是那么容易的，讲一千年算什么呢？讲到底就是这个意思。它讲的这个道理，不是说你有你的理，我有我的理，公说公的理，婆说婆的理。如果是这样的话，似乎对立双方各有各的理的话，哲学干脆说这两个理都不成立，要继续找理。

这样，要反驳某种哲学，只要你说出一个问题使得这种哲学说不清楚，那么你就把这个哲学给反驳掉了。被反驳了，你就得重来。有这样的要求，就使得哲学是一个非常难搞的东西。所以哲学就需要一直做下来，尝试一遍又一遍，哲学家也就一个接着一个。哲学永不轻易买账，如果相反的说法似乎同样有道理，那就不对了。当然，哲学关心的是最重要的有普遍意义的问题，对于今日菜市场的物价的可能走向等之类无关紧要的东西，哲学家是不进行争论的。但是重要的问题，比如说"理念是什么""价值判断的有效性的根据是什么"等这类问题，哲学是需要追根究底的。

亚里士多德的《范畴篇》，就是把人说话方式的最基本的结构，那些不可避免的概念，说任何一句话都要涉及的概念拿出来进行系统的分析，这一整套概念就叫作范畴。"实体"是一个最基本的范畴，为什么要讨论实体呢？因为我们每说一句话都有主语，把所有东西中我要说的那个挑出来，我才能进一步说它。世界上有这么多的东西，其背景无限的模糊，其数目无限的多。我要挑一个东西来说，把一个东西先拿出来。现在我就说"哲学节"或者"哲学日"这个东西，一说这三个字，我就把不是哲学日，与它无直接关系的东西全部排掉了，这个东西就给截取出来了。当被截取的东西被设想成一个自存的对象时，就暗含了实体概念。比如，我说"这个杯子"，我就把桌面排除掉了，把旁边的纸排除掉了，把杯子里面的水也排除掉了。就讲杯子，其他的不是我要讲的东西。这就设想有一个什么东西呢？杯子这个东西，就是实体。接着，我说杯子是圆的、是白的，等等，这些都是它的一些属性。所以说属性和实体这些范畴是我们说话必然要暗含的概念，是描述性语言的主谓结构决定的。不要这些就没法说话，也就没法进行命题式的思维。有了"实体"这个范畴，接着就又有了"属性"这另一个范畴。这样，实质性的哲学问题就涌现出来了：排除掉属性以后，还有没有实体？我们说杯子有圆的、白的等属性，如果除掉这些属性还有杯子吗？实体到底在哪里，它存在吗？这样，形而上学的问题就应运而生。在这里，贝克莱就说排除了可感属性之后就没有杯子。当然可感属性就是靠我们感官而获知的，所以他就说"存在就是被感知"。这样的问题，一直潜藏在那里，只是哲学家把它给挖了出来。哲学不是我们哲学家强加给人们的东西，而是你自己本身内部深藏的东西，哲学家带领你给挖出来考察。所以说哲学是回到精神的家园，它本来就是在家园里有这个东西，人家把它给掩盖了，遮蔽了（虽然我不太喜欢后现代主义，但"遮蔽"这个词还是挺好用的）。有什么把它遮蔽了，我们就把它揭开，我没有把一个哲学精神硬塞给你，而是你自己在内心深处找到了它。哲学是要启发你自己走上精神探索之路，顺着这条思路你一定会发现这些深刻的哲学问题，哲学就是这样只诉诸思想本身的力量。就是说，要把被遮蔽的东西揭开来，恢复其本来面目，让你回到精神家园，这又是哲学的内在精神的一个面相了。

哲学在上述这个意义上是最保守的，不是说要创造很多东西，不是说要给你什么新东西，而是本来就在那里，让你往后退，去挖。找出信念后面的东西，找出其根据来，这是内心深处理性的演进。这哲学的所谓进步就是"退步"，哲学本身在进步，但是在逻辑上它就是退得越来越到点子上了，越到根上了。这就是哲学的进步，有没有呢？也许有，但那永远是个问题。在有问题的地方，它就开始讨论，所以什么意味着有哲学问题存在呢？就是有悖论的地方，有互相缠绕、说不清楚的地方，哲学就在那里探险。而一清二楚的，还讨论个啥？所以哲学是在思维的边缘那里运作。

关于哲学的"退"与"进"，与哲学对人类共通理性的认定有关。哲学必须认定你我之间有共通的理性，但如果哲学理性是共通的，哲学争论为什么还没有结束呢？历史上，这个哲学好像在某个地方找到了人类认识的起点了，另外的一种哲学又说在另一个地方也找到认识的不同起点了。这两者看起来同样有道理或同样没有道理，后来的哲学家就有工作做了。因为共通的道理不可能得出不相容的结论，哲学在这里就要求重来，继续深挖更根本的起点。哲学就是这样一步一步往前走的或者说往后"退"的。这就是所谓"将讲理进行到底",一直到碰壁为止。到底的一个指标是什么呢?既然要彻底讲理,就不可能讲着讲着突然就任意停掉,这是不行的,那就不叫"讲到底"。讲到出毛病了,悖论出现了,说不清楚了,那就说明道理已讲到现在我们所能够达到的底了。哲学碰到某种现时的限度,就是刚才讲的出现了悖论,或者是相反的说法听起来似乎同样有道理。碰到这个,就说明我们到了哲学的前沿,进入哲学的活跃地带了。所以在这个意义上,后现代主义确实是具有这个特征,所以我也不绝对地否认它。它只是常常人为地制造悖论,而不是按理性的要求往前走自然地碰到悖论。这样,后现代主义就在某种程度上具有刺激性和挑战性,但人为地制造陷阱,宣布哲学的终结,似乎是哗众取宠,与"将讲理进行到底"的精神相违背。

康德还有一句名言:"头上的星空,心中的道德律。"这是哲学的内在精神的又一个集中表现。"头上的星空",就意味着去追问万事万物是什么或者追问我们有关这些东西的观念的根据是什么。我们是如何追问的呢?追问到底有没有星空,"星空"的现象背后到底有没有实体,是不是除去了属性就什么也没有?这可以说是在追问"头上的星空"。还有在遥远的我们看不见的"星空"的背后还有什么东西?这也是一个对"头上的星空"的追问。无限与有限也是在"星空"一词中得到比拟。这些追问不是要搞清其中的因果关系。如果这样的话,那就是天文学、物理学了,与哲学就没有直接的关联。在以前,这些学科和哲学没有相分离,现在却成为一门门相对独立的学科了。说这个"星空"到底是什么,是恒星、是中子星,还是黑洞等这些说法都是与哲学没有多大直接关联的,哲学家也不会直接去追问这些属于因果系列的东西。哲学追问的是一个非因果的东西:是能辩明的理由。不是找原因,而是找理由,是 reason,不是 cause。原因由实证科学去找;而我们有什么理由要这样理解而不是那样理解,则是哲学家所追问的。而康德所讲的那个"心中的道德律",也是追问理性存在者接受道德律的理由,而不是找我们的行为在自然和社会过程中的原因。对因果决定性的"他律"之追寻,不是哲学伦理学的任务。了解到因为他是在这个家庭长大的,他受过这种教育,他读过这本书,所以他就相信了这些,这是社会学或者说是心理学的任务。而哲学伦理学本身就是说:相信这样做是对的,那是错的,这是好的,那是坏的。为什么?告诉我理由。你说这看上去是好事，那看上去是坏事，我把它倒过来说为什么就不行，你给个理由呀。你把这件事情发生的前因后果找出来也许有帮助，但还一点也没涉及对这件事的价值判断。康德由"心中的道德律"又转化到"绝对命令"、绝对的理性上来。所谓"绝对命令"是一个"先天综合判断"，不是康德自己随便给出的一个命令。在康德看来，所有理性的存在物，如果他认真地去反思道德判断的根据的话，得到的必然是这个东西：绝对命令。所以说"绝对命令"几乎是和自律、自由等概念相当的。

"心中的"道德律，在心中，而不是说别人告诉我什么是道德的，我就遵照执行。当然，如果人家觉得这样做是不道德的，我这样做的话，人家就给我眼色看。这样，在社会压力之下，我无奈地遵行大家所认为的所谓"道德"。为了避免麻烦，你不得不遵守社会规范，但这半点都没有说明你具备了道德人格。道德人格是从内心自己要求说要这样做，仅仅因为这是道德的，而不是因为经受不住社会的压力。相反，能冒天下之大不韪去做你的理性告诉你应该做的事，才真正说明了你具备强有力的道德人格。这里依靠的是内心的理性的独立判断，是"自律"，而不是大多数人的意见，更不是由自然因果或社会因果决定的"他律"。也许大家搞错了，要我做不符合理性之"绝对命令"的事，而我不为所动，还要按照我的理性发现的原则去行事，无论后果会对自己带来多大的物质或名誉损失。

当然，如果是你的理性搞错了怎么办？那就没办法了，再重来吧。什么东西都可能出错。做数学，你以为搞对了，以为自己考了一百分，可是卷子发下来一看，不及格。但是你不能说不按自己的思考来做，只是看看旁边有一个"2"字，我就抄上去；我看到墙上有个"3"字，我就顺便写个"3"。不能这样干是不是？或者说我靠扔硬币，把答案随便弄两个，100或1000。这是不行的。你总得按照自己的思考来运作吧。到底你搞错了没有，那谁也不敢保证。哲学家随时都有一种开放的概念。在他看来，他找到了这个，但是他随时准备着接受别人说"这是不对的"或者说"这是有问题的，你搞错了"。因为只要是用思想本身的力量让他信服他搞错了，他就接受，否则他就不接受。如果理性找不到这个东西，或者所有能提供的理由都似乎同样有理或同样没理，他就否定这个判断。他就理直气壮地说："我不知道。"苏格拉底就是这样说的："我之所以比你们聪明一点，是因为我知道我无知，你们无知却自以为有知。"他说无知不是随便说无知就算了,而是理直气壮地、有板有眼地、有理有据地说:"我不知道。"通过这样证明给你看我是不知道的。这就是讲道理"讲到底"的态度,没有被证明的东西不能作为一个准则来指导人生。

四、哲学最清楚理性的限度

在哲学中将讲理进行到底,当然不是说在实际生活中也要把道理搞透了才采取行动。实际行动中的决定,并不能等到把相关的问题的道理全部想通了才可以做出。比如说我正在思考哲学问题,但突然发现有人拿枪指着我好像要开火,我大概不会马上想到和他讲道理吧,也许我有什么东西砸过去就砸过去了,或者干脆撒腿逃命,反正要即刻做出决定,到底决定是否做对了,天知道。这就是说,哲学本身是一种独立的思想,纯粹的思想活动,它也许可以帮你在非紧急关头做好人生中最重大的关键性的决定,但对日常生活中每天都需要做的技术性决定或应急措施来说,哲学式的彻底考察是不可能的。

所以,你再也不会问:哲学家一天到晚都讲这个,他会行动吗?最后都没有结论,他怎么办呢?他不用吃饭?不用走路?他会不会想这块地会不会随时陷下去?你现在终于知道,这些问题都是出于对哲学的本性的误解。哲学家在做哲学思考的时候也许是没有多少行动的,但平时还是和我们一样生活在现实当中。笛卡尔就是这么说的:"我再不做这个沉思的话,我就老了,死掉了,没有机会了。但是,我的理性能力以前弱,特别弱,所以要长大成熟以后才能做,轻易不能去做这种根本性的沉思工作。但是现在没时间了,没办法了,只有开始做这个工作了。"所以理性主义哲学是首先承认了人的不理性。很多人误解为理性主义哲学家是只把人当成完全理性的,这是绝对的错误。笛卡尔的第一个沉思结尾时就说:"你看,我使劲想,想出了一些与习惯不符但很有道理的东西,我如果不把这些新思想加强,我的老习惯又会把我拉回老套中去了。不过这种思考太费力,这样下去我受不了,我还是休息一会儿吧。"笛卡尔认为理性的力量是很微弱的,所以我们一定要有意识地去弘扬它,去推动它,使劲去运用它,才有可能找出一点点可能是真理的东西,不然的话根本就没有希望了。这里隐含了他对自己这样的一个基本估计:"我知道我理性的力量还是挺弱的,我一般情况下是不理性的。"所以理性主义哲学家对人的本身的理解,不是把人看成完全理性的存在,而是知道人的理性的力量很微弱,所以需要我们最大限度去运用它，使劲去促进它。因为我们要找到真理，找到正确的判断，只有一种力量可以做到，就是理性的力量。理性再弱也得用它，没有其他办法。用我们的情感不可能找到真理，用感觉也找不到真理。真理是一个判断，判断存在真假。分辨真假是理性才会做的事情，其他东西不会做这个。在经验主义传统里思考的哲学家，像休谟、洛克等，虽然主张观念起源于感觉经验，但当他们做出这种经验主义的哲学判断时，不可能宣称自己只是凭感觉说话，他们照样以为自己的哲学最合乎理性，尽管他们对理性的解释非常不同。

所以理性主义不是说生活只有理性，没有人会这样认为。只是说，我们要进行判断，要进行哲学性的思考，要搞清楚问题到底是怎么一回事，就必须用理性，用其他东西来代替是绝对没有出路的。而生活本身，大部分时间是根本没有理性可言的。我呼吸，我走路，我吃饭，好吃的不好吃的东西都扔了，这些都没有多少理性可言。就拿我自己来说，吃东西我似乎是最不讲理性的。也不按照一天三顿来吃饭，什么时候饿了我就吃。有时候即使我饿了还不吃，有时候吃三顿，有时候吃两顿，一天半顿也有可能。我们大多数人也不会按照营养配方来吃，起码平时我就很少有这样的概念，即使我知道有某个好的配方，我也不去理会它，我是怎么方便怎么来。即使这样，人家也觉得我是一个很讲理性的人，好像是理性的代表，但是我为何又表现得好像那么不讲理性呢？其实理性主义传统讲的价值理性，不是指这些工具理性。理性就是说该用理性的时候就使劲用它，不该用理性的时候用就别让理性掺和。比如说，我们需要想半天再嚼一口饭吗？每吐一口唾沫需要思考它的来龙去脉吗？如果整天如此，就是非理性了，而不是理性。不是理性管的地方而用理性来制衡它就是非理性。如果在谈恋爱的时候说："到底你为什么爱我，说不出来我就不理你。"这是非理性的人才说得出来的。"你讲不出道理，还想来娶我，没门……你讲出个爱我的道理出来吧，不然别来见我……"这种人是绝对的非理性的人。在不是道理管的地方叫人讲道理，那是非理性的绝对表现。

刚才谈的是在私人生活层面理性的适用范围。在社会政治层面，更有必要弄清楚这个道理。一个滥用理性尺度的不理性的社会，会在人家根本没有触动到其他人的利益的时候，叫你非要讲出个道理来才让你干一件事。虽然你没有损害到别人，但是你讲不出道理为何要这么做，就不让你这么做。这样的社会看似讲道理，其实是最不讲理的社会。我要画一幅画,你却问:"你为什么要这样画?"还说:"你说不出道理来就不能这样画。"只有最不讲理的社会才会逼着人家在这不必讲道理的时候去讲所谓的"道理"。我要喝水或喝茶,你要喝咖啡,旁边却有声音说:"干吗喝这些,你讲出个道理来。"我说:"我不知道,我爱喝这些。"这声音却说:"讲不出道理就不许喝。"我写了几句诗:"高耸的远山/盘绕着痴迷的思绪/阳刚给典雅描眉/往日酿造的劲歌/到此刻才唱出醉意"。如果有人看了,就问:"你这里边的逻辑关系是什么,是根据什么普遍原则写出来的?"还说:"讲不出个所以然来就不许这么写。"我就只能哑然失笑,置之不理。如果社会到处如此逼人"讲道理",这是不是最不合理的社会呢?我看差不多了。其实,一个合理的社会,就要在维持社会基本稳定的条件下,让所有的人在不损害他人的前提下实现自己的各种愿望,不管这些愿望有多么离奇怪异。所以理性这个概念不要滥用,不是它管的东西却硬要用理性来衡量,这就变成非理性了。顺便再次强调一下,我们现在经常说的理性是指科学理性或工具理性,这在哲学传统中主要属于经验主义,而不是理性主义。哲学中的理性主义与这样理解的经验主义的工具理性不但不一样,反而相互对立。康德的理性主义主要体现在理论理性与价值理性,而不是工具理性。哲学理性主义的特征主要是坚持认为存在独立于感觉经验的必然真理或普遍原则,而对逻辑推理的有效性而言,经验主义和理性主义都同样承认,不存在很大的分歧。至于情感或欲望之类的东西,无论在哪个学派哪个传统中,很少有哲学家认为这类东西会有什么认知判断的功能,更没有人认为这些非理性的东西应该从生活中清除出去。

总之,理性本身的力量是微弱的,但是我们要把问题搞清楚,要下判断,其他东西都是无能为力的,只能用这个。感情再丰富、再浪漫,你再英俊、再有钱、再高贵、再性感,与判别什么东西是对还是错没有必然的联系。要做哲学,要去思考,要追求普遍性,而且还要诉诸非理性,我就不知道怎么去弄了。这有可能吗?不可能,因为你说要什么主义,这也是理性在判断。你可以大力提倡浪漫主义的甚至反理性的生活方式,但是只有借助理性的部分功能才能做出这种提倡。情感是不会说话的,感觉也不会,说话的只有这个理性。语言是理性的,没有逻各斯这种东西,我们能肯定或否定任何东西吗?这是不可能的。哲学的内在精神——讲道理和这个理性的概念的联系就体现在上面所说的方方面面之中。

五、哲学与实践

接下来讲哲学与实践这个问题，这就与上面谈到的哲学之有用还是无用的问题联系在一起了。一般在哲学中讲实践，有两个概念特别容易搞混，即实践哲学和"哲学就是实践"。有一种哲学是把"实践"作为最基本的概念，说"检验真理靠实践"，实践是理解一切东西的出发点，是衡量其他一切东西的价值的标准，这是一种实践哲学。但是有人就把这个说成"哲学就是要去实践"，那就完了，搞混了。讨论这个实践是什么的标准的时候，它是在做理论上的思考，不是在干某种事情。你说："我是哲学家，所以我是实践方面的专家，你不是搞哲学的，你不要实践，我来实践。"这一定是一个荒唐的人，是在胡说。所以"哲学就是要去改造社会"这种说法需要好好地考虑。当然，可以为了改造社会而去搞哲学，但是搞哲学那阵子本身是在思考，而不是在做某种具体的改造社会的事情。搞哲学需要思考，而不是让我们去"实干"。所以，可以说，有时哲学是为了实践，在这个层面上我们可以去讨论哲学的功能。但哲学不是让我们去具体操作，去"干"。谁都知道，搞哲学的最典型的形象是坐在那里"想"。一个长着长胡子的人紧锁眉头，仰望着天空，或是一个满脸络腮胡子的老人手抚着下巴，注视着地上，沉思着。这种典型的哲学家的形象怎么就变成了最实干的人了呢？这是和它对立的东西。实践哲学与把哲学说成就是实践，这是经常被混淆的。哲学是讲道理的，它是把道理讲清楚，有没有可能通过实践把人都改造成讲道理的呢？哲学本身是没有这个责任的。起码它让你知道，要讲道理的话，这才是道理，让你明白你要讲道理的话就这么讲。比如说讲伦理学、讲道德哲学，就算你把价值第一原则找到了，你认识到这些道理了，你就必然会变成一个很道德的人吗？不一定。如果你想知道做这种事是道德的，做那件事是不道德的，哲学会帮你这个忙。但你最后是否会去做道德的事，哲学却不敢担保。哲学作为一种思想本身并不主宰这个，也是哲学主宰不到的。所以康德他可以有他的道德哲学，但是他的行为完全可以看起来不道德。生活中我们可以有不道德的行为，即使我们主张的是一种道德哲学，这两者是不相矛盾的。道德哲学只是说要认清楚要做道德判断该如何才有根据，才合乎理性，哪种道德判断是错的，哪种判断是对的，就这些。没有说你认识其中哪一条道理，你就必然会变成道德的人了。人的性格（你是怎样的人）和想清楚什么问题是两码事。当然，没有把前面一个问题搞清楚，你有可能自以为是做了好事，其实是做了坏事，因为你不知道如何区分好坏。

　　流行的价值观，就很有可能包含毫无道理的戒律，甚至还包含颠倒是非的东西。比如说，有些不同文化里头不同的观念是历史上某种偶然的因素带进来的，它所禁忌的东西可能是道德中性的东西，把这个当成不道德（不是道德中性的），就是判断的错误，就是应该从道德理念系统中清除出去的。有些却倒过来了，好的东西被当成坏的，或者说坏的东西被说成好的，理性试图把这些东西都搞清楚，是好的东西就留住，颠倒的东西重新颠倒，中性的东西排除出去，让它不起作用。这就是道德哲学的一种理想。能否做到呢？很难。有谁尝试过没有？人家一直都在尝试，大多数原创性的道德哲学家都干这种工作。现在的西方大学哲学系的伦理学教的全是这种东西，不会教其他东西。就是说，你把某位公认的道德哲学家的伦理学理解透彻，看他如何导出一个伦理判断的标准，然后学会按这种标准给自己的道德抉择做引导。如果另外一些道德哲学家的伦理学导致不同的结果的话，问题就暂时没有定论，这就需要我们继续讨论，伦理学的课程都是以这种讨论的方式进行的。如果教其他东西并把它叫作伦理学，那是误用了"伦理学"这个名词。人家会说："怎么教伦理学教这个，你一定是搞错了。"由于道德哲学的定论很少，我们就要继续深入思考这其中的最根本的出发点。当然，我也试图做这种工作，我的第一本书就是讨论这个的，讨论道德判断的最终根据是什么，只是现在还没有中译本。

　　哲学的内在精神与实践问题处处有瓜葛。价值问题是实践问题的一个预设，你没有价值判断就不可能实践。因为实践不等于行动，行动只是可以观察到的身体的动作，而实践可不一样。那实践是什么呢？你有一个想法，然后按照你的这个想法去把东西改造成同你的想法相符合，这就是实践。自动地从窗口掉下去，那不叫实践，也不叫行动。实践是一种行动。行动又是什么呢？有意识、意念在先的动作系列才叫行动。如果你睡着了，别人将一把手枪放在你手里，对另外一个人拿着你的手扣了一下扳机，"嘭"，打死了一个人。你醒来以后有人说是你干的，说是你用手扣的。你会说，我没有用枪打死人，那不是我干的。你没有这个行动，你不应该负责任。因为什么呢？因为当我们说这是你的行动的时候，就意味着，你开始想这么干，后来就这么干了（时间快慢无所谓，只要有这个过程就行了），这就叫行动。实践基本上是和这个概念相吻合的，实践是这样的意图先行的东西。这样的话，就说明要实践首先必须要在价值定向上进行选择，没有选择的随便自动的行为就不叫实践。选择一个东西去做就存在一个价值判断，不然的话就没有，这个价值判断事先规定了我们要怎么做。有些判断是康德所说的假言判断，即，假如想要达到那个目的，你要做些什么才能达到？这叫假言判断，是工具理性。就是说，目标已经知道了，如何达到它，是现在需要搞清楚的，这就走进技术理性的范畴了。我想把这个房子给盖起来，盖五层。在动手盖之前就需要设计，还要计算人力物力等。完了把它盖成你所想要的那个样子，这叫实践。这个工具理性也是实践理性。还有一种实践理性不是假言的，而是定言的判断，也就是所谓的"绝对命令"。这个定言的判断表达的是目的本身，而不是实现目的的手段。把目的本身是什么东西要找出来，搞清怎样的目的是正当的，才是我应该追求的目的。这就是道德理性，道德哲学一开始要做的，就是要找这个第一原则。最高原则找出来了，其他具体规则就可以从中导出来了。这就是伦理学、价值判断和实践理性需要遵循的东西。

　　如果不是这样的话，你随随便便就说我做一个经验主义的伦理学，不搞理性，调查研究一下大家信什么之后，就把发现的东西公布出去，就说是伦理学的研究成果。这个东西，你想想看有没有起到伦理学应该起的作用。比如我调查了 50 个人的意见，结果是大家的道德观念一致，接着就公布了。但是既然大家的道德标准本来就是一样的，还需要你公布干吗呢！你这个伦理学家有什么用？你把这个弄出来有什么用？把大家已经有的东西写在纸上就是你的任务？这本来就有的，和你没有多大关系。如果我弄出来的结果是这 50 个人的观念不一样，各有各的，弄出好几条规则，那么我就将规则做"哪儿来哪儿去"的处理，各自分别发回给他们。这样的话，人家的道德观念和我照样无甚关系，人家本来就有这些观念嘛，我把它写在纸上还给他们并不代表我就做了一个伦理学家该做的事。如果是我调查了大部分人一致的道德观念，完了以后，告诉少数持不同道德观的人："你属于这个社会，你不同意也得就范，你非得服从不可。"这样的话，你就是蛮不讲理，这不是将讲理进行到底。你调查的时候把我排除在外，完了以后，又要求我去遵守弄出来的规则，说我应该按照你的要求去干我自己的事情，你不是无赖是什么？所以，按照经验所总结出来的东西是不可能成为规范意义上的伦理学的。它要么是无所作为的，要么是不讲理的。不讲理的东西还叫伦理学吗？让人家不服也得服，这叫什么？这叫暴力，叫强权。强迫人家按照你的想法做，就是人家真的做了，也与伦理道德的本来要求背道而驰了。

哲学与实践的关系的关节点就在这里：关乎我们的价值判断问题。哲学就是运用思想的力量找到价值判断的根据。如果理性在这里失败了，也就意味着价值理性的彻底失败，实践理性也就只能是完全的工具理性了。这就澄清了哲学与实践的关系的某个层面。我这里主要讲了哲学思考与实践如何通过价值判断来达到结合，还强调了不能把"哲学就是实践"和实践哲学相混淆：哲学本身是理论不是实践，但我们可以讨论实践哲学的可能性。

六、结语：哲学是严格的学术而不是意见和观点的集合

很多人以为哲学是没有规范的偶得信念，你有你的哲学，我有我的哲学。如果真是这样，哲学怎么还能成为一门学问呢？大学里面怎么还会有哲学系？并且，如果在一所传统的名牌大学里面撤掉哲学系的话，那么这所大学就名不副实了。其他实用一点的学科还可以撤掉，但把哲学给撤掉的话，我们一定会提出这样的疑问：这还是大学吗？但是，在生活当中似乎还真是各人有各人的哲学。这又作何解释？

"哲学"这个词是有歧义的。在学术之外，它有时确实是指人们不加追究就接受下来的基本预设，而不指哲学家那样的对这些基本信念的系统的有板有眼的质疑和理性重建。这些基本预设的例子有"外部世界确实存在""存在区分真与假的标准""事实是判断的依据"，等等。从这个意义上讲，哲学和宗教的问题域基本上是一样的，一些基本的假设都是它们要关心的。但是，从学术的意义上讲，未经考察过的基本信念叫作"意见"，而有了对这些意见的不信任，哲学才真正开始。真正的学术上的哲学的关心方式和我们一般的关心方式包括宗教的关心方式是不一样的，甚至相反。一般的关心，是想方设法守住这些基本信念，而真正的哲学上的关心是质问这些信念有没有根据。你说要信这个，到底能不能信它，如果没找到根据，或者不是在理论上不可或缺，就不要信它。在没有质问它之前，不要说"这个东西就是我的哲学"。把这些基本信念拿来拷问，问它对不对，就是我们讲的学术上的哲学，是古希腊以来开拓的传统意义上的哲学。我们大学生、研究生是在做学问，当然应该以学问的眼光来理解什么是哲学。在柏拉图那里，哲学一开始就把自己与意见区分开来了。哲学是

理性的，是把道理讲到底。如果我们随便说几个观点或随便信点什么就是哲学的话，到大街上去随便问任何一个人，他可以一小时平均给你十个"哲学"。这样的话，"哲学"就太多了，大家都是哲学家了，大学里还要哲学系干吗。哲学不是意见的堆积，不是随便说说自己的看法，在无限多的观点和看法中再增加一个：凑热闹。起码在真正的哲学家看来，其他的哲学所说的道理有缺陷或者没有把道理说透，抑或有说错的地方，而他说的比那些更有道理，他才搞出自己的哲学来。不然的话，他就不搞了，不是这样的话，说出来的话再正确，也不能算是在做哲学。

哲学在某种意义上说确实是很个性化的，几个人一起干，在大多数情况下，恐怕很难做出原创性的哲学成果。哲学的命题要具有普遍性和必然性，做不到就得重来，但与实际上有多少人认同又没有多大关系。这样，哲学的内在精神就同时包括了自由、自主、普遍性、必然性、探索性、独特性等激动人心的东西，这也就是这个哲学的节日所要纪念的东西。我所要讲的哲学的内在精神大概就是这些。我是以散论漫谈的形式来进行的，从不同时期不同哲学家的几句名言中引发我所要讲的东西。最后，还是让我用我以前写的一段"为何要学哲学"来做结束语吧。

你是否想过，人们都追求快乐，但是，除了快乐之外，生活还有更高的目的吗？如果有，那是什么？如果没有，那么为何人们对快乐的追求要有所限制？假如做一只蝴蝶比做一个人更加快乐，你愿做一只蝴蝶还是做一个人？当你觉得你自己或别人做了不应当做的事，你是根据什么标准说那是不应当的？此种标准可靠吗？

你是否想过，除了世界上能被看见的东西，还有没有根本看不见的东西存在？你如何能够把一个有思想感情的人与一个行为和人差不多的机器人区别开来？一只狗有没有思想？如果动物学家告诉你狗没有思想，你凭什么相信他？如果你相信狗有思想，那么蚊子也有吗？含羞草呢？玫瑰花呢？冰箱呢？计算机呢？你能说出个令人信服的然和所以然来吗？

你是否想过，空间有没有尽头？时间有没有开头？当你把一本厚书从书桌上放到书架上时，书原来占据的空间是留在了桌面上，还是跟着书上了书架？或者根本就没有自存的"空间"？我们要对准时钟时，怎么知道谁的钟最准？最准的钟的所有者是不是有什么秘密能接触时间本身？有"时间本身"吗？

你是否想过，除了我们从生活经验、实地调查和科学实验中得来的知识，还有没有其他种类的知识？知识的可靠性如何得到保证？有没有某种东西，是再聪明的人们联合起来再坚持不懈，也根本无法对其有丝毫的知识？那些有名的数学定理，在任何一个数学家发现和证明它们之前，是否已事先存在？如果存在，在哪里存在？如果不事先存在，如何能够被人"发现"呢？

你是否想过，为什么要建立国家和政府？从最根本上看，是国家为个人服务，还是个人为国家服务？在政府该管和政府不该管的事务之间，我们应根据什么去划清界限？立法的根据是什么？什么是正义？正义与大多数人的利益是一回事吗？或许有些符合大多数人利益的事也是非正义的？

所有这些问题，都是与每一个人的生活密不可分的，虽然大多数人并不总是意识到这些问题可以有板有眼地追问，并且尝试对它们做出回答时需要具备严格的逻辑推理能力、丰富的想象力和独到的洞察力。哲学是什么？哲学就是教你如何挖掘出你这种本来具有的但深藏不露或被严重压抑了的能力。苏格拉底说："未经考究过的生活是不值得的。"你为何不以轻快的步伐迈进哲学的殿堂，静下心来认认真真地进行一番探究，培养一点"将讲理进行到底"的精神，给生活多增添几分豁达和深沉？如果你不想整个地被牵着鼻子走，在原则问题上有自己系统而深入的看法，来学习哲学吧！

（本文是2003年11月20日为庆祝"联合国哲学日"所做的演讲，根据录音整理）

论艺术的价值结构[1]

以往哲学家讨论艺术本性的时候，首先要问："什么是艺术？""什么是艺术"这个问题之所以讨论不清楚，是由其内在的性质决定的，关于这一点，我们在本文展开的过程中会愈加明白。现在我们换一个角度把这个问题代替掉——问艺术有什么样的价值结构。如果艺术的价值结构得到了阐明，就可以看看，我们能否根据考察对象是否有这个完整的价值结构来判定它是不是艺术。一开始就比较明了的是，价值本身不是实体性的存在，而艺术性从根本上也不在于实体性。于是，以价值结构的概念来理解艺术，就可以避免在出发点上把非实体化的东西实体化。我们将要阐明的是，任何东西，如果没有完整的艺术价值结构的话，就不是艺术；在多大程度上符合艺术价值结构的要求，就在多大程度上是艺术。所以说，"什么是艺术的价值结构"基本上可以替代"什么是艺术"这个问题。然而，我们一开始就要注意，讨论艺术的价值结构，与我们经常看到的以社会政治的尺度来衡量艺术有何价值是截然不同的，因为我们这里的核心词是结构[2]，这个结构的完整性决定了艺术之为艺术的特质，而不管其对其他目的的实现是否有益。因此，说某种东西是或不是纯粹的艺术，在多大程度上是艺术，并不与我们该不该接受这种东西有直接关系。

一、"有用"与"无用"之辩：外在价值与内在价值

讲结构之前，我们先讨论一下价值概念本身的含义。当然这里说的价值不是市场上的商品价钱，但也不是与其完全没有关系。讲价值这个

---

[1] 本文始于笔者在中国美术学院的演讲，得益于高天民先生的技术支持，在此致谢。
[2] 据本笔者查阅英文和中文的文献的结果来看，以价值结构的完整性来定义艺术以取代"什么是艺术"的问题，还没有人做过系统的尝试。

概念的时候，一般人首先想到的是：有用的东西有价值，没用的东西没价值。如果按照这种说法去考量的话，我们似乎马上就可以断言，艺术没有价值。这是因为，在一般的意义上，艺术是不能像工具那样拿来使用的；如果说艺术有时也可以有某种用处的话，那么艺术追求的也不是这个有用，这是艺术创造和工农业生产区别的主要所在。如果我们以这种"有用"和"无用"的思路来谈论价值，艺术的价值结构就无从谈起了，所以我们这里采用的价值概念，一定与日常生活中的工具价值观有所不同。不过，说它们不同并不意味着否定它们的逻辑关系。相反，这种对于有用与无用的日常区分，能引导我们继续往深层分析，进而澄清价值概念的完整内涵。

我们先分析有用的东西，所谓有用的东西有什么特点呢，它就是有某种功能可以服务于某种外在的目的。说一个工具性的东西对自己有用，是行不通的。比如说，杯子有用可以盛水，水有用可以解渴，解渴有没有用呢，这个问题就有些尴尬了，因为无论解渴本身有用没用我们都会去解渴的。先放下解渴为了什么这个问题不谈，但是为了解渴这水在这放着，我就把它喝了，所以说水有用，这个"有用"是指向水外边的某种东西。我们说什么东西有用，是就这东西对于它之外的某个目标、目的或者是功能而言的，这叫工具价值。由于它把其他东西当作自己服务的对象，所以它没有内在价值，只有外在价值。与这个工具意义上的"有用"相反的，是"有害"。如果我渴了，你拿某种东西让我喝，喝完更口干舌燥，那就是相对于我"口渴"而言的"有害"了。当然，有更多的东西对于我的"口渴"来说，既无用又无害。单就"有用"这一方面来说，一支扳手，一把改锥，一支钢笔，一块手表，都是典型的工具，都是典型的有用的东西。人们一般说有用的东西就指这些，大学里什么专业有用大家也是这样来理解的。因为这种"有用"都要服务于其他的东西，因此可以说，工具价值不是自为的，而是为他的，是外在价值。这样，工具价值就有三种：有用的、有害的、中性的。与此相对应，我们可以将工具价值分为正价值、负价值、零价值三种。

相对于工具价值，就有终极价值。这种区分，古希腊的亚里士多德就讨论过①，往后的哲学家也有过很多的澄清。所谓终极价值是什么呢？从

---

① 见亚里士多德的《形而上学》有关章节。

工具的外在价值开始，A 会因为 B 有用，B 会因为 C 而有用，但后来最终退到一个不能退的参照的地方的时候，那个东西一定不能说是有用的。比如说，人家问挣钱有没有用，回答是，挣钱有用啊，可以买房子、旅行，还可以办其他事情，为人们追求的生活内容提供便利或通途，所以你就可以说它有用。除人造的工具外，自然界也有同样的问题。面对自然界，为什么我们把地震、台风称为自然灾害，而太阳出来就不是，这都是这些事件相对于我们生活的内在要求起了什么作用而言的，灾害对我们生活的内在要求起了负面的作用，而太阳出来了，一般是对我们的生活起正面作用。但是当你问享受有什么用没有，快乐有什么用没有，自由有没有用，尊严有没有用，等等，就有点不好回答了。这些东西，有时有用，有时没用，但归根结底，我们追求这些东西，首先并不是因为它们有用。这些东西，我们是作为目的来追求的，而不是因为它们有外在的用处，我们才去追求。它们基本没有用，有时甚至会导致一些不良的后果，但如果总的看来还是值得追求的话，我们也会把不良后果看作必要的代价准备接受。

由此看来，我们碰到了另一种"无用"。这种"无用"与刚才论及的工具的无用是不同的，这里的"无用"就是内在价值，或自为的价值，是一开始就超越"有没有用"的问题的终极价值。而生活的内在要求本身，是不能问有没有用的，因为它是衡量一切东西有没有用的最终标准。比如说，刚才提到的人造物的有用与有害的区分，自然灾害和一般自然现象的区分，就是以人的健康、安全、快乐、欲望等生活中"无用"的内在价值为衡量尺度的。

这类没用的东西是目的，对它有用的东西是自然物的功能或人为的手段，功能服务于人的需要才有意义，手段导向目的才成为手段，目的本身要靠手段来实现，而目的使手段得以成为手段。工具价值中的正价值、负价值、零价值，必须对照这些"没用的"内在价值，看其发挥了何种作用，才能被理解。所以，终极价值是内在的、自为的价值，是使工具价值获得工具性的价值。这样看来，没用的东西重要还是有用的东西重要呢？当然无用的内在价值更重要，更为根本。这样的理解，在古希腊的亚里士多德那里，就得到了清楚明白的阐述，当代的分析哲学家，更是以严密精确的方式做出了系统的论证，只是在人们的日常思维和社会实践中，这种关系常常被遗忘。

"重要"一词，我们平时往往只用在操作层面上。在这个层面上，所谓最"重要",就是自然因果序列上对操作过程的成功起决定性作用的事物。对于一个土木工程师的职责来说,大楼的基础是最重要的,因为它支撑着整座建筑的重量。基础没打好,上面的建筑工作做得再好,整体上也还是一个"豆腐渣工程"。但是,撇开自然因果的关联,单从价值意义的关联看,就是相反的了。这时,真正重要的就不是基础,而是基础上面的被使用的空间,因为基础是为可用空间的存在而建的。如果没有基础就可以得到上面的可用空间(如太空站),我们就可以不要基础;但是如果不要可用空间我们仍能够建设基础(如烂尾楼),那么谁也不会去建设基础。因此,从价值意义上看,基础的建设服务于可用空间的要求,处于从属的地位。当然,这里的可用空间还不具有终极价值,只是比基础更接近终极价值而已。所以,在意义层面上,越接近人类生活内在价值的东西越重要,而"无用"的自为价值,就是最重要的了。

因而,事情并不像人们经常以为的那样,追求可见的实用价值与追求不可见的精神价值仅仅是两种偏好。实际上,如果没有不可见的精神价值,其他很多东西的实用价值就荡然无存了。除了基本生存需要的物质保证纯属物质价值外,其他貌似的"物质需要"说到底还是为精神需要服务的。就是那种对豪宅、名车、时装等非常世俗的东西的追求,都是一种符号性的或炫耀性的精神追求,与生存的需要没啥关系。当年的暴发户在夜总会一掷千金进行点歌竞赛,完全是为了达到一种心理的满足。你可以指责这种精神需要是低俗的,但你不可能把它说成一种物质需要。而精神需要,基本属于生活本身的内在需要。

那么,人类生活的内在价值,除了生存需要以外,到底还有哪些内容呢?哲学家们在这里不太一致,有很多争议。但无论如何,很少有人会把一些基本的项目排除出去,比如自由、快乐、尊严、情爱、创造、自我超越等。这些东西不是为了其他东西而存在;相反,生活中没有了这些东西,就等于失去了可以追求的内容。当然,要有自由、尊严,必须在能活下去的情况下才有可能,所以生存是最基本的前提条件。这个条件,人和任何其他动物没有什么不同,不是人之为人的特殊所在。但讲人的生活的内在价值,要集中在人所特有的东西上。那么人所特有的生活的内在价值是什么呢?康德的道德哲学已向我们表明,追求自由、尊严是所有理性存在主体的内在规定，鲜有其他哲学家会否认这一点。① 但另外一些东西，比如说知识，有些人认为它有内在价值，另一些人则认为知识是为了实用才值得追求，只有工具价值，没有内在价值。从古到今的中国思想家，很少有把知识当作目的来推崇的。但是西方的思想家却不一样，特别是哲学家，从古希腊到现在，他们大都认为知识本身就是值得追求的东西，具有内在价值。当然，他们不会否认，知识也很有实用价值，"知识就是力量"。

人按照自己的意图去实现当下的目标或施行自己的计划，就是一种自觉自为的生活。除非是在相声小品滑稽戏里，不然没有一个神志清醒的人会说"我想活着，但我不想按照自己的意志活着"；或者是"我想说话，但不想按照我的意愿去说"。按照自己的意愿去表达自身的东西，这是一个人的尊严。尊严不是为了什么紧随而来的后果，而是为了肯定自己是一个主体的人。尊严的内核是按照自己的意愿去做自己的事，而不是服从于外在的意愿、意志。也就是说，我的尊严要求我不被外在的意志逼迫或操纵而使我违背自己的意志去说话、行动。但是，如果我们的意志实现不了，是基于自然的原因，这就和尊严没有关系了。所以说，按照自己的意图而不被人胁迫去做事，是维护尊严的要求，而不是因为这样就给你的生活带来其他的好处。相反，维护尊严有时是要牺牲其他好处的，但我们有时还会为了尊严舍弃其他。"宁为玉碎，不为瓦全""不蒸馒头争口气"，诸如此类的民间俗语都印证了这一点。

此外，作为自由意志的载体，人是一种不同于被动客体的主体，而创造性则是人的主体性的一种直接肯定。经济活动需要创造力，但就是不考虑经济活动，创造性也是有自足的内在价值的。它是人的主体性对客体的把握和改造，使人的自由意志在客体上刻上印记、留下意义。人因创造性活动而变得伟大，所以人们把最大的创造者称作上帝。

自我超越亦即自己挣脱自己的现状向自己设定的某种理想人格接近，这也是一种内在价值。萨特说，人就是不断使自己变成自在自为的上帝的自为存在。这种超越的意义不在于新我比旧我更有用，也并不是说超越完了就能制造出更多商品或赚到更多的钱；也许超越的结果是远离生产活动。尽管这样，这种自我超越是人的内在价值、内在需要。认识自我、自

---

① 参看康德的《道德形而上学基础》等著作。

我超越是一种主体通过否定来达到自我肯定、自我充实的活动,也是人的一种内在价值。①

除了以上所述,内在价值也许还有其他内容,但我们这里不可能进一步深入讨论了。对于我们将要讨论的艺术的价值结构的理解而言,确定了有这么一个内在自为价值的领域,也就足够了。

二、艺术创造、艺术欣赏及两者之间的过程中介:各自的价值结构内涵

那么,如何理解艺术的价值呢?有的艺术有与过程相分离的作品(如绘画、雕塑),有的没有与过程相分离的作品(如表演艺术),但纯粹的艺术,都是直接服务于人的内在价值的。艺术,在艺术家那里,是创造;在受众那里,是欣赏。问题是,如前所述,一般地讲创造,不能把艺术创造和工程技术的创造区别开来;一般地讲欣赏,不能把对自然物的欣赏与艺术欣赏区别开来。因而我们必须知道艺术创造的特殊性在哪里,艺术欣赏是对何种创造物的欣赏。不然,反对者就会问,爱迪生发明创造了那么多好东西,怎么没人把他叫作最伟大的艺术家?黄山奇景那么有欣赏价值,怎么就没人说黄山是最大的艺术品?

1. 艺术创造

创造,就是一个人或一群人先形成意图,然后用行动把周围的事物改造成与意图相符合的状态。按照这种定义,工农业生产和艺术创作都是一种创造的过程。那么区别在哪里?工农业生产要满足的也是人的内在价值需求,其产品包括生理需求的物料(如食物、医药)和精神需求的物化器具(如唱片、过山车)。只是,这种满足借助的仅仅是产品的物理因果作用,而不首先与人的意识的感性或理性的意义相关联。人的基本生存需要只有靠这种物理因果作用才能满足,而精神需要,亦即超出基本生存需要的内在价值,有时借助这种纯粹的物理因果作用来实现,有时则是直接在感性或理性的意义关联中得到实现。艺术创造,就是人的精神层面的内在价值在意义领域的直接实现,这种实现被外化在某种物质载体或自然过程之中。这就是说,工农业生产的创造性过程得

---

① 实用主义者,特别是美国当红哲学家罗蒂,否认这种内在价值的存在。我在2004年7月的上海研讨会上已经直接面对罗蒂,反驳他的新实用主义,指出了其中的逻辑悖论。

到的是在工具价值意义上"有用"的东西,而艺术创造则在创造的过程中就直接实现了创造者精神层面的内在价值,而艺术作品(包括艺术品和艺术演示)的价值是独立于创造过程中已经得到实现的价值的。因而,艺术创造是创造者对精神性的内在价值(诸如自由、尊严、自我超越、情感等)之直接肯定或否定的直感外化活动。当然,这种"外化",不是工具价值的"外在"。按照康德的说法,审美就是对象中的"无目的之目的性"的体验。我们则可以说,艺术创造活动,就是不为任何具体目的而表现人的目的性。

这里,我们在做出工具价值和终极价值的区分之后,要引入第三个价值概念,那就是人文价值。艺术、哲学、文学、历史学等,首先具有的,就是人文价值。由于我们这里关心的不是价值分类学,因此我们不对人文价值的概念做系统的分析;简单把艺术归进人文价值里面,也对我们认清艺术的价值结构意义不大。不过,在此处至少我们应该知道,人文价值就是具有直接满足人的精神性内在价值功能的一切物件、过程、机构、符号在实现这种功能方面可以体现的价值。人文价值也有正负之分,正价值就是对人的内在价值的直接肯定或加强,负价值就是直接否定或减弱。人文价值可以有两种实现的方式:其一,自我内在价值的外化实现;其二,他人内在价值的认同印证。我们看到,艺术创造活动只涉及人文价值的第一种实现方式,只是自我内在价值的外化。

刚才我们首次使用了"直感"这个概念,这是英文 Aesthetic 的意译。我们为何需要这个概念?这是因为我们不但要把艺术创造和工农业生产区别开来,还要把艺术实现人文价值的特殊途径与其他的可能途径区别开来。比如说纯粹的哲学活动,也首先与工具价值无涉,也是人的精神性内在价值的直接实现。但是,哲学不但不属艺术范畴,还在某种意义上与艺术相对立,因为它的建立借助的是与直感相区别的概念、命题、判断、推理等。直感不是情感,有些情感(如爱情)属于人的精神层面的自为价值,直感则不属此种自为价值,而是以人的五官为基础的对可感对象的形式与质料的直接响应。视觉对应的是色光和形状,听觉对应的是声音,触觉、嗅觉和味觉也有所对应。理论上,与五官对应,可以有视觉艺术、听觉艺术、触觉艺术、嗅觉艺术、味觉艺术以及综合多种直感的艺术(如电影艺术、虚拟实在艺术等),但我们最多见的是视觉艺术和听觉艺术。需要注意的是,艺术的直感不一定都是美的,所以把 Aesthetics 译成"美学"

会引起误导。

　　由于艺术家在创造的时候，已经通过对"无用"的自为价值的直感外化而使自我肯定或否定的力量直接回到人本身，不管有没有作品，有没有受众，艺术创造就对艺术家有自足的价值意义。艺术创造者通过艺术创造而实现了自我超越，而自我超越并不依赖其他东西给它赋予价值。也就是说，在直感外化的一个个瞬间，艺术创造就已成就了相对于艺术家本身的原始价值，这就构成了艺术价值结构的第一部分。

2. 完整的艺术还要加上艺术欣赏

　　虽然艺术创造者在创造的过程中已经完成了艺术创造的人文价值，但这并不等于说艺术价值在这里就完整地实现了。价值的结构有一块在这里，但是单只有这一块还不能成就完整的艺术。不然，所有符合上述标准的直感外化活动都属于艺术活动了。毕竟，一个人从监狱中出来重获自由，以独特的方式狂饮香槟，并不一定就属于艺术活动。但这一活动，确实是对他自由的内在价值的直接肯定，并且这种肯定是自足的、"无用"的、直感的，并且也可以带有某种创造性，与刚才对艺术创造过程的描述相符合。这里，在价值结构的第一个部分，这种行为与艺术创造无甚区别，但是很明显，艺术的完整过程并没得到实现。所以，我们还要追问，要加上什么东西，才能构成对艺术的全部完成？至此，我们必须考察艺术欣赏的情形了。这里，艺术欣赏的人文价值，就是艺术价值结构的第二部分了，这就是受众在对他人（艺术创造者）内在价值的认同印证的同时，获得独立于艺术创造过程的直感体验。

　　我们说过，创造过程都是意图先行的，因而不可能是随机的。问题的关键是，如果你的创造活动不能在你的外化形式中（在作品中或在与受众的直接互动过程中）被认出这种非随机性，你的自由意志在这里留下的痕迹与自然过程留下的痕迹不可分别，你的艺术活动就没有完成。这样，你在路上不小心摔了个漂亮的嘴啃泥，不是艺术；杂技演员在舞台上技术不过关掉地上了，不是艺术；杂技演员经过长期训练，能合上嘴将舌头折叠起来，也不是艺术。而杂技演员不管在台上还是在街头的看得见的表演，却都是艺术。这里的关键所在，就是创造性要能在外部被判别。不能判别的，尽管在创造者那里有自足的价值，也不能称为艺术。完整的艺术，可以用如下结构图来表示：

（主体1）直感外化→（有或无作品）→直感印证（主体2）
　　　　　‖
　　　（1）　　｜　（2）　　　｜　（3）

日常生活中的人，经常有（1）的活动，但也就终止于此，（3）也是经常不与任何属于（1）的过程相联系而独自发生。这样的话，（1）和（3）没有连接成一个因果接续的过程，所以就没有形成一个完整的艺术价值结构。只有能过渡到（3）的（1），才能导向完整的艺术。艺术家就是在完整的艺术过程中创造性地完成（1）的人。对比之下，如果在（1）中主体仅仅机械性地应用某种技术而没有原创性注入，但作品在（3）成就了同样的直感接纳过程，主体1就没有实现价值结构中的第一部分，它充其量也就只是一个"艺匠"。

我们要注意的是，受众（主体2）要使艺术过程最终完成，有两个方面的功能需要完成。第一是对创造者（主体1）的内在价值的认同印证，第二是获得与艺术形式相对应的直感体验（通常所说的"审美"体验），此两者缺一不可。只有前者，受众有可能面对的只是一般的非艺术的人工物；只有后者，受众有可能面对的只是像玫瑰花、热带鱼那样美的自然客体。有了两者，如果受众没有犯认知上的错误的话，面对的就是艺术品或艺术事件了。

以前的艺术哲学有个误区，就是把"什么是艺术"的问题基本等同于艺术美的问题。其实美的东西可以是艺术，丑的东西也可以是艺术，所以不能只以美来定义艺术。第一，像我们刚才阐明的那样，美不是艺术所独有的，自然界的美景就与艺术无关，所以美不是艺术的充分条件。第二，不美的艺术是可能的，很多艺术作品，给人带来的是忧伤、荒谬、压抑之类的不愉悦的感受，而不管按照哪种理论，美感必然是某种愉悦的感受。所以，是否美，不是判别艺术的标准，美不是艺术的必要条件。在西方语言里，Aesthetics 这个被我们译成"美学"的词，本来的意思是"直感学"，直感并不仅仅是美，丑也是直感。只是，也许由于美的艺术作品最容易被人接受、最容易流行，人们就错把美当成艺术的本质特征了。

写实艺术带有很明显的模仿成分，为何最易被广大的受众接受为艺术呢？部分的原因大概是写实艺术最容易被人从直感上认出是人的非工具意义上的创造活动的结果。模仿是把自然因果中出现的东西在一个直感层面的性质从整体存在中剥离开来，从而只留下直感的效应而排除任何潜在的工具性能。比如说画一个杯子，画出来了就是艺术，原来放在那里就不是艺术，因为画出来的杯子一看就是人的一个创造物，杯子实用的部分消失了，视觉直感这部分被完整地剥离出来，这样就把用具的功能排除，只留下视觉的直感效应。作为用具的原来的杯子，你从触觉、听觉、视觉等都能去感觉它，因为它是具有这些可感属性的实体。而现在画布上的杯子只诉诸你的视觉，除了看得见的，其他可感属性都不见了，从而你即刻断定，这种剥离如果只靠自然因果的作用，是几乎不可能发生的。如果排除了像照相术之类的东西，你就会不假思索地设定，这种剥离是人的自由意志干涉的直接结果，亦即创造活动的结果。所以，最浅显可辨的一种创造就是模仿，就是人们按照自己的意愿去进行直感属性的剥离。

虽然原来模仿艺术可以被看作最正统的艺术，但有了照相术以后，它就不怎么艺术了，因为这种人的创造性的模仿剥离功能带来的效果，可以被与直感剥离无关的仪器操作带来的效应替代，因而即使你画得几乎和实物一样，在受众那里也会激起像古典时代有过的一样的那种直感反应，受众也没有理由即刻断定，这就是创造性剥离的产物。这是因为，有了照相术以后，写实的视觉直感效应与艺术创造失去了必然的联系，艺术价值结构中的第一部分的人文价值的实现就在写实作品中失去了必然性。所以，以模仿为主要特征的写实艺术，在创造者（主体1）那里的内在价值的实现，就不能要求在受众那里得到必然的印证。同样一种东西，原来是艺术，现在变得不怎么是艺术了，主要是因为这一点。

创造不能是一种随机行为，小孩随便往墙上泼一下墨，不管导致了何种视觉效果，都不是艺术。有些现代艺术是有控制的随机，它的随机是经过事先设计的。不然的话，这种随机就和创造性、自由意志、实践没有关系，就不会成为艺术。要成为艺术品，至少受众可以断定，在某个自然因果过程中有一个自由意念插进去干预过而成就了眼前的作品。否则，自然状态中或人类活动中的随机事件造成的再美的东西，也与艺术无关。在自然界有可能出现一个图像和我们的水墨画差不多，人们不能区别的时候就搞不清楚它是不是艺术品。

我们必须注意，除了模仿能让人看出来这是人自由意志在这里干涉过外，异常性也能有此效果。所谓异常性，就是不符合自然事物惯常的状态。这里的异常，不是一般的异常，而是能让人觉得有个智能主体在这干预过，事物才会变得这么异常。给人这种异常感的原因之一，是在艺术作品中，有某种概念的迹象显露。所谓概念的迹象，就是说，本来是抽象的某种概念，现在用一种直接的、感觉的材料表现出来（如声音、韵律、质料、颜色等）。因为有自由意志的主体才可以产生出概念来，人们就在这种迹象里发现了人的自由意志，从而印证了注入概念者的创造性。所谓的"概念艺术"，就是这种概念直感化的典型产物。

由此看来，虽然在艺术家的创作过程中，艺术价值就实现了一部分，但是在那里艺术的完整价值结构还没形成。如果作品在欣赏者眼中能被直感地认出来，并在那里实现了另一部分人文价值，那就成了艺术品或艺术事件了。价值结构的各部分从头到尾完成了就叫艺术，没有完成就不叫艺术。

在受众这里，如果对艺术作品的直感接受是正面、肯定的，就产生美感；如果是负面、否定的，就产生丑感。美或丑都可以是艺术的直感，如果这种直感的接受或拒斥与工具价值的判断不发生关系的话。艺术的价值有正价值，也有负价值。在这里，美只是某种艺术要达到的东西，有些艺术要达到的不是美，但只要能显现其创造性的过程以及引起受众方的特定人文价值的实现，就成为艺术。

有了完整的价值结构，就有了成就艺术的整个过程。价值结构如要完整，在艺术家拥有了关于一种自然材质的想法之后，第一要表达出来，在这一部分，即使没有成为艺术品，但也已实现了一部分价值，是值得去做的；第二要试图在欣赏者中唤起共鸣，共鸣可以是多种多样的，并不一定要与艺术创造过程中产生的感受相一致。只要是唤起人的自由意识内在价值的投射，印证了艺术创造者的创造性活动并引起直感的响应，就实现了艺术价值的最后部分了。艺术不只是艺术作品，也不只是艺术创作，也不只是艺术欣赏，只有拥有了三者结合的整个完整过程，才成为艺术。但在其间，艺术的部分价值是可以各自独立得到实现的。比如说，复制品虽然可以在欣赏者这里得到同样或者更胜一筹的价值实现，但在其产生的过程中，艺术创造的人文价值却没有机会实现。这样，就缺少了上述艺术价值结构的第一部分，所以复制品不能被称为真正的艺术品，但我们不能由此就否定复制品的审美价值。艺术品和赝品的区别，根植在价值结构的第一部分那里，而与这第二部分无关。最好的赝品和真品在受众中间所引起的共鸣是完全一致的，在审美方面的价值是无区别的，只是在与艺术创造者的关系那里，赝品完全失去了对内在价值的直感外化的功能。所以，赝品虽然可以在受众那里有与真品一样的直感性状，却绝对不是艺术品。①

3. 传递过程中非艺术价值的介入

从义理层面，艺术创造和艺术欣赏所实现的两部分人文价值，规定了艺术的完整过程。但是，从自然因果过程上看，从创造到欣赏的过渡需要有一个物质承载，这是一个传递过程。这种传递，可以经过艺术品（如绘画、雕塑），也可以是通过即生即灭的事件（如音乐、杂技）。这个中间过程，就是上面结构图中的（2）。艺术在两端实现纯艺术的价值，在中间的部分则可能有很多非艺术的价值参与进来，所以市场价值就不是纯艺术价值可以决定的了。如一件作品本身的独特性，艺术家的名气，被何人收藏过，评论家的评论，潜在的增值等，就和艺术本身的人文价值没多大关系了。设想一下，如果一幅开始从审美的角度被认定是达·芬奇的画，多年以后被发现作者另有其人，它的市场价格就可能从几百万跌到几十块钱。但在真正的不管市场的艺术审美家那里，思路就完全不一样了。他们会想，当时除了达·芬奇之外还有另外的人达到了同样的艺术成就，原来竟然没人知道！按照他们的判断，更重要的是原来有位同等重要的艺术家潜藏在那个时代而没有被人发现。作品所蕴含的纯艺术价值并没有因为作者易人而发生变化。但同样的事情以收藏家的眼光来看，变化就是本质性的了：无名小卒的作品怎可与大师相比？所以艺术品一旦流通起来，其市场价值就会取决于很多非艺术的因素：社会的因素、文化的因素、其他偶然的因素都可以造成市价的差别，此时的艺术品很可能只具有符号的意义而非只是审美的价值。美国总统签署重要文件的笔都很具有收藏价值，克林顿就准备了很多笔来签文件，以确保可以给这样或那样的人来收藏，但并不能说因为那支笔签署过重要文件就可以成为艺术品，只追求真正艺术价值的人是不会要这支笔的。

欣赏音乐时，只有缺乏音乐直感能力的人才会加上文化背景、图画以及其他附加的东西来分析音乐作品。只诉诸声音的直感，不夹带其他种直感，更没有概念的介入，才是真正的音乐欣赏。真正懂得音乐、绘画的人是不会借助外在的力量来评判纯粹的音乐、绘画作品的，因为这些附加的

---

① 参见本书第四部分在《哲学分析示例：语言的与现象学的》一文中对赝品的讨论。

解释已经背离了艺术本来的直感所在。最纯粹的书法欣赏，也就是只看其形，看其笔路的走向，而不去关注它的概念性内容到底要表达的是什么。

总之，艺术品的市场价格与艺术本身的价值有关，但并不代表艺术的价值。纯粹艺术的人文价值，是不能被折算成市场价格的。只是，实际上进入流通的艺术作品，都不可能以纯艺术的身份出现。

三、结　语

有了完整的价值结构的评判标准，艺术家就可以明确知道自己如果真的要追求纯粹的艺术，想要的是什么了，而不会简单地被市场炒作等非艺术因素影响自己的判断。当然，这里并不是要求艺术家非纯粹不可。说艺术品是否纯粹或艺术家是否纯粹，只是出于理解艺术的需要，这里不包含任何褒或贬的意思。这样，我们就不会在对艺术的评判过程中南辕北辙、张冠李戴。如果你要追求较好的或最好的市场效应，你就可能要花很多时间去把很多非艺术的价值附着在你的艺术上，但你也不要试图以这种成功来否定纯艺术的本来价值。在另一个极端，你还可以不管自己是否成就了艺术。如果你只追求人文价值的第一部分，虽然成就不了艺术，但也是值得的。这样，你甚至可以不在乎是不是有作品，是不是有任何人欣赏你的作品。此外，有了这样一个艺术价值结构的框架，就可以对像杜尚的《泉》之类的极富争议性的作品是否属于艺术的问题的讨论，提供较为清晰的依据了。

以往有过各种各样的艺术哲学，用这个价值结构说就可以看出，它们都是盲人摸象的结果，这包括柏拉图、叔本华、弗洛伊德、列夫·托尔斯泰、贝尔、迪奇、丹徒、德里达等人对艺术的各种解释，无不如此，不过这里暂时先不讨论了。

（原载《哲学研究》2006年1月号）

视觉中心与外在对象的自返同一性

现象学意义上的感觉对象的意向性构成,如果要与描述的范畴结构对应,必须以对象的自返同一性(Reflexive-identity)A≡A 为基点。这意味着,一个对象要被认定,必须首先使该对象被认定为就是它本身,而不是任何其他对象。这样,形式逻辑的同一律,才可以在有关对象世界的描述中生效。然而,对象的自返同一性的最简单无歧义的理想模型,就是对象的任一空间点的自返同一性。胡塞尔在《逻辑研究》中试图在智性直观中把握逻辑的同一律与意识的意向性结构之间的联系,梅隆-庞蒂在其《知觉现象学》中对感官知觉的样式与对象世界的本体论前提的关系有过一定的描述,但两者都缺乏对空间点的自返同一性在身体感知中的发生机理进行操作性的剖析,更缺乏对这种空间点自返同一性如何与我们对宇宙大全之"太一"概念形成关联的阐明。本文试图要做的,就是在一步一步的操作中,对这种机理进行分析揭示。

一、内感觉:触碰点的一与多之含混

把你的两只手斜着伸出去,闭上眼睛,试着在稍微偏离正前方的某个地方让两个相对的食指指尖相碰。如果没受过特殊的训练,你一般很难在你觉得两个指尖应该相碰的时候,两个指尖真的就相碰了。你往往会在当你觉得应该相碰的时候,两指尖各自都没碰到任何东西。你试着运动两臂调整两指的位置,过一会儿终于碰上了,但相碰的可能是两只手的其他部位,而不是指尖。也就是说,当你看不见两个手指头的位置时,靠你对两只手的位置的身体内感觉,你的知性不能准确判断两个手指头的空间位置。

现在,你还是闭上眼睛,两只手做同样的指尖相碰动作。但另外一个人 L 在你不知的情况下,在你那里捣鬼。当他看到你的两个手指头已经接近并且你在犹豫着调整两个指头的位置的时候,把自己的两个手指尖同时各自触碰你的两个指尖。这时，如果那捣鬼的 L 的动作做得恰到好处，你会有何反应呢？想想看，当你期待两指尖相碰的时候，两个指尖各自分别碰到的却是 L 的指尖，但你并不知道实情。这时，你有何理由不认为就是你的两个指尖相碰了呢？

我们做这样的分析：

（1）你的左手指尖处给你体内提供的阻力信息，在它触到你自己的右手指尖时获得的与在它触到 L 的指尖时获得的没有什么实质的不同。

（2）你的右手指尖处给你体内提供的阻力信息，在它触到你自己的左手指尖时获得的也与在它触到 L 的另一指尖时获得的没有什么实质的不同。

（3）你的关于两个手指尖位置的内感觉，正是使你以为它们应该处在同一空间点的感觉。在你不借助视力（或者其他可能帮上忙的外感官）的情况下，这三个相互独立的信息，正是你的知性借以判断两个指尖是否相碰的全部依据。于是，不管你的知性有多么完善，你都不能将 L 在捣鬼时造成的你的内感觉效果与你的两个指尖相碰时的内感觉效果区别开来。这样，因为 L 的干扰是超出常规的意外，在没有被特殊提醒的情况下，你有足够理由做出你的两个指尖相碰的判断，虽然实际上你的指尖碰到的是 L 的指尖。（Gettier 问题展开）

现在进一步设想，再还有另外一个人 Z 在旁边窃笑，并忍不住告诉你 L 在捣鬼以及 L 是如何捣的鬼。理解了 Z 的描述以后，你又会做出何种判断呢？此时，你理解到，如果确实有 L 在捣鬼，你此时两个指尖没有相碰也是可能的。因此，由于你不知道 Z 所描述的情况是否真实，你就不能断定你的两个指尖是否真的相碰了。

现在，我们想要知道，仅靠内感觉，你的知性判断有怎样的结构？实际上，如果你的知性是正常的，你试图做出的判断可以被分析为三个相互独立的判断，再加上一个综合此三个判断的综合判断。第一，第一个指尖（可定为左指尖）是否碰到了障碍物？第二，另一个指尖（右指尖）是否碰到了障碍物？第三，两个指尖是否（现实上）可能处在同一空间点？对这三个问题，纯逻辑上讲，答案的可能组合有八组："否否否""是否否""否是否""是是否""否否是""否是是""是否是""是是是"。只有在最后一组，即"是是是"成立的情况下，你的知性才会最后做出一个综合的判断，即"我的两个指尖相碰了"。不过，我们也不妨对其他七组答案的情形进行一一的分析，看看会给我们下面的讨论开辟什么思路。需要事先提醒的是，第三个判断中的"可能"两个字是关键。

（1）否否否。此时，你没感觉你的左指尖碰到了什么东西，你也没感觉你的右指尖碰到了什么东西，你也没感觉你的两个指尖可能同处一个空间点而相碰。当你刚伸出双臂、闭上眼睛并伸直两个相对的手指准备相互靠近的时候，你必定做出这种"否否否"的判断。

（2）是否否。此时，你感觉左指尖碰到了障碍物，但右指尖啥都没碰到，并且，你不觉得你的两个指尖在此时有可能相碰。这样，你断定左指尖碰到的一定不是你的右指尖，因为你的内感觉使你知道你的右指尖没碰到任何东西，并且，你的内感觉告诉你两个指尖不可能处在同一空间点相互触碰。譬如说，当你刚伸出两臂开始移动时，那个捣鬼的 L 在没告知你的情况下，用他的一个指尖触碰你的左指尖，你就会做出此种判断。

（3）否是否。除了"左"与"右"调换以外，内容与（2）相同。

（4）是是否。此时，你左指尖和右指尖都碰到了障碍物，但内感觉告诉你，你的两个指尖相距甚远，不可能相互触碰。于是，你就会断定，两个手指尖各自碰到了各自的障碍物。

（5）否否是。此时，你的左指尖和右指尖都没碰到障碍物，但你的内感觉已不能让你区别你两个指尖此时的位置与它们相碰时的位置。但是，你知道，你的内感觉在此失去区分是正常的，所以，从一开始，你就把你借助内感觉做出的对指尖方位的判断放在"可能"的模态之下，这与你对两个指尖是否碰到障碍物的直截了当的实然判断形成鲜明对照。

（6）否是是。此时，你的左指尖没有触到障碍物，而你的右指尖却碰到了障碍物，并且，你的内感觉告诉你，两指尖处于可能触碰的方位。这样，你就判断右指尖碰到的不是左指尖，而是其他什么东西。

（7）是否是。除了"左"与"右"调换以外，内容与（6）相同。

（8）是是是。只有这最后一组判断，使你得出一个这样的结论："我的左右两个指尖相碰了。"但是，刚才已经说过，L 的蓄意捣乱会让你出错。实际的情况是，当你的内感觉让你觉得两个指尖可能处在同一空间点而相碰时，你的两个指尖并不处在同一空间点上，因而并没有相碰。与你的两个指尖分别相碰的，是 L 的两个指尖。当旁边的 Z 向你提醒时，虽然你的"是是是"的判断还是有效的，但你马上就会意识到你有可能得出了一个错误的结论。依靠你的内感觉，原则上，你没办法在 L 捣乱时发生的情况和你两个指尖实际相碰时的情况之间做出区分。这里的关键是，存在一个空间区域，你靠你的内感觉你不能对两个指尖在此区域中的相对位置做出判断。所以，在没有相碰之前，靠你的内感觉，你只能断定两个指尖"可能"相碰，而非"必定"相碰。这里的"可能"，源于刚才的"是是是"判断中的第三个"是"，因为这个"是"本来就是"是否可能"的"是"。

这样的话，你如何才能做出确切的判断呢？当然是你睁开了双眼。

二、视觉：空间的绝对零点与自我的同一性

一睁开眼睛，你即刻就可以对你的两个指尖是否相碰做出裁决了。你看到的，正如Z所言，L正在捣鬼，他把他的两个指尖对准了你的两个指尖，而你原先的自己的两个指尖相碰的内感觉，只是错觉。

但是，你为什么要将视觉对两个指尖是否相碰的判断当作最终的判断，不怀疑视觉也会像刚才的内感觉那样出差错呢？或者，更进一步地，你为何不以内感觉为准，断定你的视觉"不准确"？你之所以根本不会怀疑眼睛看到的触碰点与"实际"的触碰点会有什么"误差"，是因为你眼睛看到的点就是实际的点本身。所谓"空间点"的最终所指，正是视觉见证的点。这样，谁要说看到的点与实际的点有个距离的误差，那就等于说一个空间点和它本身有个距离的误差。这种言说，直接违背了逻辑的同一律。

进一步地，借视力判定的空间点的同一性，就是空间点的同一性本身。因此，当你看到两个指尖处在同一空间点时，你就看到了两个指尖所处的空间点的同一性本身。换句话说，空间点的同一性是内在于视觉的本性之中的，空间点同一性是在视觉的运作中原初地构成的，外在于视觉的运作根本就不存在有待于视觉观照的先在的空间点同一性。这里的同一性，没有对其说"可能"的余地，只有直截了当的 $A \equiv A$。

当然，视觉会产生幻象，但幻象里边的任意空间点的同一性照样是自足的同一性。空间点的同一性的断定，完全是在现象学层面发生的，这里不涉及现象的背后是否有"实体"承托的问题。设想如此情景：当你看到两指指尖触碰时，你的内感觉却没感觉到两个指尖同时碰到了障碍物，你会做出何种判断呢？你会想，大概自己看到的两个手指实际上是别人的手指，而某种预先的巧妙安排，使你错误地以为那就是自己的手指。或者，

你干脆就怀疑自己看到的是幻象。但是，无论如何，你不可能认为你看到的相互触碰的手指指尖没有相互触碰。

你也许会问，既然是触碰，为何不以触觉为准呢？在触碰的瞬间，触觉只让你知道两个指尖同时碰到障碍物了，却不会告诉你两个指尖是否互为障碍物，因而两个发生触碰感的点是否在空间关系中为同一点，依靠触觉是没法判断的。内感觉中的身体部位的相对位置感，是以视觉中的空间位置定位为原本参照的，只为你提供与空间位置具有某种相关性的信息。但有关空间点位置的信息虽有助于我们对与我们身体相关的空间关系进行推测，却永远也不是对空间点本身的直接把握。视觉对空间几何关系的把握，属于罗素所说的"亲知"（Acquaintance）的范畴，而身体对身体部位相对位置的内感觉，只有在把视场中的空间关系作为指称根据时，才获得某种间接的空间指向。因此，内感觉对空间关系的指示，只限于身体的场域内，并且永远都是模糊的"可能"。经过训练，这种指示会趋向精确，但再精确，也是对另外一种东西的度量。这就像温度计的刻度再精确，也有一个正负误差的"可能"量域，因为那刻度永远不可能是温度本身。当然，我们的触觉，经常帮助我们测知空间的深度，但深度本身，却是两只眼睛的视觉协同作用直接建构而来的。总之，视觉中的空间点是空间点本身，而内感觉中的空间方位感，只是与空间位置的相关。

让我们把分析再推进一步，以求理解视觉的"看"在自我躯体认同方面所起的作用。现在，你睁着眼靠视觉的指引对准两个指尖相互接近，直到你看到它们相碰。与此同时，你的内感觉也使你感觉到两个指尖相碰了。如果Z此时又在旁边窃笑，又告诉你一点什么秘密，你还有理由根据他说的话而对你自己视觉判断的真确性再生疑窦吗？如果他告诉你，其实你自己的两个指头没有相碰，你看到的两个相碰的指头是别人的指头，你会有何反应？

你会说，我的内感觉告诉我，我的两个指尖相碰了，而我又看到了它们相碰，内感觉和视觉相互印证，不可能出错。但Z说，你的两个指尖确实碰到障碍物了，但只是各自分别碰到了各自的障碍物，而不是相碰。你反驳说，那不可能，因为我明明看到，那两个相碰的指尖就是我自己的指尖，并且我看到它们相碰的一刹那，就是我内感觉感到两个指尖都碰到障碍物的一刹那。Z又反问，你怎么知道你自以为看到的自己的指尖，不会是别人的指尖呢？你的答案是，那不可能，我看到了那两个手指长在自己的身躯上。Z还不罢休,问你,你如何知道你"看到"的是你自己的身躯,不会是别人的身躯呢?

你此时为自己辩护而给出的理由,无非有三个:

(1) 这个身躯的运动我能控制,比如说,在我发出要动某根手指的意念时,我就看到它动起来了。

(2) 我看到这个身躯的某个部位被环境中其他东西刺激时,我相应的内感觉(如痛、痒、烫等)就同时发生。

(3) 这个躯体与我看时的观察中心的零距离点相接续。

但Z可以告诉你,有另外一个人L,他能看到你的两个手指头,用即时模仿的方式做与你手指的动作一样的动作,而你看到的正是L的手指。这样,你的理由(1)就被驳回而失效了。类似地,Z告诉你,你看到的是L的身躯被环境中的其他东西刺激,而他几乎同时也以适当的方式去刺激你的躯体的相应部分使你获得相应的内感觉。这样的话,你的理由(2)也被驳回了。那么,剩下的第三个理由,能使你最后断定你看到的躯体就是你自己的躯体吗?

理由(3),其实是最具决定性的判据。在日常生活中,如果在某种偶然的情况下,你不能随时判断你所看到的几个躯体的部位中的哪个与你的视觉中心相接续,你就得依靠(1)和/或(2)了。比如说,你和你的双胞胎哥哥同盖一条被子,他把头蒙起来了,你不知他是在你左边还是右边,但他和你一样在被子另一端伸出一双脚。你光看那四只脚,很有可能不敢肯定哪两只脚是你自己的,哪两只脚是你哥的。但你试图动一下你的脚,看看哪只脚响应你的意念,一般情况下,你就不再疑惑了,你此时诉诸判据(1)。但如果碰巧你哥也同时做了同样的动作,那你就会更加疑惑了,一个意念怎么会导致两只脚同时动呢?到底哪只脚是我的?于是,判据(1)失效。那么你诉诸判据(2),但在特殊情况下,按(1)的情形类推,我们知道判据(2)也有可能失效。你最后还得掀开被子看看,依靠判据(3),才弄清楚哪双脚是自己的。

那么,我们就要格外仔细地分析判据(3)了。由第一部分的分析我们得知,通过视觉对空间的性状做出的判断是对空间本身性状的体认,是绝对正确的。因此,视觉中的零距离就是零距离本身,而不是对零距离的指示或测量。内感觉是绝对的空间零点("我")内部发生的事件,所以最多只会有关于空间广延的某种信息,而不可能会有空间广延。然而,

"零距离点"即为你的眼睛的所在点。你如何断定眼睛是你的？又回到（1）和（2）吗？不行，唯一的根据是：距离的"零"。眼睛与什么之间的距离为零？与你。你是什么？当然不能说是视场中的躯体，因为判断这个躯体是否属于你，依靠的正是对眼睛与你的距离为零的确认。你就是原初空间点的绝对同一性，你就是零，零就是你的对象性无歧义绝对认同的唯一支点，支点之外只有对象的杂多，以及杂多与你的不同程度的关联。

这样，设想你看到一组躯体随着你的意念做着一模一样的动作，你感觉手掌刺痛时看见这一组躯体的手都被针扎，你怎样确定哪个身体是你自己的呢？当然，你看不到眼睛的那个躯体就是你的，因为你的眼睛与你距离为零。但是，眼睛只与它自己距离为零。那么，你就是你的眼睛么？当然不是。并且，眼睛完全有可能以镜面呈现出来的样子与你建立空间关系，而不与你距离为零。瞎子阿炳根本就没有眼睛，但只要你去听听二胡曲《二泉映月》就会断定，曾经有过一个与眼睛无甚关系的阿炳。失去眼睛并不比失去一只鼻子多失去一丁点自我人格的同一性。

沿着这样的思路，我们讨论的就再也不是作为空间对象的躯体意义上的身体了，而是梅隆-庞蒂在其《知觉现象学》中讨论的具有本体论多义性的场域性的心灵-身体了。在此处再引入时间性，我们便可以进入心灵哲学的纵深之中，探索身心关系的奥秘。但在本文中我们不得不先放弃这条思路，而先看看视觉中的空间点的同一性的确认，如何将我们引向对无所不包的"太一"的确认。

三、逻辑同一律与视觉的归多为一

同一性，作为形式逻辑的 $A \equiv A$，在广延的对象世界中的无歧义的对应，必定是由"多"聚集而成的"一"，因为"多"是客体概念的内在要求。那么，什么情况下，客体之"多"才能聚集成绝对的"一"呢？有两种情况：①在某个无穷小的空间点有无穷多的质料单位相互之间的距离为零；②无所不包的宇宙之"太一"，亦即无穷多的质料在绝对统一的广延中被囊括。

这里，我们先考察第一种，那就要回到我们以上讨论过的绝对空间点的自返同一性的思路。实际上，刚才讨论的两指尖相互触碰时视觉对空间点同一性的绝对确认，只是此处的第一种聚集的要点片段。两个指尖的"两"，与任何多于一的"多"并无实质上的区别。指尖首次相互触碰时，触碰点趋于无穷小，而在这个无穷小点聚集的可以是两个、三个、四个、五个，以至无穷多个无穷小的指尖。

这种聚"多"为"一"，只有在广延性的视觉空间中才能发生，而在触碰时产生的内感觉（平时所说的"触觉"）的场域中是不会发生的，这已经为我们对触碰过程的分析所阐明。限于篇幅，我们没能将对其他感觉（听觉、嗅觉、味觉等）进行分析得到的结果在此展开，但结论是简单的，那就是，除了视觉，其他感觉都没有在广延中聚多为一的功能。

不过，我们还不明白，第二种聚多为一，即宇宙的"太一"，是如何可能的呢？这种化绝对的"多"为绝对的"一"的综合，与任意空间点的自返同一，有什么必然联系呢？

四、从无穷小的一到无穷大的"太一"

空间点自返同一性的确立，同时也就是广延中的任意点的绝对无差别性的确立。一个绝对的空间点，在纯粹的广延中是没有位置的。在纯粹的广延中，没有以质料为基础的参照系，任何一个空间点都与任何所谓"其他"的空间点毫无差别。

当然，我们此处要讨论的是质料的聚集。有了质料的聚集，是否就给广延本身的不同部分带来了差别呢？并不如此。严格的论证，这里暂且略去，但我们可以用一个浅显的例子来帮助我们理解。一本厚书，放在桌子上。现在，你把它从桌面挪到了书架上。问题是，这本书的广延是留在了桌面上，还是跟着书本上了书架？都不是，因为作为质料之聚集的厚书并不独自拥有广延，所以它既不能留下，也不能带走广延。广延是自在的，并且是任何对象聚集的前提条件。因而，逻辑同一律 $A \equiv A$ 要有客体对应，就必须预设广延的先在性。

于是，综上所述，我们得到以下两条推论：

（1）广延中的任一点与所谓的其他点没有任何差别。

（2）任何质料的聚集必以广延的绝对性为先决条件。

当你的知性要确定一个具有自返同一性的对象的任何性质之前，问一问这个对象"在哪里"，是天然地合法的。但是，当你问到一个绝对的空间点"在哪里"和整个宇宙"在哪里"的时候，你就预设了广延之外的广延，广延之外的广延的广延，以至无穷。所以，任何一个绝对空间点哪里都不在，整个宇宙也是哪里都不在。

只是，如果有任何东西的自返同一性 A≡A 成立，任一空间点的同一性必先成立。但是，由于任一空间点和任何所谓"其他"的空间点是无差别的，对任一空间点的同一性的确立也就是对所有空间点的同一性的确立。结果是令人吃惊的，那就是，在这里，"一"与"多"是绝对的同一，无穷小与无穷大也绝对同一。刚才说的"两个"哪里都不在的绝对同一，其实就只是一个。这里既不需要经验的证据，也不需要逻辑的推理。这样，我们就理解，一辈子被关在密室里的人与职业旅行家之间，就对宇宙大全的"太一"的把握上讲，并没有区别。尽管任何人只对宇宙大全的微不足道的部分有过直接的感知，但每个理性健全的人都对宇宙大全之"太一"有直接的断定。

在无穷大与无穷小之间有无穷多的对象，对于这些对象，自返同一性只是思想强加的，只是概念化思维的要求。任何对象，其貌似的自返同一性都是任意设定的。你眼前的电脑，作为广延中的对象，你就不知道到底要在哪个边界与他物分开。键盘、电缆线、插头、插座，是不是电脑的一部分？随你自己决定，如果你确实需要决定的话。再者，换了大部分软件的电脑，是否还是原来的电脑？这里的 A≡A，即使撇开历时变化的因素，也找不到确切的对应。

由此看来，外在对象的确定的同一性，只在无穷小的空间点与无穷大的"太一"那里可以找到。并且，指尖之间的绝对空间点的自返同一的确定，就是无所不包的宇宙的"太一"之确定。这种确定，完全基于视觉对广延距离的无中介的"亲知"，此"亲知"，与其说是认知，还不如说是体知。如果说，"指尖之间的无穷小就是宇宙'太一'的无穷大"这个说法是个悖论，那么这全是视觉在对象世界中寻找 A≡A 的逻辑同一律的客观对应时惹的祸。这种康德式的二律背反①，是以视觉为中心的知性对外在对象的自返同一性进行必要的确立时不可逃脱的境况。并且，只要你想对外在对象世界的事态做出描述和判断，你就必然要诉诸 A≡A 的逻辑同一律，这样，视觉中心主义就是不可避免的。所以，并不像某些后现代思想家认为的那样，视觉中心主义只是某种文化传统的偏见。

当然，如果你撇开外在客体的对象性，像伯格森那样转向对精神世界的内省，时间性就取代空间性成为基本的要素。这也许不是对另一种不同

---

① 见康德的《纯粹理性批判》。

事物的认知，而是像斯宾诺莎认为的那样，是对同一事物的不同样态（Modification）的探讨①。但是，无论如何，你如果在此处还有意寻求另一种同一性，即自我人格的同一性的话，那么，就像我曾经论证过的那样②，以空间为框架的外在同一性的确立就无关宏旨了。如果此时你还坚持以视觉为中心，你就会陷入不可救药的混乱，落得个竹篮打水，劳而无功。

(原载《哲学研究》2006年9月号)

---

① 见斯宾诺莎《伦理学》。
② 见本书第二部分《虚拟实在与自然实在的本体论对等性》一文。

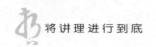

现代性与前卫艺术：中国的文艺何以复兴？

讲中国的"文艺复兴"，最近是刘军宁先生在《南方周末》开的话题，后来有秋风先生的"道德重建"的回应及其他学者的回应，论者顺着话题还谈到了后来的启蒙运动的得失的问题。在我看来，最有洞见的，还是来自艺术家陈丹青先生的回应：他先将"复兴"与"文艺"两个概念分别对待，然后再讨论两者之间为何会有特殊关联。这个思路使他能很快进入问题的关键点。他认为，秋风先生把今日中国的问题归结于"个性解放"过头，是错误的，在这一点上，我很有同感。陈丹青先生谈到的启蒙理念与跟随其后的社会历史进程之间的关系的出人意料，我已在《百年启蒙中的几个重大偏差》一文中有所论述。在本文里，我要讨论的主要是在现代艺术的背景下要在中国期待何种"文艺复兴"的问题。我是从事哲学研究的，但这也不能算作一篇哲学论文。这里，我尝试在哲学的理念背景中来理解艺术与人的精神世界的本来关系，抑或与时代精神的应有关系，并把这种理解做一个不太系统的陈述。这样，我也要先谈艺术的"现代性"，随后再谈"复兴"的意义，最后再看看"中国的文艺复兴"是怎样的。在本文的论述中，读者会看到，我与秋风先生的看法相反，而与陈丹青先生的看法在某些方面异曲同工。

一、"现代"与"后现代"的错位

我发现一个现象，就是在讲现代性和后现代的时候，一般地讲和只限制在艺术领域来讲是有相当大的差异的，简直就是一种系统性的错乱，刚好是一整个时间段的位移。简单说来就是，我们在艺术那里讲的"古典"，是相对于其他非艺术领域中的"现代"，在艺术那里讲的"现代"，是相对于其他领域讲的"后现代"；而在艺术那里叫作"后现代"的玩法，在其他领域还没看到什么相对应的东西出现。在艺术领域之外，"现代性"的主要特征被很多学者认为是理性、科学、人本、解放、进步等理念的高扬和实践，再加上"主客对立"的认知取向。但是，在艺术领域，这恰好就是欧洲文艺复兴时期以透视法的运用为标志的"古典艺术"的主要诉求和标志。同样，作为现代性之反叛的一般意义上的"后现代"，主要是以对理性根基的怀疑，对主客两分的否定，对前台与背景之区分的颠覆，对终极价值的拒斥等为主要标志的，而这正是以"前卫"为主要特征的"现代派"艺术的理念背景。至于以装置、拼贴等为主要表现方式的"后现代"艺术，是否预示着一个其他理念领域的"后后现代"的大潮呢？我们不得而知。

现在，我着重讨论一下"现代"艺术的"后现代"性格，从其古典背景开始。从文艺复兴那时算起的一个阶段的艺术，我们把它叫作"古典"或"经典"艺术。而我们讨论的现代性的文化以工业化为背景，刚好在那时候进入鼎盛时期，在理念层面，启蒙理性正在趋向成熟。与此同时，各种作为我们今日"现代性"讨论的主题的制度在产生和成型的过程中，宗教与政治的联盟被腐蚀，文化领域的价值基础被虚无化，等等。但是，古典艺术也是从那个时候开始的，以文艺复兴为标志，而这些所谓"古典"艺术，其理念背景恰好就是世俗化、理性化、科学化等现代性的东西，此"古典"即彼"现代"。

从古典出来，我们就可以看看现代艺术的"现代性"为何物了。现代艺术总是以其前卫性彰显自己的，但仅就其"前卫"性而言，就与我们一般说的"后现代"性格息息相通了。我们先对"现代"的艺术做个大写意的观察：前台和后台相互缠绕，说者和听者相互混淆，在现代性强烈的戏剧艺术中，观众和演员之间的场景相互融合；就绘画艺术来看，作品和作者、展览场地、观赏者之间的界限都可以突破，从而与行为艺术有时合为一体。现代性不是强调二元对立，而后现代要反对这种对立吗？我们还没有进入具体分析，就已经看到，仅仅就这种对界限的颠覆而言，现代艺术表现出来的后现代精神已呼之欲出。

二、"前卫艺术"的西方背景和中国版本

"前卫艺术"中的所谓前卫是指什么呢？前卫就是对自己本身进行否定，就是对自己根基的铲除，就是无止境的突破，蚕食所有的疆界。只要有什么新东西出来，它马上就要成为被否定、被超越的对象。这个被突破、被否定的"自己"，有两个层次：一个是传统文化的一般的背景认同；

另一个是艺术传统的理念和技能的背景认同。这样的虚无化的否定，出来的东西就不可预料了。它可以是毫无章法的，让人不知所云，甚至本来就无所云。于是，被视为最伟大、最神圣的杰作与欺世盗名之作，也就很难有确定的界限了。这样的状况，与其他文化理念领域的后现代的"解构主义"，既形似又神似，但在时间上大大先于后者的出现。

前卫艺术从西方来。西方的前卫艺术要否定的一般传统文化的认同背景，基本都与基督教中认定的天启教条有关。文艺复兴以后，整个西方社会的世俗化导致了宗教信仰的弱化。由于宗教圣典被当作理解生活的价值意义的主要根据，基督教信念系统的动摇导致西方文化全面的虚无主义态势。这正像俄国作家陀思妥耶夫斯基通过其小说中的角色说出的那样，既然上帝已经死了，做任何事情都变得似乎是被允许的。但是，对终极价值的关怀是西方人心灵的习惯，他们就找到了以价值的虚无化本身作为价值标准的前卫艺术来充当宗教的替代品。

当然，这样的艺术一开始就是以价值悖论的方式出现的，它以不可理解性作为取得人们理解的资格，与基尔凯郭尔所说的"本真的基督教"有异曲同工之妙。作为宗教代替品的艺术，是用来被人崇拜的，这就要求这种艺术的意义不能是完全透明的，而且要在某种程度上表现出超越个人理解力的"荒谬"感。这种趋势发展到极端，"艺术"这个语词就与"神圣"画上等号，成为一个无须独立内容来充实的简单符号。这时，对于整个社会中的大多数人，你只要使他们相信某某东西是"真正的"艺术，他们就会膜拜它，并赋予它超常的交换价值。这正好是以虚无来代替价值，也就是说，把对价值的绝对否定变成绝对的价值。所以，前卫艺术永远都会在群众中引起惊讶、引起莫测高深的议论。

这样的悖论性质的前卫艺术，本来就不是拿来给人"懂"的，不但受众不懂，创作者本身也不一定要懂。需要懂的是属于"古典"的东西、"过时"的东西。极端化的现代艺术，是拿来否定的，是拿来将所有要求人们去"懂"的东西虚无化的。刚才说过，否定现代性的一般理念，否定艺术传统本身传承下来的理念和技法，就是前卫艺术的基本特征。至于这种作品到底是超凡脱俗还是故弄玄虚，只能看以某种方式获得了某种"身份资格"的人的脸色了，而一般民众只有听的份，听完以后扭头就走或顶礼膜拜。

我们讲中国的前卫艺术，它的背景很不一样，所以有点尴尬。中国的前卫艺术是"文革"结束之后才出现的，刚好没有西方这个背景。在艺术之外的领域，我们玩些"后现代"的游戏，但这种没有"现代"先行的"后现代"，玩起来在后现代精神本身的吊诡之上再加上了一层低级的荒诞。西方人是在现代性的背景下要造反而出了"后现代"，我们自己没有这个背景就跟着造反，也不知道造啥反。西方是对着以前的积累进行虚无化的，我们虚无化啥呢？没有对象，攻击的是稻草人。当然，如果我们把中国的前卫艺术只看成西方浪潮里溅过来的浪花，那就另当别论了。

浪花也好，跟风也好，到了一定的程度，这种虚无化的力量就会在新的背景下寻找对象。显然，当时最大的对象是官方意识形态，所以这个就被当"前卫"艺术虚无化的对象了。于是，这种原本与现实政治相去甚远的艺术领域的"现代"化，变得超常的政治化了。所以西方人寻找中国的前卫艺术，把主要的目光都放在与政治意识形态的张力上。中国艺术家搞的那种否定政治权力的东西，在西方人看来非常"前卫"、非常"先锋"，是对一个最强大的力量进行虚无化的企图。而其他东西的"前卫"，再怎么搞也很少进入西方鉴赏家的视界中。

如上所述，可见，现代艺术要否定的，其一，是一般的文化传统的背景，而在当时的中国这样的一般文化背景是藏在隐蔽之处的，不能被当作直接的否定对象，只有一个超强势的意识形态在那里宰制所有东西。其二，它还要否定一个艺术传统中的理念和技法，而中国的"前卫"艺术也不可能把这个提上日程。所以，中国最迷茫的就是前卫艺术家和前卫艺术。那真叫"前不着村，后不着店"。

对比起艺术界的情形，中国的学术界与之对应的，就是"后现代"没有"现代"作为虚无化的对象了。我们刚开始想搞学术，就碰到西方人向传统学术进行反叛。我们刚从意识形态绝对统制的状态解放出来，一接就接到后现代去了，所以根本就没有跨入主流的学术领域的学理探究的内核，所以中国学术文化的后现代，也是没有根的后现代，也在迷茫中丧失自己。

这样呢，我们所谓的后现代就变成像王朔性质的对崇高的彻底颠覆。对于于丹解经，有人说是古典的复兴，我看这是一种典型的后现代文化现象，把古典的东西作为碎片来拼贴，这也是把原来貌似崇高的东西彻底打掉，没有崇高了，似乎拿出一个新的东西来代替。这个东西是什么呢？正是虚无，而且这种虚无还是腐蚀性的。那么，前台主体的丧失，背景和前台的混淆,这种东西在我们这里就出现了。像《锵锵三人行》之类的电视节目,讲讲世界上的事情,也讲讲自己编节目的事情,还暴露自己的阴暗面,这都是后现代文化的一种基本模式,各种东西都缠绕在一起出现。这是在绘画艺术之外的种种"后现代"。而所谓"现代派"的中国的前卫艺术,就是与这种种的"后现代"片段相互呼应的。

总之,在西方,是艺术的现代性和后现代性在引领着其他领域的现代性和后现代性,有一个时段的超前性,而在中国就超不了,是跟着西方的态势来的,所以它彻底的虚无化是原本没有对象的虚无化,只是临时找个对象来代替。

三、中国的"文艺复兴"

那么,中国的文艺复兴到底是什么意思呢?最近刘军宁先生提到要来个"中国的文艺复兴",如果这个概念成立的话,它将是什么东西呢?它不可能像以前的欧洲文艺复兴,找到某种古典的参照,按照那个参照中的精神来复兴。在有了欧洲启蒙哲学的理性主义,又有了今人对其的现代反思以后,我们只能是复兴到人本身的原来的主体意识,那就是肯定主体的目的性地位,但又不把人看成主宰一切的力量主体。通过恢复主体意识,回到某种最基本的支点,此支点不可能是某种经济政治制度和某种意识形态,而是要找到一个超越历史的东西,恢复到人之为人的根本上去。所以结合现代和后现代思想家对人本身的理解,我们还要达到对人的更完整的理解。在文艺领域,我们直接面对的就是人生的终极价值的实现,而不是通过制造工具或建立制度来为实现人的生活价值创造条件。艺术价值对意义本身负责,而不必对实现这些意义的社会政治条件负责。这正像一个医生直接就对生命的价值负责,而不是像医疗器械厂那样要为维护生命的价值先实现工具价值。启蒙理性最中心的概念就是这个,我们要直接为生活负责,每一个生命的当下每一刻都是目的本身,艺术活动区别于工农业生产的关键就在于其直接对人的生命的内在要求负责,拒绝把生命的任何时刻当作工具。

所以,艺术家的基本特征是不考虑艺术活动的后果,而只考虑如何实现艺术精神的内在要求。艺术和工具性的艺术设计不同,纯粹的艺术家拒绝为任何非艺术的目的去从事艺术。这是艺术家和社会格格不入的最基本的根源，如果失去了这种格格不入的秉性，艺术家就放弃了自己作为艺术家应负的责任。换句话说，如果一个艺术家太过顾及外在强加的他人宣称的责任，就是放弃了艺术家的责任。文艺复兴，就是要在这个意义上使艺术家成为坚守人类生活的内在价值的楷模。这样的理解显然与秋风先生的与个性解放相反的"道德重建"的想法不太相容了。

这样，在工具理性压制价值理性的时代，艺术就必然是"前卫"的了，但要担当起"中国文艺复兴"的重任，这种前卫必须摒弃虚无主义的行头，扛起人文主义的大旗。所以来自政治意识形态的评判，真正的艺术家是不会管它的。他的艺术活动将导致什么社会后果，他可以不管，要管的话，也不会以流行的价值观念为引导。艺术精神本身要求艺术家以这种特殊的方式来负责任，从而常被他人看作不负责任。

这样的话，中国的文艺复兴到底应该是什么样子的？这当然不可能逃脱人本身的自由意志的表达，人的情感的内在价值的表达，这也就是直接实现了人文价值。这种东西的复兴，它给社会的程序化力量施加一种反制的力量，任何时候它都可以起作用。艺术家的艺术活动，是生活本身的涌动，不像我们搞理论的，大多数时候要等待生活给我们提供素材，我们才可以有所作为。艺术就在生活本身的精气神中，所以它应该是生活中最敏感的部分，所以"前卫"，所以"先锋"。如果我们现在的艺术看起来不像这个，那就很有可能是因为，比喻地说，艺术家被绑架了，被押为人质了。从这种被绑架的状态挣脱出来，恢复到艺术本来的功能，这就是复兴。

人文价值的内涵，要追究到人本身该怎么样才是真正的人的问题。这样去追究，将文艺向这些人文价值实现的方向引导，就是我所看到的文艺复兴的比较深层的意义。在中国要提文艺复兴的话，就必须这样，才有独特的意义。于是，在最低水平上，艺术对人生的快乐负责；在中间层次，艺术要对人的尊严和自由负责；在最高层次，艺术要对人的自我超越和创造性负责。把自己和工具性、附庸性隔离开来，直奔人的生活的内在价值的实现，就回到艺术的根了。在这个基础上的艺术，得到了本身地位认同的尊严，要复兴，就有了底气。

有一种流行的说法，那就是"艺术源于生活，高于生活"，强调要从生活中发现艺术的资源，这种说法听起来很响亮，但其中的内涵很可疑。

"文革"也是一种生活,这里就让我们看到一种可能,那就是,从生活中来可以导致最空洞、最没有生活内容的东西,这个问题就比较严重。我联想到最近电视上举办的小品大赛,现在的小品大赛内容、格式都差不多。这些东西看了之后,评委觉得不错的话,就经常会强调小品是来源于生活,好像好作品只能来源于生活,没有别的来源,如果有其他的来源就一定是不对的。

但是我们想想,生活的定义的内涵是什么,外延又怎么圈定?就绘画来讲,你画出来的东西难道有可能不来源于生活吗?在我看来,做梦、幻想、哲学推理等,都属于生活,那么任何人的灵感只能来源于生活。以前强调"源于生活",是出于革命的需要,如工农兵之类的。那时如果你被批判说没有来源于生活,一定是说你在把你的幻想、做梦的内容、心理上的变态、资产阶级情调等给做出来,好像这些东西有生活之外的来源。其实那些怎么不是生活呢,可能是生活的最深层的东西了。这样看来,"艺术要来源于生活"这句话简直就是空话。

其实,如果我们真要使"源于生活"的说法有意义,就要设想艺术有可能不源于生活。这样的话,"要源于生活"就变成了对某种创作态度的肯定和对另一种创作态度的否定,而不是一句空话了。从这个提法的渊源来看,它本来的作用也就是在肯定某种观念形态下的现实主义,否定所有其他与此相左的东西。但是,如果我们现在还要坚持这些,就比较麻烦,甚至有些荒谬了。比如说,现代的数码艺术,一定不属于这种"现实主义",因为有些数码艺术家在设计的时候,先有的根本不是对出来的图像效果的设想,而是给出某个数学变换公式,弄几个基本的几何形状、选定几个视角支点,诸如此类,他根本不知道出来的将会是什么样的视觉效果。这样的艺术,我看一定不属于"现实主义"的东西。但是,我们可以因为要坚持一个"源于生活"的口号,就去排斥这种数码艺术吗?我的意思是,从任何意义上讲,如果把来源于生活说成有实质性的意义,那么就要肯定有些艺术不是来源于生活。既然有这种可能,在挣脱了特定意识形态的束缚后,我们也就没有理由拒斥它。所以不要把来源于生活说成艺术创作的一个普遍的公式。当然,我们在谈论"前卫艺术"的时候,很少有人会把"源于生活"的说法太当一回事。因此,把"复兴"连接到"前卫"上,这个问题就不会太成问题。

我在这里讲前卫艺术，讲中国的文艺复兴，并不是因为我自己一定要搞复兴。我的意思是，如果一定要讲这个概念，我们从以上的思路去理解，就不会出很大的偏差。

（原载《社会学家茶座》总第 23 辑，2007 年 12 月）

心智哲学中的整一性投射谬误与物理主义困境①

心智哲学（Philosophy of Mind）也被译作"心灵哲学"，在英美哲学中与认知科学时常相互纠缠。多年以来，各种版本的物理主义及其还原主义变种——计算主义在这个领域具有压倒的优势。

物理主义作为流行的意识理论具有某种表面上的解释力，但这种解释力源于一个暗含的认知错误，即在这里被称作"整一性投射谬误"（Fallacy of Unity Projection，简称FUP）的认知错误。FUP是物理主义者试图在牛顿物理学框架内对意识现象进行完全解释时出现的无法避免的错误，那是因为：①整一性（或貌似的整一性）是意识现象的基本特征；②在经典框架内原则上不可能得到对意识整一性的完全解释。本文首先借助量子物理学家亨利·斯塔普（Henry Stapp）有关内在描述相对外在描述的区分，论证对意识现象的整一性的内在描述在原则上超出了依赖局域性预设的经典框架的解释力范围。然后，本文通过示例说明，整一性特征就内在于最日常的空间感知经验中，而神经进路物理主义却无法在经典框架内完成对此的解释；基于这些讨论成果，我们将继而分析基于经典框架的其他几种流行理论在何种意义上也陷入了FUP。最后，本文探讨在弃除了局域性预设的量子力学框架内解释意识的整一性，从而避免"整一性投射谬误"的可能路径。现在，我们将"整一性投射谬误"（FUP）表述如下：

> 当一个研究者从第三人称视角对某物体（如大脑或电脑）被初步指认的精神现象进行研究时，他想当然地但错误地认为，这个正在被研究的假定的精神现象可以在没有对它们的空间和/或时间整一性进行充分解释的情况下或无须承诺这样一个整一性，就得到机理上的解

---

① 本文与李丰合作完成。本文的研究写作得到中山大学社科项目"2012年度新兴交叉学科项目"的资助，项目批准号：12wkjc11。

释,尽管在原则上对心智现象的机理性解释不可避免地要求包括对这种整一性的产生机理的解释。这种未经对整一性进行内在描述就可以完整理解心智现象的错觉正是研究者从他的第一人称视角出发将自己心智中的整一性投射到了研究对象之上,以外在描述代替内在描述造成的结果。

下面将在对此谬误之产生机制的一般性分析的基础上,借用具体的例证来分析以塞尔(John R. Searle)为代表的神经系统物理主义、以丹尼特(Daniel C. Dannett)为代表的计算主义以及其他以经典物理学为框架的心智哲学的支持者如何在其对心智现象的解释中陷入了这一谬误。鉴于量子力学从一开始就破除了物理主义的以定域原则为支撑的"物理因果闭合预设",本文最后还将探讨非经典框架下的量子物理学是否有望帮助我们走出这一谬误,从而给我们提供心智现象之最终解释的可行框架。

一、"整一性投射谬误"的产生

内在描述与外在描述是两种不同的描述方式。对于任何一个物理系统,我们既可以对其进行内在描述——描述其所包含的各局部要素各自的状态及其相互作用,然后将这些记录积聚在一起,比如,描述纽约市某场城市大火蔓延的前因后果;也可以进行外在描述——描述某个概念统括下的对象总体系的共时状态,比如,我们可以把纽约市的公寓与广州市的公寓放在一起讨论其建筑材料的质量合格率,等等。举个更加浅显的例子,我们看到印在纸上的一个头像时,一个个色点在纸上的分布是分离的,但是我们看到的是一个完整的头像。如何解释这种分散的色点被综合成一个完整画面(整一性)的机理呢?当然,有效的解释只能在认知主体的感知功能那里去找,而不是在对象中一个个离散色点那里去找。只有当两个色点挨在一起发生相互作用了,我们才有必要研究它们之间的相互作用。对于相互分离的色点的集合,尽管我们在不同的角度和距离会看到不相同的图像,这种不同也与色点本身的性质无关。因而,这种不同,必定是在感官刺激界面及人的心智的综合作用上造成的。因此,我们对色点集合的整一的"头像"描述,必定是外在描述。如果色点之间相互接触发生了物理或化学变化,我们对其进行描述,就是内在描述。

包括计算主义在内的物理主义有一个基本预设,即被斯塔普所特别关注的"定域原则"(Locality Principle):"任何物理系统能够被分解为单一独立的局部要素的集合,各要素仅同其直接邻近物发生相互作用。"① 这是经典力学的基本原则,也是当代神经科学的默认前提,从而也就是物理主义心智哲学的预设。由于计算主义强调的是符号关系,它与其他版本的物理主义相比有某种特殊性,但这种特殊性在这里无关宏旨,因为符号关系在这里要解释的,也是意识现象或心智事件的产生和关联的机理,而不是纯逻辑的关系。譬如,大脑的符号系统的状态,就是被解释为由作为单一独立要素的神经元的激发/抑制两择一状态聚合起来的某个区域的总体状态。一个被认为可以实现一个复杂功能的神经元符号系统完全等价于各个神经元符号功能的关系的总和。

关于定域原则,对于稍受过现代科学教育的人来说并不陌生。任何一台机械装置、一台计算机乃至一个生物体,都可以被分解为零部件、晶体管或细胞等单元的连接。这些"局部要素"中的每一个都具有单一独立的状态,而且它们只跟直接相邻的其他单元发生作用。足够多这样的单元聚集在一起就构成了机械设备、计算机和生物体。将定域原则贯彻到底的话,整个物理世界也无非是这类系统的扩大版,即任一物理系统都可以被进一步分解为其局部因素的集合;相应地,在经典物理体系中具有本体意义的就只有各种"场"及其在诸时空点上的作用效应,任何更复杂的存在都不过是这些基本要素的复合。

那么,当我们对这个机械设施、计算机或生物体进行完全描述时,就无非是试图确定其中每一个局部要素——机器零件、晶体管或细胞——的状态;如果要获得对这些单元所组成的"整体"的描述,就要把对每个单元状态的描述累积在一起。这种描述方式被斯塔普称为内在描述,即我们"对任意一个物理系统的完全描述即是通过对在每个相关时空点上的各种场(如电场、磁场)进行赋值就得到明确说明"。

于是,如果我们要试图解释物理系统各部分之间的作用机理,内在描述是唯一有效的解释性描述。在经典物理学的框架下,这就要求我们遵守定域原则,对在空间上相互分离的物理对象,不能设定它们可以直接无中介地发生作用。

---

① Stapp, H. "Why Classical Mechanics Cannot Naturally Accommodate Consciousness But Quantum Mechanics Can?". in *PSYCHE*, 1995。

但在实际物理学研究中，并非只存在着以时空点或局部要素为描述对象的内在描述，还存在着大量直接针对诸局部要素组成的或大或小的系统整体的描述——每个系统的含义以及所包含的局部要素由观察者确定。譬如，我们可以直接记录"这个机器""这台计算机"或"这个生物体"的整体状态如何。斯塔普将此称为外在描述，外在描述"在一个外在观察者的心灵中得以形成，可以自由地同时考察或一下子处理所有组成内在描述的数字……内在描述层面上的'诸独立实体的集合'在外在描述层面上能够成为单一实体"。

但是，除了对作用机理的解释性内在描述以外，外在描述在我们的认知活动中也有其独特的意义。在对一个物理系统 A 进行内在描述时，一方面，我们先要把 A 从一个更大的背景 A′ 中分离出来，这就必然暗含着对这个 A′ 的外在描述；另一方面，我们可能又要把 A 的组成要素分解成若干更小型的系统，如 a1、a2 等，并将对其中之一的描述作为完整的描述过程的开始，而这意味着我们在对 A 进行内在描述之前也已经暗含进行了某种外在描述，依此将组成 a1、a2 的诸局部要素联系为作为单一实体的 a1 和 a2。有了这两方面的外在描述，我们对 A 的内在描述才有了每一时刻所针对的对象。如此看来，外在描述，作为内在描述之达成所需的手段，对于经典物理知识体系的建立来说也是不可或缺的。

如果定域原则是经典力学框架的基本原则，那么内在描述必须遵守定域原则，而外在描述又不可或缺，那么外在描述是靠什么来支撑的呢？按照斯塔普对外在描述的定义，将各自独立的时空点共时地确认为一个系统是借由观察者的心灵的综合作用得到实现的。从以上关于纽约与广州的公寓的例子可以看出，外在描述的对象范围是研究者按照自己的需要任意划定的，与对象间是否存在因果作用没有关系。正是这个观察主体在认知过程中自身具有的某种整合功能，才使得外在描述成为可能。观察者作为经典框架之外的"附加物"与定域原则共同作用，经典物理学的知识体系才被构建起来。我们看到，在经典物理学的定域原则之下，任何外在描述都不可能同时也是内在描述。

由以上分析我们得知，内在描述是我们对物理世界各部分之间的作用机理进行解释的必由之路，而外在描述则是理解我们为何可以拥有对物理世界的知识的必要条件，而后者在任何时候都不可能代替前者。但是，心智哲学的目标是对心智现象之机理的解释，其在经典框架内的物理主义解释，也就是试图在定域原则下解释心智现象的本体论地位以及实际的或貌似的心智事件的产生机理。我们可知，物理主义者在试图解释心智现象时，除了采用外在描述以外，还必须采用内在描述。

现在，让我们假设，某一研究者以心智产生的机理性解释为目标，在接受了经典的定域原则的前提下，本应引入内在描述来达到目标，却在应该采用内在描述的地方采用了外在描述，把由外在描述带来的"整一性"投射到研究对象那里，从而使他可以达到对对象之间关系的某种整一性的貌似的理解；再进一步设想，该研究者按照这种理解就认定在时空中彼此分离的对象本身之间的物理作用产生了心智现象及其整一性（或貌似的整一性）。这样的话，该研究者就是把自己心智中的整一性投射到对象的关系中而误认为对象各要素之间的相互作用提供了对象中的心智现象的整一性（或貌似的整一性）的机理性解释，也就是犯了"整一性投射谬误"（FUP）。

二、案例分析

根据上文的定义，我们将在这里通过案例，分析为何受定域性原则限制的物理主义可以胜任对意识的神经元对应项（NCC）的描述，但不能胜任对意识本身内容的解释。用查尔默斯（David Chalmers）的话来说，这种类型的物理主义者只能处理有关意识的"容易的问题"（Easy Problem），但不能处理有关意识的"艰难的问题"（Hard Problem）。下面，我们通过设想的可操作的例子来进行分析。

试想有两张白色复印纸，纸 a 单面上有两个黑点，纸 b 的正反两面恰当的位置上各有一个黑点。现在请反思我们对这些黑点的观看经验（观看时眼睛与纸面需要保持一定距离，譬如 30 厘米）。对于 a 上的两个黑点，我们总是一并把握，而对于 b 上的两个黑点，我们只能逐一观看，因为在看第二个黑点之前我们必须翻转一下白纸。于是，我们可能会认为对纸 a 和对纸 b 上各自两个黑点的"看"非常不同：前者是共时的，后者是历时的。

那么，我们先考察一下，按其思路，塞尔会怎样分析对纸 a 两个黑点的共时的"看"。根据塞尔的观点，尽管我们不知道大脑如何产生意识，但我们知道这是发生在人脑中的事实。在他看来，意识是人类和某些动物的大脑的生物特征。它由神经生物过程所产生，就像光合作用、消化或细胞核分裂等生物特征一样。① 于是，我们要问，依照塞尔的思路，在原则上，大脑中的"神经生物过程"产生意识现象何以可能？

无论如何，塞尔先要认同以下描述：光线照在纸面上并被反射到视觉细胞，刺激了两组视觉细胞并使其各自产生神经脉动。来自两个刺激单元的神经信号进入了大脑负责视觉感知的区域，这个过程继续引起其他生物神经反应，最终使我们产生了"同时看到两个黑点"的视觉经验。如果这个粗略描述符合塞尔的基本思路，我们就可以向他提出这样一个问题：在我们产生"同时观看到两个黑点"的经验时，我们的大脑最终是在两个空间区域分别接收到各自的信号，还是在一个空间区域接收到来自两个区域的两个信号并合二为一？

如果最终的信号依然是位于两个分离位置上的，那么，按照定域原则，这两个位置上的信号就毫无因果关联。两个毫无因果关联的东西，相互间处在任何时空位置上都是等价的。也就是说，两点间的实际距离与在意识中经验到的距离毫无关系，因此，我们也就经验不到有一定距离关系的两个黑点。显然，按照定域原则，这种解释在原则上就是不可能的。

那么，如果在大脑某处的单一区域接收了两个信号并综合成一个单一的信号，是否就能解决我们的问题了呢？根据定域原则，每个区域都能被划分为很多更小区域，这些区域将会有其自己的独立于该区域外任何其他事态的单独事态。由于定域原则预设了空间的终极连续性，它根本就不允许存在一个不能被分割成更小地点的可以让任何事件发生的最终单一地点。② 既然经典物理系统中的每一部分都可以被继续分解下去，那么来自多个空间点的神经信号在原则上将找不到任何一个单一的点来发生能够产生整一性的综合作用，或者说，这种综合作用将随着作用点的无限后退而永远不会发生。

综上所述，在定域原则之下，我们最简单的共时感知两个黑点及其距离的日常经验，都不可能得到解释。这里没被解释的核心内容，正好就是意识的整一性，不管你把它看作"真实的"还是"表面的"，都无关宏旨。

那么，我们对纸 b 两面总共两个黑点的历时的"看"，情形又是如何

---

① ［美］约翰·R. 塞尔：《心灵的再发现》，王巍译，中国人民大学出版社 2005 年版。
② 翟振明：《有无之间：虚拟实在的哲学探险》，北京大学出版社 2007 年版，第 99 页。

呢？这里的历时性，其实还包含了对两个黑点之"看"之间的时间间隔。也就是说，两个"看"之间，在时间上是不连续的。根据经典意义上的一般的因果作用原理，不连续的两个时间点上发生的事件也不可能跳过中间的时间间隔直接发生作用。如果两个事件之间真有因果关系，此因果关系导致的事件，也只能是先发生的"看"通过一个因果链条留下其后续效应与第二次发生的"看"在同一时间点和空间点的唯一综合事件。也就是说，最终在某唯一的时空点发生了一个单一的"看到两个黑点"的事件。但是，同样的问题发生了：如上所述，既然经典物理系统中的每一部分都可以被继续分解下去，不存在不可分解的最后的空间—时间点。这样，无穷后退也照样成为不可避免的噩梦。

其实，让我们进一步考虑一下电脑屏幕上看到类似的两个黑点的情形，我们会发现，"共时"与"历时"之分并不一定有实质性意义。电脑屏幕上显示的两个黑点，我们感觉是同时看到的，但我们又知道，屏幕上不同方位的黑点看起来的同时显现并不意味着实际上的同时，实际上它们并不是同时被显示，而是由于时间间隔很小，以至于我们没有能力感觉到这个间隔而已。在这里，塞尔或许会说，根据经验事实，神经突触间的互相作用显然没有无限传递下去，分离的神经信号会在负责视觉感知的大脑区域中发生综合作用，让我们产生了关于整一性的表面经验。也许在塞尔看来，整一性的"一"并不需要一个单一的时空点与之对应，只要神经间的互相作用足以产生"表面经验上的整一性"即可。但是，这种说法，只是推后了问题而试图掩盖真实困难所在，因为我们要问的正是这种"表面"经验上的整一性是如何产生的。如果我们一直追问下去，他所能给出的最终说明仍只是对我们拥有整一性经验时大脑状态的描述。虽然这个说明可以达到非常精细的程度，但所描述的始终是具有各种独立事态的诸局部要素。面对这些局部要素本身，我们仍无法看到从它们到整一性的跨越到底是如何实现的。

关键是，我们在讨论整一性时并不可能进行"真实的"与"虚假的"整一性的区分，所谓"表面上"的一致性，你可以称之为"幻觉"，但这种"幻觉"恰好正是我们所要探讨的意识现象本身。这样的话，这两种"看"，与对意识的整一性之解释并不一定有什么实质的不同。因此，只就我们的感觉经验来说，如果我们翻动纸 a 的动作足够快，我们看到纸 a 分布在正反两面的两个黑点与看到纸 b 同一面的两个黑点的情形同属一类现象。这样的话，如果有人认为我们对着纸 a 同一面上的两个黑点貌似"共时"的"看"，其实是眼睛快速扫描纸面的"历时"性事件给我们造成了"共时"的"错觉"，我们也无须在意。我们的问题是，比如说，"假设有两个人，而不是一个人，在同样或更小的时间间隔内各自分别看到一个黑点，在此情形下为何不会在任何一个人的意识中形成这样的两个点之'看'的共时性'错觉'，亦即意识现象中的整一性经验？"显然，塞尔如果在经典框架下理解神经生理过程，受定域原则的限制，就不能将这种一个人看和两个人分别看的情形做出有意义的区分，也只能在回答这个问题的尝试中陷入毫无希望的无穷倒退。

只要他们在出发点上接受了这个框架，那么穷尽其中每个角落所能找到的任何机制都只会是基于离散关系的假机制。因为定域原则使得任何离散关系都相当于在产生机制上没有关系，对于任何一个基于这个框架所给出的"解释"，都与整一性的发生机制无关。但是，既然基于经典框架不可能对具有整一性特征的意识现象做出完全解释，为什么众多研究者坚信这是可能的，并认为自己做到了这一点？或者说，各种形态的物理主义何以拥有表面上的理论力度？从斯塔普对外在描述的定义可以看出，超出经典框架的整一性机能就内在于观察者心灵之中。如果并不存在着其他整一性来源，那么我们可以说，物理主义者认为产生于局部要素间互相作用的整一性，其实正来自他作为意识主体本身所具有的整一性，而他认为局部要素的作用机制解释了意识整一性正是其将自身拥有的整一性投射到这些局部要素之上的结果。换言之，这些心智哲学家或认知科学家在整一性没有得到解释的情况下，认为得到了解释或无须解释，正是他们把自己对对象的外在描述错当成内在描述，把观察主体在研究过程中人为建构的整一性投射到对象中去了，亦即犯了 FUP 的谬误。

被塞尔所批评的计算主义等其他流行理论与他所主张的神经进路理论分享着共同的经典框架。以上的分析，经过简单的重构，也构成了对以丹尼特为代表的计算主义者的批评。

计算主义者将意识等同于特定符号的结构与状态的总和。丹尼特主张："我们需要理解的是，人的意识如何可以由弥母（Meme）在大脑里创造的虚拟机器的运作来实现。这就是我将要捍卫的假说：人的意识本身是巨大的弥母综合体……我们最好把它理解为一台冯诺依曼式虚拟机器的运作，这台机器安装在大脑的并行架构中……"① 他还说："由于任何一台计算机都能被在冯诺依曼机器上的虚拟机器模仿，所以可以推出，如果大脑是一台巨大的并行处理机器，它也能被一台冯诺依曼机器完美地模仿。"② 所以，"……这就是我现在要提出的：有意识的人类心智在一定的程度上是串行的虚拟机器……"③ 如果如丹尼特所说，意识作为虚拟机程序运行在计算机硬件上——无论是大脑这样的并行"计算机"还是某种冯诺依曼串行机器，那么我们所拥有的每一个意识状态也就对应着大脑神经节点或计算机电路的特定激发态。如果特定激发态组成的符号结构是产生意识的充要条件，按照定域性原理，各个节点之间的因果联系不可能共时产生，因而与此无关。所以，当拥有特定激发态的众多节点能够形成与人脑神经结构相同的符号结构时，意识及其特定状态将被激发出来。只要各个节点能够实现特定激发态，由于诸节点之间是离散分布的，彼此间的距离大小不会对意识及其特定状态的产生和延续造成影响，是否分布在一个大脑的空间范围内也不会有何不同。

但是，以上的陈述显然是不成立的。我们知道，一个人两只眼睛分别接受光刺激在各自的视网膜形成各自的光学影像（第三人称意义上的），然后沿着各自的通道将信号传至大脑的视觉中枢，最后再综合形成单一的具有深度感的3D影像意识（第一人称意义上的）。

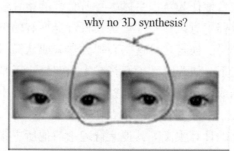

图1　3D影像意识的形成

---

①　丹尼尔·丹尼特：《意识的解释》，苏德超等译，北京理工大学出版社2008年版，第239页。Daniel C. Dennett, *Consciousness Explained*, Little Brown and Company, 1991, p. 210.
②　丹尼特，2008，第247页；Dennett, 1991, p. 217。
③　丹尼特，2008，第249页；Dennett, 1991, p. 218。

假如该最终的单一的 3D 影像意识的形成只以一组各自分离的神经元的激发状态为充分条件，那么，处于同一大脑中的神经元与处于不同大脑中的神经元从定域原则上看就没有本体论地位上的区别。于是，图 1 中被圈起来的与不同大脑相连的两个眼睛，就有可能在观看时联合起来，也形成一个单一的 3D 影像意识。但是，与不同大脑相连的两个眼睛之观看行为，并不能导致一个单一的 3D 影像意识的产生。由此看来，与同一大脑相连的两只眼睛之观看导致的单一 3D 影响意识的产生，必须依赖某种与神经元的激发状态不同的额外机制，才有可能得到内在描述式的解释。只是，按照定域原则，这种额外机制在神经元的层次是不可能存在的。任何研究者，如果像丹尼特那样囿于计算主义的解释，只能是用外在描述代替了本应有的内在描述，将自己意识中的整一性投射到了对象中，亦即，犯了 FUP 的谬误。

进一步地，按照这些对计算主义的基本推论，图 2 中的两组脑神经系统不但会各自产生意识，即 mind 1 和 mind 2，而且由两脑神经元的任意部分组合起来也会因为组成另外一个满足计算主义要求的神经结构而产生出另一个意识 mind 3 来。这样，在拥有完整大脑的意识主体之外，还可能存在着大量意识主体，支持其意识的神经系统分布在空间分离的位置上，只要这些分离开的神经组织可以被看作一套产生意识所需的符号结构。

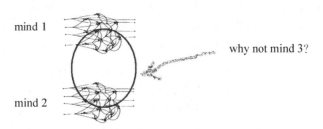

图 2　脑神经元的激发状态与心智内容

这样的推论，显然具有不可接受的荒谬性。我们必须设定，同处于一个大脑中的神经元，除了各自的激发状态及其之间的符号关系之外，还需要某种额外的机制使它们进一步产生意识层面的整一性。丹尼特们之所以认为离散的神经元之间的符号关系能够最终解释意识的形成而无须关涉整一性的来源问题，正是不自知地加进了隐含的整一性认定。也就是说，由于丹尼特犯了 FUP 的谬误，这就给他造成了单凭符号结构就能够解释意识的假象。

三、其他理论与FUP

消除主义（Eliminativism）试图直接取消掉具有整一性特征的意识现象。论证经典框架内不存在意识整一性不足为奇，我们甚至在前面的论述已经有保留地支持了这一观点。但是，消除主义所取消的只是意识整一性在经典框架中的地位，而这并不意味着意识及其整一性可以被无条件地否定。因为消除主义者所做的努力看起来仍是在解释一个表面上的意识现象或意识整一性，如果他们连"表面上的"意识现象都加以否认，那么它就失去了所要消除的对象乃至"消除主义"的含义。但如果消除主义者并不能做到他们以为自己能做到的事情，那么我们又该如何理解他们的主张和尝试？一个很自然的理解方式就是，这种不可理解的自我击破的消除主义竟然被他们理解成是可理解的，就是他们把自己实际拥有的意识整一性投射到对象中，然后就觉得并宣称问题不存在了。也就是说，消除主义者陷入了FUP的谬误。

"突显论"这个名称暗示着研究者已经承认了其难以在经典框架内解释清楚物理材料何以产生意识及整一性——"突显"不同于任何经典物理机制，而所谓"突显性质"在经典框架内亦无法获得其意义。但突显论者又不情愿像消除主义者那样否认意识的存在，于是就试图用"突显"这个晦暗不明的词汇搪塞过去，暗示我们意识整一性仍是从经典框架内自发产生出来的。其实，"突显"只是一种外在描述，内在描述的失败，导致了"突显"概念的引入，从而可以通过这个概念将外在描述冒充为内在描述，或将投射冒充为解释。联系到开始时讨论的头像的例子，突显论者就会将离散的颜色点在我们意识中形成整体画像的机理解释为对象本身发生的"突显"。但我们知道，在离散的色点对象那里，什么东西都没发生。突显论者把自己意识中发生的东西投射到对象中去了。

副现象论者的窘境与之类似。他们一方面承认意识的存在，另一方面又无法将之在经典框架中予以定位，于是就认定"意识"只配被称为"副现象"。问题的关键在于我们要追问他们到底："副现象"乃至属性二元论中的"心灵属性"与经典框架到底是什么关系？"副现象"具有整一的特征，为何没有整一性的"物理现象"能够与其相对应？将未加解释的"副现象"以命名的方式排斥在解释要求之外，只能说明它是经典框架外的附加物。也就是说，这种貌似无须解释的可理解性，是投射的结果，是研究者犯了 FUP 谬误的明证。

意识的整一性作用使得我们对世界的经验总呈现为一个整体。即使研究者在按照定域原则去理解世界时已经将整一性从经典框架中排除出去，但整一性作为意识经验的内在特征，并不会因为任何理论设定而与研究者的实际经验相分离。意识的整一性与经典物理学并存的事实以及经典框架下自然科学在很大程度上的有效性，使得研究者愿意相信在经典框架中可以找到对整一性的完全解释。但正如斯塔普和我们这里的分析表明的那样，以定域原则为最终限制的经典物理学，不可能提供解释意识整一性的框架。所以，研究者如果宣称或暗设在经典框架中最终"找到"了对整一性的解释，或干脆否定整一性的存在，实际上却总是把自己给对象施加外在描述使带进去的整一性不合法地内在化了。一开始，研究者尚不确定产生整一性的具体物理机制是什么；当他从特定理论设想出发，形成了某种貌似解释机制时，他就将自己的整一性最终投射在这些具体机制上，并认定这是对意识整一性的解释或者暗认不存在解释的需要。在这些研究者的研究中，"被讨论的意识和进行讨论的意识被这种投射混淆到一起了"①，这种做法如同把一支点燃的蜡烛与反射着它的光芒的物体不加区分，并试图用屋中的光明去解释蜡烛为什么会发光。

四、量子力学提供的可能性

我们一直在讨论的"物理主义"严格说起来，应该被称为"经典物理主义"，斯塔普在他发表的若干文章中，也有类似评论。因为物理主义者所做的所有尝试都是在经典框架内进行的，他们试图像说明一台闹钟的工作机制那样对意识现象做出完全的解释。但如果我们对 FUP 的揭示是成功的，那么基于经典框架展开的意识理论都是没有希望取得成功的。但"物理主义"的失败，并不意味着"意识"需要被排除在物理学研究之外。

20 世纪初兴起的量子力学革命颠覆了经典框架并建立起现代物理学。时至今日，虽然物理学界尚没有对量子力学的准确含义达成共识，但量子力学基本原理的有效性没有被任何实验所动摇，而且还被大量应用成果不

---

① 翟振明，2007，第 101 页。

断验证和加强着。那么，意识研究的一个很自然的出路就是到量子力学框架中寻找意识的物理含义。事实上，远在量子力学建立伊始，冯诺依曼、魏格纳等物理学家已经建议从量子力学角度去理解意识，后来还有大卫·玻姆；到近年来，彭罗斯和斯塔普等人力图论证量子力学才是对意识进行物理学研究的可能进路。

量子纠缠现象的解释，在经过爱因斯坦等人的 EPR 佯谬等的挑战之后，以贝尔不等式的实验验证和一系列其他实验验证为基础，物理学界已经达成了基本共识：定域原则在量子力学中失效。有鉴于此，斯塔普认为，"量子力学的描述自动地就是外在描述"[1]，其实，他真正想要表述的意思应该是："没有定域原则为限制条件的量子力学，使得内在描述无须观察者的投射就同时可以具备外在描述的功能。"也就是说，经典框架中离散的物理点阵间的关系在另一个维度上可以是相互依存、相互纠缠的，从而也就是具有"整一性"的。

这些主张，并没有特别令人费解之处。正如斯塔普等指出的那样，在量子力学最主流的哥本哈根解释中，"观察者"本来就是内在于量子力学体系的构成性因素。因为观察者对被观察粒子在原则上不可避免的"扰动"，在我们进行观察之前，一个粒子的状态总是不确定的。经典框架中的概念无法对此予以表达；只有波函数可以加以描述，粒子的波函数弥散开来，呈现为两种可能的线性叠加，代表着粒子出现的概率。在我们采取某种手段对它进行观察时，波函数便发生坍缩，粒子才随机取一个确定值出现在我们面前。是观察行为使得一切从量子叠加态中脱离并实现出来。也就是说，在意识涉入之前，"粒子"是不存在的；所谓"实在"，也只有和观察手段结合起来讲才有意义。

虽然在原理上，意识能够被量子论所容纳并且是其中的关键因素，但我们也看到，迄今尚未有一个公认的关于意识的量子力学模型被建立起来。斯塔普在 1995 年的这篇文章中论证量子力学为何能够解释意识时，也仍是诉诸了一种可能性，即量子力学的内在特征使得量子力学框架足以涵盖和支持对整一性的解释（而经典框架做不到这一点）。但是，我们在这里做出的本来就是"原则上"的推断。量子力学尚不能为意识提供一个具体而构成性的理论模型并不掩盖它与经典框架在意识研究上的前景差

---

[1] Stapp, 1995.

异：经典框架在原则上就失去了成功的希望；而量子力学作为迄今最成功的物理理论却在原则上保留了这种可能，因而也是我们最有希望的选择。

在哥本哈根解释中，波函数坍缩前的粒子处于叠加态，此时尚不存在"观察者"与"被观察材料"的分离；而只有观察者介入，波函数才会发生坍缩，因此观察者的作用内在于物理实在之中。"观察者"已经成为量子力学框架的组成部分。这样，基于量子力学框架处理所谓分离事件的空时独立性与意识各内容的整一性之间的关系问题就无所谓研究者对局部要素的整一性投射，这就在原则上避免了 FUP 的发生。比如说，对量子超距纠缠作用的解释，虽然包含了观察效应，但并不会由此而陷入"整一性投射谬误"。

五、结　语

支撑物理主义者开展心智研究的基础信念之一是，对意识的彻底解释将不会超出经典框架之外。但我们基于经典框架却无法解释科学与日常经验中一些最素朴的"整一性事实"。量子力学，正像斯塔普所言，与"物理"这个词语相连，只是一个学科划分的表浅原因造成的：因为是我们职业分工上的"物理学家"提出了它并主要由他们研究它。实质上，量子力学一开始就预设了心物不可分，因为非定域性已经预设"物"的最基本特征"广延"在本体论意义上消失。因为物理主义预设了定域性才有了物理因果闭合原则，弃除了定域原则也就弃除了物理主义。而固守于经典物理学框架的心智哲学和认知科学方面的物理主义者之所以会忽视经典框架的终极不完备性，是因为他们在无意中把经典框架之外的、自己作为意识主体所具有的整一性投射到了经典框架上去，将外在描述代替内在描述，误认为整一性是内在于经典框架的，由此陷入 FUP。在基于非定域原则的量子力学框架中，观察者的地位本来就内嵌于基本原理中，内在描述与外在描述可以合二为一。在此框架中，对心智现象机理的最终解释，就有可能在不陷入整一性投射谬误（FUP）的条件下顺利展开。

参考文献

[1] Stapp, H. "Why Classical Mechanics Cannot Naturally Accommodate Consciousness But Quantum Mechanics Can?" [J]. PSYCHE, 1995.
[2] John R. Searle. The Rediscovery of the Mind [M]. Cambridge：The MIT

Press, 1992.

[3] Daniel C. Dennett. Consciousness Explained [M]. Boston: Little Brown and Company, 1991.

[4] Philip Zhai. Get Real: A Philosophical Adventure in Virtual Reality [M]. Lanham: Rowman & Littlefield, 1998.

[5] 翟振明. 有无之间：虚拟实在的哲学探险 [M]. 北京：北京大学出版社，2007.

[6] [美] 约翰·R. 塞尔. 心灵的再发现 [M]. 王巍，译. 北京：中国人民大学出版社，2005.

[7] [美] 丹尼尔·丹尼特. 意识的解释 [M]. 苏德超，等，译. 北京：北京理工大学出版社，2008.

（原载《哲学研究》2015年6月号）